현대의 지성 39

한국의 여성과 남성

조혜정

문학과지성사

1999

현대의 지성 39

한국의 여성과 남성

초판　1쇄 발행　1988년　9월 20일
초판 13쇄 발행　1997년　4월 20일
재판　1쇄 발행　1999년　3월 30일
재판　3쇄 발행　2012년 10월 19일

지은이　조혜정
펴낸이　홍정선
펴낸곳　㈜문학과지성사
등록번호　제10-918호(1993. 12. 16)
주소　121-840 서울 마포구 서교동 395-2
전화　02)338-7224
팩스　02)323-4180(편집)　02)338-7221(영업)
전자우편　moonji@moonji.com
홈페이지　www.moonji.com

ⓒ 조혜정, 1999. Printed in Seoul, Korea.

ISBN 89-320-1065-X

한국의 여성과 남성

한국의 여성과 남성

책머리에

　이 책에서 나는[1] 우리 사회의 여성과 남성이 이루어가고 있는 삶을 가능한 한 여실히 그려보고자 하였다. 남성과 여성이 단순한 사회 구성원으로서가 아니라, 성이 다름으로 해서 서로 다른 역할을 맡게 되고 서로 다른 사회적 위치를 점유하게 되는 사회 생활의 구조를, 그리고 그 속에서 서로 다른 생각 · 꿈, 좌절과 불안을 가지고 살아가고 있는 모습을 재구성해보고자 하였다. 그 삶 중에서도 경제나 국가 기구 등 엄격히 제도화된 차원보다 이념과 감성 등 생활 세계의 차원에 초점을 맞추었다. 주로 문화저 분서 내지 해서을 통하여 현상에 관한 새로운 이해를 시도했는데 이는 푸코가 제시한 재구성적 해체(再構成的 解體)의 작업과 비슷한 것이다.

　'재구성적 해체'란 지식의 재생산에 작용하는 선택과 배제의 차원을 알아내고 그 규칙들을 분석함으로써 현상의 왜곡됨을 인지 가능

---

1) 급변하는 사회에 사는 구성원으로서 언어의 문제로 자주 고민을 하게 된다. 여기서 '나'라는 단어를 쓰기로 한 것은 다음의 논의에서도 분명해지겠지만 여기에 실린 글들이 가능한 한 토론을 하는 자세에서 비판적으로 읽혀지기를 바라기 때문이다. 자신을 장막에 가리는 듯한 '필자'나 '연구자' 등의 3인칭, 그리고 항상 위계 서열을 상기시키는 '저'라는 단어에 대해 나는 거북스러운 감을 갖고 있다. 또 한 가지, '한국 사회'와 '우리 사회'의 경우는 맥락에 따라 객관화시킬 필요가 있는 때는 '한국 사회'로, 문제를 함께 토론하는 공동체적 성격이 강조되어야 할 때는 '우리 사회'로 하였다.

한 대상으로 만들어 이러한 왜곡이 더 이상 반복되지 않도록 그것의 인식론적 근거를 파괴시키는 것을 의미한다.[2] 이 책 전반을 통해 나타나고 있는 기존 현상 너머를 볼 수 있게 하는 새로운 인식과 방법론은 여성 해방적 전망과 인류학 및 여성학적 방법론에 크게 의존하고 있다.

여성 해방 운동은 자신의 체험이 체계적으로 왜곡되고 간과되어 왔다는 사실을 인식한 여성들이 그 체험을 되찾기 위해 벌여온 해방 운동이다. 여성은 긴 인류 역사를 통하여 남성과는 대조되는, 그리고 대개의 경우 대립되는 집단으로 인지되어왔다. 온전한 의미에서의 인간이란 사회적 노동을 통해 '역사'와 '문화'를 창조하는 남성들이며, 여성들은 생물적인, 즉 '자연적인' 노동을 수행하면서 남성을 보조하는 집단이라는 인식이 지구상에 존재해온 대다수의 사회에서 발견되어온 것이다. 여성 해방주의자들의 가장 급진적인 통찰력은 바로 이렇게 인간을 두 종(種)으로 나누어 보는 시각에 도전을 함으로써 얻어진 것으로 다음의 원리가 그 핵심을 이룬다. (1) 출산을 포함한 여성의 활동은 남성의 활동과 똑같이 '사회적'인 것이다; (2) 그러나 남성 지배적 권력 구조 아래에서 이 '사실'은 인정되지 않았으며, 따라서 그런 가부장적 체제 아래 형성된 역사와 사회 이론은 편파적이고 왜곡된 것이다; (3) 왜곡된 인류 역사와 인식 체계를 바로잡기 위하여 그 동안 간과되었던 여성의 체험과 시각이 재조명되어야 한다. 구체적으로 그 동안의 여성의 활동이 재평가되고 여성의 희생이 보상되며 여성의 정치적 · 경제적 · 심리적 자결권이 보장되어야

---

2) Michel Foucault(1976), *History of Sexuality*, Vol. 1: *An Introduction*, trans. R. Hurley, 1978(New York: Random House); (1969), *The Archaeology of Knowledge*, trans. A. M. Sheridan Smith, 1972(New York: Random House) 참조할 것. 그 외 한상진(1987), 「미셸 푸코의 후기 구조주의와 담화의 분석」, 『민중의 사회과학적 인식』(문학과지성사) 참조.

한다; (4) 이는 곧 여성을 역사와 문화의 중심부에 위치시키는 작업으로 역사와 사회 이론은 이 '여성 중심적' 인식론을 포용하여 새롭게 구성되어야 한다.

여기서 분명히해둘 점은 여성 해방 운동이 여성만을 위한 운동이 아니라는 점이다. 실제로 인류사를 통해 일어났던 수많은 의미깊은 해방 운동은 단지 특정한 억압 집단의 이익만을 위해 일어나고 성공을 거둔 것이 아니었다. 그것은 그 사회가 안고 있는 근본적 모순 — 대개 경제 체제와 문화 구조간의 괴리에서 파생된다 — 을 해결하기 위해 일어나야 했던 움직임이었고, 따라서 억압자와 피억압자 모두에게 해방을 가져다준 사건이었다. 고대 노예 해방이나 근대의 시민 혁명, 그리고 미국의 흑인 해방의 경우를 볼 때 이 점은 매우 분명해진다. 마르크스의 계급 논의도 이러한 인식에서 조명된 사회 이론이었다.[3] 즉, 여성 해방 운동은 작게는 여성의 권리와 자존을 회복하려는 움직임이며 크게는 경쟁, 조직화된 폭력과 과학 기술주의에 토대를 둔 현대의 남성주의적 문명에 대한 도전으로서 자연과 인간의 대립 구조의 모순을 해결하기 위한 움직임이다. 이 운동이 소속을 불문하고 인간 모두의 체험이 심하게 왜곡되고 박탈되는 시대에 일어나고 있다는 점은 주목을 요한다.

특히 여성 해방 운동은 우리를 억압해온 주체가 정체 분명한 '큰 폭군'만이 아니라 수많은 '작은 폭군'들을 포함한다는 사실을 밝혀내어왔다. 작은 폭군들은 일상 생활에서, 언어 생활에서, 감정적 생활에서 우리를 지배하며 제도화된 폭군 체제를 더욱 공고히하여가는 데 주요 몫을 담당하여왔다. 그들은 남성이며, 때로는 여성이며, 나

---

3) 20세기에 일어난 몇몇의 사회주의 혁명도 이러한 모순을 해결하기 위해 일어난 해방 운동으로 평가될 여지는 많다. 그러나 명확하게 그런 평가를 내리기에는 아직은 좀더 많은 시일과 연구가 필요하며, 특히 극단적 반공 국가 중 하나였던 우리나라에서는 더 활발한 논의를 거쳐야 할 것으로 보인다.

자신으로, 좀체 보이지 않는 형태로 우리 곁에 수만 년 있어온 것이다. 남성과 여성에 관한 논의는 따라서 거대한 인류사의 흐름에서 이해되어야 하는 주제이면서, 나 자신의 현재에서 시작되는 문제이다.

여기에 실린 논문들은 궁극적으로 '여성 해방론'의 보편적 문제 인식은 무엇이며 한국이라는 특수한 사회적 상황에서 일고 있는, 또 일어야 할 논의는 어떤 것인가라는 질문에 대한 해답을 더듬거리며 찾는 과정에서 씌어진 것들로 거창한 진리라기보다는 이 시대를 살아가는 사회과학도로서, 그리고 일상인으로서 나 자신이 추구해야만 했고 정리해야만 했던 논의들을 담고 있다. 이는 나 나름의 관찰과 참여와 고민의 산물이며 동시에 이를 '우리'의 문제로 인식하여 기꺼이 자신의 삶과 생각을 나누어준 학생들과 가족과 벗들의 것이기도 하다.

거의 10여 년에 걸쳐서 쓴 글들이라 다시 읽어볼 때 생각이 모자라는 부분이 역력하여 아예 처음부터 다시 정리할 생각도 했었다. 그러나 사회과학의 가장 중요한 역할이 사회 변혁을 위한 토론거리를 제공하는 데 있다고 할 때 그러한 미숙함이 오히려 사고의 흐름을 잘 드러내주어 거리감 없이 함께 느끼고 토론할 수 있게 해줄지도 모른다는 생각이 들어서 전면 수정은 하지 않고 펴낸다. 대신 서론을 통해 보강을 하고자 하였다.

그 동안 즐겁지 않은 노동인 원고 정리를 도와주었던 김정숙·이진미·이영인·정경희·김찬호·김효선께 감사한다. 실상 이들은 줄곧 나의 주요 토론 상대가 되어왔으며, 책 내는 일을 더 이상 미루지 않도록 직접·간접으로 압력을 가해왔다. 논문을 읽고 내용의 빈약함과 논리의 허술함을 놓치지 않고 일러준 조형·조옥라·고정희·고석주께도 감사한다. 그들의 지적에도 불구하고 알차지 못한 부분이 여전히 남아 있는 것은 나 자신의 고집과 한계 때문이다. 교정 때마다 매번 지저분하기 이를 데 없는 원고를 정성껏 정확히 보아주신

출판사 분들께 감사한다. 또한 글을 쓴다는 것이 자아 성찰의 과정이기도 했던만큼 가정 생활을 하는 것 때문에 직접·간접으로 나의 고민과 생활 습관에 말려들 수밖에 없었던 노자·해원·길남 그리고 부모님께도 고마움을 전한다.

이 책은 지쳐 있는 사람에게 힘이 되어주고 서로 다른 세계를 연결시켜주며, 큰 폭군과 작은 폭군들이 난무하는 세상에서 뜻을 꺾지 않고 공동체를 차려온 자매와 형제들께 바친다.

1988년 9월 1일
신촌 연구실에서
지은이

차 례

제1장

서론: 여성 해방, 사회과학,
그리고 한국 사회*

1. 여성 해방주의: 성의 정치학과 새로운 사회의 비전

남녀 불평등 또는 여성 억압에 대한 인식은 길게는 근대 100년, 짧게는 급진적 대중 운동이 전개된 최근 20여 년간에 있어온 것으로서, 이 현상에 대해 논의할 적절한 단어를 우리는 아직 충분히 갖고 있지 않다. 남녀 평등을 주장해온 사람들은 흔히 여권주의자·남녀 평등주의자·여성(해방) 운동가·페미니스트 *feminist* 등으로 불리워져왔으며, 이는 기득권자·남성 우월주의자·성차별주의자·쇼비니스트 *chauvinist* 등과 대비하여 사용되어왔다. 그러나 엄밀히 남성과 여성 모두가 성적 억압 체계에서 해방되어야 할 존재라고 볼 때 '여성 해방' 이라는 단어는 상당히 한정적인 인상을 남긴다. '여성학' 이라는 단어 역시 그러하다. 여성의 삶이 남성의 삶, 그리고 전체 사회적 과정과 동떨어져 이루어지는 것이 아닌 이상, '여성학' 이라는 이름을 붙이는 것이나, 그러한 독자적 학문 분과를 설정하는 것도 바람직하

---

* 이 장은 이 책 가운데 가장 늦게 씌어진 부분이다. 뒤에 이어지는 논문들의 엉성한 부분을 메우기 위한 목적에서 씌어졌다. 내가 생각하는 여성 해방이란 무엇이며, 내가 하는 사회과학은 어떤 것이며, 그리고 나는 한국 사회를 어떻게 이해하고 있는지를 분명히함으로써 혼란을 줄여보고자 한 것이다.

지 않다. 원칙적으로 따져보면 ‘여성학’이라는 것이 하나의 개별 학문으로 성립될 근거는 희박하다.[1] 따라서 최근에는 ‘여성학’보다는 ‘성 연구 *gender studies*’라는 명칭이 더 많이 사용되고 있다.

그러나 여성의 체험과 목소리가 기나긴 인류사를 통해 간과되고 왜곡되어왔다는 점과 여성 해방주의 내지 여성학이란 것이 단순한 하나의 새로운 사회 이론을 만들어가는 것이 아니고 하나의 거대하고 집요한 사회 운동의 산물인 점에 주목하면, 여성의 문제를 새로운 시각에서 집중적으로 연구하는 전문적 기관과 모임이 꼭 필요하다는 것을 인정하지 않을 수 없다. 여기서 새롭게 드러나기 시작한 현상 내지 생각을 정확히 표현하는 단어를 찾고 동시에 이미 운동 과정을 통해 의미를 확보한 단어를 활용하고 뿌리내리는 작업이 매우 중요함을 알게 된다.

여성 해방주의를 잠정적으로 “여성의 억압적 경험을 토대로 여성이 중심이 되어 일어난 모든 종류의 사회 운동에서 제시된 이념과 방법론”으로 정의를 내려보자. 그러면 ‘여성의 억압적 경험’이란 어떤 경험을 뜻하는지에 대한 논의가 일게 된다. 이제까지 있어온 여성 운동내의 갖가지 분파와 의견의 대립은 곧 이에 대한 의견 대립이라고 할 수 있다. 여성 해방주의의 핵심을 이루는 이 ‘여성의 경험’이 무엇인지는 여성 운동의 역사를 꿰뚫어볼 때 비로소 분명해진다.

I. 여성 해방 운동과 역사 의식

여성이 자신의 삶을 스스로 형성해가는 주체가 되고자 하는 노력은 인류사를 통해 끈질기게 있어왔다. 우리 역사에 나타난 비근한 예로 황진이라든가 신사임당의 경우를 생각해볼 수 있을 것이다. 그러나 이러한 노력은 최근까지 극히 개인적 차원에서만 있어왔을 뿐이

---

1) 이에 관하여는 정대현(1985), 「여성 문제의 성격과 여성학」의 글을 참고할 것.

12

다. 근대에 들어와서 비로소 집단적인 여성들의 움직임이 일기 시작하였는데, 그것은 각 사회내에서 이미 일고 있는 기존의 사회 운동에 참여하는 양식으로, 또는 여성들만의 독자적인 운동으로 있어왔다.

대체로 제3세계의 경우는 공업화가 늦게 시작되었고 사회 운동면에 있어서도 식민 통치 권력으로부터의 해방이라든가 빈곤으로부터의 해방 등의 과제가 긴박함으로 인하여, 또는 참정권 등이 국가 수립과 동시에 저절로 부여됨으로, 독자적인 여성 운동의 출현은 서구에 비해 상당히 늦게 나타난다. 독자적 여성 운동은 최근까지 주로 서양에서 있어온 편인데, 따라서 이 절에서는 우선 서양의 여성 운동의 전개 과정을 총괄적으로 이해함으로써 여성 해방 운동의 핵심적 주제가 무엇인지 정리해보고자 한다. 물론 우리 사회의 여성 해방 운동은 서구적 형태로 전개되지 않았고 또 그렇게 되지 않을 것이다. 그러나 여성 억압의 근원이 여성의 출산과 관련된 특성 및 활동과 무관하지 않다면 여성 억압의 보편적 특성은 그들의 운동에서도 드러날 것이며, 그들의 성공과 시행착오는 우리가 나름대로 거울삼을 수 있는 자원이 되는 것이다. 아래에 제시되는 서구의 여성 운동사는 그런 면에서 원본이라기보다 한국적 상황을 조명하기 위해 나 자신에 의해 선택적으로 정리된 해석본이다.

재거 A. Jagger와 스트럴 P. Struhl이 『여성 해방의 이론 체계』에서 정리하고 있듯이, 서구의 여성 운동은 갖가지 이념, 즉 자유주의·보수주의·사회주의·급진주의·마르크스주의적 입장에서 다양하게 전개되어왔으며, 이들은 실천적 운동에서 또는 이론 논쟁의 형태로 많은 마찰을 일으켜오기도 하였다.[2] 그러나 자세한 상황적 분석을 통해

---

2) A. M. Jagger and P. R. Struhl(1978), *Feminist Frameworks: Alternative Theoretical Accounts of the Relations between Women and Men* (New York: MaGraw Hill) 참조. 이 책의 저자들은 여성 운동을 너무 정태적으로 나열하고 있다는 비판을 듣고 있다. 한국판 번역은 신인령에 의해 『여성 해방의 이론 체계』(풀빛, 1983)로 나와 있다.

보면 이러한 마찰은 어느 특정한 역사적 시기에 일어난 현상으로 많은 경우에 있어 피할 수 있었던 갈등임을 알게 된다. 되돌아볼 때 서구의 여성 운동에서 발견되는 다양한, 그리고 대립적 입장은 독자적 여성 운동을 형성하기까지의 방황과 모색의 과정으로 파악해볼 수 있다는 것이다. 운동을 통해 나타나는 다양성은 크게는 각 사회의 특수한 사회 문화, 경제적 조건, 작게는 그 사회의 사회 운동의 역사와 밀접하게 관련을 맺고 있다. 여성 해방 운동이 자본주의 및 공업화 이후에 일어난 많은 해방 운동과 맥을 같이한다는 보편적 경향과 각 사회의 특수한 사회 문화적 조건에 주목하여 서구 여성 해방 운동의 전개 양상을 살펴보자.

19세기 여성 운동의 주요 쟁점은 참정권과 여성 교육에 관한 것으로서 시민 혁명의 토대가 되었던 자유주의 운동과 맥을 같이한다. 중세의 봉건 체제에서 자본주의 체제로의 전이가 이루어지면서 중세적 신분 질서는 해체된다. 사회의 다수 성원이 개인 단위로 노동 시장에 진출하여 '매이지 않은 노동자 *free laborer*'로서 경제 생활을 영위하게 되는데, 이런 경제 체제의 변화와 더불어, 또는 이에 선행하여[3] 이념적으로는 개인의 자유와 평등의 이념이 사회에 깊이 뿌리내리게 된다. 이에 만인이 법 앞에 평등한 보호를 받으며, 개개인이 봉건적 억압에서 벗어나 최대한의 자유를 누리는 사회가 실현 가능한 사회로 제시되었고, 이는 일차적으로 시민 혁명을 통해 어느 정도 현실화된다. 그러나 이러한 부르주아 혁명의 과정을 거치면서도 여성의 신분적 예속은 지속되었는데 매리 월스톤크래프트(1792)와 존 스튜어트 밀(1869) 등의 계몽주의 사상가들이 역설한 것은 바로 이 자유와

---

3) 맥활란 A. Macfarlane(1978)은 『영국 개인주의의 기원들 *The Origins of English Individualism*』에서 영국 사회는 본격적 자본주의화 이전 13세기경부터 이미 철저한 개인주의적 성향, 즉 이성적 계산에 따른 행동 양식, 연애혼, 부부 중심 핵가족, 개인 재산 소유제를 나타내고 있음을 밝히고 있다.

평등의 원칙이 여성들에게는 적용되지 않는 모순 현상에 대해서였다.[4] 밀의 『여성의 예속』의 한 문구를 인용해보자.

> 만약 〔민주주의의〕 원칙이 옳은 것이라고 한다면 우리가 믿는 바대로 실천해야 할 것이다. 백인이 아닌 흑인으로, 귀족이 아닌 평민으로 태어난 것이 그 사람의 위치를 결정해서는 안 되듯이 여자로 태어난 것이 문제가 되어서는 안 될 것이다. (1971: 145)

이러한 개인의 천부적 인권을 강조하는 자유주의의 원리가 곧 여성 참정권 운동의 기본 이념으로서, 이 참정권 운동은 1830년대에 미국에서부터 본격적으로 일기 시작하였다. 미국은 그 특수한 국가 건설의 역사와 노예 해방 논의로 인하여 자유주의 사상이 가장 강하게 뿌리를 내린 곳으로 볼 수 있다. 미국인들에게 있어 "만인은 평등하게 태어났다"는 원리는 단순한 표방 원리가 아니라 싸워서 성취해나간 현실적 과제였던 것이다. 미국 여성들은 독립 운동과 국가 건설의 과정, 또 남북전쟁을 통하여 '평등'의 의미를 개인적 차원에서 되새길 수 있었고 또한 그런 활동에 직접 참여한 전통을 지닌 관계로 독자적으로 그리고 상당히 조직적으로 참정권 운동을 벌여갈 수 있었던 것으로 평가되고 있다.[5] 1878년에 참정권 청원이 의회에 제기된 후 청원은 매해 거부되다가 여성들의 끈질긴 노력의 결과로 1920년에 드디어 통과된다(Bouchier, 1983: 11~12). 이는 모든 여성 국민에

---

4) Mary Wollstonecraft의 『여성의 권리에 대한 변론 *Vindication of the Rights of Women*』과 John Stuart Mill and Harriet Taylor의 『여성의 예속에 관하여 *On the Subjection of Women*』(Greenwich, Conn: Fawcett, 1971)는 자유주의 여성 해방 사상의 고전에 속한다.

5) David Bouchier(1983), *The Feminist Challenge: The Movement for Women's Liberation in Britain and the United States*(London: MacMillan) 참조. 참고로 북부의 해방된 흑인 노예들은 1866년에 투표권을 얻었다(Bouchier: 12).

게 참정권이 허용된 최초의 사례로서 미국의 일차 여성 운동은 이 결과에 만족하며 얼마간 휴식에 들어간다.

유럽의 경우는 문제가 복잡하다. 미국에 비하여 유럽 여성들은 자유주의 원리를 체험화시킬 기회가 적었다. 특히 시민 혁명이 ‘위에서부터’ 이루어진 영국의 경우,[6] 여성 참정권 운동도 ‘사회적 양심’인 소수의 지식인 중심으로 또 매우 조심스럽게 이루어졌다. 흥미롭게도 영국의 경우는 여성 운동의 직접적 결과라기보다, 1차 세계 대전 동안 여성들의 활약에 대한 보상으로서 1918년에 30세 이상 여성에게, 1928년에 21세 이상의 여성들에게 참정권이 주어졌다(Bouchier, 1983: 15).

자유주의 사상이 지배적이던 미국과 달리 사회 복지주의적 전통이 강한 영국은 대신 1850년대부터 국가 주도 아래 기혼 여성의 재산권과 가족 복지, 교육과 취업, 그리고 빈곤 문제에 관하여 점진적 개선을 이루어왔다. 여성 운동적 성격을 띤 활동으로는 “여성은 남성에 비해 보다 우월한 도덕성을 지녔다”는 전제 아래 상류층 여성들이 매춘, 아동과 여성의 노동 조건 및 건강, 산아 제한 등의 문제를 중심으로 만인 동포애적 활동을 벌여왔으며, 또 다른 한편에서는 유토피아적 사회주의자들에 의해 공동체 운동이 일어왔다. 후자의 경우는 가사 노동·협동 노동, 결혼에 대한 재정의 작업과 주택 개조 등을 통하여 급진적 페미니즘의 싹을 키워왔다. 그러나 점진적 제도 개선으로 사회 변화를 이루어가는 전통이 뿌리깊은 영국 사회에서의 여성 운동은 다른 서구 국가에 비해 항상 미약한 편이었으며 아직도 영국

---

6) 영국의 사회주의자들은 영국의 17세기 부르주아 시민 혁명이 미숙하고 완성되지 못한 것이었다고 주장하고 있다. 신흥 부르주아 계급이 지배 귀족 계급과 결탁하여 진정한 의미에서 헤게모니를 쥐지 못했으며 또 종교적 색채를 완전히 벗어나지 못하여 보수 체제를 지금까지 온존시키고 있다는 것이다. E. P. Thomson(1978), "The Peculiarities of the English," *The Poverty of Theory* (London: Merlin Press) 참조.

의 여성 해방 운동은 상당히 엘리트 중심으로, 그리고 노동 조합 내지 정당, 특히 노동당에 의해 추진되는 정책 결정에 관여하는 양상으로 전개되고 있는 편이다.

20세기초 유럽 대륙의 여성 운동은 또 다른 모습으로 전개되었는데, 그것은 특히 마르크스주의 운동과의 연계에서였다. 마르크스주의 운동이 활발하게 전개되고 있던 독일 등지에서 그 운동에 참여하고 있던 여성들은 당시 부르주아 여성들이 추진하고 있던 '여성의 권리 청원' 움직임에 정면으로 대결하고 나섰다.[7] 당시의 대표적 마르크스주의 여성 운동가인 클라라 체트킨을 통해 그들의 기본 입장을 살펴보자.[8]

먼저 체트킨은 여성 해방의 문제는 독립적인 것이 아니라 전체 사회 문제의 한 부분을 구성하고 있다고 주장하며 사회의 근본적 변혁의 필요성을 역설한다(1986: 52). 더 나아가 체트킨은 "여성 문제를 보편적인 역사 발전의 흐름 속에서, 그리고 보편적으로 적용할 수 있는 사회적 관계와 그것들의 역사적 필연성과 정당성 속에서 이해할 수 있도록 만들었던 것은 역사에 대한 유물론적 개념뿐이다"고 주장한다(1986: 108). 그는 오직 유물론적 역사 이해를 통해서만이 여성들이 "여성 문제의 해결에 필요불가결한 조건만이 아니라 그것의 추진력과 그것들에 의해 추구되는 목표를 자각할 수 있다"고 보았다. 여기서 그는 기존의 권리 청원파 여성 운동과의 결별은 불가피함을 선언한다. 체트킨은 "우리(여성 노동자)들은 우리들의 이상을 노동 계급의 일반적인 이상과 분리시키고 싶지 않기 때문에 우리는 어떤

---

7) 물론 공산주의 운동에 참여한 모든 여성들이 그러한 여성 운동에 동참한 것은 아니다. 로자 룩셈부르크는 체트킨 유의 여성 운동가들을 탐탁치 않게 여겼으며 "늙은 부인들의 난센스"라고 비웃었다고 한다[판스워드(1986), 『알렉산드라 콜론타이』, p. 184]. 또한 당시 제국주의적 독일에서는 파시즘적인 '애국 여성' 운동도 상당히 활발했던 것으로 보인다(R. Chickering, 1988).
8) 필립 S. 포너(1986), 『클라라 체트킨 전집』(동녘) 참조.

특별한 요구도 제시하지 않을 것이다. 우리들은 일반적으로 노동자들이 자본주의 체제로부터 요구하는 것과 다른 어떤 형태의 보호도 받기를 원치 않는다"(1889년 연설문)고 하면서 여성 선거권의 문제에 관심이 없음을 분명히하였다.[9]

　여성 운동의 목표는 프롤레타리아 계급 투쟁의 목표와 일치되어야 한다는 주장을 펴온 당시의 마르크스주의적 여성 운동가들은 혁명이 자신들이 예기한 것과는 달리 공업화가 별로 진행되지 않은 러시아에서 성공을 거두었고, 혁명을 이루어낸 소비에트내에서 성 평등의 공약이 제대로 실현되지 못한 채 여성 운동이 힘을 잃어가는 현상에 봉착하여 주춤거리게 된다. 콜론타이를 위시한 소비에트내의 여성 운동가들은 새로운 시작을 시도하나 볼셰비키 지도층 내부에서의 여성에 대한 남성들의 배타성, 일반 러시아 남성들의 여성에 대한 전통적 편견과 여성 자신의 보수성에 부딪치면서 곧 좌초된다.[10] 40~50년 후에 이 당시 마르크스주의 여성 운동가들이 제시한 여성의 사회적 노동에의 참여와 가사 노동의 사회화 문제는 이탈리아 등지에서 전혀 다른 사회 경제적 맥락에서 다시 제기된다.

---

9) 체트킨은 이 연설을 한 18년 후(1907)의 연설에서 참정권 운동이 필요하다는 것을 인정한다. 그는 "여성 선거권 쟁취는 여성 프롤레타리아트가 프롤레타리아 계급 투쟁에 굳건하게 참여할 수 있는 선행 조건"임을 주장하면서, 선거권 쟁취를 포함하여 여성의 정치적 무력감이 극복되어야 함을 지적한다.

10) 판스워드의 『알렉산드라 콜론타이』(신민욱 역, 풀빛, 1986)에 나타난 논의에 의하면, 1917년 당시 사회주의 여성 운동가들은 제국주의적 전쟁을 반대해야 한다고 주장하여 비난을 샀으며, 콜론타이는 당내 관료주의를 비판하다 추방된다. 최근까지 러시아의 여성들은 여성 운동의 부재 속에 "평등하기보다 더욱 유용한 존재로 남아 있다"고 묘사되고 있다. D. K. Willis(1985), *Klass: How Russians Really Live* (New York: Avon Books); The Women in Eastern Europe Group(1979), *Woman and Russia: First Feminist Samizdat* (London: Sheha Feminist Publishers); E. J. Croll(1986), "Rural Production and Reproduction Socialist Development Experiences," *Women's Work*, ed. L. Leacock et al.(M. A.: Bergin and Garvey) 참조.

대체로 자본주의권 서구 여성들은 참정권 획득 이후 세계 양 대전과 공업화의 진전에 따라 1960년대까지 신보수주의의 경향 속에 안주하게 된다. 1950년대에 '행복한 교외의 주부상'이 모든 여성의 이상으로 부각되고, 여성은 극도로 가정화되는 *domesticated* 과정을 거치게 된다. 그리고 이러한 극도의 가정 예속화가 바로 두번째 여성 운동이 일어날 수밖에 없었던 사회적 조건을 이룬다.

두번째 여성 운동 역시 그 당시의 활발한 사회적 운동과 밀접한 연관을 갖는다. 1960년대에 전개되기 시작한 대중적 여성 해방 운동은 당시의 흑인 중심의 민권 운동·학생 운동·월남전 반대 운동·신좌파 운동 및 반문화 운동 등과 함께 자라고 성숙해왔으며, 이들이 제기한 문제 의식은 보다 다양하고 근원적이다. '여성 해방'이라는 단어가 사용되기 시작한 제2기 여성 운동을, 운동이 가장 대중적으로 일어났던 미국의 경우를 중심으로 살펴보자.

미국의 60, 70년대 여성 운동은 크게 자유주의 여권 운동과 신좌파에서 독립한 급진적 여성 해방 운동으로 나누어진다. 자유주의 여권 운동이란 당시 최대의 풍요를 누린나고 여겨졌던 중산층 여성, 특히 프리단 B. Friedan(1968)이 『여성의 신비』에서 표현했듯이 "이름을 갖지 않은 병"으로 앓고 있던 주부들이 일으킨 것으로, '어떤 느낌'에서부터 시작된다. 프리단은 이렇게 쓰고 있다(1968: 11).

그 문제는 미국 여성들의 가슴속에 얘기되지 않은 채 수년간 묻혀져 있었다. 그것은 묘한 동요이며 채워지지 않은 마음이며 기다림으로서, 20세기 중반을 사는 미국 여성들을 괴롭혀왔던 것이다. 각기 교외의 자기 집을 가진 주부들은 홀로 그 느낌과 싸웠다. 침실을 치우면서, 시장을 보면서, 이불보의 색깔을 맞추고, 아이들과 땅콩버터샌드위치를 먹으면서, 아이들의 과외 활동을 따라다니면서, 밤에 남편의 곁에 누운 채——그녀는 그 질문을 하게 될 것이 두려웠다. "이것이 다란 말인가?"

　자신의 사회가 제시해준 이상적 삶을 그대로 실현하여 당연히 행복을 느껴야 했던 이 여성들은 자신들이 왜 그렇게 공허함을 느껴야 하는지 이해할 수 없었다. 그들은 자신이 무엇 때문에 서성거리고, 또 무엇을 원하고 있는지 모른 채 그 모든 것을 자신의 탓으로 돌린 채 괴로워했다. 프리단은 이 일상적 체험을 해부하고 선진 자본주의 사회의 중산층 여성의 삶에 나타난 특이한 모순을 그의 책에서 풀어갔다. 그들은 바로 자기 자신을 잃어서는 안 된다고 되어 있는 현대 사회에서 자기 자신을 잃어가고 있었던 것이다. 프리단은 그 이름없는 병이 개인의 문제가 아니라 가부장적 사회 구조의 문제임을 밝혀내었고, 이러한 논의는 곧 놀랄 만한 속도의 의식화와 저항 운동으로 퍼져갔다.

　프리단을 위시한 여권주의자들의 처방은 간단하였다. 그들은 교육에 기대를 걸었으며, 여성 취업을 위한 법률적 · 제도적 개선을 서둘렀다. 실제로 수많은 중년 여성들은 학교에 재입학했고, 직장을 갖게 되었다. 당시의 경제 상황이 이를 가능하게 하였으며, 그 결과 미국의 많은 중산층 여성들은 경제적 · 사회적 자립을 성취하게 되었다. 그러나 곧 뒤따라 연속으로 일어온 다른 여러 여성 해방 운동을 통해 이들의 처방은 너무 단순하고 소수에게 한정된 것임이 드러난다. 여권 운동의 결과, 기득권 영역에 능력 있는 소수 여성들의 영입이 용이해진 것은 사실이다. 그러나 남녀 관계의 구조가 질적으로 바뀐 것도, 다수의 여성들의 삶의 조건이 나아진 것도 아니라는 자성의 소리가 높아졌다. 이로써 "기존의 체제를 그대로 둔 상태에서 남녀 평등이 실현되리라는 전제에 기초한 운동은 성공할 수 없다"는 인식이 이 운동을 거쳐간 많은 여성들에게 심어진다(Leacock, 1987).

　실제로 현대 사회의 남성 지배의 구조는 한편으로는 국가적 · 기업적 통제를 통하여, 다른 한편으로는 낭만적 사랑, 남녀간의 성과 애정 관계, 부부 중심의 핵가족 제도 등을 통하여 광범위하게 개개인의 삶에 침투하여 여성의 삶을 규제하여왔으며, 여성의 심리를 지배하여왔다. 여성들은 더 이상 그러한 상태를 감당할 수 없었던 것이며, 그들의 몸부림은 따라서 단지 경제적·법적 지위 향상을 위한 것이었다기보다는 자신의 체험을 박탈당하고 스스로를 규정하지 못하게 된 데 대한 보다 근본적인 항거의 몸부림이었던 것이다.[11] 그러나 '느낌'으로 시작되어 강렬하게 전개되었던 이 여권 운동은 일단 1980년대에 들어서면서 서서히 약화되었고 젊은 여성들은 자신이 차지한 몫에 만족하며 운동에 관심을 잃어가고 있다. 돌이켜 평가를 내리면 '권리'에 대한 지나친 강조로 운동의 수명이 짧아졌다고 하겠다. 이러한 한계에도 불구하고 이 운동은 많은 여성들을 참여시킨 대중적 운동으로 여성 해방 운동을 하나의 독자적이고 지속적 사회 운동으로 만드는 탄탄한 토대를 이루었다는 점에서 그 의미가 깊다.

한편 대중적 운동과는 약간 거리를 둔, 그러나 가장 끈질기게 여성 해방 운동을 지속시켜온 일군의 여성들은 급진적 여성 해방주의자들이다. 급진적 여성 해방주의자들은 다수가 60년대의 민권 운동 내지 신좌파 운동에 참여했던 경험이 있는 여성들로 운동권 내부의 남성 지배 및 권위 체제에 환멸을 느껴 이들로부터의 독립을 선언하고, 독자적 운동을 전개해나간 여성들이다. 흥미롭게도 이들이 독자적으로 형성해온 이론적 논의는 상당히 마르크스주의적 논쟁의 틀을 따르고 있다. 이들은 교조적 마르크스주의자들이 계급 모순이 가장 기본 모순이라고 주장하는 것과 같이 '성'을 최초의 물적 토대로 간주하고,

---

11) 이러한 거센 여성 운동이 사회주의 운동에서 아직 일어나지 않고 있는 것은 그들이 사회적 노동에 참여하고 있다는 점에서 찾을 수도 있으나, 그보다도 더 중요한 것은 "체험은 자신의 것이어야 한다"는 자유주의적 신념이 갖는 사회적 비중의 차이 때문으로 보인다.

성 모순이 가장 기본 모순이라고 주장하고 나섰다.

뉴욕의 급진적 여성 해방주의자의 선언문을 보면 "우리는 자본주의나 다른 어떤 경제 체제가 여성 억압의 근원이라고 보지 않으며, 단순히 경제적 혁명으로 여성 억압이 사라지리라고 믿지 않는다"면서 "남성 우위는 가장 오래되고 가장 기본적인 지배의 형태이다. 모든 다른 종류의 착취와 억압은 이 남성 우위 체제의 단순한 확장일 뿐이다"라고 쓰고 있다. 이들은 "사회주의 혁명은 여성을 위해 충분히 혁명적이지 않다"(Firestone, 1980)고 선언하면서, 여성들에게 자신의 감정적·지적 자원을 개인 남성을 위해 사용하지 말고 여성 해방을 위해 전적으로 사용하기를 촉구한다. 남성은 강간을 포함한 갖가지 직접적·간접적 폭력의 기제를 통하여 여성을 예속시켜왔으며(Brownmiller, 1975), 이러한 남성 지배를 타파하기 위해서 여성들은 일차적으로 남성들로부터 완전 독립해야 한다는 것이다. 그들은 "여성만이 서로에게 새로운 자아 정체감을 줄 수 있기" 때문에 레스비어니즘을 여성 자치를 위한 하나의 방법으로 삼을 것을 제시하였다.[12] 즉 가부장제의 타파는 남성(남편이나 애인) 때문에 시간과 에너지를 낭비하지 않으며, 한편 적극적인 여성 해방주의자를 파트너로 가진 레스비언들이 특공 부대가 되어 일으키는, 모든 남성에 대한 급진적인 정치 투쟁을 통해서만 가능하다는 것이다. 급진적 여성 해방주의자들은 그 급진성과 과격함으로 여성 운동권 내부와 외부에서 적잖은 저항과 반발을 샀으나, 한편 여성 운동이 순수한 여성의 시각에서 여성의 체험을 근원적으로 검토함으로써 매우 급진적인 사회 이론과 실천 체계를 구축해나갈 수 있다는 것을 분명히 보여주었다는 점에서 새롭게 평가되고 있다.

---

12) Radicalesbians(1970), "The Women-Identified Women," *Radical Feminism*, ed. Koedt, et al. 헤스터 아이젠슈타인(1986), 『현대 여성 해방 사상』, 한정자 옮김, 1986(이화문고)에서 재인용.

내가 여기서 꽤 자세하게 서구 여성 운동사를 다룬 것은 운동의 전체적 흐름을 통해 하나의 패턴을 보이기 위함이었다. 여성 해방이 참정권의 획득으로만 이루어질 성격이 아님을 인식하는 데 있어 마르크스주의자들의 역할이 매우 중요했고, 여성 해방이 경제 구조의 차원으로 환원될 성질의 것이 아님을 인식하는 데 급진적 여성 해방주의자의 공헌이 컸다. 여성 운동은 그 시대의 전반적 사회 운동과의 관련 속에서 자라왔으며, 각 단계의 투쟁의 결과는 새로운 도전의 장을 마련해왔다.

여기서 다시 한번 여성 문제가 인류사 초기부터 있어온 대립과 억압 구조에서 비롯되는 문제인 데 반해 그 운동이 독자적 운동으로서의 자리를 굳히는 데에는 다른 운동에 비해 훨씬 긴 기간을 지나와야 했었다는 사실에 주목해보자. 그 동안 많은 여성들이 독자적 여성 운동의 당위성을 인정하기보다 기존의 남성 주도적 사회 운동의 목표에 여성 운동을 열정적으로 종속시키려 했던 것에서 불가시적인 남성 지배 구조의 엄청난 위력을 보게 된다. 즉 그 구조의 산물인 여성 자신들의 뿌리 깊은 의존심과 열등감을 보게 된다는 것이다. 극단적 분리주의의 입장을 취해온 급진주의 여성 운동가들의 입장 역시 같은 맥락에서 볼 때 쉽게 이해될 수 있다. 자신들 내부에 깊숙이 자리잡은 강렬한 남성 지향성을 변화시키기 위해서 의도적인 분리와 고립을 장려할 수밖에 없었던 것이다.

서구의 여성 운동은 이 모든 대립과 갈등 속에서 놀라운 창의력과 적응력을 지닌 유동적 사회 운동으로 전개되어왔으며, 60년대 이후에 일어난 사회 운동 중에서 가장 새롭게, 가장 지속적으로, 그리고 가장 큰 파급 효과를 가져온 운동으로 평가되고 있다(Bouchier, 1983: 233). 특히 여성 운동은 탈정치화되고 있는 후기 자본주의 사회의 정치 풍토 속에서 급진적이고 총체적인 시각에서 다양하고 끈질긴 해방 운동을 벌여왔고 또 벌이고 있다는 점에서 주목을 끌고 있다. 그러면 현대 여성 해방주의자들이 공통적으로 추구하는 원칙들은 무엇일까? 요약하면 여성 해방 운동가들은 일차적으로 남성 중심주의로부터 벗어나서 여성 중심주의적 전망을 확립하고자 한다. 즉 여성의 경험·욕구·관심사를 그 자체로서 가치있고 타당한 것으로 인정하고, 이를 토대로 독자적 시각과 사회 이론을 구상하여가려는 것이다. 궁극적으로 여성 해방주의자들이 추구하는 것은 여성만이 아니라 모든 억압당하고 있는 사회 구성원들이 자신의 육체와 정신을 스스로 통제하는 경험 주체자의 시각에서 자신의 경험을 표현·설명·성찰할 수 있고 공유된 경험에 근거하여 역사를 변화시켜나가는 상태이다. 이들은 여성이 역사와 문화의 중심부에 놓여질 때 남성을 포함한 더 많은 사람들이 해방될 수 있을 것이라는 신념을 공통적으로 갖고 있다. 도구성과 추상성, 폭력과 경쟁을 축으로 인간이 극도로 대상화되는 현대의 남성주의적 문명을 극복할 대안은 여성들이 이제까지 "보이지 않고" "들리지 않는" 형태로 수행하여온 역할과 체험과 지각을, "보이고 들리는" 형태로 살리는 데서 찾아질 수 있다는 것이다. 미니히는 「우리가 어떻게 여성 해방주의적 학자가 되지 않을 수 있는가?」라는 글에서 다음과 같이 쓰고 있다.

우리가 하고 있는 일은 지구 중심론을 뒤엎은 코페르니쿠스와 인류 중심설을 뒤엎은 다윈의 행위와 같은 것이다. 우리는 남성 중심의 사고를 뒤엎고 있으며, 우리가 시도하는 변화는 그것들에 못지않게 근본적이고 [기존 체제에] 위태롭고 놀라운 것이다. (Minnich, 1982: 9)

분명 여성 해방 운동의 목표는 매우 혁명적이며 유토피아적이다. 특히 여성 해방 운동을 통해 볼 때 여성 운동의 양식은 그 근본 목표를 그대로 반영해왔다는 면이 부각되어왔다.

"개인적인 것이 곧 정치적인 것이다"는 슬로건에 나타나 있듯이 여성 운동에서는 개인의 체험을 중시해왔다. 여성은 공통적 경험을 가지면서 동시에 자신이 처한 상황에서의 특수한 경험을 갖는다. 여성 해방 운동에서는 이러한 경험의 구체성과 다원성을 중시하여 극히 구체적인 개인의 경험을 정치적·사회적 과정과 연결시키고자 노력해왔으며 따라서 이론과 실제의 괴리를 줄여갈 것이 강조되어왔다. 예속의 내적 과정이 이해되지 않는 한, 그리고 피억압자들의 침묵의 (사적) '언어'가 공유된(공적) 언어로 번역되지 않는 한 어떠한 해방 운동도 진정하게 의미있는 것이 될 수 없다는 것이다(O'Brien, 1971: 101: Rowbotham, 1971: 25).

이렇게 여성 운동에서는 각자의 체험에 근거한 운동의 당위성이 인정되었으므로 특정한 조직화나 특정한 지도자가 없이도 운동이 가능했다. 자신의 체험을 토론하고 문제를 발견해가는 여성들이 중심이 되어 위계 구조가 없는 모임을 형성시켰다. 대신 소집단간의 연계를 위한 연대망이 발달되어서 상황에 따라 대규모의 연대 행동을 취하여갔다. 참여자들이 가장 절박하다고 느끼는 문제를 중심으로 모였기 때문에 각 의식회 집단의 주제는 다양했고, 또한 무리없이 노동 운동, 정치 민주화, 환경 보존, 핵무기 반대 운동 등 다른 사회 운동과 합동적인 유대 관계를 맺어갈 수 있었다. 즉 운동 목표와 구체적 방식이 융통성 있게 변화·확대되고 기존의 사회 운동에서 흔히 나타나는 엘리티시즘과 헤게모니의 싸움 없이도 사회 운동이 전개될 가능성을 여성 해방 운동은 분명히 보여주었다.

제3세계에서 여성 해방 운동이 본격적으로 일기 시작하면서 현재 서구 여성 운동은 각 사회의 역사적 조건에 따른 특수성을 더욱 중시하게 되었고 동시에 더욱 가까워진 세계 체제내에서 공통된 여성 중심적 언어를 만들어가고자 노력하고 있다. 다음에서 그 공통의 언어, 해방 체계의 핵심이 무엇일지에 대해 논의해보자.

Ⅱ. 성 억압 체계와 사회 생활 체계

　앞에서 지난 100여 년간의 서구 여성 해방 운동의 중요한 수확은 여성의 문제가 단순한 여성들만의 문제 *women's problem*가 아니라 사회 구성에 대한 근본적 질문 *women's question*과 연결되어 있음을 깨닫게 한 것임을 지적했다. 성의 정치학의 논의는 이제 단순한 남녀간의 권리의 차원이 아니라 여성의 체험과 통찰력이 살려지는 더욱 인간적인 사회에 대한 비전으로 확대되고 있는 것이다.

　그러면 성의 정치학을 넘어서기 위해서 해부되어야 할 성의 체계 *gender system*는 무엇이며 이 성 체계를 토대로 한 사회 생활 체계는 어떠한 모형으로 이해될 수 있을지 정리해보자. 남성과 여성의 생물학적 비대칭성과 관련하여 나타나는 모든 사회적 현상을 성 체계라고 부른다면 성 체계를 파악하기 위해서 다음의 세 가지 전제를 확실히할 필요가 있다.

　1) 생물학적 비대칭성, 즉 신체 구조상의 차이: 여성에게는 임신·출산·수유 능력이 있으나 남자에게는 없다는 사실, 성 관계 *sexuality*를 맺는 데 있어서의 차이, 그 외 아직 우리가 확실히 알고 있지 못하는 심리적 성향의 차이는 성 체계의 구성과 관련이 있다. 그러나 여기서 중요한 것은 그 차이 자체가 성 체계를 '결정'하는 것은 아니며, 이는 성 체계가 사회에 따라 매우 다르게 나타난다는 사실을 통해서도 쉽게 확인된다. 성차는 나이의 차, 개인 천성의 차이와 같이 문화사회적 체계를 만들어가는 하나의 주요한 '재료'일 뿐이며 그 '재료'가 각 사회의 문화 체계내에서 활용되는 양상은 상당히 다양하다.

　2) 여성 억압의 보편성은 남자는 사회적 노동을 통해 역사와 문화를 창조하는 존재인 반면 여자는 생물학적 노동을 통해 남성이 만들어낸 사회의 존속을 가능케 하는 보조적 존재라는 인식과 관련되어

나타난다. 생활 조직면에서 나타나는 공적/가정적 영역 분리(Rosaldo and Lamphere, 1974)와 남성을 문화적, 여성을 자연적 존재로 보는 분류(Ortner, 1974)는 유대교의 창조 신화, 유교의 음양 철학 등 동서양을 통해 고대부터 거듭 나타나는 것으로 사회 질서를 위한 인식의 기본틀이 되어왔다. 이와 관련하여 지도 체제가 확립되어 있지 않고 사회 성원간의 불평등이 거의 나타나지 않는 수렵 채취 사회에서도 여성이 획득하는 채취물보다 남성이 가져오는 사냥물이 더 높은 사회적 가치를 가진 주요 교환 물품으로 간주되었으며 여성은 친족 집단간에 교환되는 주요한 대상물이 되어왔다는 점이 시사하는 바가 크다(조옥라, 1986). 가부장제의 기원은 이 교환 행위의 주체가 장년 남성들 내지 그 협력체이었다는 점과 관련되어 파악되어야 할 차원의 문제인 것이다(Collier and Rosaldo, 1981).

3) 따라서 남성 지배적 체제(가부장제)의 형성과 전개 과정을 이해하는 데 있어 출산력을 갖지 못한 남성에 의해 출산력을 가진 여성이 통제되는 과정을 이해하는 것은 매우 중요하다. 여기서 출산에 대한 새로운 지식과 기술의 발달이 여성 해방을 가져오리라고 믿은 일부 급진적 여성 해방주의자들의 식관이 비록 근시안적이있으나마 문제의 핵심을 다루고 있음을 보게 된다. 그러나 여성의 출산자로서의 역할은 또한 여성의 노동자로서의 역할, 그리고 의미를 재구성하는 창조적인 행위 주체자로서의 역할과 여러 가지 형태로 얽혀져 있으며, 이에 근거하여 사회 전체의 구조가 장기간의 역사를 통해 확고히 세워져왔기 때문에 그들의 낙관적 전망과는 달리 성간의 불평등은 단순한 출산력의 문제로 해결될 성질의 것은 아니다. 여성 해방의 열쇠는 각 시대에 따른 성 체계의 특수성을 사회 생활의 총체적 과정과 연결시켜 파악해내지 않고는 찾아질 수 없다.

그러면 성에 근거한 사회 생활의 체계는 어떤 모형으로 그려질 수 있는지 생각해보자. 그 모형은 사회 분석가의 시각에 따라 크게 달라질 수 있으나 나는 여기서 문화 현상에 초점을 맞춘 채 경제 현상과의 연결을 추구하고 있는만큼 하버마스의 이론을 토대로 체계화를 시도해보고자 한다.

하버마스는 사회를 크게 체제 통합과 사회 통합의 두 차원으로 나누고 있다. 체제 통합 내지 노동 체계는 사회의 노동과 기술의 측면을 가리키는 것으로 〈표-1〉에서 정리된 것처럼 '성취' 내지 '성공'을 겨냥한다. 이는 도구적 행위 및 전략적 행위로 규명되는 기술적 통제의 세계로 비교적 경험 분석적 과학을 통해 연구 가능하다. 반면에 사회 통합 내지 '생활 세계'는 인간간의 상호 작용의 측면을 지칭하는 것으로 상호 이해를 그 목표로 한다. 곧, 언어 행위를 포함한 의사 소통적 행위의 차원으로서 인간의 의미 창조, 즉 상징 구사력에 크게 의존하는 세계이다. 이는 이해와 간주관성의 획득이 중요한만큼 역사적-해석학적 과학을 통해 연구 가능한 분야이다. 단적으로 인간이 환경에 적응하기 위해 기술을 개발하고 노동을 하는 것과 상호 협력을 위해 의사 소통을 하는 것은 사회 생활 체계에 있어 가장 기본이 되는 두 영역이다.

〈표-1〉[13]

지향성 행위 상황	성공 지향성 (노동 체계)	이해에 도달하려는 지향성 (상호 작용 체계)
비사회적	도구적 행위	—
사 회 적	전략적 행위	의사 소통

인간 사회가 진화하면서 여기에 또 다른 영역이 첨가되는데 그것은 권력과 관련된 부분이다. 인간 사회의 진화를 복합성 *complex*의

---

13) J. Harbermas(1984), *The Theory of Communicative Action 1: Reason and the Rationalization of Society*, trans. T. McCarthy(Cambridge: Polity Press), p. 285.

증대로 볼 때 그것은 곧 조직화의 확대를 의미한다. 소규모의 대면적
face-to-face 사회에 비해 대규모의 조직은 전혀 다른 방식으로 권력을
사용하게 되는데 국가 출현 이후, 그리고 공업화 이후 사회는 그 어

〈표-2〉　　　　　　성에 관련된 사회 생활 체계

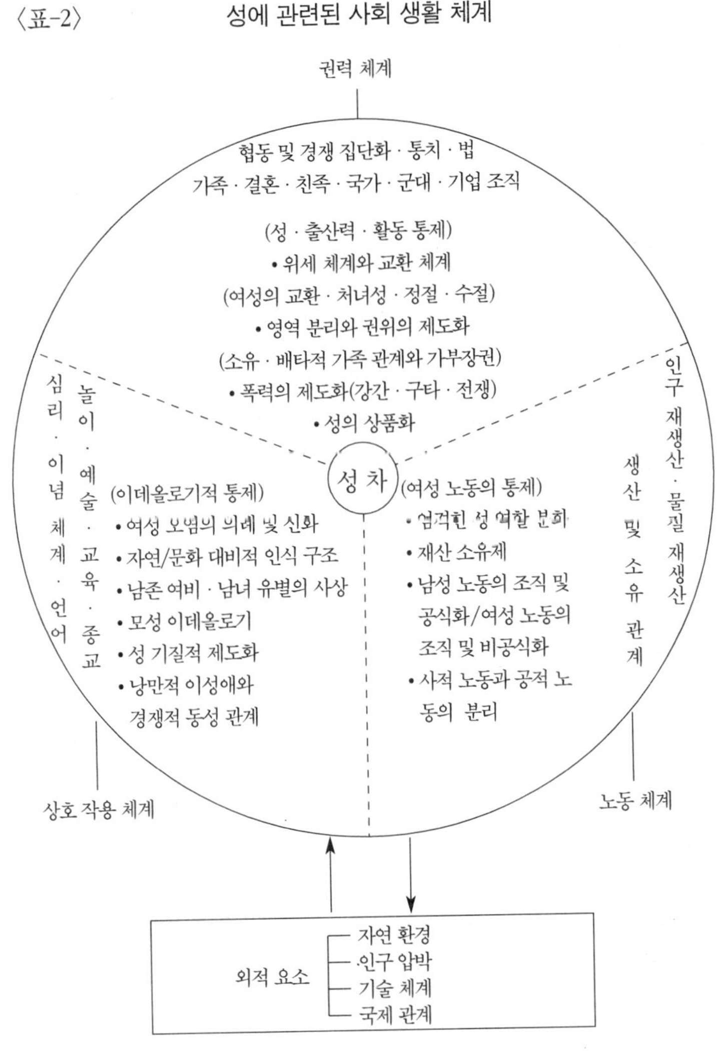

느 시대보다도 심한 권력의 집중화 현상을 드러내보이고 있다. 따라서 권력의 영역이 사회 생활 체계에 갖는 비중은 점차 커지고 있다 하겠다.

여기서 사회 생활 체계의 이 세 영역, 즉 노동 체계, 상호 작용 체계 그리고 권력 체계가 동일 수준의 것인가 하는 문제, 즉 각 영역이 어떻게 상호 연결이 되는가 하는 문제가 제기된다. 하버마스는 권력의 조직화의 차원을 다른 두 차원에 비해 덜 근원적으로 보고 있는데, 실제로 이 세 차원이 동일 수준의 것이라고 보기보다는 권력 차원은 다른 양 영역에 걸쳐 작용하는 비본질적·상황적 현상으로 이해하여야 할 것이다.

사회 생활 체계를 구상하는 데 있어서 이 영역 구분은 매우 중요하다. 전통적 여성 연구의 네 영역, 즉 (1) 성 *sexuality*, (2) 출산, (3) 노동(성별 분업)과 (4) 사회화를 포함한 이데올로기의 차원을 연결하여 사회 생활 체계를 구성해보면 〈표-2〉와 같이 정리될 수 있다.

즉 사회 생활 체계는 본질적으로 노동 체계와 인식 체계의 두 영역으로 나누어진다. 생산 체계에는 인구 재생산과 물질 재생산이 포함되며 인식 체계에는 이데올로기·심리·언어적 행위가 포함된다. 여성은 이 두 영역 모두에서 노동자·출산자, 성 행위의 상대자, 시민 그리고 지식의 창조자로서 남성과는 상당히 대조적인 활동을 벌여왔다. 주목될 점은 현재 이 두 영역 모두가 권력적 영역에 의해 깊이 침투되어 있다는 점이다. 특히 현대의 가족·국가·군대 등의 제도화된 영역은 여성 억압과 깊은 관련을 맺고 있음을 알게 된다. 이는 곧 여성 운동이 정치적일 수밖에 없는 이유, 그리고 공적 영역의 확대에 따라 여성 억압이 심해진다는 명제와 일치된다.

이를 좀더 자세히 풀어보면 여성 노동의 사유화 현상은 노동이 사적 노동과 공적 노동으로 이분화되고 공적 노동이 조직화되며 확대되는 정도에 비례해왔다. 경제 생산이 가정에서 이루어지는 동안에 여성은 그나마 경제 영역, 그리고 자신의 노동에서 덜 소외되어 있었다. 이 틀에서 볼 때 현대의 가정 주부는 인류사를 통해 가장 특이한 노동에 종사하며 자신의 노동의 대가에 대한 사회적 보장을 가장 받지 못하는 집단으로 나타난다.

여성의 성 행위 및 출산력 통제 양태는 제도적으로 가족·친족 및 국가의 출현과 밀접한 관련을 갖는다. 산업화 이전 사회에서는 주로 친족 집단의 위세 체계 *prestige system* 유지를 위해 여성의 성이 통제되었으며, 여성의 처녀성과 정절, 그리고 여성의 활동 영역을 제한하는 관습은 이 시대에 주로 활용되어온 기제이다. 현대로 넘어오면서 공/사의 공간적·인지적 구분은 더욱 엄격해져서 성과 출산은 낭만적 사랑과 부부애를 중심으로 한 극히 사적인 문제로 인식되기 시작했다. 이에 따라 부족 사회에서 찾아보기 힘든 강간·구타와 같은 성폭력이 사적 영역에서 횡행하게 된다. 피임법의 소개로 성적 행위가 자녀 출산과 무관하게 이루어질 수 있게 되자 여성은 자신의 삶을 계획할 수 있게 되었으나 동시에 더 많은 성적 착취와 상품화의 대상으로 선락하고 있나는 사실은 주목을 요한다. 또한 근대의 만인평등법 조항과는 무관하게 사적 존재로서의 여성은 실질적으로 오랫동안 시민적 활동에서 제외되어왔다.

이러한 성 역할 분업과 출산력 및 여성의 자결권에 대한 통제는 이념적 차원에서 언어·종교·예술·놀이 그리고 교육을 통해 존속되고 정당화되어왔다. 부족 사회에서 발견되는 여성 오염의 신화, 농경 사회에 나타나는 남녀 유별과 남존 여비 사상, 그리고 현대 사회의 모성의 미화, '남성다움'과 '여성다움'의 극단적 대비와 낭만적 사랑 내지 성관계에 대한 집착은 모두 이념적 통제 기제에 속한다.

여성 해방 이론의 주요한 작업은 바로 각 영역에서 나타나는 체계적인 여성 통제 기제와 각 영역간의 상호 강화의 메커니즘을 알아내는 데 있다.[14) 이러한 영역의 분리는 엄밀히 분석을 위한 고안물이며,

실생활에서 이는 매우 복합적으로 나타난다. 그리고 하나의 행위가 각 영역에서 다른 기능과 의미로 나타날 수 있다는 가능성을 인식하는 것은 현상 분석에 있어 매우 중요하다.

구체적으로 (1) 자본주의 경제 구조와 가부장적 체계간의 관계; (2) 산아 제한, '발전,' 사회 복지, 전쟁과 관련하여 친족 조직 내지 국가 조직을 중심으로 나타나는 여성 억압 체계; 그리고 (3) 가족을 포함한 생활 세계에 나타나는 이데올로기 및 심리적 기제, 특히 모성에 관한 연구가 활발하게 진행되고 있다.[15] 물론 연구는, 어느 영역의 현상에서부터 시작되었든 다른 영역에 나타나는 현상과의 연결 속에서 설명이 이루어질 때 나름대로 설득력을 지니게 된다.

---

14) 김정희(1987)는 최근 「성 억압의 유지·강화 메카니즘」, 『이화』(이화여자대학교)에서 인간 사회의 생활 과정에 대한 재구성을 시도하고 있다. 경제 현상에서 출발하는 경우는 출산과 관련된 생물학적 재생산과, 임금 노동과 그 성격이 현저하게 다른 가사 노동을 어떻게 생산 양식론에서 수용할 수 있을지가 주논점이 되어 '사회화'와 '국가'의 문제를 포용하게 된다.

15) 자본제적 구조와 성 체계간의 관계를 파악하여 새로운 여성 해방 이론을 정리하려는 초기 시도로서는 아이젠슈타인 Z. Eisenstein에 의해 편집된 『자본주의적 가부장제와 사회주의적 여성 해방주의 *Capitalist Patriarchy and the Case for Socialist Feminism*』(New York: Monthly Review Press, 1979); 서전트 L. Sargent에 의해 편집된 『마르크시즘과 페미니즘간의 불행한 결혼: 계급과 가부장제에 관한 논쟁 *The Unhappy Marriage of Marxism and Feminism: A Debate on Class and Patriarchy*』(London: Pluto Press, 1981), 최근의 것으로 미이즈 M. Mies의 『가부장제와 세계적 규모의 자본 축적 *Patriarchy and Accumulation on a World Scale: Women in the International Division of Labor*』(New Jersey: Zed Books, 1986)을 들 수 있다. 이 논문들은 마르크시즘이 가족과 성에 대한 정교한 논의를 발전시키지 못한 반면 여성 해방 논의는 경제 분석에 약했다는 공통적 인식을 바탕으로 하고 있다. 한편 케헤인 N. O. Keohane 등이 공동 편집한 『여성해방주의 이론: 이데올로기 비판 *Feminist Theory: A Critique of Ideology*』(Sussex: Harvester, 1981)에 실린 논문에서도 생명 재생산과 물질 생산과의 관계가 다루어지고 있다.

2. 비판적 사회과학, 문화 분석, 그리고 여성 중심주의 방법론

I. 주관성 · 객관성과 사회과학

사회과학자는 과학자이면서 특정 사회의 구성원이며 이 이중 소속으로 인하여 일어나는 갈등은 '객관성' '가치 중립성' 등의 주제 아래 오랫동안 사회과학계의 논란의 대상이 되어왔다. 사회과학계의 '객관성'의 강조는 사회과학이 한 학문의 범주로 형성된 애초부터 있어온 것으로서 사회 현상도 자연과학에서 사용하는 방법을 통하여 연구될 수 있다는 논리실증주의적 신념에서 비롯되었다. 이는 신학 · 철학 · 역사 등 전통적인 학문의 세력권에서 벗어나 산업화로 인하여 제기되는 새로운 사회 문제를 독자적으로 연구하고자 했던 19세기 당시 서구 학계의 움직임, 즉 역사적 산물이며, 이 경향은 상당히 오랫동안 사회과학의 주류를 형성하여왔다. 기존의 논리실증주의적 정통 사회과학의 특징을 헤머슬리 M. Hammersley와 애트킨슨 P. Atkinson(1983)은 다음 몇 가지로 요약하고 있다.

1) 궁극적으로 사회과학의 목표는 자연적 질서에 관한 법칙과 유사한 차원의 사회적 질서에 관한 법칙을 발견함으로써 사회 현상을 통제하는 데 있다.

2) 사회과학자는 표준화된 방식의 반복된 실험과 관찰을 통하여 자신의 결과를 검증함으로써 객관성을 확보해야 한다(과학은 특히 이 점에서 상식과 대비된다).

3) 이런 유의 '객관성' 확보가 불가능하더라도 적어도 사회 이론이라고 이름붙일 만한 것은 인과적 설명 내지는 연역적으로 유추된 고도의 추상성과 보편성을 띠고 있어야 한다.

이러한 논리실증주의적 주류 사회과학은 근래에 인간의 사고 능력

에 대한 이해, 즉 인식론적 물음을 묻는 해석학 및 현상학적 사회과
학자들과, 현대의 위기를 설명하려고 새로운 시도를 하고 있는 비판
사회과학자들의 공격에 의해 상당히 힘을 잃어가고 있다.

"우리가 무엇을 알고 있다는 것을 어떻게 알 수 있으며" "알고 있
다고 생각하는 우리는 누구냐?"는 인식론적·존재론적 질문을 던져
볼 때 분명해지는 것은 (1) 인간은 상징과 기호 *sign* 를 통하여 자연을
대상화시키고 환경을 이해하며; (2) 인간의 인식은 이러한 개념화에
의해 가능하다는 점, 그리고 (3) 인간은 개념을 통해 미래(시간의 차
원)를 인식할 수 있으며 이는 또 다른 축적과 창조를 가능하게 한다
는 점이다. 사회과학자의 사고 과정 역시 위의 세 가지 전제에서 크
게 벗어나는 것일 수 없다. 이에 대해 기든스 A. Giddens는 "모든 사
회 행위자는 곧 사회 이론가이다"라는 표현을 쓰고 있다(1984: 33).
즉 일상 생활을 영위하기 위해 일반인이 상황을 이해하는 방식과 사
회과학 연구를 위해 사회과학자가 활용하는 이해의 방식은 근본적으
로 같은 것이라는 것이다. 사회과학자는 자신이 무의식적으로 일상
생활을 영위하듯이, 연구 과정에 있어서도 문제의 제기, 개념화 방법
과 자료 수집에 이르기까지 상당한 무의식적 선택을 하고 있다는 것
을 인정하여야 한다.

물론 연구자는 부단히 새로운 가능성을 타진하는 행위를 통하여
새로운 사고의 지평에 도달할 수 있다. 그러나 이 새로운 지평이 그
를 원천적 역사성에서 자유롭게 하지는 못한다. 여기서 연구자에게
중요한 것은 역사를 굽어보는 초월자가 되는 것이 아니라 자신이 지
녀온 일상적 전제가 무엇인지를 분명히 알아내는 것이며 그 주어진
역사 속에서 자신을 포함한 사회를 해석·성찰·분석하는 능력이다.
이러한 인식의 문제를 간과하고 보편성과 객관성·표준화에만 초점
을 맞추어온 실증주의적 방법론은 소위 '과학'이라는 이름 아래 기존
체제를 위한 도구적 지식만을 생산함으로써 사회 현상을 체계적으로

왜곡하여왔다는 비판을 면하기 어렵게 되었다. 이념 부재의 과학 내지 맹목적인 기술 과학에 대한 신봉이 지구 오염, 핵무기와 유전공학 및 사회내 갖가지 구조적 모순을 파생시키고 있는 상황에서도 많은 사회과학자들이 이에 대해 함구 내지는 동조해온 것은 근본적으로 이제까지 주류 사회과학계내에서 채택되어온 사회를 보는 시각 자체에 문제가 있었기 때문이라는 인식이 확산되면서 사회과학의 역할과 사회 이론에 대한 새로운 모색이 이루어지고 있다.

Ⅱ. 비판 이론과 문화 분석

사회 비판과 해방적 지식 체계로서의 사회과학에 대한 논의는 최근 사회과학내에 일고 있는 이러한 모색의 과정에서 부각된 주요 영역이다. 새로운 사회과학은 인간을 수동적 존재로, 사회를 하나의 기계적 체계로 보아온 관점에 대한 근본적 도전에서 시작된다. 인간 행위자의 능동성을 인정하고 인간 사회의 역사적 과정에 초점을 맞춤으로써 사회과학은 종전의 '사실'에의 집착과 결정론에서 벗어나 전혀 새로운 토론의 장을 열어가고 있다. 그리고 경험적-개별과학적 논증의 차원을 넘어서 현실 진단을 위한 메타 이론적·이념 철학적 논의를 포괄하는 종합 분석적 접근으로 방향을 돌리고 있다.

역사성을 강조하는 사회과학의 효시는 역사 유물론에서 찾아볼 수 있으며 그 이후 프랑크푸르트 학파와 최근의 비판 이론, 후기 구조주의자들을 중심으로 활발하게 연구가 진행되어왔는데, 여성 해방주의 연구가들은 이들과 상당히 밀접한 관계를 맺고 있다. 프랑크푸르트 학파는 기본적으로 마르크스주의 틀을 그 바탕에 두나 생산력과 생산 관계의 차원을 지나치게 강조하는 마르크스주의가 1930년대 당시의 사회 현상을 분석하는 데 한계가 있다고 보고 당시의 주요한 사회 문제였던 세계 전쟁, 파시즘과 권위주의의 문제를 중심으로 문화 분석을 시도해온 학자 집단을 말한다(김조년, 1984).

제1장 서론: 여성 해방, 사회과학, 그리고 한국 사회   35

아도르노, 호르크하이머, 마르쿠제와 프롬 등은 주로 사회 구성원의 비판적 이성을 마비시키는 문화적 장치에 초점을 맞추어 연구해 나갔다. 그리고 이들의 연구를 보다 포괄적으로 발전시킨 하버마스는 권력에 의해서 체계적으로 왜곡된 사회적 상황과 조작된 의미 구조의 차원을 강조하여 구성원들이 기존 사회 체제에 의문을 갖게 되고 종국적으로 그 체제를 극복해갈 실천적 합리성을 확보하는 과정을 중심으로 연구해왔다(Habermas, 1984). 사회과학의 목표가 선험적 진리나 원칙을 발견하는 것이 아니라 역사 인식의 확산에 있다면 사회과학자는 실천적 가치를 갖는 지식, 삶과 직결된 의미있는 토론에 참여해야 하는 것이다. 이상적 담화와 자아 성찰을 통해 왜곡된 인간 본래의 규범 형성 능력을 부활시킬 것을 주장하고 있는 하버마스의 비판 이론이 개인적 해방과 사회적 해방을 연결시키는 차원의 논의로 발전될 가능성은 매우 높다. 현 사회과학의 과제는 실제로 '과학적' 설명의 틀에 집착하여 행동을 구성하는 의미의 맥락을 무시해온 실증주의 과학과 인간주의적 입장을 지나치게 강조하여 일상 생활의 의미 속에 매몰되어 구조적 차원을 간과해온 해석주의자들의 한계를 어떻게 넘어서는지에 있다. 경험과학의 과도한 확장 *over-extension* 이나 역사-해석학주의의 과도한 확장은 모두 비판되어야 하며 이 두 영역을 연결하고 있는 권력과 이데올로기의 연구가 현 비판사회과학의 주과제가 되고 있는 것이다(Habermas, 1974: 10~12).

이데올로기 차원의 분석에 있어 새로운 지평을 여는 데는 또한 푸코Foucault의 공헌이 주목된다. 푸코는 기존의 '국가 기구' 중심의, 또는 '지배 계급' 중심의 논의로부터 한 걸음 벗어나와 보다 포괄적이고 덜 제한적인 시각에서 인간 역사에 나타난 권력 현상을 이해하고자 하였다. 그가 다루는 대상은 거대한 기구나 사건이 아니라 이념과 상식이 역사적으로 형성되는 방식이다. 푸코의 권력 논의의 핵심은 권력이 '밖' 에 있는 것이 아니라 관계와 과정 속에 있다는 데 있다. 권력은 위에서 오는 것이라기보다 아래에서부터 오는 것으로 모든 사회적 실천 속에서 역사적으로 형성되고 제도적으로(건물 양식으로도) 구현되어 일상 생활을 주도·규제·통제하여온 것이다 (Foucault, 1975; 1977).

즉 권력은 강력한 의미를 지닌 상징이 창조되고 그에 대한 '진실'이 논의되는 과정으로서 연구가 되어야 한다는 것인데 이때 '진실'이란 "말의 생산·규제·분배·유통과 작용을 위한 질서정연한 절차 체계 *a system of ordered procedures for production, regulation, distribution, and operation of statements*"로서 권력 체계와 순환적 관계를 맺고 있다(Rabinow, 1984: 74; Davidson, 1986: 221). 그리고 이 절차 체계는 참가자들의 의식적 노력으로 만들어지는 것이라기보다는 상당히 자율적이고 익명적으로 구성되어지는 것이다. 이는 전혀 관련이 없어 보이는 생물학·경제학·언어학 등의 여러 학문을 분석해 볼 때 나타나는 어떤 공통적 담화의 규칙과 같은 것으로 그 전시대의 것, 또는 앞으로 '올' 시대의 것과 단절된 형태를 갖게 되는 근거는 바로 이리힌 지식과 권력의 밀접힌 상호 관계에서 비롯된디(Foucault, 1972; 1979; 1980).

그의 논의에 따르면 해석을 누가 내리는가에 대한 다툼이 곧 권력 다툼인 것이며, 기존의 토론 구조 자체에 도전하여 대안적 해석 체계를 제시하는 작업을 통해 혁명은 이루어진다. 특히 권력 현상에 있어서의 지배의 힘 못지않게 중요한 것은 저항의 힘으로, 종종 헤게모니를 강화시키는 권력 과정은 동시에 저항의 실천을 포함해왔으며 지배적 해석 체계를 해체하고 재구성하는 것은 다행스럽게도 생각처럼 그렇게 어려운 것은 아니라고 그는 보고 있다. 실제로 현대 사회에서 권력은 사회 전반에 그물망처럼 퍼져서 (1) 행동의 제한, (2) 언어의 검열, 그리고 (3) 특정한 현상을 불가시적인 것으로 덮어버림으로써 행사되어왔다. 억압은 종종 명확하기보다 일상의 사소한 사건 속에

누적되어온 것이다(특히 여성들은 출구가 은폐되고 침묵을 강요당하는 이러한 억압 상태에 오랫동안 있어왔다). 이러한 억압은 개인의 의미 체계와 초개인적인 억압 구조가 일치하는 한 지속되므로 여기서 '진실'의 효과가 재생산되는 구체적 영역의 분석이 중요한 작업으로 대두되는 것이다.

다시 말해서 푸코는 기존의 권력에 관한 논의의 핵심이 되어온 본질론을 부정하고 일상적 생활 과정 속에서 끊임없이 재구성되는 권력 현상에 대해 논의하기 시작한 것이다. 푸코의 작업이 이론적이고 설명적이기보다 구체적이고 서술적인 이유는 바로 여기에 있다. 재구성적 해체 작업에 마지막 작업이란 있을 수 없다. 여기에는 끊임없는 논의와 반론이 있을 뿐이다. 여기서 중요한 것은 반론 내지 저항적 이데올로기가 형성되고 교환되는 사회적 조건을 이루어가는 것으로 특히 논의의 독점을 방지하는 것이다 . 즉, 각 집단이 지닌 상이하고 때로는 대립적인 문화의 존재를 인정하는 것과 논의의 흐름을 비판적으로 읽는 능력을 갖추는 것이 중요해지며, 데리다J. Derrida는 이를 '능력있는 독자 *competent reader*' 라는 단어로 표현한 바 있다.

여기서 우리는 세계의 헤게모니를 잡아온 서구 문화나 여성을 지배해온 남성 문화가 현재 정체성의 위기에 빠져들기 시작했다는 점에 주목할 필요가 있다. 동시에 제3세계의 문화, 그리고 여성 문화는 그 정체성을 확립해가고자 안간힘을 쓰고 있으며, 이는 최근에 일고 있는 이러한 논의, 즉 권력과의 연관 속에서 의미 · 상징 · 언어 · 담화 *discourse*의 측면을 부각시키고자 하는 새로운 연구 경향과 결코 무관하지 않다. 푸코M. Foucault, 부르디외P. Bourdieu, 하버마스J. Habermas, 데리다J. Derrida, 더글라스M. Douglas 등은 문화 분석을 위한 탄탄한 토대를 깔아온 이들로서 그들의 연구는 우선 기존의 전제들 즉 (1) 문화는 주관적 현상이며 개인이 내면화시켜 갖고 있는 것이다; (2) 문화는 잘 통합된 하나의 패턴이다; (3) 문화는 사회 구조의 종속 변수이다는 등의 통념을 깨뜨리는 데 중요한 역할을 하였다(Wuthnow, et al., 1984; Bourdieu, 1979). 문화는 언어가 개인의 차원으로 환원될 수 없듯이 개인 차원으로 환원될 수 없으며, 그것은 "집단이 창조해낸 이해와 담화의 양식으로서, 인간들이 자신의 객관적 존재 조건을 해석하고 실현해가는 방법"(Moore, 1981)으로 파악되어야 하는 것이다.

문화는 사회 구성원들에 의해 매우 당연시되는 생활 세계의 핵심을 이루고 있다는 점에서 접근 방법상 특수성을 갖는다. 우선 문화적으로 구성되는 인간 행위를 이해하기 위해서는 행위자의 '안경'을 이해하는 것이 그 기본이 되어야 한다. 행위자는 자신의 '안경'을 통해 사물을 보고 상황을 판단하고 변화시켜가는데, 실제로 자신의 '안경'이 어떻게 생긴 것인지를 알기는 거의 불가능하다. 그것은 마치 우리가 언어를 적절히 사용할 줄 알면서도 그 문법 구조와 언어 규칙을 체계적으로 남에게 설명해주지 못하듯이 극히 무의식적 또는 습관적 차원에서 일어나고 있는 현상이기 때문이다. 문화적 행위의 많은 부분은 불분명하게 인식된 채 느낌의 차원에서 이루어지고 있으며, 상대방의 기대에 대한 자신의 해석에 의존하는 상징적 상호 작용의 산물이다(Goffman, 1959; Garfinkel, 1984).

문화 연구자가 하는 일은 이러한 인식 아래 복합적 의미 교환의 세계를 밝혀내는 작업으로서 후기 구조주의에서는 이때 인간의 행위를 '텍스트'로 다루는 방법을 제시해왔다. 여기서 연구자가 하는 일은 텍스트인 행위의 의미를 풀어 재구성하는 작업이다(Geertz, 1973). 이것은 한편 언어를 이해하는, 암호를 푸는 작업 *decoding*과 유사하며 또 한편으로는 정신분석학자가 행하는 해석학적 행위와도 비유된다. 분석학자는 환자와 대화를 통해서 환자가 느끼고는 있으나 어떤 억압적 기제에 의해 "깨닫지 못하는," 말로 표현하지 못하는 원초적 감정 내지 힘을 알아내는 것을 도와주는 것을 목표로 하며 환자를 대신

하여 그가 자신의 사고를 구조화할 기본적 범주 내지 상징적 경계선
을 찾아내주어야 하는 것이다.

이때 말해진 것(상징)과 말하고자 한 것(의미)은 다를 수 있으며,
한 행위가 여러 개의 의미를 갖게 된다는 사실 *polysemy*을 알 필요가
있다. 맥락에 따라 같은 상징, 같은 말이 전혀 다르게 혹은 전혀 새롭
게 해석될 수 있음을 인지하는 것은 중요하다는 것이다. 문화 분석의
주요 과제는 상징 체계를 그 특정한 사회적 조건과의 연결 속에서 파
악하고 특히 그러한 조건에서 행위자가 능동적으로 이루어가는 재해
석 행위를 연구하는 것이다. 문화적 경계선이 유지되거나 새롭게 그
어지는 것은 행위자의 의도와 전략이 구조와 연결되는 부분으로서
문화 분석의 핵심을 이룬다(Bourdieu, 1977: 3~9; Wuthnow, 1987:
261).

실제로 부르디외가 내리는 문화 형태의 분류 즉 당연한 것으로 받
아진 형태 *doxa*, 도전적 변형 *heterodoxy*, 그리고 그러한 도전에 대응
하는 방어적 형태 *orthodoxy*의 구분은 상징 재생산을 역사적 과정에
연결시켜보는 데 있어 매우 유용한 분류이다. 부르디외는 인간 사회
에서 인식 체계의 구성을 〈표-3〉에서와 같이 나타내고 있다
(Bourdieu, 1979: 168).

독사 *doxa*의 세계는 좀처럼 의식적 사고의 대상이 되지 않는다. 극
단적 변동의 과정에서 이단적 논쟁을 포함한 정치적 논쟁의 총체적
구성 자체가 해체될 때에만 독사의 실체는 밝혀진다. 독사의 연구에
서는 무엇이 이야기되고 있는지의 차원이 아니라 무엇이 이야기되고
있지 않으며 왜 이야기되고 있지 않은지의 차원이 문제되는 것이다.
어떻게 새로운 인식이 싹텄다가 일상의 일부분으로 젖어드는가? 문
화적 전제와 실제 생활간의 모순은 어떠한 협상과 타협과 설득을 통
해 매개되고 와해되며 고수되는가라는 질문이 중요해지는 것은 사회
의 근원적 재구성을 시도하는 때이며 독사의 세계가 변화되어야 할

⟨표-3⟩

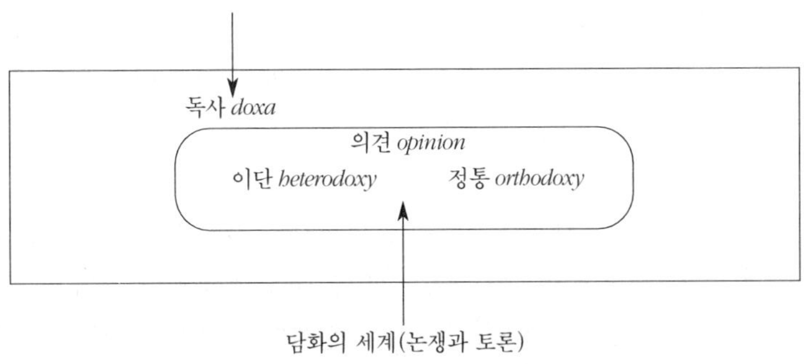

때이다. 물론 이 질문에 대한 해답은 주관적 힘과 객관적 힘의 상호 연결을 파악함으로써만 가능하다.

III. 여성 중심주의적[16] 연구 방법

최근 10~20년간 여성학 관계 연구자들은 기존의 사회과학에 도전하여 보다 적절한 언어와 방법을 개발하여 여성 억압적 현실을 조명하고자 노력해왔다. 이들은 앞에서 논의한 바의 과학성 문제, 이론과 실천의 관계, 사회적 과정에서의 생활 세계의 위치와 권력적 과정에서의 생활 세계의 의미가 새롭게 탐구되어야 할 것을 강조하면서 더욱 독자적인 방법론을 모색해왔다. 벤하비브 S. Benhabib와 코넬 D. Cornell이 편집한 『비평으로서의 페미니즘』,[17] 페이트먼 C. Pateman과 그로스 E. Gross에 의해 편집된 『페미니스트적 도전: 사회와 정치 이

---

16) 여기서 '여성 중심주의'란 근본적으로 '여성 해방주의'와 같은 것을 의미한다. 인식론적 차원을 강조할 때 '여성 중심주의'를 사용했으며, '여성 해방주의'는 실천적 차원을 포함한 보다 포괄적인 의미로 사용했다.

17) S. Benhabib and D. Cornell(eds.) (1986), *Feminism as Critique: Essays on the Politics of Gender in Late-Capitalist Society* (Cambridge: Polity Press).

론』,[18] 위던 C. Weedon의 『페미니스트적 실천과 후기 구조주의 이론』,[19] 가르나니코우 E. Garnarnikow 등이 편집한 『공공 영역과 사적 영역』,[20] 굴드 C. Gould의 『지배를 넘어서: 여성 철학의 새로운 전망』[21] 등에서 기존의 남성주의적 이론 및 논리 자체에 대한 비판과 인간 본성에 대한 근본적 재정의 작업이 이루어지고 있다. 여기서 여성 해방주의 연구가들이 전개해온 방법론 논의의 주요 논지를 살펴보자.

여성 해방주의적 연구에서 논리 실증적인 그리고 구조 기능적인 논의는 애초부터 찾아보기 힘들다. 이유는 분명하다. 기존의 사회과학은 여성의 삶과 관련된 영역을 다룰 적절한 개념과 도구를 갖고 있지 않았던 것이다. 예를 들어 가사 노동, 낭만적 사랑 등 여성의 삶을 지배해온 경험들, 그리고 상이한 조건에 처한 개인 내지 집단의 경험과 인식의 차이는 종종 기존의 주류 사회과학에서는 너무 사적·주관적이기 때문에, 또는 너무 애매모호한 현상이라고 여겨져서 기피되어온 연구 주제들이다. 여성 해방주의 학자들은 실증주의적 경향이 곧 남성 중심적 세계관의 산물임을 알게 되었다. 즉 가치에 우선한 관찰 가능한 '사실'에의 집착, 자연을 정복하려는 세계관의 확장으로서의 법칙 추구적 사회공학, 도구적 이성과 개체를 핵으로 하는 논리는 바로 여성을 배제한 채 전개되어온 남성 중심적 체제의 직접적 산물이라는 것이다.

실제로 중세 질서가 깨어지자 종래의 신학자나 철학자의 자리에 사회과학자들은 새로운 무기(실증주의)로 군림하고자 하였으며, 신

---

18) C. Pateman and E. Gross(eds.) (1986), *Feminist Challenges: Social and Political Theory* (Sydney: Allen and Unwin).

19) C. Weedon(1987), *Feminist Practice and Post-Structuralist Theory* (Oxford: Blackwell).

20) E. Garnarnikow, et al.(1983), *The Public and the Private* (London: Heinemann).

21) C. C. Gould(ed.) (1984), *Beyond Dominaton: New Perspectives on Women and Philosophy* (New Jersey: Rowman and Allanheld).

의 섭리 대신 '자연의 법칙'을, 종교적 설명 대신 '객관적' 설명을 내세워왔다. 이들은 전 세대 사람들이 '신'을 신봉하였듯이 '과학'을 신봉하였다. '과학적' 세계의 사제로서 지식 생산을 독점해왔던 것이며 자신들의 경험에 정통성을 부여함으로써 자신들의 범주에 속하지 않는 다른 집단 구성원들의 경험을 일방적으로 규정해왔던 것이다.

미이즈(1978: 168~74)는 이러한 '독사'의 세계에 도전하여 새로운 현실 탐구의 과학을 이루어가려는 여성 해방주의적 연구를 위해 다음과 같은 여섯 가지의 방법론적인 지침을 제시하였다.

1) 여성주의 연구는 '연구 대상들'에 무관심하고 냉정한 태도를 취함으로써 성취되는 '구경꾼의 지식'을 지양하고 연구 대상과의 동일시가 성취되는 문제 중심적 연구를 통해 지식을 생산한다. 그러나 연구 절차에 있어 연구자와 대상자 사이에 비판적이고 논리적인 거리를 유지하는 것은 중요하다.

2) 연구자와 연구 대상자간의 관계는 상호 교류적이어야 한다. 이제껏 하향 전망에 의해 억압받아온 여성들은 이 전망을 단호히 거부하고 체계적인 상향 전망의 방식을 동시에 계발해나가야 한다.

3) 여성 해방 이론의 '진실성'은 해방과 인간화로 향하는 방향을 제시하는 잠재력에서 나타난다. 이 잠재력은 오직 사회적 변혁 과정에의 참여와 그러한 과정에 대한 비판에서 얻어진다.

4) 현상의 변혁이 과학적 탐구의 시발점이다. 곧, 사물의 원리를 알려면 그것을 변화시켜야 한다. 이는 방법론적으로 역사적 과정의 기술과 분석 방법을 탐구할 것을 의미한다.

5) 연구 과정은 연구자와 연구 대상자 모두에게 의식화 과정이 되어야 한다(여기서 미이즈는 파울로 프레이리를 인용하였다. 프레이리는 의식화를 "사회적·정치적·경제적 모순을 자각하고 현실의 억압적 요소들에 대항하는 행동을 취하기 위하여 배우는 것"의 의미로 사용한다). 억압적 현실의 연구는 전문가에 의한 것이 아니고 피억압자 자신들

에 의해 이루어져야 하며 연구자는 억압 대상자들로 하여금 그 문제들을 표현하고 토론하는 형태로 공식화할 수 있도록 자극해야 한다.

6) 문제 공식화 방법론을 통한 집단 의식화는 "여성의 개별적인 그리고 사회적인 역사 연구로 발전"되어야 한다. 즉 여성은 자신의 집단적 역사를 소유하며 미래의 역사에 참여할 수 있어야 한다. 이를 위해 여성주의 학자들은 자신의 연구 결과를 개인의 소유로 다루지 않고 공유하는 방식을 배워나가야 한다.

일상적 삶의 현장에서 자신을 포함한 생활 세계의 연구에 집중해온 여성 해방주의 연구자들이 연구 대상자의 관점을 중시하는 문화적 연구 방법과 민주적 연구 절차를 중시하게 되는 것은 매우 자연스러운 현상이다. 여성 해방주의자들에게 있어서 연구 자체는 하나의 실천인만큼 문제의 제기 및 연구의 방식 자체에서도 이들은 철저히 평등의 원칙을 고수하려는 경향을 갖게 된다. 이들은 이론의 체계화 못지않게 연구의 방식, 즉 무엇을 어떻게 알아낼 것이며 어떻게 그 결과를 제시하고 공공적 토론으로 이어갈 것인지에 대해 관심을 기울여왔던 것이다.

이미 논의한 바 있는 "개인적인 것이 곧 정치적인 것이다"라는 여성 해방주의적 슬로건은 이러한 민주적 연구 방식, 그리고 주관주의와 객관주의를 연결하는 과제와 밀접하게 연결되어 있다. 여성 해방주의에서는 어떤 사회 구성원, 어떤 형태의 행동과 속성도 공공적 토론과 결정 사항에서 제외되어서는 안 된다는 것을 주장해왔다 (Young, 1987: 59). 곧, 이제까지 극히 편협한 합리주의적 논의에 국한되어온 공공적 토론의 영역은 개개 구성원의 감정적 차원까지도 포용하는 개방적이고 다원적 형태를 갖추어야 한다는 것이다. 여성 억압 현상의 특수성에 주목할 때 이러한 여성 해방주의 학문이 현 인문사회과학의 과제, 즉 마르크스, 베버, 그리고 프로이트가 제기해온 관심을 연결하여 전혀 새로운 사회 이론을 형성해갈 가능성은 매우 높다.

실제로 구체적 연구 과정에서 여성 해방주의적 연구자들이 여성이기 때문에 지녀온 체험과 시각이 충분히 반영·발휘되고 있다. 우선 여성이 그 동안 종속 집단의 구성원으로 생존해왔다는 점에 주목해 보자. 피억압 집단은 자기 보존을 위해 지배자의 동기를 알고 있으며 동시에 피억압자의 동기와 경험을 알고 있다. 이러한 피억압자의 특수한 입장은 그들에게 총체적인 사회 연구에 필요한 보다 폭넓은 시각과 직관, 그리고 포괄적 감수성을 제공한다. 즉 사회내에서의 주변적 위치가 사회적 조건을 객관화하고 비판적 시각을 유지하기에 매우 유리한 조건이 될 수 있다는 것이다.

또한 여성은 관계 위주의 삶을 살아온만큼 연구 상황을 지배하기보다는 상황에 몰입해 들어가서 연구 대상자의 입장에서 연구를 할 능력을 갖추고 있을 가능성이 높다. 즉 감정 이입적 이해력, 연구 대상 집단에의 깊은 관심과 평등주의적 자세는 새로운 사회과학적 연구에 있어 여성이 살려나갈 중요한 자산인 것이다.

결론적으로 여성 해방주의적 연구자들은 아리스토텔레스적인 이분법 논리와 미시/거시의 대립 구조를 극복하며, 개인의 체험을 역사와 연결시키는 사회과학 방법론을 개발하고자 하고 있다. 이때의 사회과학자는 논의할 내용 자체만이 아니라 그 내용을 어떠한 스타일로 제시할 것인가에 대해서 깊은 관심을 쏟게 되며 기존 학문 분과간의 인위적 구분 그리고 연구자와 연구 대상자·독자간에 있어온 거리를 어떻게 줄일 수 있을 것인지에 관해 고심하게 된다. 이때 연구자는 학문적 전문 용어보다는 생활 언어를 살리려고 노력하게 되며, 독자는 학문의 권위에 복종하기보다는 비판적인 시각으로, 그리고 기본적 사회과학의 개념을 익혀가며 토론에 임할 능력을 갖출 것이 요구된다.

연구자가 곧 연구 대상자이기도 하며 연구 대상자가 곧 독자이기도 한 상황에서 연구의 타당성과 신뢰성이 자체적으로 분석·평가될 때 학문은 더욱 많은 행위 주체자들을 위해, 또 그들에 의해 존재하게 될 것이다.

3. 한국 사회, 여성 해방, 그리고 인간화

I. 민족주의 운동·노동 운동·민주화 운동에서
여성 해방 운동까지

그러면 우리 사회는 어떠한가? 후기 산업 사회적 상황에서 일어난 서구의 제2기 여성 운동 등이 우리에게 어떤 의미가 있단 말인가? 우리는 이제 이러한 질문을 물어야 하고, 이에 답하기 위해 우선 한국 사회의 여성 해방 운동의 흐름을 개괄해보자.

한국 사회의 여성 해방 운동은 20세기 초반, 소수의 '선각자' 들에 의해 "여성도 인간이다"라는 이념적 차원에서의 절규로 시작된다. 그러나 이 외침은 곧 "나라를 건져야 된다"는 긴박한 과제 때문에 뒷전으로 밀려난다. 즉, 민족 독립을 위해 남녀 평등 운동이 보류되어졌으며, 이로 인하여 해방 후 여성 해방 운동은 새로 시작되어야 했다.[22] 여성의 권리에 대한 인식이 새로워질 듯했으나, 실제로는 곧 보수적 분위기에 싸이고 마는데 그것은 식민지적 껍질을 벗고 '민족적'

---

22) 식민지 시대를 통하여 제3세계 각처에서는 식민 정부로부터의 해방 운동이 일어났고, 여성들은 적극적으로 독립 운동에 투신해왔다. 민족 내지 부족 해방 운동에서는 대개의 경우 '선해방 후여권'의 가목표가 설정되고, 여성의 독자적 운동은 허용되지 않았다. 따라서 혁명 이후에 혁명 세력의 반동화 정책으로 새로운 여성 운동을 처음부터 다시 시작해야 하는 사태가 벌어져왔다. 이 대표적인 경우로 이란의 경우를 들 수 있다. M. 슈가르 M. 콜람사드의「우리는 퇴보하려고 혁명을 한 것은 아니다: 이란 회교혁명 원년의 여성 투쟁」, 1985, 『여성』(창작과비평사) 참조.

인 것을 되찾고자 하는 성급한 과정에서 미처 진정한 민족 자존의 길은 찾지 못한 채 신복고주의에 매달리게 된 때문이다. 한편 여성들은 수입된 '현대적' 헌법 제정으로 자동적으로 참정권을 얻게 되었고, 따라서 서구 여성들이 끈질기게 벌여온 선거권을 얻기 위한 사회 운동을 벌일 필요도 없게 되었다. 이어 곧바로 이어진 전란으로 여성 운동이 일어날 여지는 더욱 사라졌다. 전후의 복구 작업과 '빈곤으로부터의 해방,' 이산가족 재결합 등이 주요 과제가 됨에 따라 여성 문제는 여전히 뒷전에 머물게 된다. 그런 와중에서도 여성 해방 운동의 범주에 드는 운동이 서서히 일기 시작하였는데, 그것은 가족법 개정 운동이다. 이는 실질적으로 서구의 참정권 운동과 비슷한 비중과 의미를 갖는 운동으로, 끈질기게 진행되어왔으나 아직도 여성 대중의 관심을 크게 끌고 있지는 못한 상태이다.

1960년대와 70년대를 거치면서, 여성 해방에 대한 새로운 관심이 싹트기 시작한다. 노동 운동의 와중에서, 또 학생 운동 내부에서 일기 시작한 해방 논의와 서구 여성 운동과 여성학의 이론을 접하면서 대학내에서 일기 시작한 움직임이 그것이다.

실제로 그 전까지는 한국 사회 전반에 걸친 빈곤과 권위주의, 획일주의 및 강한 가족주의적 행동 원리적 통제, 그리고 소박(내지 천박)한 자유주의만을 허용해온 분단 상황 아래의 이데올로기적 통제로 인하여 여성 해방 운동이 하나의 떳떳한 사회 운동으로 뿌리내릴 가능성은 희박했다. 1970년대 이후 경제적 조건이 나아지면서, 그리고 체제 비판적 사회 운동의 와중에서 여성들은 비로소 자신과 동료 여성들, 그리고 다른 억압 집단에 관한 문제를 논의하기 시작했다. 이런 변화는 대부분의 비판적 운동이 그러했듯이, 대학 캠퍼스를 중심으로 가장 활발하게 나타났으며, 최근 10년간의 여성 의식의 변화는 놀랍게 자라고 있다.

내가 담당하고 있는 '성과 사회' 강좌를 예를 들어보자. 1983년 강좌가 선택 과목으로 개설되었는데 첫 강좌를 수강한 30여 명의 학생 중 호기심이 강한 3, 4명의 남학생을 제외하고는 모두 여학생이었다. 학생들은 대부분 여성 해방에 관해 별 지식이 없었고 그들의 동기와 반응은 다양했다. 5, 6명의 여학생들은 '여성 해방론'을 무리없이 이해하였으나 또 다른 5, 6명의 여학생들은 상당한 거부감을 표시하였다. "한 남자의 아내로서도 충분히 사회에 공헌할 수 있다"는 것이 그들이 제시한 반론이었다. 남학생들의 반응도 흥미로웠다. '여성 해방론'에 상당히 동조하는 듯하면서 여성 해방 문제를 자신과는 전혀 무관하게 느끼고 있었다. 결론은 "기득권을 가진 사람이 양보할 턱이 없으니 여성들이 힘을 길러 기득권을 차지하려면 해보라"는 것이었다. 주목될 현상은, 이러한 여학생들의 반론과 남학생들의 기득권 논의가 4, 5년내에 급격히 사라지고 있다는 사실이다. 우선 수강생의 수가 크게 불어나고 또한 수강생의 남녀 비율이 거의 반반을 이룬다는 점에서, 여성 해방에 대한 관심이 단지 여성의 전유물로 인지되고 있지 않음을 알게 된다. 그러나 그것보다 중요한 것은 강의중에 이루어진 토론과 리포트에 나타난 논의의 쟁점이 크게 바뀌었다는 점이다. 대부분의 여학생들은 이미 여성 해방에 대한 책을 읽어왔으며 나름대로 상당한 지식을 갖고 있었다. 남학생의 경우는 주로 두 가지 반응을 보였는데, 하나는 학생 운동권내에서 이루어지고 있는 운동론과 여성 해방론을 어떻게 연결을 시킬 것인지에 대해 고민하는 경우이고, 다른 하나는 자신이 사랑하는 여성(어머니·애인·할머니 등)의 삶을 통하여 인간 해방의 인식을 자신의 것으로 만들어가는 경우이었다.

여기서 분명히 드러나는 것은 사회적 '평등'에 관한 원리가 적어도 학생 사회에서는 상당히 당위성을 인정받게 되었다는 점과 깊은 관심을 바탕으로 하는 인간 관계를 추구하는 경향이 매우 현저해졌다는 점이다. 하여간 '기득권자'의 입장이란 것이 그리 떳떳한 것이 되지 못한다는 인식이 대학 사회에 뿌리내리기 시작한 것은 매우 의미 있는 변화로 보인다.

　현재로서 한국의 여성 해방 운동이 본격적으로 출발했다고 보기는 힘들 것이다. 사회 운동은 변화 가능성이 보일 때 일어나는 것인만큼 독자적 여성 해방 운동이 전개되기에는 그 동안의 사회적 여건이 심히 각박했다. 그러나 위의 사례에서 본 것처럼 분위기가 형성되어가고 있는 것은 분명하며, 실제로 움트기 시작한 몇 가지 여성 해방 운동에 대한 논의는 가능하다. 극히 소수이나마 강한 집단적 유대를 토대로 일고 있는 현재 우리나라의 여성 운동은 목표와 방식상 크게 두 종류로 나누어져 있다. 그 하나는 기존의 민주화 운동권과 관계를 맺어온 경우이며, 다른 하나는 독자적 운동을 펼치는 경우이다. 기존의 민중·민주 운동권과 연계를 맺고 있는 경우, 자율적 여성 운동의 타당성을 확보하기 위해 '민중 운동'이 우선이냐 '여성 운동'이 우선이냐는 등의 '우선' 논쟁을 벌여야 되는 문제점을 안고 있으나, 또한 사회 운동은 다른 운동과의 연계를 통하여 더욱 효과적으로 진행될 수 있으며 운동 조직체 자체의 남성 중심주의를 변화시켜나가는 것 역시 중요한 여성 해방 운동의 과제라는 점에서 기존 조직권내에서 여성 운동을 벌이는 것은 중요하다. 이때 조직권내 여성 운동의 양상은 따라서 남성 중심적 기존 운동 조직이 자체내 권위주의·위계주의와 성차별주의를 얼마나 극복할 수 있을지, 또 내부 여성 운동가들이 얼마나 여성 문제를 주체적으로 인식하고 나아갈지에 의해 크게 좌우될 것이다. 실제로 그들이 조직 운동내에 확보할 위치는 앞으로 여성 운동의 향방에 있어 매우 중요한 변수가 될 것이다.

　한편, 독자적 여성 해방 운동은 소규모로 각기 다양한 입장과 방식을 취하여 노동·가정·폭력·대안 문화 등을 주제로 운동을 벌여오고 있다. 서구 사회에서 100여 년에 걸쳐 일어난 여성 해방 운동의 주요 쟁점들이 현 우리 사회에서는 10년도 채 못 된 기간내에 한꺼번에 쏟아져나오고 있는 셈인데, 저변 확대는 아직 본격적으로 이루어지고 있지 않으나 자체내 힘을 탄탄히 기르는 시기로 보여진다.

II. 함께 풀어가야 할 문제들

이미 앞의 논의에서 상당히 분명해졌을 것이지만, 나는 지구상에서 가장 오래, 그리고 가장 교묘하게 인간성을 억압해온 가부장제는 이 시대에 와서 타파되어야 하고 또 타파될 것이라고 믿고 있다. 여성 해방 운동은 여성이 자신의 경험을 자신의 것으로 만들어가는 과정이며, 숨겨져 있던 여성의 역사를 찾아내어 그 바탕 위에 남녀 모두를 위한 새로운 역사를 만들어가는 작업이다. 여성 억압은 인간에 의한 자연의 착취와 같은 맥에서 이루어진 것이며, 이 오래된 억압의 구조를 바꾸기 위해서는 지금껏 있어온 어떤 종류의 해방 운동보다 장기적이고 급진적인 해방 운동이 일어나야 한다. 일상 생활 속에 깊숙이 침투해 있는 가부장적 구조의 변혁을 위해 여성 해방주의자들은 일상적 삶을 근원적으로 해체하고 재구성해나갈 새로운 단어를 만들어가야 하는 것이다. 지배와 종속의 대립 구조가 피억압자를 비인간화시킬 뿐 아니라 억압자 역시 비인간화시킨다는 인식이 뿌리내리게 될 때 인간성에 대한 새로운 정의——자연과 공동체로부터 유리된 도구적 개체가 아닌, 자연과 공동체적 관계를 자율적으로 구성해가는 존재——에 토대를 둔 인간적 사회가 우리 곁에 뿌리내리게 될 것을 믿는다.

함께 풀어가야 할 문제들

이러한 운동에 참여하는 성원으로서 나는 우리 사회의 변혁 주체자가 될 잠재성을 지닌 이들과 몇 가지 문제를 논의하고자 한다. 하나는 여성 해방 운동이 서구적이라는 선입견이고 또 하나는 사회 운동간에 위계 서열을 정하려는 획일적 권위주의에 대한 것이다. 나는 이것을 현재 한국 사회에 여성 해방 운동이 뿌리내리는 것을 가로막고 있는 장벽으로 보며, 또한 한국 사회의 민주화를 어렵게 하는 하나의 장애물로 본다.

앞에서도 이미 다루어진 문제이지만 가부장적 사회에서는 유독 여성과 관련된 문제만은 보편주의적 사회 원리와는 무관한 것으로 보고자 하는 경향이 있다. 소위 지식인이라고 자칭하는, 그리고 '민주'와 '민중'을 강조하는 사람들 중에서 인간의 자율성 회복을 목표로 하는 여성 해방 운동을 "너무 서구적이다"라는 한마디로 거부하는 사고의 단절 현상을 종종 발견하게 된다. 이들은 실제로 자본주의적 전개에 따라 임금 노동자가 생기듯이 여성의 삶도 특수한 양식으로 역사 전개에 따라 구조화되어왔으며 이런 상황에서 노동 운동이 필요하듯이 여성 운동이 나타나는 것은 당연한 현상임을 보지 못하거나 보지 않으려는 사람들이다. 하나의 원리(그것이 자유이건 평등이건)를 깨우쳤을 때 그 원리는 모든 사회적 관계에 보편적으로, 예외 없이 적용되어야 함을 모른다면, 그것은 이미 원리가 아니며 겉치장일 뿐이다. 나는 이러한 겉치장의 원리가 우리 주변에 남발되고 있는 것이 염려스럽다. 실제로 실천적 운동에 적극 참여하지 않고 주변을 맴도는 지식인들 가운데 이러한 경향이 더욱 농후하게 나타나는데, 사실 나는 그들에 대해 별 존경도 기대도 없기 때문에 이 문제에 관해서는 어쩌면 크게 신경쓰지 않아도 좋을지 모르겠다.

그러나 활발한 사회 운동의 전개를 위해서 실천적 운동 과정에서 나타나고 있는 교조성은 절대적으로 극복되어야 할 문제이다. 이는 대개가 상황의 급박함을 이유로 사회 운동간에 중요성의 등급을 매긴다거나, 현실적 상황 파악보다 이론 논쟁으로 운동을 주도하려는 경향으로 나타나는데 나는 이러한 우리의 행위 성향이 비판적으로 반성되지 않고는 사회 운동이 진정한 성공을 이룰 수 있다고 보지 않는다. 일제 시대에 벌여온 저항 운동의 양태에서부터 최근 대통령 선거(1987년)에서 여실히 드러난 비판 세력의 현실 대응력을 보면서도 우리가 여전히 역사에서 배우지 못하는 것은 무엇 때문인가? 사회 운동은 자기 개인의 문제가 너무나 엄청나서 외면한 채 남의 문제로 흥분하는 사람들이나 자기 개인의 문제가 너무 없는 심심한 사람들이 벌이는 것이라는 식으로 사회 운동에 대한 인식이 심어진다면 그 책임은 누가 질 것인가?

실제로 우리의 상황은 근세 이후 항상 쫓기는 듯 급박해왔으며 지금의 상황도 급박하다면 매우 급박하다. 그러나 특정 문제에 관한 한 '과학적' '보편적'이라는 수식어로 적극 정통성을 부여하면서 시민 혁명이 부재했던 역사에 대해서는 구태여 외면하고자 하는 경향은 이 사태의 절박함과 무관한가? 사회 운동의 경험이 짧고 특히 시민 혁명의 과정을 거의 거치지 않은 상태에서 일고 있는 사회 운동이 엘리트주의와 획일화 경향을 보이는 것은 어느 정도 불가피하다. 그러나 급격한 변동 과정에서 이미 다원화되기 시작한 사회 구성을 고려하지 않고 여전히 획일적이고 권위적인 운동 양식을 고집한다면 사회 운동이 사회에 뿌리내리기 힘들 것임은 또한 자명하다. 다원주의가 갖는 나태함의 위험 못지않게 획일주의가 갖는 경직·고립화의 위험은 경계되어야 한다. 현재 우리의 상황에서 일어나는 사회 운동은 (1) 정치와 권력에 대한 좀더 새로운 이해와 (2) 우리가 형성해온 집단 행위적 특성에 대한 근원적 성찰이 없이는 참여의 폭을 넓혀가기 힘들 것이다.[23]

물론 이러한 자아 성찰과 역사적 재구성이 새로운 실천적 대안으로 직접 연결되고 있는 것은 아니다. 그러나 자아 인식과 실천에 있어서 우리 시대의 한계를 보고 우리 자신들이 자율적 주체자로 남아

---

23) 나는 우리의 집단 행위적 특성에 대해 『열린 사회, 자율적 여성』에 실린 논문 「한국 문화와 사회 운동의 양식」에서 논의한 바 있다(『또 하나의 문화』 2호, 서울: 평민사, 1986).

있기 위해 필수적인 것이 무엇인가를 묻지 않은 채 진실에 가까이 갈수는 없는 것이다. 억압의 상태란 일면 자신이 사용하는 언어에서 소외되고 의사 소통의 기회를 박탈당한 상태임을 이미 강조한 바 있다. 억압되고 소외당한 이들이 자신의 언어를 찾아가는 과정 자체가 생략된 혁명이란 있을 수 없는 것이다.

엄밀히 실천적 지식의 타당성은 세 차원, 즉 (1) 이론적 타당성의 차원; (2) 새로운 이해를 유도하는 차원 *inducing enlightenment* 과 (3) 실제적 전략 *practical strategy* 을 다루는 차원에 근거한다(Habermas, 1974: 32~33). 이러한 여러 차원을 구분하지 않고 진행되어온 기존의 성급한 실천 논의는 극복되어야 하는 것이다. 즉, 첫째로 비판적 이론 논의의 형성과 확장은 '진리'에 관련된 것으로 어느 정도의 과학성을 확보해야 한다. 두번째 차원은 역사적 체험을 연결하는 과정으로서 진리에 관한 논의가 적용되고 실험되는 방식을 뜻한다. 이는 곧 구체적인 집단내의 자아 성찰적 과정에 의해 이루어지는 것으로 신뢰할 수 있는 통찰력이 중시된다. 세번째 차원은 적절한 전략의 선택이 문제되는 차원으로 기술적 문제, 구체적 투쟁의 방식과 조직화의 문제를 포함한다. 곧 정치적 적용성의 문제가 평가되는 영역이다.

전통적인 노동 운동 내지 계급 해방 운동에서는 이론적 논의가 주도적이었으며 이 세 차원의 과제가 모두 이론을 체득하고 재구성해온 엘리트와 당 조직의 주도에 의해 이루어져온 편이다. 반면 여성 해방 운동의 경우는 소규모의 조직이 먼저 형성되어 일상적 체험에 근거한 구체적 투쟁을 개인적으로, 또는 집단적으로 벌여왔으나 이론적 논의가 충분히 이를 정리해주지 못한 편이었다. 이 두 방식 모두 이상적인 것이 아니다. 정치적 운동을 위한 전략적 결정이 애초부터 이론적으로 타당성을 갖는 것도 아니며 곧장 조직화로 연결되는 것도 아니기 때문이다. 운동 차원의 유일한 정당성 내지 타당성은 참여 주체자들간의 삶에 대한 담론을 통해서만이 얻어지며 이론은 억

압적 사회 체계내에서 그들이 차지하고 있는 위치에 대한 계몽의 차
원을 벗어날 수는 없는 것이다. 종국적으로 운동을 통해 무엇을 성취
하고자 하며 또 그것을 위해 어떤 위험 부담을 안을 것인지를 결정하
는 것은 해방이 필요한 주체들이 할 일이다. 가장 이상적 형태의 사
회 운동은 따라서 억압을 심하게 느끼고 있는 이들이 이론적 논의의
형성까지를 맡게 될 때 또는 적어도 세 차원을 연결시켜나갈 수 있을
때 활발히 전개될 것이다.

나 자신의 한계

내가 이러한 여성 해방주의적 관점을 내 것으로 하기에는 적잖은
세월이 필요했다. 그 과정은 이 책에 실린 논문에 상당히 반영되어
있다. 되풀이되는 부분이 있겠지만 내 개인적 의식의 변화와 연결하
여 각 논문을 소개하고자 한다. 나 자신이 갖고 있는 사고 경향과 한
계를 분명히하기 위함이다.

나는 우리 사회에서 상당히 혜택을 받고 살아온 소수에 속한다. 그
혜택이란 큰 경제적인 부담 없이 살아왔으며, 지적인 풍요로움을 누
려왔다는 점에서이다. 나는 특히 급진적으로 자유로운 외할머니와
드물게 건강한 상식을 가진 어머니의 영향을 받으며 자랐다. 식민지
시대에 청소년기를 보낸, '나약한' 지식인의 틀을 벗어나지 못한 아
버지께서는 적어도 자식들에게 인본주의적 이념을 심어주었다는 점
에서 자신의 몫을 하신 분이다. 당시의 풍토로 보아 나의 유학길은
매우 당연한 선택이었다. 역사 공부를 하던 나는 새로운 방법론을 익
히겠다고 문화인류학으로 전공을 바꾸어 미국으로 유학을 떠났고 그
곳에서 여성학에 관심을 갖게 되었다.

1975년 대학원에서 공부하고 있던 때였다. "자신이 여자이면서 여
성들의 억압을 보지 못하는 사람이 어떻게 사회과학을 한다고 그러
느냐?"라는 한 친구의 말이 내게 심한 충격으로 남아 그때부터 나는

여성 문제에 대한 책을 읽어가기 시작했다. 다시 말해서 나의 여성 해방에 대한 관심은 내가 여성이기 때문에 갖게 된 직접적 체험에 따른 것이었다기보다는 지적 성장의 한 과정에서 인간 사회에 존재하는 갖가지 불평등 현상에 대한 관념적(이성적) 저항에 의해 생겨난 것이었다. 그 후 사회 현상의 이면에 흐르고 있는 여타의 사회적 불평등에 대한 나의 관심은 깊어갔으며, 나는 점차 사회에 존재하는 갈등과 모순을 직시하고 이를 해결해가는 과정에 참여함으로써만이 인간의 존재 의미는 확인된다는 추상적 명제를 구체적 생활의 장에서 나의 것으로 삼아갈 수 있게 되었다. 나는 또한 자신과 사회를 바로 보지 못하도록 막는 기존의 많은 고정 관념을 깨뜨려가는 것이 사회과학자의 주요한 역할임을 확인하게 되었다. 내가 불평등 현상 중에서도 남녀 문제에 더 관심을 갖게 된 것은 여성 억압을 다른 어떤 문제보다 더 피부로 직접 느낄 수 있기 때문이었다.

여성 연구 문헌을 정리하면서 나는 미국의 여성 운동의 목표가 지나치게 여성의 경제력 확보에 집중되어 있다는 느낌을 받았다. 나는 그 전제를 좀더 분명히히고 싶어졌고 그래서 여성이 상당힌 경제력을 갖고 있는 제주도 해녀들을 연구하기로 했다. 1976년에 나는 제주도에 가서 현지 조사를 시작했다. 성 역할 분담, 기질적 차이, 그리고 권력 관계라는 세 영역에 대한 조사를 통해 나는 경제력 자체에 대한 평가가 사회마다 매우 다르다는 것을 확인하게 되었고 여성의 경제적 자립은 '여성의 자기됨'에 필수적인 요건이지만 '여성의 자기됨'의 문제는 권리 확보의 차원보다 훨씬 더 복잡한 문제임을 알게 되었다.

10년 후 재방문을 통해 나는 이전의 이론적 관심과는 다른 심각한 고민을 하게 되었다. 소위 '발전' 속에서 경제적으로, 또 문화적으로 곤궁해지는 여성에 대한 문제였다. 「제주 해녀 사회의 성 체계와 근대화」는 바로 이 문제를 논의한 것이다.

학위 과정을 끝냈을 때 나는 어떤 사명감 같은 것을 갖고 있었으며, 귀국한 후 곧 인류학회에서 사회의 불평등 현상의 본질은 피억압 집단이 '보이지 않고 들리지 않은 채' 존재하고 있다는 데에 있다는 내용의 발표를 했었다. 기억컨대 그 발표에서 나는 거의 아무런 반응을 얻지 못했다. 그리고 좀 후에 나는 우리 사회가 어릴 적부터 우리가 학교에서 배워온 대로 '평등과 자유'의 원리를 진정으로 실현코자 하는 사회인지 의구심을 갖게 되었다. 나는 '평등'의 단어를 즐겨 쓰는 많은 사람들이 실생활에서 전혀 평등적이지 않으며 이론과 실제가 따로 노는 것을 당연시하고 있다는 것을 알게 되었다. 그렇다면, 학문을 한다는 것의 의미는 어디에 있는가?

그런 와중에도 내게는 커다란 위안의 세계가 있었다. 나는 전통적 생활 세계를 알고자 하여 지방의 할머니들을 만나러 다녔다. 우선 우리들을 길러낸 여성들의 체험에 대해 더 알아야 한다고 생각했다. 할머니들은 항상 당당하고 다정했다. 나는 그 여장부 같은 할머니들과 현대 도시의 '복부인' '치맛바람'으로 사회적 지탄을 받는 어머니들, 그리고 젊은 세대의 여성들을 연결시켜보려고 애썼다. 엄청나게 센 어머니와 의존적인 아들, 의무는 없고 권리만 있는 듯한 남성들의 세계, 남편의 넥타이를 매어주며 바람피울까 조바심하는 아내, 이런 것들이 내게는 익숙한 듯하면서도 무척 생소했다. 많은 여성들이 내가 예상했던 것보다 무척 '투철'하게 가부장적 가치를 내면화하고 있었다. 전통 주부의 삶, 부부의 권력 관계, 그리고 남성다움에 관한 글들이 이때에 씌어졌다(이 책에서는 가족 관계 주제 아래 다시 정리했다).

나는 남성 독자와 여성 독자를 모두 의식하였으며 남성들도 내 논문을 논리적으로나 감정적으로 부담 없이 읽으면서 자연스럽게 자신의 삶을 반추해볼 기회를 갖기 원했다. 이 글들은 모두 학회에서 발표되었었지만 여전히 토론으로 연결되지는 못했다. "이론으로 무장된 논문"이라는 비판의 말이 기억에 남아 있을 뿐이다.

나는 토론을 해야겠다고 생각했다. 가장 변화의 가능성을 가진 집단을 선택하여 연구하고 변화를 위한 대안을 토론해야 한다는 생각이었다. 그래서 은행원 교육, 여성 연구회, 여동문회 등 여러 곳에 강연을 다녔으며 한편 월간지에도 글을 썼다. '직장 여성에게 보내는 메시지' 같은 것들이었다. 시민으로서의 의무라는 생각에서 매 방학 때마다 틈을 내어 한 편씩을 썼다. 어느 날 표정은 없고 짙은 화장만 돋보이는 여성지의 모델 사진이 눈에 들어왔다. 다시는 여성 잡지에 글을 쓰지 않기로 했다. 여성 문제에 대한 인식이 미장원에서 잠시 읽는 글을 통해 이루어질 것이라는 생각은 너무 낙관적이지 않은가? 이 와중에서 나온 논문이 여성과 직업, 가족 관계, 자녀 양육에 관한 것들이었다.

나는 이 시기를 통하여 낭만적 휴머니스트에서 제대로 땅에 발을 붙인 휴머니스트로의 변신을 시도했던 것인데 초기의 한계는 위의 논문들에서 매우 분명히 드러난다. 그 한계를 나름대로 벗어나기 시작한 것은 '성과 사회' 강의를 본격적으로 시작하면서일 것이다. '성과 사회' 강의를 통하여 나는 학생들과 많은 접촉을 갖게 되었다. 나는 학생들과 가깝게 사귀면서 사람들은 대안이 없다고 느낄 때 억압을 참아내는 놀라운 능력을 가졌다는 것을 알게 되었고 "보수적이지 않을 때" 그들이 받게 되는 엄청난 압력에 대해서도 알게 되었다. 나는 이들과 함께 할 수 있는 모임이 꼭 있어야겠다고 느꼈다. 그래서 뜻이 맞는 이들과 모여 모임을 만들었고, 그 '또 하나의 문화' 모임은 내게 이리저리 흩어져 있던 수많은 '나'를 만나는 마당이 되고 있다. 한국의 가부장제, 남성다움, 여성 문화에 대한 논문은 '또 하나의 문화'를 통한 대안 문화 운동의 경험, '성과 사회' 수강 학생들과의 상호 작용을 통해 걸러진 글들이다.

이 책은 (또 나 자신은) 몇 가지 명백한 한계를 갖고 있다. 하나는 연구가 중산층을 대상으로 주로 이루어졌다는 점이고 또 하나는 기본적으로 서구의 개념을 주요 분석 도구로 사용하고 있다는 점이다. 이에 대한 변명은 있다. 우선 연구가 중산층 편향성을 띠게 된 것은 이미 밝혔듯이 나 자신이 상징인류학자로서 문화적 현상에 초점을 맞춘 데서 비롯된다. 문화적 특수성을 보고자 할 때 가능한 한 다른 요소와 엇물리지 않은 상태가 분석하기에 쉬우며 이에 따라 경제 문제로 인하여 여러 문제가 얽힌 경우보다 문화적 구속력이 두드러지게 나타나는 중산층을 연구하게 된 것은 방법론상의 선택이었다. 연구자로서의 자질면에서 본다면 나는 어릴 적부터 내 주위와 나 자신을 끈질기게 객관화시키는 '버릇'을 가져왔다. 내게 이념의 구속성은 항상 매우 분명하게 나타나 보였는데 이에 더하여 문화인류학을 공부하면서 나는 이를 처리할 학문적 언어를 익혀온 셈이 된다.

또한 나는 짧은 자본주의 역사에 비추어 우리 사회가 계급에 따라 판이한 문화를 형성하고 있을 가능성에 대해서도 논의가 필요하다고 생각한다. 하여간 여기서 여성 해방에 대한 책을 쓴 부시어가 자신을 부르주아 마르크스주의자로 비유하면서 남성으로서 신분적 이해 관계와 감성적 경험의 차이에서 오는 이해의 한계를 고백한 부분이 시사하는 바가 크다(Bouchier, 1983: 6). 내가 갖는 한계는 물론 남성인 그가 갖는 것과는 질적으로 다를지 모르나 역시 한계인 것은 분명하며 그 한계는 내가 이 책에서 누차 강조해온 토론을 통해 앞으로 극복되기를 바랄 뿐이다. 궁극적으로 여성 해방의 과제가 각 계층, 각 집단에서 자신을 연구할 사람들이 나올 수 있는 사회를 만들어가는 데 있다는 것을 다시 한번 상기해주기 바란다.

두번째로, 서구 개념을 통한 분석의 한계에 대해서는, 크게는 식민 제국주의를, 작게는 그들에게 '잡아먹힌' 조상들, 그리고 여전히 약소국 콤플렉스에 허우적대고 있는 나를 포함한 이 사회 전체의 탓이라고 말하고 싶다. 그나마 여기에 실린 논문들은 묘사와 해석을 중시하는 관계로 사회과학적 연구 중에서는 우리의 언어가 많이 들어 있는 편의 글이다. 한국 사회를 제대로 분석하고 해석할 개념을 갖기 위해서 우리는 앞으로 한참 동안 관찰과 성찰을 바탕으로 하는 자체 내 논의를 축적시켜나가야 할 것이다.

여전히 나 자신에게 불만으로 남아 있는 것은 경제/문화 구조의 대비 등 극단적 이중 논리와 분류 체계로 사회 현상을 묘사·분석할 수밖에 없었던 부분들이다. 또, 이 책에 나타나고 있는 '자기됨'의 인식이 '동양적' ——이것도 위험한 단어이지만—— 감성에서도 무리없이 넘어갈 수 있는 것인지에 대해서도 여전히 약간의 의심을 품고 있어야 할 것이다. 노동과 상징이, 일터와 가정이, 집단과 개인이, 이론과 실천이, 평등과 자유가 대치되는 것이 아니고 유기적인 하나를 이룬다는 원리를 풀어갈 언어를 혹 오래된 우리의 삶 어딘가에서 더 쉽게 발견할 수 있지 않을까?

여성 해방 운동은 수만 년의 인류 역사를 통해 이제 첫 큰 걸음을 떼었을 뿐이다. 억압과 소외를 넘어서 조화로운 공존을 가능케 할 새로운 '언어'를 만들어가는 기나긴 여정에 동참하자.

참고 문헌

김정희(1987), 「성 억압의 유지·강화 메카니즘」, 『이화』, 이화여자대학교.

김조년(1984), 「비판 이론의 르네상스」, 『사회학 연구』 2.

밀, J(1869), 『여성의 예속』, 김예숙(역), 1986, 이화여자대학교 출판부.

M. 슈가르 M. 콜람사드(1980), 「우리는 퇴보하려고 혁명을 한 것은 아니다: 이란 회교혁명 원년의 여성 투쟁」, 1985, 『여성』, 서울: 창작과비평사.

아이젠슈타인, H.(1984), 『현대 여성 해방 사상』, 한정자(역), 이화여자대학교 출판부, 1986.

재거, A., P. 스트럴(1978), 『여성 해방의 이론 체계』, 신인령(역), 1983, 서울: 풀빛.

정대현(1985), 「여성 문제의 성격과 여성학」, 『한국여성학』 제1집, 한국여성학회.

조옥라(1986), 「가부장제에 관한 이론적 고찰」, 『한국여성학』 제2집.

조혜정(1986), 「한국 문화와 사회 운동의 양식」, 『열린 사회, 자율적 여성』『또 하나의 문화』 2호, 서울: 평민사.

판스워드, 『알렉산드라 콜론타이』, 신민우(역), 1986, 서울: 풀빛.

포너, 필립 S., 『클라라 체트킨 전집』, 조금안(역), 1986, 서울: 동녘.

프리단(1968), 『여성의 신비』, 김행자(역), 1978, 서울: 평민사.

Benhabib S. and D. Cornell(eds.) (1986), *Feminism as Critique: Essays on the Politics of Gender in Late-Capitalist Society*, Cambridge: Polity Press.

Bouchier, D.(1983), *The Feminist Challenge: The Movement for Women's Liberation in Britain and the United States*, London: MacMillan.

Bourdieu, P.(1979), *Outline of a Theory of Practice*, Cambridge: Cambridge University Press.

Brownmiller, S.(1975), *Against Our Will: Men, Women, and Rape*, New York: Simmon and Schuster.

Chickering, R.(1988), "Casting Their Gaze More Broadly: Women's Patriotic Activism in Imperial Germany," *Past and Present 118*.

Collier, J. and M. Rosaldo(1981), "Politics and Gender in Simple Societies," *Sexual Meanings*, ed. Ortner and Whitehead, Cambridge: Cambridge University Press.

Croll, E. J.(1986), "Rural Production and Reproduction Socialist Development Experiences," *Women's Work*, ed. L. Leacock et al., M. A.：Bergin and Garvey.

Davidson, A. I.(1986), "Archaeology, Genology, Ethics," *Foucault*, ed. D. C. Hoy, London: Blackwell.

Derrida, J.(1978), *Writing and Difference*, Chicago: University of Chicago Press.

Eisenstein, Z. R.(1979), *Capitalist Patriarchy and the Case for Socialist Feminism*, New York: Monthly Review Press.

Firestone, S.(1970), *The Dialectic of Sex*, New York: Morrow.

Foucault, M.(1972), *The Archeology of Knowledge*, trans. A. M. Sheridan Smith, New York: Random House.

―――(1975), *The Birth of the Clinic*, New York: Random House.

―――(1977), *Displine and Punish: The Birth of the Prison*, New York: Random House.

―――(1979), *The History of Sexuality*, London: Penguin.

―――(1980), *Power/Knowledge: Selected Interviews and Other Writings 1972~77*, ed. C. Gordon, New York: Pantheon.

Habermas, J.(1974), *Theory and Practice*, trans. J. Viertel, London: Heinemann.

―――(1984), *The Theory of Communicative Action I: Reason and the Rationalization of Society*, trans. T. McCarthy, London: Heinemann. Hammersley, M. and P. Atkinson(1983), *Ethnography: Principles in Practice: 4*, London: Tavistock.

Garfinkel, H.(1984), *Studies of Ethnology*, Cambridge: Polity Press.

Garnarnikow, E., et al.(1983), *The Public and the Private*, London: Heinemann.

Geertz, C.(1973), *The Interpretation of Cultures*, New Tork: Basic Books.

Giddens, A.(1984), *The Constitution of Society*, Cambridge: Polity Press.

Goffman, E.(1959), *The Presentation of Self in Everyday Life*, New York: Doubleday.

Gould, C. C.(ed.) (1984), *Beyond Domination: New Perspectives on Women and Philosophy*, New Jersey: Rowman and Allanheld.

Keohane, N. O., M. A. Rosaldo, B. C. Gelp(1981), *Feminist Theory: A Critique of Ideology*, Sussex: Harvester.

Leacock, L.(1987), "Postscript: Implications for Organization," *Women's Work*, ed. L. Leacock et al., M. A.: Bergin and Garvey.

Mies, M.(1986), *Patriarchy and Accumulation on a World Scale: Women in the International Division of Labor*, New Jersey: Zed Books.

Minnich, E.(1982), "A Devastating Conceptual Error: How Can We Not Be Feminist Scholars?" *Charge*, 14(3).

Moore, H.(1981), *Space, Text and Gender*, Cambridge: Cambridge University Press.

O'Brien, M.(1971), "Feminist Theory and Dialectical Logic," *Feminist Theory: A Critique of Ideology*, Keohane et al., Sussex: Harvester.

Ortner, S.(1974), "Is Female to Male as Nature is to Culture?" *Women, Culture and Society*, ed. M. Z. Rosaldo and L. Lamphere, Stanford: Stanford University Press.

Pateman, C. and E. Gross(eds.) (1986), *Feminist Challenges: Social and Political Theory*, Sydney: Allen and Unwin.

Rabinow, P.(ed.) (1984), *The Foucault Reader*, New York: Pantheon.

Radicalesbians(1970), "The Women-Identified Women," *Radical Feminism*, ed. Koedt, et al.

Rosaldo, M. Z. and L. Lamphere(1974), "Introduction," *Women, Culture and Society*, ed. M. Rosaldo and L. Lamphere, Stanford: Stanford

University Press.

Rowbotham, S.(1971), *Women's Liberation and the New Politics*, Nothingham: Bertrand Russel Peace Foundation.

Sargent, L.(1981), *The Unhappy Marriage of Marxism and Feminism: A Debate on Class and Patriarchy*, London: Pluto Press.

The Women in Eastern Europe Group(1979), *Woman and Russia: First Feminist Samizdat*, London: Sheha Feminist Publishers.

Thomson, E. P.(1978), "The Peculiarities of the English," *The Poverty of Theory*, London: Merlin Press.

Weedon, C.(1987), *Feminist Practice and Post-Structuralist Theory*, Oxford: Blackwell.

Willis, D. K.(1985), *Klass: How Russians Really Live*, New York: Avon Books.

Wollstonecraft, *Vindication of the Rights of Women*.

Wuthnow, R., et al.(1984), *Cultural Analysis*, London: Routledge & Kegan Paul

Young, I.(1987), "Impartiality and the Civic Public: Some Implications of Feminist Critiques of Moral and Political Theory," *Feminism as Critique*, Cambridge: Polity Press.

제2장

한국의 가부장제에 관한 해석적 분석 : 생활 세계를 중심으로*

1. 머리말

이 글에서는 인류 사회를 조직화하는 데 있어 하나의 주요한 근간이 되어온 가부장적 구조 원리가 가족 제도를 중심으로 한 생활 세계에서 어떻게 변형되어왔는지를 다루고 있다. 구체적 연구 대상은 한국 사회로, 특히 전통적인 농경 사회에서 공업 자본주의 사회로의 이행 과정과 최근의 급격한 경제 성장기를 통한 계기적인 변화 양상에 초점을 맞추고 있다.

가부장제란 남성에 의한 여성 지배를 뜻한다. 그 지배의 양상은 단순한 동물 세계에서의 지배 현상과는 달라서 사회 제도와 문화적 차원의 기제를 매개로 하며 이 점은 가부장제 기원 논의에서부터 매우 분명하게 드러난다. 최근 여성주의 학자들은 남성에 의한 여성 지배란 남성들이 신체적으로 강하고 공격적이기 때문에 비롯된 현상이라기보다는 남성들이 여성들에 비하여 가족 부양의 책임에서 자유로울 수 있었다는 사실과 관련된 것으로 보고 있다. 즉 남성들이 생물학적

---

* 이 논문은 원래 1986년 춘계 '한국여성학회' 발표를 위해 준비한 논문이다. 발표 때 있었던 이인호·한완상 교수와 여러 토론자들의 비판이 책을 쓰는 과정에서 수렴되었다.

으로 '강한 성 *stronger sex*'이기 때문이라기보다는 오히려 가정적으로 주변적인 존재였기 때문에 가정 외적 활동을 창조·확장하게 되었고 이에 따라 가정/공공 영역의 분리와 체계적 성 역할 분업이 이루어졌다고 보고 있다.[1] 구체적으로 남성들은 출산과 수유의 임무를 지지 않고 여성처럼 인내를 요구하고 감정에 이끌리는 '관계'에 고착되지 않으므로 가정을 벗어난 영역에서의 활동에 몰두하게 되었으며 이러한 활동이 소위 공적 조직으로 발전되어 남성 지배 체제의 토대를 이루게 되었다는 것이다(Sandy, 1974; Ortner, 1974; Meillassoux, 1981).

나아가 이러한 이론을 내세우는 학자들(Rosaldo, 1974; Collier and Rosaldo, 1981)은 단순한 성차에 따른 성별 분업 이론으로는 왜 여성들이 공적 영역에서 '체계적'으로 배제되어야 했으며 여성을 비하시키는 이데올로기, 특히 모권의 붕괴에 관한 신화나 월경과 출산을 오염시키는 신념 체계가 존재했는가를 설명할 수 없음을 명백히하고 있다. 많은 부족 사회 연구에서 볼 수 있듯이 각 사회의 남녀에 관련

---

1) 이 점에 관한 한 물론 사회에 따라 방어가 중요하였거나 주요 생계를 큰 짐승 사냥에 의존한 경우 남성의 위치는 덜 주변적이었을 것이다. 그러나 일반적인 수렵 채취 사회에서는 주요 식량이 여성들의 채집 활동을 통하여 공급되어왔다는 것은 이미 잘 알려진 사실이다. S. Slocum(1975), "Woman the Gatherer: Male Bias in Anthropology," *Toward an Anthropology of Women*, ed. Rayna R. Reiter(New York: Monthly Review Press). 또한 인간 집단의 생존에 있어 공격적인 전투는 현재 우리가 생각하는 것만큼 지속적이거나 빈번하지 않았으며 오히려 인류는 그 긴 시기에 걸친 생존을 경쟁이 아닌 협동을 통해 성공적으로 이루어왔음을 최근의 연구들은 밝혀내고 있다. Lee and Devore(1974), *Kalahari Hunter-Gatherers*(Cambridge: Harvard University Press); K. Gough(1975), "The Origin of the Family," *Toward an Anthropology of Women*. 경쟁적이고 강한 남성이 적자 생존의 법칙에 따라 종을 번식시키는 것이 아니라——이런 해석은 다분히 현 경쟁적 문명을 지배하는 사고 방식을 반영하는 것에 지나지 않는다는 비판을 받고 있다——유난히 긴 의존적 유아기를 거쳐야 하는 현생 인류의 유전적 특성을 고려한다면, 오히려 약한 성원들을 보살피는 협력적이고 가정적인 남성이 적응적이었을 것이라는 설이 더 타당성이 높은 것으로 보인다.

된 신념 체계에는 단순한 분업 이상의 정치성이 명백히 드러나고 있다. 우선 부족 사회에서는 태초의 모권 사회나 남성의 반란에 의해 전복되고 드디어 부권적 사회로 이행하게 된다는 내용의 신화들이 종종 발견되는데 바코펜 Bachofen(1967)은 이런 신화를 근거로 인류 사회의 초기 단계를 모권제로 설정했었다. 그러나 뱀버거 Bamberger(1974)는 이런 유의 신화가 실은 남성 지배를 정당화시키려는 이데올로기였지 역사적 사실이 아님을 밝혀내고, 모권제 사회가 지구상에 존재했을 가능성을 부정하고 있다. 실제로 모권제설은 흥미롭게도 모권제의 존재 가능성을 믿고 싶어하는 현대의 일부 급진적 여성 해방 운동 내부에서, 그리고 부권제로의 이행이 발전적 진행임을 주장하고자 하는 극단적 보수주의자 내지 단선적 진화론자들에 의해 주창되는 경향을 보이고 있다.

신화 외에 여성 지배의 기제로 종종 나타나는 것으로는 여성을 위험 · 오염시하는 신념 체계와 남성만의 의례용 가옥의 존재라 할 수 있는데 네팅 Netting(1969), 머피 Murphy(1959a), 랭니스 Langness (1967), 미드 Mead(1935) 등은 이러한 관습이 지배 기제라기보다는 오히려 방어 기제적 성격을 더 강하게 지니고 있음을 지적함으로써 남성 지배가 결코 단순한 지배/피지배, 소유/비소유의 문제가 아님을 밝혀내고 있다.

이러한 방어적 남성 지배의 측면을 '자연'과 '문화'의 대비로 남녀 관계를 설명한 오트너 Ortner(1974)의 이론과 관련시켜보면 다음과 같은 주장이 가능해진다. 즉 남성 지배는 임신과 출산이라는 자연적 창조 능력을 가진 여성의 힘에 위협을 느끼고 인공적(문화적) 기제를 통해 이에 대응하는 힘을 길러간 남성들의 노력의 과정으로 파악될 가능성이 없지 않다. 따라서 가부장제는 단순한 노동 구조의 차원을 넘어서 문화 심리적 차원을 포함한 총체적 시각에서 파악되어야 할 것이다.

이 글에서는 인류 역사를 통하여 나타나고 있는 공공 *public*/가정 *domestic* 영역 구분을 중요한 분석 개념으로 사용하여 한국 사회 가부장제의 문화 심리 구조의 변화를 살펴보고 있다. 로잘도(1974: 23)는 '가정'을 "한 명 또는 그 이상의 성인과 그 자녀들을 중심으로 조직되는 최소 기구"로 보고 이 기구의 유지와 관련된 행위 양식을 '가정적 지향'이라고 규정하고 있다. '공적 지향'이란 "이러한 개별적인 가정을 연결시키고 서열화·조직화하는 기구·형식 및 이와 연관되는 행위 양식"이다. 여기서 전제되고 있는 것은 각 사회의 가부장제의 특성은 가정/공공 영역이 상호 어떤 관계로 엇물려 있는지에 따른 사회 구성적 특징에 의해 규정된다는 점이다.

수렵 채취 단계, 농경적 초기 국가 단계와 공업화가 상당히 진전된 자본주의 국가 단계의 공공/가정 영역의 관계를 도표로 그려보면 대략 다음과 같다.

〈표-1〉

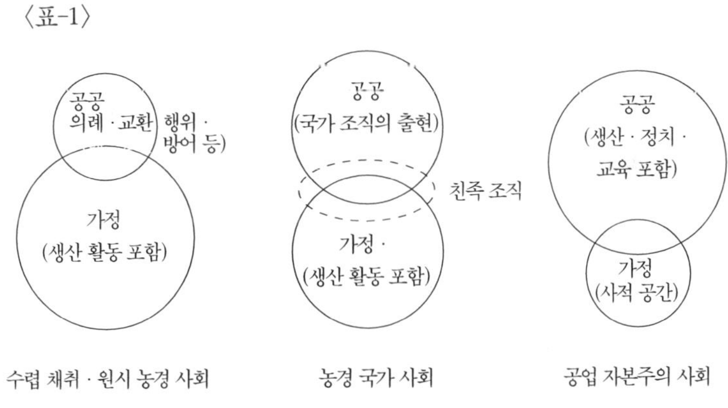

수렵 채취·원시 농경 사회　　　　농경 국가 사회　　　　공업 자본주의 사회

즉, 국가 형성 이전의 사회에서는 경제 생산·출산과 자녀 사회화가 집중적으로 이루어지는 가정이 의례·예술 또는 잉여물의 교환을 중심으로 하는 공적 영역보다 범위가 넓었으며 그 비중이 컸다. 초기

국가 시대로 넘어가면서 공적 영역이 커지고 국가 관료 조직은 혈통 조직과 가정 영역에 통제를 가하게 되지만, 여전히 생산의 단위인 가정 영역은 나름대로의 자율성을 고수할 수 있었다. 공업 자본주의 사회에 들어서서 국가의 기능은 대폭 확대되고 생산과 교육이 공적인 전문 조직에 의해 이루어짐에 따라 가정 영역은 크게 축소되고 그 기능은 정서적 차원의 것으로 전문화된다. 이러한 가정/공공 영역의 분리 구조의 특성은 성 역할 분업과 직결되며 여성 지위의 상대적인 변천도 이러한 공적 영역의 확대 과정을 중심으로 파악될 수 있다. 즉, 출산이 매우 중요하고 경제적 생산을 위시한 대부분의 생활이 가정을 중심으로 이루어진 소규모 사회에서 여성의 자율성은 존중되고 남성들은 오히려 방어적 성향을 보여왔다. 그러나 공적 영역이 확대되는 복합 사회로 갈수록 여성의 자율성은 억압되고 남성 지배는 철저해진다. 인류 역사가 인간에 의한 자연 지배의 역사로, 또한 인간에 의한 인간의 지배/피지배의 역사로 전개되어온 것과 공공/가정 영역의 분리 및 공적 영역의 확대는 깊은 관련을 맺고 있다는 것이다. 남녀 평등을 위한 대중적 사회 운동이 인류 사상 가장 공적 영역이 확장된 산업 사회에서 일어나고 있다는 사실을 인식할 때 이 점은 새롭게 확인되며, 동시에 대립과 모순이 극대화된 상황에서만 새로운 변혁이 가능하다는 역사적 법칙을 재확인하게 된다.

한국의 가부장제는 적어도 초기 국가 형태를 띠었던 삼국 시대 또는 그 이전부터 발견된다(조옥라, 1986: 21). 그러나 여기서는 한국 가부장제의 극복이라는 과제까지를 다루기 위해 현대와 가장 가깝게 연결되어 있는 조선조부터 살펴보겠다.

한국의 가부장제에 대한 토의석상에서는 항상 두 가지의 상반된 의견이 대립되어 주목을 끌어왔다. 하나는 "한국 여성들의 권한은 이미 너무 세어서 여권 신장은 할 필요가 없다"는 주장인데, 이런 주장을 하는 이들은 전통적으로 모권이 강했다는 점, 여성이 결혼 후에

성(姓)을 남편의 성으로 갈지 않았다는 점, 그리고 현대에 와서도 여성이 경제권(소비권)을 쥐고 있다는 점을 강조하고 있다. 이와 반대로 "한국 여성들은 극히 억압적인 가부장 사회에서 비인간적인 대우를 받아왔다"는 주장을 하는 이들은 전통적인 칠거지악, 재가 금지법, 정절의 규범과 유교 문화권에서도 유일하게 아직까지 법적인 보장을 받고 있는 호주제의 존속을 강조해왔다. 이 두 입장은 나름대로의 실제 현상을 토대로 한 주장으로서 어느 정도의 타당성을 지닌 것으로 받아들여야 할 것이다. 중요한 것은 이러한 상반된 견해가 팽팽하게 공존할 정도로 한국 사회의 가부장적 현실은 단순하지 않다는 점일 것이다. 실상 현 한국의 가부장제가 안고 있는 구체적인 모순은 한마디로 "공식적 권위로 이어지지 못하는 여성의 권력 행사"인지도 모른다. 이러한 특성을 이해하기 위해서는 적어도 조선조의 가부장제에 관한 역사적 고찰이 필요하다.

이 글에서는 조선 왕조 시대로부터 현대에 이르는 시기를 세 단계로 나누어 살펴보고 있다. 첫번째 단계는 조선 건국 이후부터 유교적 남녀관이 민풍화되는 중기까지이다. 두번째 단계는 사회적 질서의 붕괴가 현저해지는 왕조 중기 이후부터 일제 치하를 거치는 시기이다. 공식적 제도는 무용화되고 변칙적 제도 운용을 통한 생존이 합리화되는 시기로, 공리적 가족 집단주의와 여성의 활약이 두드러지는 시기라 하겠다. 세번째 단계는 공업화가 본격적으로 추진되는 1960년대 이후로 전통적인 가부장제가 공업 자본주의적 질서 속에 접합되는 양상이 드러나기 시작하는 시기이다. 이 시기는 동시에 가부장제의 극복을 위한 물적·이념적 근거가 마련되는 시기이기도 하다. 이 세 단계에 걸쳐 나타나는 가부장적 가족의 특성과 변형의 기제를 살펴본 후 이를 토대로 한국 사회에서의 가부장제의 극복 가능성에 대해 논의코자 한다.

조선조 사회의 공공/가정의 영역 구분은 공업 사회에서의 구분처럼 그렇게 분명하지 않고 여러 차원의 공적 영역——국가 조직과 친족 조직——이 혼재하는 양상을 보이므로 분석적 기술상에 어려움이 따른다. 이는 공식/비공식 차원의 구분과도 연관시켜 생각해볼 수 있다. 성 차별적인 제도 및 공식화된 이데올로기는 주로 합법화된 권위 체계와 관련되어 있으며 대개 분명한 정의가 내려져 있다. 반면에 비공식적 영역은 덜 엄격하게 규정되어 있으며 주로 '자연적'이라고 간주되어온 영역으로 합법화되지 않은 권력 또는 영향력이 크게 작용하는 영역이다. 종래의 남성 중심적 학문 풍토에서는 주로 공식적 또는 제도화된 차원에서의 사회 현상에 큰 비중을 두어왔다.

가정을 둘러싼 남녀의 상호 작용 영역을 연구할 때 제도 외적 영역의 비중이 특히 두드러짐을 알게 되며, 이 글에서는 제도와 비제도 차원의 현상에 같은 비중을 두고 총체적으로 파악하려고 노력하였다. 여기서 활용되고 있는 자료는 질적인 방법을 통해 수집된 연성 자료이다. 근본적으로 한국사 자료가 중심이 되나, 종래의 한국 사학계가 예외 없이 제도사에 치중해온 편이어서 이 연구에서 활용할 수 있는 논문의 양은 극히 제한되어 있었다. 연구자는 자료의 빈곤을 여러 가지의 비공식 자료와 현지 조사 및 심층적 인터뷰 자료를 최대한 활용하여 보충하고자 하였다. 그러나 연구자의 조사 대상 지역이 주로 영남 지방에 국한된 편이어서 역시 일반화에 있어서 문제점이 남아 있는데 한국 문화의 동질성의 명제가 부정되지 않고 있는 현재로서 우선 확보된 자료를 충분히 활용하여 변화의 맥을 잡아보는 것이 그리 무리한 일은 아니라고 본다. 또 다른 보완 방법으로, 중국과 일본, 그리고 서구의 경우를 그 구조적 유사상과 차이점의 차원에서 비교 검토하여 논지를 발전시키는 주요 실마리로 삼았다. 제도사 분야의 주요 연구 자료는 왕조실록·읍지·족보·문집·내훈 등에 나타난 공식적인 지배 윤리와 제도에 관한 연구 및 자료가 주로 활용되었으며, 비공식적 영역의 연구에서는 여성과 남성의 상호 작용과 심리적 기제가 강조되어, 무가와 민담을 포함한 구비문학·별신굿 또는 노인들과의 심층 면접을 통한 복원 자료가 주로 활용되었다. 현대의 것으로는 일상적인 생활 세계에서의 참여 관찰 자료 외에 소설·자서전 및 정신신경과 임상 연구 자료가 참조되었다. 이 모든 부문의 자료가 이 글에서는 일일이 인용되지 않더라도 그러한 종류의 자료를 토대로 생활 세계에 나타난 가부장적 원리가 파악되었음을 밝혀 두고자 한다. 또한 이 글은 어차피 장구한 역사를 통해 지속되어온 가부장제의 변형 과정과 그 극복 방안까지 제시하려는 무모한 시도이므로 자세한 사료 분석과 엄격한 경험적 연구와는 거리가 있음을 미리 밝혀둔다. 이 글은 한국 사회의 가부장제가 대체적으로 어떤 형태의 것인지를 드러내는 하나의 모델을 제시하는 데 그 의의를 두고 있다.

현대적 가부장제의 극복에 관하여는 최근 남녀 평등적인 시각에서 행하여진 후기 산업 사회에 관한 통찰력 있는 연구들이 참조되었다. 자발적이건 강제적이선 근대 인류 사회 진화의 새로운 장이 산업혁명을 이룬 서구 문명에 의해 열렸으며, 지구상의 어느 사회두 이 흐름에서는 자유로울 수 없게 되었다. 공업 사회에서의 가족 구조의 변화와 관련된 구체적·사회적 조건으로는 공적 영역의 확대와 가정 영역의 축소, 그리고 평등 이념의 대두를 들 수 있다. 창의력과 전문 기술을 토대로 하는 조직화는 공업 사회 발전의 필수 조건이 되었으며, 철저하게 개인을 사회의 기본 단위로 삼게 된다. 이러한 사회 경제적인 변화와 맥을 함께하는 '평등'과 '자유'의 가치는 개인의 기본 권과 자율성에 대한 의식을 고양시켰으며 이는 전통적 가족 제도의 기반을 그 근원부터 흔들어놓게 된다. 이러한 진화적 진행 방향에 있어 한국도 예외일 수는 없으며, 따라서 이 글의 주요 과제는 이러한 보편적 변화 추세의 틀에서 한국의 가부장제가 어떠한 특수한 형태로 구현되고 있으며 또 극복의 여지를 보이는지 살펴보는 데 있다.

2. 조선조의 가부장제

I. 조선 왕조 사회 구성과 가부장제 분석의 기본적 전제

조선조 사회의 가부장제를 이해하기 위해서는 우선 그 사회가 집약 농업적 생산 양식을 가졌다는 경제적 특성과 국가적 통치 체제를 발전시켰다는 정치적 특성에 주목할 필요가 있다. 진화론적으로 볼 때 집약 농경적 생산을 토대로 한 사회는 남성의 경제 생산 참여도가 수렵 채취 사회나 원시 농경 사회에 비해 크게 증가한다는 점에서 주목된다. 이동·화전식 원시 농경 생산에 비하여 더 많은 노동력이 요구되고 특히 일정한 기간내에 집중적인 노동력이 동원되어야 하므로 남성들이 생산에 적극적으로 참여하게 되고 남성간의 협력이 강조되는 시기이다. 이 시기는 또한 고정적인 잉여 생산이 가능하여 재산의 사유화가 본격적으로 이루어지며 문자·상거래·기술 등과 관련하여 전문화된 집단들을 형성시킨다. 정치 구조상에 있어서 국가 체제가 확립되고 공동체적 삶은 이원적인 구성을 갖게 되는데, 즉 왕과 그를 보좌하는 관료층을 중심으로 한 도시 중심의 중앙 지배권과 토착 지방 세력 중심의 지방적 지배권이 그것이다. 전자는 원칙적으로 혈연의 원리를 넘어선 신분제를, 후자는 혈연적 원리를 중심으로 조직된다는 면에서 차이를 보인다. 이 단계의 사회는 예외 없이 성에 따른 분업을 최대한 활용하며 주로 부계 혈통 중심의 조직화와 남녀 유별의 관습을 통해 남성 지배적인 체제를 구축해왔다. 인간 관계는 근본적으로 친족 중심적이며 수직적인 성격으로 규정된다.

농경적 가부장제와 관련하여 파악되어야 할 조선조 가부장제의 구체적 양상은 정치 체계와 밀접히 관련되며, 이는 유교 이념을 내세운 중앙 집권적 양반 관료 체제와 친족 조직적 지배 체제의 차원으로 나누어진다. 우선 유교적 지배의 차원에서 보면 유교는 중국의 현세적·실용적인 세계관을 반영하는 능동적 사회 질서 유지의 원리로서 신라 시대에 수입되어 그 이후부터 중앙적 통치에 활용되어왔다. 중요한 역사적 사건은 조선 왕조가 고려의 국교였던 불교를 배척하고 유교를 바탕으로 한 진정한 왕도 정치의 실현을 천명함으로써 역성 혁명을 완성한 데 있다. 즉 이씨 왕조는 유교적 덕치주의를 내세워서 그 정권의 정당성을 확보하게 되는데 이러한 역사적 사건으로 인하여 조선 왕조는 유교 이념을 극도로 신성시하고 교조화하게 되었다 (차성환, 1984). 이러한 조선조 사회의 구조적인 특성을 박영신(1983) 은 '유교 가치의 사회적 용해성'이란 용어로 표현하고, 이 용해성으로 인한 각 영역의 종교적 함축성은 곧 사회·정치·문화 제영역의 자율성의 부재를 초래하여 기존 질서를 변화시키려는 어떠한 새로운 세력도 포용될 수 없게 하였음을 밝히고 있다. 이러한 유교 윤리의 절대화와 이에 따른 명분론은 실제로 통치 권력을 둘러싼 정치적 알력의 산물로서 조선조의 가부장제를 이해하는 데 필수적인 부분을 이룬다.

조선조의 정치적 역학을 이해하기 위하여 왕을 정점으로 한 양반 관료 지배적 특성과 그 변화 과정을 살펴보자. 펠레(Palais, 1976)는 조선 왕조의 특성을 왕과 양반 권력간의 세력 균형에서 찾고 있다. 그의 논의에 따르면 당시의 정치 지도층은 왕·중앙 관료 및 중앙과 지방에 거주하는 잠재 관료층인 문사 집단으로 이루어져왔으며, 조선조의 정치 체제는 이 집단 중 어디에서도 강력한 추진력이 형성될 수 없는 식으로 짜여져 있었다는 것이다. 문제는 왕권의 궁극적인 정당성이 유교 이념과 중국(당시의 명)에 의하여 부여되었으므로 그 왕권은 구조적으로 제약을 받게 되어 있었던 것이며, 따라서 절대 군주제의 확립을 위한 기반은 매우 약하였다는 것이다. 이러한 제약 조건을 십분 이용한 집단이 바로 양반 관료층으로 이들은 자신들의 정치 권력과 경제적인 기반의 확보를 위해 유교 이념을 토대로 왕권을 끊임없이 견제하여왔던 것이다. 이러한 왕권과 신권의 알력의 와중에서 일어난 하나의 예상치 못한 결과는 양반층의 비대화라 하겠다. 양반층의 비대화는 조선조의 체제, 사회 구성, 특히 지방의 지배 구조 변화에 심대한 의미를 갖는다.

조선 중기에 들어서면서 양반의 지배가 지방의 구석구석까지 미치게 되고 일반 백성에게까지 유교 윤리가 확산되어 명실공히 유교적 명분 사회를 이루게 되는 사회적 배경에는 왕권(통치권)을 둘러싼 내부 갈등과 낙향 관료들의 이익 유지가 중요하게 작용하였다. 이 과정은 구체적으로 건국 초기 개국 공신을 중심으로 한 훈구파 세력이 내부 분쟁 등으로 쇠퇴하고 그 와중에 재야에 은거하여 유교적 학덕을 쌓는 데 몰두하였던 사림파가 득세하는 것과 관련된다. 훈구파에 비해 지적·도덕적 우월성을 가지고 있었던 사림파는 유교 원리를 주무기로 세력권에 영입하였고, 따라서 이들은 유교의 이념을 절대적으로 신봉하였으며 유교적 질서를 뿌리내리는 데 전념하였다. 즉 유교 이념의 실천은 사회 질서 유지의 기제이자 사림파의 권력의 기반이었던 격인데, 지방에 기반을 가진 사림파 및 그 후예들은 집권시에는 중앙으로 나아가고 진출이 좌절될 때에는 향촌의 지배층으로 남아 유교적 교화를 명분삼아 향권을 장악해왔던 것이다. 특히 유교적 통치 원리는 백성을 법으로 다스리는 것이 아니라 지배 엘리트층에 의한 교화로 다스리는 데 있었으므로 지방에 머무는 전직 또는 잠재 관료층과 그 후예들이 갖는 사회 질서 유지상의 역할은 어느 정도 공식적 인정을 받아왔던 것이며, 이런 특성은 관료적 지배와 지방의 씨족적 지배간의 결탁을 지속화시켰다. 지방 양반들의 중앙 관료로의 진출이 어려워지고 양반층이 비대해지는 조선 후기로 가면서 향촌내의 특권 유지가 어려워지는 것을 느낀 양반들은 더욱 유교 윤리를 절대화하고 문중 중심의 조직화와 기존의 득세 가문들끼리의 배타적 결성을 통하여 신분 확보를 꾀하게 된다. 17세기 이후에 일반화되기 시작한 족보 간행, 서원과 향안 등을 중심으로 한 배타적인 결사체의 활성화, 그리고 동족 부락의 형성은 이러한 향촌의 지배 질서의 붕괴 내지 재편성과 깊은 관련을 갖는다(송준호, 1980; 김주희, 1983; 가와시마, 1978). 이렇게 봉건제가 해체되는 과정에서 새로운 근대적 체제가 아니라 더욱 전근대적인 혈연 중심적 조직과 특수주의적 가치가 다시 부각되었다는 점은 주목을 요하며, 이러한 '퇴행적'인 움직임이 한국적 가부장제의 변형에 갖는 의미는 매우 크다.[2]

원래 과거 제도는 중앙 집권적인 통치의 강화책의 하나로서 출현한 제도이다. 즉 통치자가 정치 이념에 충실하고 유능한 인재들을 확보함으로써 기존의 중간 특권 계층의 압력이나 간섭을 최대한 배제하고 보다 효과적으로 통치를 하기 위한 기제로 대두된 것이다. 그러나 조선 시대의 과거 제도는 그 원리대로 실행되지 못한 편이며 특히 중기 이후에 가서는 가문에 의해 좌우되는 경향이 현저해진다. 송준호(1981)는 중국과 한국의 과거 제도를 비교하면서 과거 제도가 능력 위주·문호 개방 및 기회 균등의 제원칙을 표방하나 명·청조에 비하여 조선조에 있어 원칙과 실제간의 괴리가 매우 컸으며 그 차이는 이미 논의한 왕권의 상대적인 미약함과 득세한 소수 양반 집단층의 견제 역할과 관련됨을 지적하고 있다. 예를 들어보면, 중국의 경우는 제도적으로 서얼의 과거 응시 불허의 정책을 취하지 않았는데 이는 바로 적서 구분의 원리가 적용되는 영역이 공사의 영역 중 사적 영역임을 확실히하고 있기 때문이다. 즉 "사가종가지명분(私家宗家之名分)"과 "공가관위지명분(公家官位之名分)"을 구별하여 혈연 위주의 사적 차원과 혈연적인 요소를 초월하는 통치 차원을 구분하고 관위

---

2) 여기서 '퇴행적'이라는 단어는 반드시 역사적 의미에서 퇴보적인 이행을 의미하는 것이 아니다. 진화론상으로 보면 초기 국가 형태가 더욱 발전하면서 혈연적 요소가 관료 조직적 요소에 의해 대체되는데 그런 일반적 전개를 따르지 않았다는 면을 지적하고자 하였다.

는 혈연과 무관하게 재능과 덕행에 따라 왕이 부여하는 것임을 분명히하고 있다(1981: 201). 그러나 조선 시대의 과거, 특히 문과의 경우를 살펴보면 사대부들에 의해 서얼 차별 등에 관하여 왕이 타협을 강요당한 기록이 보이며 개인의 재능에 따라 관직이 주어지기보다는 혈연과 문벌에 의해 관직이 독점되어온 경향이 현저하다는 것이다(1981: 213~17).

그러면 이러한 양반 관료제를 중심으로 한 사성 구조적 특성이 조선조의 가부장제 이해에 어떤 의미를 갖고 있는가? 첫째로 이 사회가 원칙의 차원에서는 사적(혈연적) 영역과 공적(혈연을 초월하는 차원에서의) 영역의 구분을 엄격히 하여왔다는 점에 주목하여야 할 것이다. 곧 공/사의 구분이 분명하였으며, 여성은 공적인 영역에서 철저히 배제되어 있었다. 단적으로, 과거를 볼 자격은 여성들에게 주어져 있지 않았으며 여성의 주요 역할은 남성이 과거 급제를 하도록 돕는 내조에 국한된다. 두번째로 주목될 점은 공/사의 구분이 원칙적으로는 존재하는 것으로 되어 있지만 실제로 후대로 갈수록 실행의 면에서 상당히 불분명해져갔다는 점이다. 즉 공적인 영역의 자율성이 표방된 대로 지켜지지 않았으며 혈연적인 사적 요소가 늘 개입되어왔던 것이다. 즉, 조선 사회는 명분상으로는 공적인 영역이 우위를 차지하는 사회나, 실제로는 사적인 영역이 공적인 통치 영역을 상당히 압도한 혈연적 가족주의 사회로 보인다. 그러한 현실의 단적인 표출로서 '효'와 '충'이라는 두 대립적 가치의 공존과 이 두 가치가 상충될 때, '효'의 가치가 우선시되었다는 점을 들 수 있다.[3] 요약하면 조

---

3) 이 점에 관한 한 물론 더 많은 논의와 연구가 있어야 할 것이다. I. J. Mc-Mullen(1987)은 '충'과 '효'의 갈등적 성격에 관한 중국과 일본 유학자들의 논의를 비교하면서 무사적인 '도쿠가와' 정치 체제 아래서 군주와 신하의 관계는 절대화되었으며 따라서 '충'이 우선시되는 경향을 보였다고 쓰고 있다. '효'의 개념도 이 시대를 통하여 상당히 '충'적인 '목표 수행'의 면을 강조되는 방향으로 변화하였음을 지적한다. 반면 중국의 유학자들은 일찍부터 이 갈등을 인지하고 논의는

선조의 가부장제는 신분제와 혈연 체계와의 교묘한 결탁이라는 사회 구성적 맥락에서 이해되어야 하며, 구체적으로 유교 이념의 교조주의적인 해석과 실행, 문중 조직과 부계 혈연적 대가족의 권위 체계를 중심으로 분석되어야 한다는 것이다.

여기서 잠깐 짚고 넘어갈 문제는 계층에 따른 차이이다. 최근 민중에 대한 관심이 높아지면서 혹자는 조선 시대의 문화를 양반 문화와 평민 내지 민중 문화로 양분하고 평민 문화는 양반 지배 문화와 전혀 다른 전제와 가치를 발전시켰을 것이라는 주장을 하고 있다. 그러나 당시 통치의 기본이 (1) 백성을 법으로 다스리기보다는 교화하는 데 있었던 점, (2) 혈연 조직의 보편화 현상 및 (3) 양반층의 비대화와 관련된 신분 이동 가능성의 면을 감안해볼 때, 일반민의 모방이 엄격히 금지된 독점적인 귀족 문화라든가 그러한 금지로 인한 평민만의 독자적인 문화의 형성을 상정하기는 어렵다. 이 문제는 앞으로 더 많은 토론과 경험적인 연구를 통하여 밝혀져야 할 과제이나 현재의 지식으로는 조선 시대의 하위 문화라는 것은 실행상의 제약에 따른 변형일 수는 있으나(경제적 빈곤으로 인하여 삼년상을 치르지 못한다거나 내외 규칙을 지키지 못하는 등) 지배 문화와 크게 대조되는 세계관을 발전시켰을 것으로 보기는 어려울 것이다. 조선 왕조가 일본이나 중국 왕조에 비하여 매우 장기적으로 지속되어온 사실 역시 이러한 신분제의 특성 및 우리가 극단적 문화적 동질성을 유지해온 것과 밀접한 관련을 갖는 것으로 보인다(Henderson, 1969; 가와시마, 1978). 여성들이 그나마 남성과는 다른 독자적인 하위 문화를 형성할 수 있었

전개해왔으나 형이상학적 차원에서 조화롭게 균형을 맞추는 식으로 논의를 풀어가려 했던 경향이 강하게 드러난다고 한다. 우리나라의 경우, 이러한 문제를 제기한 글이 16세기말경에 한두 건 나타나나, 집중적 논의의 주제가 된 적은 한 번도 없는 듯하다(McMullen의 논문, "Rulers or Fathers? A Casuistical Problem in Early Modern Japanese Thought," *Past and Present*, 1987: 116과 그와의 사적 교류를 통한 정보임).

던 것은 엄격한 음양 원리와 내외 관습 때문일 것이다. 조선 시대의 여성에 대한 통제 기제를 살펴보자.

Ⅱ. 삼종지도와 부덕

위에서 살펴본 대로 조선조 여성은 국가 통치 이념의 유교적 이데올로기와 중기 이후 강화된 혈통 집단의 통제를 강하게 받게 된다. 우선 조선조의 여성들은 통치의 영역에서 철저히 배제된 존재였다. 그리고 부계 혈통 조직에서도 그들의 공식적 위치는 보잘것없었다. 즉, 공식적 대표권이나 참여권에서 처음부터 탈락된 이등 백성이었던 것이 명백하다. 조선 초기에는 여성들이 재산 분배를 받을 수도 있었고 제사 상속을 받기도 하였다. 최재석(1983)·송준호(1980: 1983)·와그너 Wagner(1983)·피터슨 Peterson(1983) 등의 연구에 따르면, 왕조 초기의 족보에는 (1) 아들과 딸이 출생 순서대로 기재되었으며; (2) 딸의 자손들에 대한 인적 사항도 아들의 자손들과 마찬가지로 상세하게 기재가 되었고; (3) 아들이 없어도 양자를 들이지 않았으며; (4)여성도 남성과 마찬가지로 재혼이 가능하였다. 또한 당시 분재기에 아들과 딸에게 똑같이 재산을 분배한 경우가 보이며 외손으로 하여금 제사를 지내게 한 경우가 적지 않다. 실제로 초기의 유명한 학자와 관료 중에는 외가에서 태어났거나 어릴 때 외가살이를 한 이가 많고 신사임당의 일대기에서도 친정살이를 스스럼없이 한 것을 볼 수 있다.

그러나 이 자료를 토대로 조선 초기가 남녀 평등적인 사회라는 식으로 단정하는 오류를 범해서는 안 될 것이다. 우선 조선조 초기에는 족보 제도가 보편화되지 않은 상태인데다가 족보의 성격 자체가 다르다(송준호, 1980). 초기의 그것은 개인을 중심으로 한 가계 기록으로 소위 인지 상정에 따른 가부장의 임의적인 의견이 상당히 반영될 수 있었다. 다시 말해서 당시의 친족은 일차 집단적인 성격을 강하게

78

띠어 인위적인 규칙보다는 정으로 뭉쳐진 집단으로서의 면모가 남아 있었으며, 재산도 상속자의 임의에 따라 분배될 여지가 남아 있었던 것이다. 또 한편 동족 조직이 아직 강화되지 않은 상태에서 딸에게 재산을 주어 사위를 자신의 편으로 끌어들이는 것은 세력 확장의 주요한 방편이 될 수 있었을 것이다. 외손 봉사란 것도 실은 딸의 아들에게 제사를 물리는 것으로 아들이 없는 경우 여전히 피를 나눈, 또 정이 든 외손에게 맡긴 것뿐이며, 그 제사는 결국 그 외손의 아들의 자손에 의해 상속된다는 사실을 간과해서는 안 될 것이다. 여기서 딸은 일시적인 다리 역할을 했을 뿐이다. 조선조 초기 역시 근본적으로 부계 혈통의 가부장적 사회였음에는 틀림이 없으며, 여성이 관료로서나 부계 혈통 집단의 공식적 대표자가 될 수 없었던 점에서는 후기와 마찬가지였다.

그러나 여기서 지적되어야 할 것은 전기에 비하여 후기에 갈수록 부계 혈통의 원리가 절대화되어갔다는 점일 것이다. 후기의 동족원 공농 사업으로 주진된 속보를 보면 딸에게 상속이 전혀 주어지지 않고 외손들은 완전히 배제된다. 이 시기에 양자 채택의 문제가 예주에서 자주 거론되고 양자는 외손 중에서는 절대로 들일 수 없으며 반드시 직손 중에서 들여야 한다는 원칙이 세워진다. 혈통의 정통성을 고수하는 것이 사회 생활에 있어 매우 중요한 원리로 대두되면서 종손의 절대적인 지위, 적서의 차별, 어머니 집안(외가)의 혈통의 순수성이 또한 강조된다. 송준호(1980: 121)는 초기 족보가 "동일 씨족원간의 각별한 유대 관계를 강조하는 도덕 이념적인 것"인 데 그 주안점이 있었다면 사회가 문벌 중심으로 조직화되고 족보가 보편화되는 17세기 후반의 족보는 정치적 세력의 유지 및 군역의 면제를 포함한 현실적인 이해 관계와 깊이 얽혀 있음을 밝혀내고 있다. 이러한 시대적 분석은 피터슨이 유교의 보급 현상을 분석하면서 14~15세기를 정부 차원의 유교 원용의 시기로 보고 17세기를 실제 유교가 본격적으로 향촌에까지 파급되는 시기로 본 것과 맞아떨어진다. 즉, 씨족 집단의 지배가 강화됨에 따라 유교적 혈연주의, 부계 혈통의 유지와 정통성의 고수, 직계주의, 장자 우선주의, 적서 차별주의 등으로 배타성이 강화되는데 실제로 이러한 변화는 한정된 부와 권력을 놓고 경쟁이 심화되고 모순이 쌓이는 조선조의 역사적 진행의 산물로서 특히 양반층이 비대해짐을 막으려는 이미 득세한 집단의 노력이자 양반의 명분을 이어보려는 몰락한 집단들의 상승적 노력의 결과라 하겠다.

이러한 부계 혈통 체제의 경직화와 가문 중시의 현상에 따라 여성적 삶의 통제는 강화되며, 그 통제의 성격은 비인간적으로 흐르게 된다. 열녀관과 재가 금지, 그리고 '출가외인' 이데올로기가 가장 대표적인 예가 될 것이다. 여성의 성 관계는 철저히 통제되었고 더 나아가 여성은 남편을 위하여 수절을 하고 그를 따라 죽기까지 하도록 장려되었다. 또한 여성은 '혈통'이 다른 후손을 낳기 때문에 친정에서 '출가외인'으로 철저히 배제되어 점차 여성은 남편 가문의 혈통을 잇는 것을 지상의 과제로 삼고 시집에 충성하는 것 외에 다른 어떤 가능성도 없는 삶을 살게 된다. 일본의 경우를 보면 도쿠가와 시대에 남편이 처의 동의 없이 처의 물건을 전당잡혔을 경우 친정 쪽의 요청에 의해 이혼이 가능하였으며, 또한 여성이 남편과 헤어지고자 할 때면 치외법권 지역인 절로 피신하여 3년을 지내면(삭발하지 않고) 절의 증명을 갖고 재혼할 수 있었다(윤혜원, 1973: 88). 즉 극한의 상황에서는 종교 공동체나 친정이 여성들을 보호해온 것이다. 그러나 조선조의 경우, 씨족적 지배가 강화되는 후대로 가면서 여성에게는 시집 외에 의탁할 곳이 전혀 없게 된다.

그러나 혈통의 정통성을 중시하는 방향으로의 변화는 특히 양반층의 경우에 여성의 지위를 확고히하는 일면을 보인다. 여성이 결혼하여도 성을 바꾸지 않는 것과 제도적으로 본처를 보호하는 것과 관련된다. 그러나 여성이 성을 갈지 않는다고 해서 여성의 자율적 개체가

존중된 것은 아니다. 이것은 혈연이 그만큼 절대시되었다는 표시일
뿐이며, 오히려 시집에서 타성(他姓)을 지켜야 함으로써 여성은 더
적대시되곤 하였다. 본처와의 이혼을 규제하며 국가에서 남편의 지
위에 상응한 칭호를 아내에게 내리는 등 제도적으로 본처의 지위를
확실히한 것이 자주 조선조 시대 여성의 지위가 높았던 증거로 논의
되어왔다(정양완, 1985: 58; 정요섭, 1973: 117; 윤혜원, 1973; 이현희,
1979). 그러나 본처의 지위가 확보된 것을 당시의 여성의 지위가 높
았다는 식으로 일반화시킬 수는 없을 것이다. 이것 또한 가부장적 대
가족 질서를 잡기 위한 방편이었을 뿐이며 이때 본처와 대비하여 신
분이 보장되지 않은 첩도 역시 여성임을 간과해서는 안 될 것이다.
조선조 사회의 가부장제는 이렇게 신분제 및 친족 집단적 차원에서
의 여성 통제가 중심을 이루며, 배타적 혈통 원리에 따라 움직이는
부계 가족 속에 어떻게 다른 혈통을 가진 여성을 위치시키느냐는 점
이 주요 과제가 되어왔다. 이 문제를 해결하기 위해 동원된 공식적인
기제를 공식적 제도와 이데올로기적 통제의 면에서 살펴보자.

유교 원리와 내외 관습으로 구체화된 여성 지배

조선조의 지배 이념의 핵심인 유교와 특히 우주의 원리를 설명한
주역은 종교적 성격을 띤 철학 사상으로서 그 근본을 음양의 원리에
두고 있다. 원칙적으로 음양은 상대적이면서 동등한 것이다(김용옥,
1986: 150). 주역의 음양 논리가 유교적 가족 제도 형성에 어떠한 영
향을 미쳤는지를 박용옥(1985)은 다음과 같이 분석하고 있다. 우주
만물은 음·양의 적절한 배합과 유전에 따라 형성되며 이는 남녀의
교합이 새 생명을 탄생시키는 것과 동일한 원리이다. 여성과 남성은
각각 음과 양의 원리를 드러내는 상징이며 이 양자는 결코 뒤섞일 수
없다. 그러면서도 이 둘은 하나만으로는 성립될 수 없는 상호 보완적
성격을 갖기 때문에 동등하게 중요한 것으로 인지된다. 주역의 남녀

관에 따르면, 남성은 우주 창조의 근원이며, 천상적인 것, 움직임, 강한 것을 나타내는 데 반해 여성은 창조된 것을 유지하는 지상적인 것이며 고요[靜]하고 부드러운[柔] 것으로 상징화된다. 이러한 단순한 남녀 구별은 권력이 집중화되고 지배/피지배의 관계로 사회가 조직화됨에 따라 위계 서열적인 남존 여비의 이념으로 굳혀진다. 이 원리는 "생물학적 성은 운명적이다"는 숙명론과 "여성은 남성의 보조적 역할 수행에 만족해야 한다"는 규범으로 체계화되어 조선 사회의 남녀 관계를 지배하게 된다. 비록 가난하여 초가삼간에서 산다고 할지라도 한 칸은 부엌으로, 나머지 두 칸은 각각 내실과 사랑으로 분리시켜 돌아앉혀놓는 가옥 구조에서 볼 수 있듯이 엄격한 안/바깥채라는 공간적 구분과 내외 관습의 배경은 이 근원적 우주관과 연결되어져왔던 것이다.

여기서 애초에 유교 경전이 씌어진 당시가 이미 가부장적 사회였음을 인식할 필요가 있다. 문자가 사용되기 시작했다는 것은 이미 사회가 상당히 조직화된 상태를 의미하며, 경전이 씌어진 당시 체제에서 국가 구성원인 민(民)은 남성을 지칭하며 여성은 그가 이룬 가족의 종속적 구성원일 뿐이다. 특히 유교 경전은 치자(治者)가 될 집단을 위해 씌어졌던만큼 그 내용은 치자 또는 당시의 이상적 인간형인 교양인이 될 남성의 도리를 주로 담고 있으며, 여성의 역할은 보조의 차원에서 다루어진다(박용옥, 1985: 39). 서경(書經)과 논어(論語)에 여성이 덕녀(德女)와 악녀(惡女)로 이분화되어 나타나는 것도 그 당시에 이미 여성은 남성이 올바른 길로 가는 데 공헌하는지 않는지의 기준에 따라 평가가 내려졌다는 사실을 단적으로 보여주고 있다. 여자와 소인을 동일시하여 "가까이하면 불손하고 멀리하면 원망한다"는 논어의 기록 역시 당시 사회가 이미 상당히 가부장적인 특성을 지닌, 그리고 여성을 다스리기 위해 고심한 사회였음을 보여주고 있다. 따라서 음양의 원리는 상호 보완성을 나타내는 철학적 이상이었으나 실제 생활의 원리로서는 종속성이 강조되어온 것을 알 수 있다. 결국 유교적 가부장제의 핵심적 이데올로기는 "여성에게는 세 가지 좋아야 할 도가 있으니 집에서는 아버지를 좇고, 시집가서는 남편을 좇고, 남편이 죽거든 아들을 좇아 잠깐도 스스로 감히 이룰 수는 없느니라"는 '삼종지도'로 집약된다. 이는 여성이 남성과 관계를 맺지 못하면 사회적 존재가 될 수 없음을 명백히한 것이며, 여성 교육에서도 음양에 대한 원리적 논의는 없이 남성의 보조자로서의 역할적 차원만 강조되고 있다(박용옥, 1985: 9~10).

> 남편은 아내의 하늘인지라, 당연히 공경하여 섬기며〔……〕 오직 순종할 줄 알아라. 잠깐도 감히 거스르지 말지니 가르치며 경계함을 듣되 성인의 글을 듣는 것같이 하며〔……〕 진실로 남편에게 허물이 있거든 이해를 펴서 말하며 온화한 낯빛을 띄우고 순한 말을 써야 하며〔……〕 남편이 심히 화를 내거든 기꺼이 다시 간하여 비록 대로 만든 채찍을 맞을지라도 어찌 잠깐이라도 원망하여 애태우리요.〔……〕 혹은 때리고 혹은 꾸짖음이 분수에 마땅함이니〔……〕 내 어찌 잠깐이라도 노하리요.
> 부인이 겸손하고 순한 것으로 몸을 다스려 비록 적은 일이라도 잠깐도 자존하지 아니하며 반드시 여쭈어본 후에야 행하더라. (내훈, 부부장)

이렇게 내훈에는 며느리로서, 아내로서, 어머니로서의 의무를 적극적으로 수행하는 길만이 여성의 도리이자 스스로의 삶을 윤택하게 할 유일한 길임이 자명한 진리로 기록되고 있다.

사회가 여성을 배제한 상태에서 제도화된만큼 여성이 갖게 되는 갈등은 자연히 간과되고 무시되었다. 예를 들어 효의 가치가 지상 최대의 가치로 숭상되는 사회에서 여성은 자신을 낳고 키워준 부모가 아니라 남편의 부모에게 효도할 것이 요구되었다. 이는 분명 모순적인 원리이며, 당시의 가부장제의 본질은 그 원리가 안고 있는 이 모순이 제도 차원에서 어떻게 해결되고 또 해결되지 않았는지를 살펴볼 때 여실히 드러난다. 이미 조선 왕조의 사회 구성론에서 언급하였듯이, 당시의 통치 이념이 유교를 통한 교화에 있었으며, 후기에 넘어오면서 유교 윤리가 민풍화되었다는 현상에 주목할 때, 주통제 기제는 규범적인 세뇌에 있었던 것을 알게 된다.

부모가 며느리를 얻는 데는 능히 효도를 받음에 있으니 진실로 효도하지 않으면 며느리를 얻어 무엇하리요.〔……〕 매질을 하거나 꾸짖어도 기꺼이 받아들이라. 부름이 있거든 듣고서 즉각 행할지니 비록 가장 수고롭게 일을 해도 어찌 잠깐이나마 자기의 안녕을 구하리요. (내훈, 효친장 중)

이렇게 당시 여성의 결혼은 일차적으로 시부모에 효도를 하기 위함임이 규범적 언어로 거듭 강조되고 있다. "한번 더불어 가지런히 정리하면 몸이 다하도록 가시지 아니하나니, 그러므로 남편이 죽어도 개가하지 않느니라"(혼례장)는 식으로 시집에의 충성 또한 명시되고 있다. 그러나 친정에 대한 효도나 고부간의 갈등 등이 이런 식으로 해결되었다고 보기는 힘들 것이다. '효' '일부종사'와 이와 관련된 '출가외인' 의식이 여성 자신들에 의하여 어떻게 재해석되어왔는지는 비공식적 차원의 현상으로 다시 다루어질 것이다.

혈연과 신분제와의 결합으로 나타난 정절 이데올로기

여성의 행동상의 규제가 수절과 정절을 중심으로 비인간적인 관습으로까지 발전되는 현상은 이옥경(1985)의 연구에서 상세히 다루어지고 있다. 우선 정절의 핵을 이루는 과부 재가 금지의 관습은(노비

종모법도 같은 맥락에서 이해될 수 있다), 실제로는 조선조 초기의 지배층 남성들의 기득권 투쟁의 와중에서 강조되었다. 물론 한 남성에 대한 여성의 충절을 따지는 문화적 요인이 잠재해 있었을 것이나 1474년 경국대전에서 관직 등용에 있어 재혼 여성의 아들에 대한 차별을 법제화한 것은 관직 싸움이 그 직접적인 원인이 되고 있다. 그리고 이는 가문이 중시되는 사회로 갈수록 강화되며, 지방에서도 이는 똑같은 형태로 향권의 장악 내지 신분 상승을 위해서 이용된다. 구체적으로 특권층에게는 유교적 윤리 실천에 있어 그 집안에 실추자가 한 명이라도 생긴다는 것은 커다란 약점이 되므로 집안 부녀자의 행실을 극도로 통제하게 된다. 몰락 양반층에서는 열녀가 난다는 것이 영락한 가문을 일으키는 길이 되기도 하였고, 양민층에서는 요역을 면제받는 혜택을, 천민층에서는 신분 상승의 기회가 될 수 있었다는 것이다. 이로써 열녀의 행태는 더욱 과격해지고 남편이 죽으면 자살을 하거나 외방 남자에게 손을 잡혔다고 투신 자살하는 일이 일어나게 되었다. 이렇게 여성으로 하여금 살신케 하는 정절 이데올로기는 한편 여성 억압의 극단적인 지표이면서 또 한편으로는 당시의 여성의 역할이 사회적으로 매우 중요하였음을 일러준다. "아들을 낳으면 충신, 딸을 낳으면 열녀"라는 속어에서 여성이 열녀가 되는 것이 사회적으로 크게 칭송되었다는 사실을 알 수 있다. 실학자인 이수광이 수절을 "중화의 풍속이 미치지 못하는 우리의 미속"(이옥경, 1985: 49~51 재인용)으로 손꼽았다는 사실에서 조선조의 여성들이 당시 중국의 여성들보다 유교적 정절 윤리에 투철하였음을 알게 된다.

　당시의 여성적 삶의 사회적 조건은 '칠거지악'이라는 처벌의 조항에서 여실히 나타난다. "여자의 일곱 가지 내쫓김이 있으니 부모에게 순종하지 않으면 내쫓으며 아들을 낳지 못하면 내쫓으며 음란하거나 질투하거든 내쫓으며……"의 문장에서 나타나는 대로 당시의 여성의 목표는 시집에서 쫓겨나지 않고 견디는 길밖에 없었다. "변소와 사돈 집은 멀수록 좋다"는 속담에 나타나 있듯이 후대에 올수록 여성의 친정 방문은 부정시되고 대신 시집에 충심으로 충성할 것이 요구된다. 기존의 대가족 질서 유지가 막강한 중요성을 띤 환경에서 갓 시집온 여성은 이방인으로서 기존의 가족 질서를 깨뜨릴 가능성을 안고 있기 때문에 더욱 위험시되며, 남편 집안의 우환은 대개 갓 시집온 여성의 탓으로 돌려지고 심지어 과부가 되는 것도 여자 탓으로 간주되었다. 친정에서도 딸을 환영하지 않았다. 양반 가문에서는 위세 싸움이 치열해지고 '큰인물'을 배출해내기 힘들어지자 외손이 그 집안의 기(氣)를 앗아갈 것을 우려해서 딸들이 친정에 와서 출산하는 것을 꺼려했다고 하는데, 이 에피소드는 가문과 혈통을 극도로 중시하는 경쟁 사회로 가면서 여성들이 친정으로부터의 보호를 전혀 기대할 수 없게 되었음을 시사한다(안동·경주 지역의 현지 조사에서). 단 "취한 바가 있고 돌아갈 곳이 없을 때, 더불어 삼년상을 지냈거든, 전에는 빈천하고 후에 부귀하게 되었거든" 내쫓지 못한다. 즉 자신의 노력으로 살림을 이루었든가 이미 오랜 시집살이를 통하여 시부모 봉양을 하였거나 자식을 낳았어야 하는 것이다. 신분의 상하를 막론하고 남존 여비는 보편적 철칙이었으며, 여성은 시집(남편의 부계 혈통 집단)의 씨받이와 보조자로서 철저한 통제 속에서 살아갔던 것이다.

조선 사회가 도덕적 인간상을 제시하고 그 상에 맞추어 살려고 하는 자에게 최대의 보상을 주는 덕치주의 사회였던만큼 부덕과 정절관을 지킨 여성에게는 응분의 보상이 주어졌다. 남성이 '충신'이 되듯, 여성은 '열녀'로서 사회의 인정을 받을 수 있었으며, 적어도 공식 문헌에는(박병호, 1986: 68) 음양 철학에 토대를 둔 부부 일체 의식이 나타난다. 그리고 죽어서는 남녀가 동등하게 조상으로서의 극진한 예우를 받았다. 제사가 중요한 사회였던만큼 사후의 남녀 평등이 여성에게 주는 의미는 컸을 것이다. 조선 사회의 가부장적 지배는 언뜻 이러한 가치의 내면화 기제가 상당히 성공적으로 작용한 듯이 보인다. 그러나 조선조의 가족 생활을 좀더 깊이 들여다볼 때 당시의 남성 지배가 단순한 공식적 규제와 이데올로기의 주입에 힘입어 성공한 것은 결코 아님을 알게 된다.

III. 자궁 가족과 안채 문화

이 부분에서는 남성 중심의 공식적 정치 체제와 부계 혈통 중심의 가족 제도 아래에서, 또한 조선 중기 이후에 강화된 문중적 지배 아래에서 '다른 핏줄'을 가진 여성들이 그 지배를 어떻게 받아들이고 변화시켜보려 하였는지를 살펴보고자 한다. 박용옥의 지적대로 "조선 시대의 여성의 지위는 우선 유교적인 명분론에서 이해해야 함은 물론 당시 명분의 안쪽에 숨겨져 있는 실제의 지위를 파악해야" 하는 것이다(박용옥, 1976: 2). 조선조의 여성들이 자신을 철저하게 제외시킨 남편의 가족에 그토록 충실해왔던 또 다른 차원의 현상을 당시 여성들 자신의 욕구, 희망과 가치 세계에 근거하여 살펴볼 때 (1) 사궁 가족과 모권, 그리고 (2) 여성들만의 하위 문화의 형성이 중요한 논제로 제기된다.

자궁 가족과 모권

당시 여성이 '자발적'으로 부권 사회에 충성을 한 현상을 이해하기 위해서는 여성이 나이를 먹어가면서 자식을 통해 자신이 원하는 바를 성취해갈 수 있었고, 행실범절을 통해 또는 집안살림을 일구어놓음으로써 사회적 인정을 받을 수 있었다는 점에 주목할 필요가 있다. 당시의 여성들의 삶, 특히 결혼 이후의 시집살이는 극단적인 시련의 삶이라 할 것이다. 한국과 비슷한 유교적 전통을 가진 중국 전통 사회의 연구에서 결혼 초기 여성들이 유난히 높은 자살률을 기록하고 있다고 지적한 점은 시사하는 바가 크다(Wolf, 1974). 그러나 여기서 중요한 것은 여성의 노예적인 시집살이가 인생 주기를 통하여 변화되어간다는 점이다.

울프 Wolf(1972)는 중국 여성의 삶에 성취적·획득적인 성격이 두드러진다는 점을 강조하면서 '자궁 가족 *uterine family*' 의 개념을 소개하였다.[4] 남편의 집에 편입된 가장 낮은 지위에 있던 젊은 여성은 점차 자신이 낳은 '핏줄' 을 이 집안에 더해감으로써 자신의 세력권을 구축해간다. 자궁 가족내에는 자신이 낳은 자녀들과 며느리가 포함되며 남편은 별로 중요한 자리를 차지하지 못한다. 이 가족은 먼 조상까지를 포함하여 연속성이 중시되는 남성들의 가문과는 별 관계가 없는 사적인 가족으로 어떤 뚜렷한 이데올로기나 형식적인 구조도 갖고 있지 않다. 가족 유대는 주로 감성과 충성심에 기초한 것이나, 주목할 점은 그것이 구성원에게 공식적 가족 못지않은 구속성을 갖는다는 점이다. 울프(1972: 37~38)는 여성을 철저히 배제시킨 것으로 보이는 유교적 가부장제가 여성을 상당히 성공적으로 흡수할 수 있었던 근거는 바로 자궁 가족과 공식적 가족의 목표가 '다행스럽게도' 잘 맞아떨어졌기 때문이라는 표현을 쓰고 있다. 여성에게는 일정 기간 어려움을 이겨나가기만 하면 자신의 권력의 기반인 '자궁 가족' 을 이룰 수 있으며 그를 통하여 응분의 보상을 누릴 수 있는 가능성의 차원이 열려 있었다는 것이다. 귀소 Guisso(1982) 역시 전통적인 중국 사회에서는 여성 해방 운동이 절대 일어날 수 없었다고 주장하면서 그 이유를 바로 여기서 찾고 있다. 노후의 보상은 여성으로 하여금 억압을 자발적으로 받아들이게 만들었으며 즉, 세대간의 차별이 성적 차별을 상쇄시킬 수 있었다는 것이다.

특히 조선 시대는 '효' 를 절대 가치화하였으며 이 조항에 있어서는

---

4) 자궁 가족에 대한 더 자세한 서술은 임돈희(1986), 「여성과 가족 관계」, 『여성학의 이론과 실제』(서울: 동국대학교 출판부)를 참조할 것.

여성도 남성과 평등하였다. 실제로 조선조 사회가 중국보다 더욱 '효'의 가치를 절대화시켰던 점에 착안한다면 자궁 가족의 형성을 통한 여성의 사회적 지위 상승의 폭은 중국의 경우보다 더욱 컸을 것으로 짐작된다. 상층에서는 과거 급제자 아들을 길러내는 어머니로서의 명예와 보상이 있었고, 그러한 출세를 기대하지 못하는 대다수의 집에서도 아들이 장성할수록 존장자로서 효도를 받고 며느리를 지배하며 손주를 품안에 거느리는 여가장으로서의 권위를 확보할 수 있었던 것이다. 즉, 대다수의 여성들은 열심히 일하고 참기만 하면 언젠가는 어머니로서 보상을 받게 되며 남편 집안의 당당한 조상이 된다는 확신을 갖고 있었으며 따라서 가부장적 체계에 자발적으로 충성을 하여온 것이다.

이를 민담과 설화를 통해 살펴보자. 여러 고을에서 찾아지는 '묘지와 며느리'에 관한 전설은 시집의 번영을 위해 친정아버지를 속이는 '영리한' 부인을 그리고 있다. 영덕군지(1982)에 나타나는 「주씨부인」, 안동군지(1985)에 나타나는 「전주 류씨 묘지와 정려각」에 얽힌 이야기를 요약해보면 "예의 범절 봉제사 접빈객"이 남달리 뛰어나 어른들 사이에 칭찬을 자자하게 듣던 며느리가 시집보다 잘사는 친정 조부의 초상에 갔다가 부친과 지관이 묏자리에 관해 상의하는 것을 엿듣게 된다. 지관은 그날 보아둔 묏자리가 자손을 번창케 하고 이름을 날릴 인물을 많이 배출하겠으나 혹시 물이 나올지 모르니 다음날 가서 물이 나는지 안 나는지를 확인하자고 말하였다. 이 묏자리가 탐이 난 며느리는 궁리 끝에 밤새껏 묏자리에 물을 퍼부어 친정아버지로 하여금 그 자리를 포기하게 한다. 장례가 끝난 후 며느리는 친정아버지께 기왕에 구한 것이니 물이 나오는 묏자리는 자기에게 주면 어떻겠느냐고 졸라서 얻어내고는 자신의 남편(지역에 따라 시아버지일 경우가 있다)을 나중에 그 자리에 묻어 명성높은 아들들을 보고 집안을 번창케 한다는 내용이다. 이 이야기는 아들과 그 자손이 잘되는 것이 곧 어머니인 여성 자신의 이익이라는 식으로 결론을 맺어 여성들 스스로가 '출가외인' 이데올로기를 적극적으로 내면화시키도록 하는 기제가 됨을 알 수 있다.

당시 사회에서 여성의 공격성은 어머니의 역할과 관련되어 나타날 때는 허용되고 또 장려되었으며, 그때 어머니는 여성이라기보다 중성으로 간주되었던 것 같다. 이런 면을 드러내는 '채정승 어머니'의 일화를 보자. 입신출세한 채정승이 중신들과 모여 의논을 하고 있는데 웃방에서 요강에 오줌누는 소리가 들려 놀라서 가보니 팔십먹은 어머니가 "정승을 낳은 밑구녁인데 그만 일도 못하겠니?"라고 태연하게 응수하였다고 한다. 훌륭한 아들을 낳은 어머니의 당당한 권리 행사를 확인하는 설화라 하겠다. 남아 선호는 이러한 현실에서 볼 때 공식적 가족 윤리에서 파생된 것이라기보다는 여성들의 생존과 성취와 직결된 자궁 가족적 계산의 산물일 가능성이 높다. 딸은 자신의 삶에 아무 소용이 없으며 아들만이 생전의 행복과 사후의 평안을 약속하는 자식이므로 여성 스스로가 적극적으로 아들을 존귀하게 여기는 태도를 강화시켰을 가능성이 높다는 것이다. "아들이 없으면 죽어서도 물 한 모금 못 받아먹고 객귀가 되어 떠돈다"는 현대 노인 여성들의 말에서도 생존과 지위 확보의 수단으로 아들에게 절대적으로 의존해온 전통적 여성의 삶의 일면을 엿볼 수 있다. 이 시기를 통하여 모자 관계가 단순한 정의적 가족 관계를 넘어서서 극단적으로 수단적 성격을 띠게 되는 것을 쉽게 유추해볼 수 있다.

한편, 조선조 후기 사회는 더 많은 수의 남성들이 양반의 후예임을 자칭하며 공적 세계(중앙 또는 지방의 정치권)에서 활약할 꿈을 키우며 노동을 천시하고 일반적 경제 활동에는 관심이 없는 선비를 이상형으로 삼아온 사회였던만큼 그를 보완하기 위한 여성의 활동의 폭은 더 넓어질 수밖에 없었던 것으로 보인다. 생계 유지에서부터 봉제사·접빈객을 위한 철저한 준비, 그리고 아들을 훌륭한 공인으로 길러내는 것까지 이 모두가 여성의 작업이었으며 여성은 이런 활동을 통하여 공식적 · 비공식적 인정을 받아왔던 것이다.

대개 읍지의 인물편에는 여성이 전혀 등장하지 않거나 등장하더라도 10% 이내이다. 읍지에 나타나는 여성들이 다수의 과거 급제자 아들들을 둔 어머니란 사실은 그런 면에서 그리 신기한 일은 아니다. 어머니 외에 읍지에 부각되는 여성은 열녀이며, 민담편에서는 이 두 유형 외에 시집의 살림을 일으키는 '지혜로운' 며느리의 모습이 종종 등장한다. 열녀가 남편의 가문을 위하고 남편을 절대적으로 따름으로써 공적 표상을 받은 인위적인 이상형이라면 이러한 극단적 방향으로 가지 않더라도 봉제사 · 접빈객을 극진히 수행하고 시집의 살림을 일으켜가는 지혜롭고 근면한 아내상은 일반 여성들이 쉽게 받아들일 수 있는 여성상이었다 하겠다.

다수의 민담에서도 주로 가난한 살림을 일으키고 남편을 과거에 급제시키는 내용이 다루어지고 있다는 점은 흥미롭다. 글공부에나 관심이 있지 일상 생활을 꾸려가는 것에는 머리가 돌지 않는 남성의 보와자로서 여성들의 활약상은 가난한 섬비집에 시집와서 가업을 성공적으로 이루어낸 '득현부빈사성가업'의 이야기, 남편을 잘 다스려 출세시키는 김안국 · 옥낭자전 · 신유복전 등의 고대 소설에서도 찾을 수 있다. 그리고 설화 중에는 며느리의 지혜로 집안을 일군 여결 곽부인, 담력 있고 능력 있는 여성에 얽힌 8자화 설화, 호랑이로부터 신랑을 살린 신부, 박서의 아내, 또 노름으로 재산을 탕진하고 아내까지 내기에 건 남편을 구제하는 궁상굿 이야기 등에 그 대표적인 내용이 담겨 있다. 아내가 남편을 다스리는 이야기는 '바보 온달과 평강공주'와 같은 동화에서도 찾아진다(이광규, 1980).

민담에 나타나는 여성들의 경제적 활약상을 보면, 말을 타고 토지를 관리했었다는 사리 판단과 담력이 뛰어난 양반집 여장부의 이야기로부터, 신혼초에 10년간 딴 방에 기거하며 자신은 길쌈을 하며 남

편은 짚신을 삼고, 죽 한 그릇으로 끼니를 때워 살림을 일으킨 후에
자녀를 출산할 것을 제의하고 이를 실행해간 '영업부부이방'의 이야
기까지 다양하게 나타난다. 이때에 언급되는 여성의 능력은 하인을
잘 부리어서 경제적 이윤이 남는 사업을 한다거나(김생의 처의 경우
머슴을 시켜 짐승의 똥을 주워 모아 연료로 비싸게 판다거나 담배를 재
배한다), 길쌈을 잘 짜는 능력, 짐승의 말을 알아듣는 신통력 등으로
나타난다. 이로 미루어 당시의 사회는 여성이 정치적 영역에 들어가
는 것은 절대적으로 금지되었지만 경제적 영역에서는 활동이 크게
장려되었었음을 알게 된다. 엄격한 신분제 사회에서 노동하는 계층
은 천시되었지만 노비가 없는 많은 수의 양반과 양민층에서는 여성
이 노동을 담당할 수밖에 없었고 생계 담당자로서 여성의 사회적 중
요성은 크게 인정을 받았을 것으로 보인다. 생산에 참여함으로써 얻
는 심리적인 만족과 불분명하나마 주어진 사회적 인정은 분명히 여
성들의 적극적인 참여를 촉진하는 요소로 작용하였음에 틀림없다.

　여성 노동상의 이 같은 경향은 후대로 오면서 다음과 같은 민요에
서 시사되고 있듯이 계층간에 크게 차이가 없었던 것으로 사료된다.
"잔엄한 부녀고생 빈부가 다를손가. 세정업난 사랑양반 풍정도 남다
르리"(화전가, 민요 248). 양반 가문임을 자랑하는 할머니들을 인터뷰
해보면 가난한 선비에게 시집갈 각오로 단단히 마음의 준비를 하며
자랐고 결혼 후에는 배고픈 빛을 감추고 기운 옷을 입고 "버선발이
부르트도록" 일만 하고 살았다는 이야기를 들을 수 있다. 빈한한 조
선조 말기를 통하여 극소수의 여성들을 제외하고 여성의 존재 가치
는 노동의 면에서 강조되었고 이런 점에서 중국의 문물을 적극적으
로 모방해온 조선조 사회가 중국의 '전족'과 같은 관습을 적극 수입
하지 않은 하나의 이유를 짐작해볼 수 있다.[5] 임란 이후에 대두된 여

---

5) '전족'은 여성 노동 없이도 상당한 양의 잉여 생산이 가능했던 풍요한 귀족 사회에
　　서나 유지될 수 있는 관습이었던 것이다.

성 장사의 무용담은 원래는 중국에서 흘러들어온 것으로 보이나 그런 이야기가 크게 유행한 배경에는 성취 지향적인 조선조 여성들의 성향과 무용담의 모티프간에 접합성이 있었기 때문임을 인정하여야 할 것이다(정금자 외, 1985).

이런 점에서 여성들의 삶은 자신의 신분과 혈통 집단내의 위치가 탄생과 더불어 이미 상당히 결정되어버리는 남성들의 귀속적 특성의 삶과 상당한 대조를 이룬다. 울프(1972)는 이러한 현상을 남성적 삶의 연속성과 여성적 삶의 단절성이란 점에 주목하여 풀이하였다. 우선 남성은 자신이 태어난 가족에서 자라고 활동하다 죽으며 죽은 후에도 그 집안의 조상이 되어 제사를 받게 된다. 그는 항상 자신의 성격을 이해하는 친숙한 사람들과 상호 작용하고 그 영구적인 집단내에서 보호를 받고 살아간다. 자신에게 문제가 생기면 도움을 줄 사람이 늘 가까이 있으며 자신이 보지는 못했으나 피를 나누어준 조상들의 은덕 속에 안주한다. 반면 여성은 자신이 태어나고 성장한 집을 결혼과 함께 떠나야 한다. 그는 자신을 이해하거나 감싸줄 사람이 하나도 없는 시집에 들어가서 사는 단절적 경험을 하게 된다 그녀는 오해와 불신 속에 불안정한 삶을 살아야 하는 상황적 조건 때문에 심리적으로 남성에 비하여 일찍 독립적이며 강해지고 성취 지향적으로 된다. 조선조 가부장제가 지닌 또 다른 특성, 즉 극단적 명분 위주의 남성적 삶을 보완해야 하였던 점을 고려할 때 여성들이 남성들보다 더욱 진취적이며 성취적 기질을 살려왔을 가능성은 쉽게 유추할 수 있다. 이러한 기질적 특성은 자궁 가족을 통하여 딸들에게 이어지며, 여성을 심리적으로 강하게 만들어온 것이다.

여성들의 '안채' 문화

당시의 엄격한 남녀 유별적인 내외 관습에 의하여 안채의 여성들은 그들 나름의 자율적인 세계를 구축할 수 있었다. 그 세계는 어느 공동체와 마찬가지로 권위와 권력, 사랑과 미움, 존경과 자존이 있는 무대였다. 이러한 '여성들만의' 생활의 장과 '여성들만에 의한' 문화가 존재할 수 있었다는 사실은 매우 중요한 시사점을 갖는다. 여성들은 공식적으로 남성 세계의 보조자로 엄하게 규정되어 있으며 자신들 또한 그러한 규정을 부여된 그대로 받아들이고 있었지만, 실은 그 규정을 주어진 그대로 받아들인 것이 아니라 적극적으로 재해석하여 자신의 권력을 확보하고 한정되나마 자신들의 공동체적 생활 무대를 창조해갔던 것이다. 람피어 Lamphere(1974)는 진화론적인 사회 유형에 따라 여성들이 가족의 테두리 안에서 어떻게 자기의 목표를 달성하기 위하여 적극적인 전략적 활동을 펴왔는지를 밝히는 논문에서 특히 농경 사회에서는 혈연 관계와 여성들간의 유대가 중요함을 지적한 바 있다.

울프 역시 친족적·농촌 공동체적 생활에 초점을 맞추어 중국 여성들이 빨래터나 공동으로 잔치 준비를 하는 장소 등에서 자신들의 유대망을 형성하고 정보를 교환하였으며, 그들의 잡담은 실은 여론 조성의 작업으로서 지나친 여성 억압을 막는 완충적인 역할을 하여 왔음을 밝히고 있다. 조선조 사회에서도 이러한 기제가 작용하였을 것으로 보이나 중국보다는 그 비중이 약했을 것이다. 이유는 중국에 비해 조선조 사회는 내외 관습이라든가 동족 집단의 통제가 더 엄격하였고 또한 중국적 확대 가족에 비하여 한국의 직계 가족적 통제는 더욱 수직적 관계를 우선시하는 방향으로 발전되어갔다는 점에서 찾을 수 있을 것이다. 더욱이 지역 공동체적 여론이 친족적 여론을 능가하기 어려웠을 것이며, "집안 문제는 집안에서 처리해야 된다"는 관념이 강하게 존재하여 여성의 시집에의 종속은 보다 철저했을 것으로 보인다. 상류층으로 갈수록 씨족적 지배가 강화되고 여성의 출입이 규제되었을 것이므로 지역 공동체적인 연대망을 발전시키기는 어려웠을 것이나 대신 시집 가문내에서 여성들의 세계를 구축해갔을 가능성은 높다.

그러나 조선조의 경우, 후대로 오면서 시집내 여성간의 유대는 여성들의 자율성을 확보하는 기제로서보다는 지배 이데올로기가 제시한 역할을 잘 수행해나가기 위하여 상호 경쟁하는 기제로 작용한 경향을 보인다. 일단, 자신이 시집온 집안과 그 가문이 잘 되는 것이 곧 자신의(그리고 자신의 자궁 가족의) 이익이라는 사실을 확인하면서, 여성들은 적극적으로 지배 이데올로기를 수용하기 시작한 것이다. 특히 '조강지처'로서의 자부심은 여성들이 적극적으로 수용해간 지배 이데올로기의 핵심인 것으로 보인다. 여기서 '조강지처' '본처'의 긍지를 강조하기 위하여 '후처'와 '계모'는 속죄양이 된다. 민담에 '계모'는 항상 욕심이 많고 성욕이 강하여 남자를 호리고 전처의 아이들을 구박하는 식으로 묘사되는 것은 여성들만의 사회내의 지배 집단, 즉 '본처' 집단의 세계관의 반영이라 하겠다. 당시의 여성들은 틀에 들지 않는 소수를 희생시킨 채 다수는 본처로서, 어머니로서, 근면한 주부로서 존경을 획득하고 지배권을 강화해갈 수 있는 입장을 구축하였던 것이다.

시게마스(1982)는 한국의 굿의 분석을 통해 '우리(남성)'의 변두리에 선 여성들이 자신들의 불안정한 위치를 지탱하여가는 데 동서나 동세대의 친척 여성들로부터 상당한 도움과 정신적인 원조를 받아온 것을 밝혀내고 있다. 즉 남성들의 직접적인 지배가 침투하지 못하는 안채의 세계를 갖고 있었던 것인데, 문제는 그 세계가 얼마나 그 나름대로의 독자적인 이념 체계를 발전시켜나갔는지에 있다. 이를 여성들이 주인공이 되어왔던 무교를 통해 살펴보자.

여성들에 의해 형성된 하위 문화는 크게 두 가지 특징을 갖고 있다. 하나는 여성이 삶에서 느끼는 모순을 설명해준다는 점에서 나름대로의 독자적인 설명의 틀과 표현 방식을 갖는다는 것이다. 두번째로 여성의 갈등과 억압을 해소시켜준다는 점에서 현실 적응을 돕는 기능을 한다. 후자는 사회 개혁적인 측면에서 볼 때 '아편' 적인 요소이나, 당시 여성의 개인적 삶을 견딜 만하게(자살하지 않고) 해온 주요 기제였음은 분명하다. 여성들만의 독자적인 설명의 틀이 생성하였음은 무교에 나타난 조상에 대한 인지에서 명백히 드러난다. 앞에서 부계 혈통 중심의 가부장적 가족 원리와 부모에의 '효'를 강조하는 사회에서 여성은 친정과 시집에 대한 상반된 관계에서 갈등을 경험하고 있음을 지적한 바 있다. 이 모순은 "친정에 누를 끼치지 않으려고 죽지 않고 시집살이를 견디어내었다"는 철저한 유교 윤리(효)의 고수로, 또는 '며느리와 묏자리'의 전설에서처럼 자손을 통한 성취를 강조함으로써 어느 정도 설명이 되고 있다.

무교에서는 이러한 모순이 상당히 체계적으로 다루어지고 있는데 우선 조상을 분류하는 방식에서 그러하다. 켄달Kendall(1981)의 연구에 따르면 무당굿에서 인지되는 조상은 친정과 시집 모두를 포함하고 있어 '출가외인' 이데올로기가 강화되어도 여성에게 있어 친정은 여전히 삶의 중심이 되고 있음을 보게 된다. 주로 일제 시대의 굿을 연구한 아키바는 굿에서 친정 조상들이 자주 등장하는 것을 들어 조선을 모계적 사회라는 규정을 내릴 정도였다고 한다. 무당굿을 통하여 여성은 친정에 대한 자신의 내면적 갈등을 그 나름대로 해결해갔다. 무가의 바리공주 이야기는 이러한 모순을 승화, 극복해나가는 전형적인 예이다. 딸로 태어났기 때문에 버림을 받은 바리공주는 성장하여 부모를 찾고 효도를 하기 위해 저승까지 여행을 하며 부모를 살릴 약을 구하고 일곱 아들을 낳아 돌아온다. 그녀의 지극한 효심은 결국 보상을 받는 것이다. 무가가 원래 인간의 근원적인 모순을 설명하기 위해 생성된 것이라면 바리공주의 이야기는 남녀에 관계없이 인간의 비극에 관한 이야기일 수 있다. 그러나 청중에 따라 이야기의 기본 메시지는 달라질 것이며 조선조 여성들에게 이 이야기가 주는 메시지는 다분히 여자로 태어났기 때문에 자신의 부모에게 효도하지 못하는 심리적 갈등을 다루는 이야기로 받아들여졌을 소지가 높다. 이와 비슷한 맥락에서 이해될 수 있는 친정에 대한 사무친 그리움은 많은 민요에서도 표현되고 있다. "친정을 하직하고 시가로 돌아갈 제 너의 마음 어떠하며 나의 마음 어떠하냐"(계녀가), "출가 여식 소용 없다. 사모한들 무엇하리, 십팔 년간 키울 적에 아들 딸이 다를소냐" (사녀가), "여자는 출가하면 부모형제 떨어지고 외인이라 하였는데 이런 말씀 다시 마오"(효녀가). 특히 두번째 민요에서처럼 정과 역할 사이의 갈등은 해결되지 않은 채 그대로 표현되고 있다.

친정에의 효심 외에 바리공주의 비극이 여성들에게 주는 또 다른 메시지는 고난을 극복하고 모험에 적극적으로 뛰어드는 영웅의 모습 이다. 그리고 그 끝은 항상 행복하게 끝난다. 심청전이나 춘향전, 그 외 궁상굿, 도량선비 이야기 등 모두에서 공통적으로 나타나는 것은 끝없는 고행을 견디어 영광을 차지하게 되는 포용력 있는 인간의 모 습이다. 이 모습은 '잠자는 공주'의 수동성이나 '베아트리체'의 순수 함 등과는 거리가 멀다. 여성은 강하며 끝내 승리한다는 주제가 일관 되게 나디'날 뿐이다.

민속극에 나타난 영감/할미의 싸움의 비교 분석에서도 이 점이 잘 드러나 있다(임재해, 1984: 207~22). 부부인 영감과 할미는 헤어져 있고 영감은 젊은 기생첩을 데리고 논다. 그러다가 부부가 만난다. 기생첩 때문에 할미와 첩, 할미와 영감 사이에 싸움이 벌어지고 싸움 끝에 영감이 죽는다. 할미는 생환굿을 통해 영감을 소생시키고 행복 한 결말을 본다. 흥미롭게도 굿에서는 이렇게 이야기가 전개되나 남 성들의 극인 탈춤에서는 할미가 죽고 영감이 천국에 가라는 굿을 해 주고는 끝난다. 꼭두각시놀음에서는 할미와 영감이 상당히 평등하게 맞붙어 싸우고 할미의 가출과 끝내 그녀를 찾지 못하는 것으로 결말 이 난다. 각 극은 공연 시작의 시기가 다르고 관객이 다름에 따라 변 형을 보이나 적어도 굿에서는 여성이 이기고 모두가 행복해지는 식으로 결말이 난다는 점이 중요하다. 이렇게 여성들은 한정적이나마 자신들이 주체가 되는 굿을 통해 자신들 삶의 모순을 정리하고 긴장과 갈등을 풀며, 불행하게 떠도는 영혼들을 먹이면서 공존의 의미를 되새겨나간 것이다.

유교적 제사에 비하여 여성의 굿에서는 수평적 관계가 강조되고 그 형식도 자유롭다는 것은 이미 널리 알려진 바이다. 더 나아가 임돈희(1986: 142)는 중국에 비해 한국의 무속 신들간에는 위계 서열이 뚜렷하지 않으며 남에게 절대로 지려고 하지 않는 '내로라' 하는 식의 인간 관계가 나타난다고 지적하고 있다. 또한 조상으로부터 여러 가지 혜택을 받게 되는 남성과는 달리 남편의 집으로 시집을 가서 시집에 대한 의무만이 강조되는 상황에서 살아야 했던 여성들에게 조상이란 긍정적이기보다는 부정적인 존재이며, "차려놓은 음식을 빨리 먹고 다시는 오지 말았으면 좋은" 기피의 대상으로 인지되고 있다고 한다(임돈희, 1986: 145). 유교와 무교에 나타난 이러한 조상에 대한 태도의 차이는 당시 남성과 여성의 인지상의 차이를 단적으로 나타낸다 하겠다.

또한 켄달(1985: 177~78)은 비교 연구를 통해 굿에 나타난 한국 여성의 관심은 어머니 역할에 한정된 중국 여성에 비하여 한결 포괄적이며, 가족 전원과 공동체 전체와 관련되는 범위로까지 확대된다고 하였다. 이는 이미 논의한 대로 역할상의 남녀 유별이 엄격하고 특히 경제면에서 비현실적인 남성의 보완자로서 여성의 활동 영역이 확대될 수밖에 없었던 현실을 반영하는 것이라 하겠다. 이런 면에서 굿은 유교적 의례와 기능적인 보완의 관계에 있었다. 대부분의 굿이 실리적인 이익을 추구하는 기복 신앙적 측면이 강한 것에서도 이 점을 분명히 알 수 있다.

많은 인식상의 차이에도 불구하고 여성들만의 세계가 종국적으로 가부장권을 붕괴시킬 요소를 갖고 있지 못한 미약한 하위 문화를 형성해온 데 불과하였음은 이러한 철저한 상호 의존과 보완적 특성에 기인하는 것으로 보인다. 유교에서처럼 무교에서도 여성은 죽은 후에 시집의 조상이 되지 모계신이 되지 않는다. 또한 많은 강력한 신은 남성신이다. 굿의 주요 기능이 여성들의 자율적 세계의 구축에 있었다기보다는 여성들의 심리적 갈등을 무마하고 해소하는 데 있었으며 동시에 상당 부분 남성 우위의 지배 이데올로기를 수용·보완하는 데에 있었음을 간과해서는 안 될 것이다. 굿에는 기존 체제를 초극하려는 측면이 부재하며, 이 때문에 무교를 대안적 문화 체계로 보기는 어렵다.

요약

조선조 가부장제를 이해하기 위하여는 조선 중기 이후의 역사적 진행 과정이 일반적 사회 진화 과정에서 예상되는 것과는 달리 상당히 특이한 형태로 이루어져왔음을 분명히할 필요가 있다. 즉 중앙 통치 권력이 확대되지 못한 대신 전통적 혈연제와 묘한 결탁 관계를 맺게 되어, 약화될 것으로 예기되는 혈연적 통제가 실은 재강화되는 면을 보게 되는데, 이러한 특수한 사회적 진행 과정은 여성 통제의 면에서 두 가지의 시사점을 갖는다. 하나는 교조화된 유교적 지배의 강화와 또 하나는 혈연적 통제의 강화이다. 교조화된 유교적 지배란 상호 보완적 음양 개념에 토대를 둔 남녀 유별 의식과, 후대로 가면서 더욱 철저해진 상하 개념의 남존 여비 이데올로기를 중심으로 한 지배를 뜻한다. 그리고 이러한 이데올로기적 지배는 일상 생활에서 실질적 씨족적 통제를 통해 크게 가능해져왔다.

여성이 당시 사회의 주요 통치 단위인 국가 공동체 차원과 혈연 공동체 차원에서 공적 정체성을 갖지 못한 이등 백성이었음은 분명한 사실이며, 공식 영역에서 '남성 지배'는 엄격한 성 역할 분담과 삼종 지도의 이념으로 철칙화되어 있었고, 점차 정절 규범 등의 비인간적 형태로 발전되어 나아갔음을 알게 된다. 혈통과 가족이 크게 부각되는 과정에서 여성이 스스로 확보할 수 있는 권한과 지위가 또한 증가한 면이 없지 않다. '효'를 최상의 가치로 삼는 가족주의 사회였기 때문에 여성이 본처, 그리고 어머니로 존재하는 한 상당한 지위와 인정을 받을 수 있었고 또한 아들을 통하여 권력을 확보할 수 있었다. 즉 공식적인 부자 관계에 대비된 가족적 모자 관계 내지 '자궁 가족'을 통해 여성은 상당한 권한을 가질 수 있었다. 특히 유교 윤리의 실천이 사회적 지위 상승에 중요한 변수로 부각됨에 따라, 여성은 적극적 행위자로서 '열녀' '효녀' 등의 공적 인정을 받을 기회가 생겼으며, 또한 '선비상'을 이상으로 하는 사회에서 '세정'을 모르는 남성의 보완자로서 경제 생산적 활동을 포함하여 일상 생활을 꾸려가는데 있어서 여성 역할의 비중은 매우 컸다. 여성은 어려운 단절적인 시집살이를 이겨나가야 했던만큼 성취적이고 강한 인성을 지니게 되었으며 여성만의 안채 문화는 그들 나름의 갈등과 불만을 해소하는 기능을 수행하여왔다.

궁극적으로 혈통을 극도로 중시한 당시의 체제에서는 대가족내의 연장자이자 혈통 계승자의 어머니로서 여성의 지위와 활동에 상당한 권한을 부여한 셈이며 여성들은 이 여자를 십분 활용하여 가부장제의 유지를 적극적으로 도와왔던 것이다. 여성이 인격으로서가 아니라 어머니로서만 인정되었다는 점과 여성 자신들이 조선 중기 이후의 붕괴하여가는 체제를 강한 생활력으로 보완하며 적극적인 지탱자가 되어왔다는 점을 이해하는 것은 가부장제의 현대적 변형을 이해하는 데 매우 중요하다.

3. 근대와 현대의 가부장적 가족

조선 왕조 말기와 일제 시대를 거쳐 지금에 이르기까지의 시기, 즉 전통적 농경 국가 체제를 벗어나 공업화하여가는 과정에서 몇 가지 가부장제 변화의 조건이 형성된다. 여기서는 이 시기를 크게 두 단계로 나누어 살펴보고자 하는데 공업화 초기를 첫 단계로, 1960, 70년대의 고도 경제 성장 시기를 두번째 단계로 삼았다. 시기 구분을 이렇게 잡은 것은 (1) 경제 생산이 가족과는 전혀 분리된 공적 영역에서 이루어지게 되는(산업화 및 도시화의) 정도와, (2) 근대적 평등 이념의 전파가 전통적인 가부장제의 붕괴와 변형을 분석하는 데 중요한 변인으로 작용하기 때문이다. 우선 대한제국의 성립과 일제 시대, 그리고 6·25 피난민 시대를 거쳐 건국 이후의 혼란기를 한 시기로 묶어 근대로 잡고, 당시의 사회적 특성으로 (1) 나라 전체의 운명을 좌우하는 공식적·제도적인 영역이 크게 축소·붕괴된 채 생존 자체가 궁극적인 목표였던 점, (2) 그러는 와중에서도 점진적인 공업화와 도시화 및 일본식 교육이 전개되었다는 점에 주목하였다.

본격적인 국가 주도의 산업화가 진행되고 대기업이 성장하며 대중 교육과 대중 교통·대중 매체가 문자 그대로 대중화되는 1960년대 이후 시기를 현대로 보면, 이 시대의 특성은 (1) 산업 자본주의화가 앞서 진행된 서구의 경우에서처럼 공/사의 영역이 엄격해지고 공적인 영역이 사적 영역에 비해 월등히 중요해지기 시작하며, (2) 경제 생산자인 남성의 노동과 공적 정체성에 기생하는 가정 주부 중심의 핵가족화가 이루어지며, (3) 동시에 여성 교육이 대중화되고 여성의 사회적 진출이 현저해지면서 남녀 평등 이념이 상당히 보편화된다는 점에서 찾아볼 수 있다. 근대는 여성의 활동이 점차 확대되면서 동시에 혼란기의 특성을 보이며, 현대는 전통적 가부장제와 자본주의적

가부장제의 혼합이 두드러지게 나타나면서 변혁의 가능성을 보이는
시기이다.

I. 여성의 활동이 더욱 확대되는 혼란기:
모중심 가족과 현모양처 이데올로기의 대두

한국의 근대사 초기는 국가 공동체의 운명을 책임진 주체적 정치
집단이 없거나 매우 미약한 가운데 신분제의 문란, 민중의 봉기, 외
세의 압력, 여러 차례의 전쟁의 소용돌이 속에 대다수의 백성들이 빈
곤과 혼란을 경험하는 시기였다. 즉, 국가 공동체의 존립이 심하게
흔들리고 거세된 시기로, 공적·제도적 영역이 붕괴 내지 축소되어
갔으며 대신 '가족 단위 중심의 생존'이 개개인의 삶의 목표가 되었
던 시기로 볼 수 있다. 곧이은 일제 시대를 거치는 가운데 국가 조직
은 완전 붕괴되고 도시화·이주 등을 통해 친족 집단의 기능도 점차
약화된다. 많은 사람들이 토지를 잃고 농촌을 떠나게 되는데 주로 남
성들이 전장에 나가거나 징용에 끌려 일본·만주 등지로 가버리거
나, 노동을 팔러, 또는 교육을 받으러 떠나갔다. 『토지』(박경리,
1979) 등 근대사를 다룬 소설들을 보면 주로 남성들은 두 부류로 나
뉘어 묘사되고 있음이 흥미롭다. 무기력하고 나약한 남성상과 항일
운동에 투신하는 모습이 그것이다. 이 두 유형이 모두 가족을 떠난다
는 점에서는 공통점을 보인다. 당시 유행한 "서울 가신 오빠"나 "비
단구두를 사가지고 올" 오빠에 대한 기다림의 노래들이 이 현상을 단
적으로 표현해주고 있다. 이에 여성의 활동 영역은 불가피하게 확장
되어갔다. "남편이 나라의 불행을 통탄하며 방황하고 다니"거나 "헛
된 꿈을 꾸며" 광산을 헤매고 다닐 때 홀로 "일꾼들을 데리고" 대갓
집을 지켜나간 종부(宗婦)로부터 아들을 찾으러 만주로 떠나는 어머
니, 시장에서 장사를 벌이거나 임금 노동을 하여 가족 생계를 꾸려가
야 하는 젊은 주부에 이르기까지, 여성들의 '바깥' 활동은 대폭 증대

한다. 이들의 증대된 활동은 가족의 생존을 위한다는 명분 앞에서 아무런 제약이나 갈등 없이 받아들여진 듯하며, 이자놀이 등을 통한 경제 활동도 여성들에 의해 활발히 이루어진다. 전통적으로 남성의 약점과 부재를 메우고 보완해온 것이 의무였던 여성들은 혼란기를 통해 그 역할을 자연스럽게 확대하여간 것이며 이 시대의 가족은 실질적으로 모중심적 성격을 더욱 강하게 띠게 된다.

그러나 이러한 시기를 통해 확대된 여성의 활동이 남존 여비적 사상을 약화시키는 방향으로 작용한 것은 전혀 아니었다. 오히려 부계 혈통을 이어갈 남성의 생존을 확실히하기가 더욱 어려워진만큼 여성들은 절대적 사명감을 갖고 남편과 아들을 감싸왔던 것으로 보인다. '씨'가 이어진다는 사실 자체가 개인의 사회적 지위 보전에 필수적이며 언젠가 집안을 크게 일으키더라도 남자가 없이는 그 영광이 공적인 영역에서의 결실을 맺지 못한다는 사고의 틀을 벗어나지 못하였으므로, 여성들은 오히려 집안의 '남자'를 살려야 된다는 강박 관념 속에 살아온 것으로 보인다. 이러한 점은 이문열(1985)의 소설 『영웅시대』에서 일제 시대와 6·25 동란을 거치며 사는 주인공 이동영의 어머니와 아내의 삶을 통해 생생하게 묘사되고 있다. 남성의 부재는 항상 '일시적'이라고 간주되었고 남성은 상징적 권위로서 가족 구성원의 머릿속에 항상 군림해왔다. 실제로 남성의 권위는 아내와 어머니인 여성에 의하여 끊임없이 상기시켜졌거나 변조되기도 하였는데 특히 자녀 교육에 있어서 아버지의 권위는 어머니에 의해 자주 이용되었다. "그런 식으로 하면 무슨 낮으로 아버지를 뵙겠느냐?"라든가 "우리 집안은 뼈대 있는 집안이다"라는 식의 표현을 통해 집안의 보이지 않는 정신적 지주로서 아버지는 실제적 역할과는 무관하게 존재하여왔던 것이다. 즉 남성 부재의 시기를 통해 남자는 더욱 존귀한 존재로 부상되었으며, 남성이라는 사실 자체만으로서 직접적인 우월감이 확보되는 부계 혈통 중심의 남성 우월주의는 전혀 약화되지 않은 것으로 보인다.

　문학평론가 최원식(1987)은 근대사를 통해 소설가들이 아버지를 별로 다루고 있지 않으며 이광수·염상섭 등의 소설의 주인공들은 대다수가 일종의 고아 의식에 사로잡혀 있다는 점을 지적하면서 '아버지' 부재의 현상을 분석할 필요성을 주장하였다. 그는 새로운 역사는 근대사의 격동 속에서 실종된 아버지, 즉 숨어 있는 아버지를 발견하고, 그 세대의 실패를 엄정하게 보고 극복하는 작업에서부터 시작되어야 함을 강조하고 있다. 그 동안의 아버지의 부재는 실상 적극적인 여성들의 활약에 의하여 메워져왔으며, 부재한 남편의 자리를 남겨두고 그의 실추된 권위를 세워주는 일이 여성 역할의 주요한 부분이 되어왔던 것이다. 남성의 '일시적인' 부재로 가족적 삶이 흔들릴 리가 없다는 것을 보여주기 위해서라도 가족의 주인공이 된 여성들은 더욱 가부장적 명분에 충실하려고 했던 것이다. 한편 아버지가 없어도 굳건하게 부권이 존재할 수 있다는 사실은 많은 경우 아버지라는 실제 인물이 '있으면서도 없고 없으면서도 있는' 상당히 모호한 위치를 가진 가족 구성원으로 전락할 수 있음을 시사한다. 조선 시대의 남성 지배가 실제적인 역할에 의하여 뒷받침되었다기보다는 상당히 이데올로기적 차원의 현상이었음을 앞에서 밝혔지만 그나마 그 시대의 남성들은 글을 읽는 선비라든가 문중의 성원으로서, 또는 제사를 모시는 제관으로서 확고한 지위와 활동 영역을 가지고 있었다. 그런 면에서 역할에 의해서보다는 순수한 정체성의 차원에서 강조된 혼란기의 남성 우월주의는 그 전시대의 것과 구별이 되어야 할 것이다.

　어떠한 중추적인 혁신 세력이 형성되지 못한 상황에서 사회의 지배 이념이 바꾸어질 것을 기대하기는 어렵다. 더더구나 이미 논의한 바와 같이 조선조의 역사가 명분의 차원에서는 '신성한' 유교 이념 및 혈연의 원리가 불변의 체계로 존속되고, 실질적 차원에서는 주로 비공식적 영역에서 일어나는 결탁과 경쟁 내지 체념을 통한 적응의 역사였던만큼 혼란기를 통하여 오히려 전통적인 이데올로기가 더욱 고수되고 상황적 변화는 임기응변적이고 변칙적인 사태 조정으로 다루어졌을 가능성이 높은 것이다. 이러한 배경에서 '부권'은 실제적인 아버지의 역할과는 상당히 무관하게 상징적인 가치로서 존재할 여지를 안고 있었던 것이며, 혼란기의 사회적 삶은 생존 위주의 상황 윤리와 편협한 가족주의 원리 아래 상당히 여성들의 활약을 통해 이루어져나갔던 것으로 짐작해볼 수 있다.

그러나 근 80년에 이르는 이 기간 동안에 이념상의 변화가 전혀 없었으리라고 규정하는 것은 무리일 것이다. 17세기 이후에 나타나는 실학에서 이미 극단적인 정절관에 비판이 가해졌고 천주교의 전파도 유교적 여성관의 동요를 가져왔다. 더욱이 19세기에 창도된 동학에서는 남녀의 동등성을 주장하여 누구나가 신앙에 따라 도인이 될 수 있음을 천명하였다. 또한 1876년 강화조약 이후에 시도된 정치적 개혁은 사회에 중대한 변화를 초래하는 계기가 되었을 것으로 보인다(박용옥, 1976: 12). 이러한 일련의 변화는 일제 주두의 공업 자본주의화의 진행에 따른 사회 경제적 조건의 변화와 접합되어 새로운 이데올로기를 낳게 된다. 이 과정을 개화당에 의한 개화상소, 당시 지식인에 의한 여성 인권 선언과 여성 지식인들의 활동, 그리고 여성 교육의 상황을 통하여 구체적으로 살펴보자.

갑신정변의 주동 인물이었던 박영효가 1888년에 올린 상소문에서 여성의 개화 문제가 구체적으로 다루어지고 있다. 박용옥(1976: 196~97)은 다음의 여섯 조항을 주요 부분으로 발췌하였다.

1) 부녀가 음독하여 타태함을 금할 것.

2) 남편이 그 아내에게 강포를 행함을 금할 것.

3) 유년 가취를 금하고 고속(古俗)에 의한 가취의 연한을 지킬 것.

4) 소중학교를 설립하여 남녀 6세 이상으로 하여금 모두 취학 위학

케 할 것.

5) 법령으로써 남자의 취첩은 금하게 하고 상부의 임의 개가를 허
할 것.

6) 반·상·중·서인으로 하여금 임의로 혼인케 하고 재덕이 있는
자는 비록 천하더라도 대관에 임용할 것.

당시의 진보주의자들은 조혼제·축첩제·과부 재가 금지 등 여성
억압적 제도를 봉건적이라 규정하고 이의 시정을 강력하게 추진해
갔다. 갑오개혁안 중에서 국왕의 재가를 얻어 공표된 사항을 살펴보
면, (1) 적처와 첩에 모두 자식이 없을 경우에 한하여 양자를 허용할
것; (2) 조혼을 금지하여 남자는 20세, 여자는 16세에 이르러 결혼을
허용할 것; (3) 과부의 재혼은 귀천을 막론하고 그 자유에 맡길 것 등
이다(이광린, 1981: 326). 그러나 이러한 제도의 시정은 당장 효과가
나는 것이 아니었다. 당시의 여론의 변화를 살펴보기 위해서는 신문
과 개화기 여성들의 글이 적절한 참고가 될 것이다.

서재필이 쓴 독립신문의 사설을 보자.

여자들을 교육하여 놓게 되면 나라에 대단히 유익하니, 첫째는 지
혜 있는 부인들도 국사를 의논하여 정치가 진보케 될 것이요, 둘째는
남자가 혼인 후에 집안일을 서로 의논하여 가도를 흥왕케 하되, 능히
그 남편을 도와 편지도 대서하며 문서도 기록하며 한가할 때에 서적을
보며 학문을 토론하니 집안에 화기가 충만하여 백 년을 해로하는 내외
가 될 뿐 아니라 생전에 다정한 친구가 될 것이요, 셋째는 어린 아이들
이 십 세 이전에는 항상 그 모친 휘하에서 자라며 언행과 동정을 배우
나니 그 어머니가 학문이 있으면 학교에 보내기 전에는 그 모친이 가
르치리니 이것은 양육하는 모친만 될 뿐 아니라 자녀의 스승이 되는
것이라. 여자의 학문 있는 것이 어찌 나라와 백성에게 유익함이 적다
하리요. (1898년 9월 13일)

나라의 위기에서 당시의 지식인들은 나라를 살리는 일꾼을 기르고 남편을 내조하고 아이들을 더 총명하게 기를 수 있다는 생각에서 여성 교육의 필요성을 매우 강조하였다. 또한 자유주의적 원리 아래에서 "남자가 가정을 성(成)하여 인(人)의 부(夫)와 부(父)가 되는 동시에 사회에 활동하는 것과 다름"없이 여성도 아내가 되고 어머니가 되면서 동시에 사회 활동을 해야 한다는 남녀 대칭적 논리로 여성의 사회적 자유 활동의 당위성을 밝히기도 하였다. 이에 "확대한 인간 생활의 전 시야를 영유할 개성의 소유자로서〔……〕 가정에 예속하는 의미가 유(有)할 것이라는 소위 현모양처주의와 가정 중심설과 같은 것"을 부인할 것이 주창된다(동아일보, 1920년 6월 2일 사설 「여성 해방의 문제」; 6월 23일 「자기로 사는 부인」). 더 나아가 진보주의자들은 전통적 대가족 제도가 가족 성원간의 갈등뿐 아니라 개인의 나태와 의뢰심을 조장하는 악습이라고 하여 부자 유친의 도덕보다 독립체로서의 생활을 중시하는 신도덕이 뿌리내려야 함을 역설하고 있다.

구제도로 보면 부자 각거하는 것이 찬성할 수는 없지마는 개인주의로 보면 과거든지 현재든지 각거하는 것이 당연한 일이다.〔……〕 별거를 한다고 반드시 부자의 의리가 상할 것은 없다. 될 수 있는 데까지 부자 형제 또는 부부간에도 각각 독립 생활을 하야 자기의 손으로 자기가 사는 것이 좋겠다. (「신여성」, 1926년 3월 『여성평론』)

이렇게 1900년대 초반은 개성에 대한 새로운 인식에 근거하여 자유주의적 이상론이 한껏 펼쳐진 때였다. 때맞추어 선교자들에 의해 여성 교육을 위한 기독교 계통의 학교와 사립 학교가 세워지고, 여성 단체들이 결성되어 새로운 시대의 도래를 준비하게 되었다(박용옥, 1976: 204).

　당시의 진보적인 분위기와 근대적 여성 교육의 결과, 소위 '신여성'들이 등장한다. 이들은 최초로 전통적인 여성상을 대체할 현대적 여성상을 제시하였다는 점에서 매우 중요하다. 이들은 주로 잡지 · 신문에 기고하며, 여성 단체 활동을 통하여 전통적인 유교 의식을 깨뜨리고자 운동을 전개하여갔다. 이들의 주장의 핵심은 자아의 발견으로, 그 구체적 내용은 자유 연애에 의한 결혼과 신정조론이 중심을 이룬다. 이들은 재래의 결혼 제도를 당시 남성 지식인들과 마찬가지로 "인간이 〔……〕 기계나 물질 노릇을 하던 시대의 유독으로" 보고 이러한 제도를 타파하는 것을 자신의 사명으로 느꼈다(동아일보 5월 19일 사설, 「이혼소송사건의 격증」). 그들은 서구의 자유 연애론자 엘렌 케이의 결혼관을 소개하면서 "결혼은 사랑이 문제가 되고 법률이란 형식은 아무 문제가 되지 않는다. 〔……〕 따라서 사랑이 끝났을 때는 도덕적으로나 법률적으로도 그 결혼에서 벗어나는 것을 허락할 수 있다"는 주장을 펴고 있다(『개벽』 9호, 노자영, 「여성의 제1인자 엘렌 케이」). 김원주 역시 1924년 「우리의 이상」이란 글에서 인격을 무시하는 성 도덕에서 벗어날 것을 주창한다.

　재래의 모든 제도와 전통과 관념에서 멀리 떠나 생명에 대한 청신한 의미를 화기코자 하는 우리 여자에게는 무엇보다도 먼저 우리들의 인격과 개성을 무시하는 재래의 성 도덕에 대하여 열렬히 반항하지 않을 수 없습니다. 〔……〕 구도덕의 입장으로는 정조를 물질시하였으므로 과거를 가진 여자의 사랑은 신선미가 없는 진부한 것이라고 생각하여왔습니다. 그러나 우리는 이러한 그릇된 관념을 버려야 하겠습니다. 〔……〕 우리 가운데서 설혹 과거를 가진 여자가 있어 새 애인을 구하게 될 때에 자기가 처녀가 아니거니 하는 의식으로 자기의 성이 얼마간 더럽혔다는 생각을 할진대 이는 자기의 인격과 정열을 스스로 모독하는 것입니다. (박월미, 1985: 47 재인용)

초기 소수의 신여성들은 전통적인 가정 생활 양식을 전적으로 부정하는 것을 선각자적 사명으로 생각하고 과감하게 실천에 옮기고자 한 것으로 보인다. 그러나 이들은 근본적으로 가정 중심적인 사고에서 탈피하지 못하였기 때문에 전통적인 가정 생활을 변화시키려면 먼저 사회 경제적 자립이 이루어져야 한다는 사실을 간과하고 신식 남자와 만나서 신식의 부부 생활을 하는 것에 치중한 듯하다. 이는 당시의 진보적인 의식이 현실과 엄청난 괴리가 있었음을 알려주는 단적인 증거이기도 하다. 결과적으로 구습 타파를 부르짖던 주요 행동 대원들은 실제의 삶에서 진정한 모델이 될 삶을 영위하는 데 실패했다. 1920년대에 활발하게 사회 활동을 한 신여성의 가족 상황을 보면, 첩과 후처로 들어간 이들이 많으며, 기독교 계통의 소명 의식을 가진 여성들은 독신이거나 만혼을 한 경우가 많다(박월미, 1985: 49~51). 전자의 경우의 여성들이 사회적 여론 조성에 있어서 매우 두드러진 인물이었다고 할 수 있는데, 후에 이혼을 하는 등으로 더욱 비난의 대상이 된다. 1926년 「자기 해방을 망각하는 조선의 신여성」 이라는 동아일보 사설에서는 "일본의 처녀들의 말이 일상 공장 직공은 출가할 때까지라고 한다더니 조선 여성 해방 운동자들도 남편 얻을 때까지이며 등 덥고 배 틀 때까지인가 하는 감이 불무하다"면서 일부 여성 해방 운동자들이 결혼과 동시에 남자의 화려한 장식품이 되어가는 모습을 개탄하고 있다. 1920년대 후반부터 이러한 급진적 신여성에 대한 인신 공격과 사회적 지탄이 더욱 거세어지며, 주로 첩으로 가는 것에 대한 비판과 "일시적 연애를 위하는 결혼과 순간적 감정에서 나온 이혼의 감행"에 대한 비난이 주내용을 이룬다. 신교육을 받는 여성이라는 의미로서의 '신여성'의 어의가 성 도덕이 문란한 여성이라는 이미지로 변질되어 '고급 탕녀'의 뜻으로 사용되기까지 하였다고 한다. 그래서 1920년대말에서는 신여성 대신 '모던걸'이라는 단어가 나왔으며 지식 여성들은 인텔리 여성이라 부름으로써 자신들을 이들과 구분하려 하였다(박월미, 1985: 53~58). 이러한 변화는 잠시 강한 개화 촉진 및 민족 해방 운동 세력에 잠잠하던 보수적 윤리관이 다시 현재적인 구속력을 행사하기 시작하는 것과 때를 같이한다. 개성과 인격의 존중을 부르짖어온 제1기 여성 해방 운동가들은 자유의 가치를 제대로 뿌리를 내리지 못한 채 보수주의자와 사회주의자 양편에서 공격을 받으며 1920년대 후반부터 서서히 사라져버린다.

실제로 일반적 신여성들이 처한 상황은 매우 어려웠다. 전문인으로서 훈련을 거친 의사나 교사를 제외하고는 여성이 직업을 갖기 어려웠고 일단 결혼을 하면 문제는 더욱 복잡하게 얽히었다. 여전히 대가족적인 구속을 받아, 시어머니를 '모셔야' 하였고 외간 남자와 사무적으로 만나는 것, 남편과 다정하게 지내는 것 등이 모두 문제가 되었다. "시어머니는 아들을 불러세우고 아내를 그렇게 다루면 버릇이 없어지고 시부모를 공대할 줄 모르는 것이니 속담에 이르듯이 아내와 망아지는 때려야 한다는 훈계를 내리며……"(『별건곤』, 1929년 1월,「한 집에서 고부동거 가한가 부한가!」)라는 표현에서 볼 수 있듯이 여전히 시어머니의 발언권이 막강함을 알 수 있다. 구가정에 시집간 여성은 그 갈등을 '생지옥'이라고 표현하며, 동창회에 가는 것, 일본 유학간 남편에게 편지 쓰는 것, 책 읽는 것까지 간섭을 받는 생활의 고충을 토로하고 있다(박월미, 1985: 70). 당시 여성들의 현실적 선택의 여지는 사회 활동을 선택한 독신적 삶과 전통적인 시어머니 지배로 들어가는 것, 두 가지에 한정되어 있었다고 보아야 할 것이다.

1920년대 중반 사회주의 운동에 참여한 여성들은 사회주의 혁명을 통한 민족 해방의 성취를 목표로 삼고, 여성 문제에 대한 인식보다 계급 문제에 대한 문제 의식이 더 본질적임을 주장하며 근로 여성 운동을 펼치고자 하였다.[6] 그러나 이들의 운동도 일제의 사회주의 탄압

정책 아래 근우회의 해체를 계기로 급격히 기울어지자 여성 운동이
란 것은 결국 기독교계 여성들을 중심으로 한 농촌 계몽 운동, 여성
교육 보급 활동 등으로 명맥을 유지하여왔을 정도였다. 이로써 여성
의 독립적 삶을 부르짖던 분위기는 퇴색하고 여성의 '고유한' 모성적
역할에 가치를 부여하는 신복고주의가 일본의 황민화 정책과 1930년
대의 식민지 정책에 의한 한반도의 공업화 과정을 통해 대두된다. 식
민 자본주의가 정착되고 일본의 회유책이 성공을 거두게 되면서 근
로자 등, 현대적 자본가와 노동자간의 계급 분화가 생기고 도시 중산
층, 도시 핵가족이 등장하게 된다. 사회 여론은 자녀 교육에 대한 문
제를 중심으로 점차 직업 부인에 대해 부정적 평가를 내리며 모성애
를 강조하게 된다. 잡지 『여성』에 실린 "모성은 다만 여자로서만 최
고의 천직이 아니라 진실로 인류로서의 최고의 성직이다"는 이광수
(1936)의 모성 찬양론은 이와 맥을 같이한다. 1930년대 『삼천리』에는
"가정 일을 전적으로 맡아하며 가계를 절약하며 사치하지 않고 질서
정연하게 가정을 꾸미고 어린애를 청결히 씻기며 남편의 마음을 헤
아리며 꽃같이 방글방글 피어오르는 미소 속에서 이야기를 나누는
아내"를 이상적 아내로 묘사하고 있다. 이는 서구의 자본주의가 진전
함에 따라 발생한 부부 중심의 가족관과 상당히 유사성을 보이며 직
접적으로는 일본의 '양처현모' 상이 뿌리내리는 과정으로 볼 수 있다.
1934년 『삼천리』의 여성 기고문에 보면 이 점이 더욱 분명히 드러난
다.

> 남자가 밖에서 받은 상처를 잘 어루만져주며 위로하여서 사회 사업
> 을 하는 원동력을 길러주는 것은 오로지 아내의 힘밖에 없구나.[……]

---

6) 이 점에 관한 자세한 논의는 송연옥의 「1920년대 조선 여성 운동과 그 사상—근우
회를 중심으로」를 참조할 것(並木眞人 외(1984), 『1930년대 민족 해방 운동: 일제
파쇼하의 투쟁사례 연구』, 서울: 거름).

남자가 그 아내와 힘을 합하여야 비로소 완전한 한 사람으로서 일을
할 수 있는 이상 여자가 가정에만 있다고 결코 사회 사업을 하지 못하
는 것은 아니다.

공업화가 진행되어 남성들이 안정된 수입과 사회적 지위를 확보하
게 됨에 따라 여성들의 남성에 대한 기대는 달라져갔다. "제가 일생
을 의탁하려는 굳센 남성"(『삼천리』, 1939)이 '신여성'이 결혼하고자
하는 이상적 대상으로 등장하는데 이는 '글 읽는 선비'에게 시집가기
위해 마음의 각오를 단단히했던 조선조의 여성들의 의식과 좋은 대
조를 이룬다. 소위 엘리트 여성은 결혼을 시집이라는 가족 집단보다
는 능력 있는 한 남성과의 결합으로 간주하게 되었고 자신의 역할을
근대적 직장을 가진 능력 있는 남편을 내조하고 그 아이를 기르는 일
에 전념하는 현대적 가정 주부의 역할에 한정시켜 인식하게 된 것이
다. 즉 현모양처 이데올로기가 근대 교육을 받은 층에서부터 정착되
기 시작하였다.

당시 여성 교육계는 현모양처 이데올로기를 적극적으로 주입한 현
장이었던 것으로 보인다. 기독교 계통의 학교는 기독교적인 시민을
기를 것을 목표로 하는 점에서 약간의 차이를 보이나, 개화열에 자극
을 받아 설립된 사설 여학교들의 교육 방침을 보면, 숙명여학교(1906
년 설립)는 "인격 양성에 심심한 주의를 기울여 특히 여자에게 필요
한 순결 · 동정 · 청결관 등의 제덕을 함양하고 실질을 존중하고 근로
를 사랑하며 정숙한 품성을 힘써 기르고[……] 기예의 숙달을 꾀하고
건강의 유지 · 증진을 도모하여서 심신의 원만한 발달을 기하여 현
사회에 적응하는 부인의 양성에 힘씀으로써 순량한 교풍의 등장에
노력한다"고 하였다. 동덕여학교(1908년 설립) 역시 "여자 교육은 어
디까지나 여자를 만드는 교육이요, 그것이 가정을 만들고 국가를 만
드는 것이다"라고 밝히고 있다(손인수, 1977: 253에서 재인용). 관립

학교 역시 여성 교육의 목표를 "부덕의 함양과 솔선수범"에 두어 당시 여학교의 상당수가 자립적인 인간 교육이기보다는 가정인으로서의 여성 사회화에 주력하고 있었음을 알게 된다. 즉, 집안 전체가 기독교로 개종을 하거나 독립 운동에 뛰어드는 등, 혁신적인 환경 변화가 없는 한 당시의 근대적 교육만으로는 여성의 주체적 의식 개발과 활동은 기대가 어려웠으며 일반적으로 신여성의 목표는 현모양처가 되는 데 머물렀다 하겠다.

여기서 '현모양처'란 말에 주목해보자. 원래 '현모양처'란 단어는 일본에서 온 것으로 보인다. 1868년 명치유신 정부는 현대적 산업 국가 체제를 확립하고 서구 열강의 존경받는 이웃이 되기 위하여 국민 생활 전반에 걸친 개혁을 시도한다. 이 목표에 맞춰 정부는 새로운 여성상을 제시하는데 이 새 여성상은 봉건 시대의 농촌이나 상민층이 아니라 무사 관료층의 가족 유형을 그 기본으로 삼고 있다(R. J. Smith, 1983). 이 이상형은 '양처현모'라는 슬로건으로 집약되는데, '양처'가 먼저 나온 것은 한편으로는 도쿠가와 시대부터 일본에서는 가장의 실질적 권한이 상당히 강하였으며, 여성의 아내로서의 역할이 어머니로서의 역할 못지않게 비중을 가졌었다는 전통적인 특성과, 다른 한편으로는 도시화가 진행된 근대적 사회로의 변화의 측면에서 이해될 수 있겠다. 명치 시대 끝무렵에 교육성 장관은 여성 교육의 목표를 다음과 같이 밝히고 있다(Smith, 1983: 75에서 재인용).

여성 교육의 목표는 여성은 결혼을 한다는 전제하에서 '양처현모'가 될 소녀들을 기르는 데 있다. 그러면 '양처현모'란 무엇을 뜻하는가? 이 질문에 답하기 위해서는 우선 가정과 지역 사회, 그리고 국가에서 아내와 어머니의 자리가 어디인지를 알아야 한다.[……] 남성은 생계를 위해 밖에 나가서 노동을 하고 국가를 위해 의무를 수행하는 사람이다. 여성의 역할은 가족 공동의 이익을 위해 그를 돕는 것이다.

국가에 대한 의무를 나누어갖고 그의 관심을 덜어주기 위해 격려하고 감싸주며 집안일을 관리하고 살림을 규모 있게 꾸려가며, 노인들을 보살피고 아이들을 올바른 행동을 하도록 기르는 데 있다.

이 글을 통하여 당시 일본 사회는 자본주의가 상당히 진전되고 남성들이 대거 임노동 영역에서 일하게 되었음을 알 수 있다. 이러한 변화에 발맞추어 경제 활동에 참여하는 남편 중심의 가족에 알맞은 여성상으로 '양처현모' 상이 제시된 것이다. 이 새 여성상은 학교 교육 및 농촌의 부인회 등을 통하여 주입·확산되었던 것이며, 일본의 '전문 주부 *professional wife*' 상으로 발전한다(Vogel, 1979). 당시 조선의 공업화는 아직 미약하였으며 전통적으로 일본에 비하여 혈통을 중시하고 어머니의 역할이 차지하는 사회적 비중이 막중하였던만큼, '양처현모'가 '현모양처'로 어순이 뒤바뀐 것으로 유추된다. 즉 한국의 경우, 핵가족화에 따른 가족 윤리를 새롭게 하기 위해 '양처현모' 상이 수입되었으나, 강조된 것은 여전히 전통적인 모자 관계이지 부부 관계는 아니었던 것이다. 점진적 공업화와 근대적 가치의 수용으로 조금은 근대적인 '현모양처' 상을 받아들이나, 어디까지나 그것은 전통적인 모자 연대를 중시하는 변형된 형태로서였으며 그것도 주로 근대 교육을 받은 층에 국한되었다. 대다수의 경우는 오히려 정치 부재, 아버지 부재의 상황에서 전통적인 모성의 역할이 더욱 강화된 모중심적 가족의 특성을 강하게 띠었을 것을 짐작할 수 있다. 그 당시를 살아간 어머니를 회상한 글에서 주로 나타나는 여성상이 집안을 일으키는 근면하고 과단성 있으며 억척 같은 모습이라는 점에서 전통적 여성상과 크게 다름이 없다고 보이며, 한편 문학에 나타나는 당시의 감동적인 인간상이 한맺힌 어머니의 처절한 모습인 점에 주목할 때 어머니의 역할이 이 시기를 통하여 더욱 강화되고 과중해졌음을 확인하게 된다.

일제 치하에서 벗어나면서 새로운 나라를 건설하려는 움직임 속에 여성들은 전통적인 자신의 자리인 가정으로 돌아갈 준비를 한다. 그러나 그것도 잠시뿐 여성은 다시 전쟁과 정치적 혼란기를 거치면서 바깥 활동을 해야 했다. 이러한 혼란기를 통하여 남성에 대한 여성의 실제적 기대치는 더욱 낮아졌다. 피난살이에서는 남성은 성적 상대 이상이 아니더라도 여성들은 그것으로 족했다(김주연, 1985: 180~83). 살아 있어만 주면 족한 존재였던 것이다. 박완서 소설에 나타나는 "배경 어딘가에 비껴서 있는 듯한 남편상"(박완서, 1985), 또는 김원일의 가족소설(1985)의 여주인공들은 여전히 당시의 가족에서 어머니가 중요했던 반면 아버지가 부재하였음을 잘 보여주고 있다. 그 이후 초기 산업화 과정에서도 여성들의 활약은 지속된다. 한층 높은 생활층을 향해 돌진해가는 가족의 중심 인물로서 여성들은 자신의 가족이 남의 가족에 뒤떨어질세라 그들이 길러온 저력을 한껏 발휘해갔던 것이다. 여성들은 여러 가지 방법을 동원하여 남편을 출세시키고 자녀를 '일류 학교'에 입학시키며 집을 마련하고 재산을 늘려왔다. 이러힌 여성의 '지위 재생신'직 활동은 후빌 공입국에서 대체적으로 나타나며 공적 영역과 사적 영역이 확실히 구분이 되어 있지 않은 사회 구조적 여건에서 자극되어온 활동 영역이다(Papanek, 1985). 특히 한국의 여성이 어느 나라 여성 못지않게 이에 전력 투구해온 것은 전통적인 부덕을 내면화시킨 가족의 안주인으로서의 역할 수행의 지속성의 면에서 설명되어야 할 것이다. 이 당시의 가족은 태너(Tanner, 1974: 131~32)가 정의한 대로 "어머니가 제도적·구조적·정서적으로 중심이 되는" 모중심 *matrifocal* 가족으로 내외 구분이 엄격했던 전시대의 '자궁 가족'적 형태나, 이후에 대두되는 정서적 역할에 치중하는 '엄마주의 *momism*' 가족의 행태와는 현격히 구분된다.

요약하면, 초기 근대화 과정이 외세에 의한 찬탈적 공업화였던만큼, 사회 전반에 걸친 체계적인 개혁은 불가능하였으며, 이상적인 새로운 여성상이나 운동도 생성시키지 못하였다. 이 시대는 생존 자체가 어려웠던만큼, 전통적으로 도구적 성향을 길러온 여성의 저력이 가족의 생존을 위하여 한껏 발휘되었고 이를 통해 소위 '센 한국 여성'의 이미지가 굳혀졌다. 아버지는 점차 상징적인 인물로 남게 되었으며 여성들이 실질적인 가정의 주관자로서 전형적인 모중심 가족을 이루어왔다. 그러나 한편 사회가 근대적 학력과 지식, 그리고 경제 활동력 중심으로 이행함에 따라 노인의 권위는 하락되고 시어머니의 절대적인 지배권의 토대 역시 점차 허물어지게 된다. 대신 경제력 있는 남편 위주의 부부 중심 가정이 교육받은 젊은 여성들이 추구하는 이상적 가정의 형태로 대두된다. '능력 있는' 남성의 내조적 동반자로서의 '현모양처' 상에서도 여전히 모자 중심의 가족 관계는 지속되나, 정서적인 성격의 부부 관계가 강조되면서 여성의 활동 반경은 점점 줄어들기 시작한다.

남성을 통하지 않고 독자적으로 공식적인 영역에서 인정을 받고 활동하는 현대적 여성 집단도 형성되나 이들은 극히 소수에 불과한데다가 대부분이 독신으로 살았거나 그렇지 않은 경우는 보수적인 이데올로기를 그대로 내면화시키고 있었던 것으로 보인다. 공적 영역에서 활동하는 여성들을 다루는 새로운 가치 체계가 형성될 토양은 아직 무르익지 않았던 것이다. 따라서 당시의 일반적 가족 생활에서 여성의 권한은 분명 세어졌으나 중심적 가치는 여전히 전통적인 신분 의식과 생존 내지 출세를 위한 가부장적 가족주의 원리, 그리고 자본주의의 변형인 현모양처 이데올로기였다고 보아야 할 것이다.

II. 현대: 현모양처 이데올로기의 정착,
여성의 나약화, 그리고 자립화

1960년대 이후 현저해지는, 생산 가정과 영역이 엄격히 구분되는 자본주의적 사회 구성에 따라 새로운 형태의 가부장적 가족이 등장한다. 새로운 형태의 가부장제는 남성이 경제적 활동을 독점하고 여성은 가정에 머물면서 정서적 역할을 수행하는 업무 분담에 기반을 두고 있다. 이는 친족 조직적 기제와 이데올로기적 규제를 통한 전통적 지배 체제와는 판이하게 다른 가부장제로서 남녀 평등의 이데올로기와 공존하는 특성을 보인다. 남존 여비의 규범이 아닌 심리적인 성차를 강조함으로써 성 역할 분담이 정당화되며, 공/사의 구분은 더욱 구조화된다. 이러한 가부장적 변형은 주로 경제 구조의 변화에 따른 것인만큼, 서구 가부장제의 변화와 본질적으로 같은 과정을 거친다.

서구 가부장제의 자본주의적 변형을 경제적 기반의 변화와 이데올로기적 차원의 변화로 나누어 역사적으로 살펴본 해밀턴(1982)의 연구는 이 과정을 잘 분석하고 있다. 우선 경제적인 차원을 살펴보면, 봉건제의 물질적인 기반이 무너지고 공장제 생산이 이루어짐에 따라 남성의 노동은 사회적인 임노동으로, 여성의 노동은 무보수 가사 노동으로 이분화되고, 노동 시장에 참여하지 않아도 되는 중산층 여성들은 부와 지위의 상징적인 지표이자 정서적인 인간 관계의 전문가로서 '가정 전담 주부'라는 특수한 형태의 삶을 영위하게 된다. 즉, 전문적 직업 활동에 집중하게 된 남편을 쉬게 하고 자녀를 양육하는 일에 전념하는 가정의 관리자인 주부 중심의 핵가족이 현대의 이상적 가족으로 대두되는 것이다. 한편 경제적인 상황 변화와는 별도로, 그러나 상호 작용하는 관계에서 중세적인 가톨릭 여성관은 프로테스탄티즘에 의해 대체되며 사회는 세속화된다. 새로이 대두된 프로테

스탄티즘에서는 전통적으로 교회와 지역 사회 공동체가 해오던 복지 및 도덕적 교화 기능을 포함한 많은 역할을 가정에 떠맡기며 가정은 '작은 교회'가 되어야 함을 강조한다. 결혼한 여성은 전통적인 '사악한 여성'(소수의 성녀와 대비하여)의 이미지를 벗어나 '작은 교회'의 주인인 남성의 도덕적 동반자로서 그 위치가 격상되며 동시에 남녀 모두가 부부로서 상호 정절을 지킬 것이 요구된다. 이러한 일련의 규범적 변화는 분명 여성을 가부장적인 지배로부터 해방시키는 전조인 것처럼 보인다.

그러나 가정내에서 여성이 드디어 남편과 비등한 권리와 의무를 갖게 되는 때가 가정의 사회적 비중이 극히 축소되는 때와 일치하는 점에 주목할 필요가 있다. 실제로 거대 규모로 확장되어가는 공업화된 '일터'는 모든 다른 영역, 즉 종교·예술·가정 생활 등의 차원을 압도하게 된다. 그리고 '일터'에 일차적 비중이 두어지는 구조적 특징과 여성에게 있어서는 가정만이 그 일차적 충성을 바칠 곳이라는 이데올로기가 지배하는 한 부부 평등적 가치와 규범은 남성 지배를 용이하게 하는 방편에 지나지 않게 됨을 보게 된다. 이런 상황에서 연애란 경제 생산자인 남성이 자신을 편하게 해줄 '적합한' 배우자를 모색하는 과정이며, '낭만적 사랑'이란 여성으로 하여금 고립된 가정 안에서 남성을 내조하는 소외된 생활에 만족케 하는 주요 기제가 된다(Coppinger and Rosenblatt, 1968; 샐스비, 1985). 남성은 이제 확대된 공적 영역의 조직원으로서, 또 가족내 독점적 경제 생산자로서 자신의 지배를 유지해가는 데 더 이상 인공적인 제도와 이데올로기적 규제에 의존할 필요가 없게 되었다. 공업 자본주의화의 진행에 따라 남성은 경제적인 우월성과 사회적인 우월성을 동시에 갖게 된 것이며, 반면 생산에서 배제된 여성은 인류 역사상 어느 때보다도 직접적으로 한 남성(남편)의 지배를 받게 된 것이다. 남성은 사랑할 때 지배하는 감정을 동시에 가지며 아내는 남편의 요구에 복종하는 것이 곧 사랑의 표현으로 느끼게 되었다(Hite Report).

부부간의 상호 보완적 역할 분담과 결혼으로 완결되는 낭만적 사랑에의 기대는 이성간의 매력에 대해 개인적 관심을 집중시켰고 이에 따라 남녀의 태도 및 외모상의 차이는 그 어느 때보다 강조되었다. 현대적 성 역할 분업에 맞추어, 즉 경쟁적인 일터에서 일을 해야 하는 남성은 그러한 일에 맞는 성품을 갖추어야 했고, 따라서 남성은 그 기질이 "지배적이고 강하며 박력있고 이지적"이어야 한다는 가치 규정적인 제한을 받게 된다. 반면에 보조적이고 정서적인 역할을 주로 수행할 여성은 '여성적'이어야 하는데, '여성성'에 관한 규정 역시 그러한 역할에 맞도록 "유순하고 연약하며 민감하고 감성적"인 것으로 내려졌다. 매력적 인간이란 자신의 성에 규정된 대로의 특성을 많이 가진 사람이며, 이에 따라 남성의 '남성다움' 여성의 '여성다움'의 정도가 개인의 정체성 확립의 본질적인 내용처럼 간주되었다. 이러한 성에 따른 차이에 대한 전제는 행위자들에 의해 자연적 사실 내지 절대적 진리로 받아들여져서 기존의 성 역할 분업을 유지시키는 핵심적 기제가 된다(정대현, 1985). 실제로 조선조를 포함한 다수의 비산업 사회에서는 남성·여성의 기질적 구분은 별로 중요하지 않았으며, 그러한 사회에서 남성의 지배는 특권에 대한 접근의 면에서 이념적·제도적으로 규정되어왔을 뿐인 데 반해 산업 사회는 전혀 다른 보다 포괄적 지배 기제를 발전시킨 것이다(미드, 1935).

한국 사회 역시 자본주의화가 진행됨에 따라 이러한 새로운 형태의 가부장적 원리가 나타나는 것을 보게 되는데, 일제 시기를 거쳐 형성된 '현모양처' 이데올로기는 최근 낭만적 사랑을 강조한 '사랑받는 아내, 성공하는 남편'의 형태로 발전된다. 최근 20여 년간의 급속한 경제 성장은 이러한 핵가족주의를 상당히 보편화시켰으며 그 존속의 기제도 전통적인 유형이라기보다는 현대적인 특징을 두드러지게 띠게 되었다. 경제 생산이 대규모의 공장을 통해 이루어지고,

정치 행정적인 조직화가 강화되며 공공 영역이 확대됨에 따라 남성은 그 동안 비워진 권좌를 비로소 찾게 된 것이다. 상당수의 남성들이 서서히 경제 수입원으로 당당히 권위를 행사할 수 있게 되고 나름대로 자신의 공적 영역을 확보하게 되면서 매스컴에서는 "여성들은 가정으로 돌아가라"고 부르짖기 시작하였고 일반 남성들은 "귀엽고 의존적인 아내"를 원하게 되었다. 여성은 자신의 어머니 세대와 비교하여 자신이 남편과 대등한 반려자가 될 것에 크게 자부하게 되었다. 여성잡지와 라디오 프로에서는 "결혼 기념일을 기억하는" 남편을 찬양하고 대기업에서는 아내들이 사원들의 사기를 북돋아줄 수 있도록 하는 가족 교육 프로그램을 마련하기 시작하였다. 낭만적 사랑에의 기대 속에 젊은 남성과 여성은 더욱 '남성적'이고 '여성적'이 되려고 노력하고, 연애의 상대, 궁극적으로는 '적절한' 동반자를 찾아 헤매게 되었다. 이런 과정을 거치면서 사랑하는 부부만을 위한, 부부만에 의한 단출한 핵가족을 지향하며 여성들은 전혀 다른 가부장적 지배 체제에 안주하게 된다.

현 한국 사회는 이러한 자본주의적 변형으로서의 현대적 남성 지배 체제가 전통적인 가부장제를 잠식해가는 상황으로 묘사될 수 있다. 전통적인 남존 여비 사상을 중심으로 한 규범적 지배는 크게 약화되었으나, 아직도 심층적인 차원에서 그 특성이 유지되는 면이 없지 않다. 특히 부계 혈통 의식과 남아 선호 사상은 여전히 현재적 삶을 크게 지배하고 있다. 여중고생들이 '남성화' 되는 것을 우려하여 치마 입는 날을 정하자는 정도로 사회 일반에는 남녀 유별에 대한 강박 관념이 남아 있으며 권좌를 배후 조종하는 성취 지향의 어머니상이 아직은 "의존적이고 나약한" 아내상을 압도하고 있다. 또한 여유 없는 가정 경제를 꾸려가는 궁극적 책임은 아직도 주부에게 있는 편이다. 실제로 서구에서와는 달리 한국 주부의 상당수가 가정 경제 관리권을 쥐어온 현상은 살림을 '알뜰하게' 살지 않으면 가계를 꾸려가기 힘든 가정 경제 사정과 여성의 전통적인 '살림 일으키는' 역할의 지속면에서 설명될 수 있다. 그러나 점차 경제적인 여유가 생기면서 자신의 '센 팔자'를 넘겨주지 않으려고 전 세대의 어머니들은 다투어 딸을 '고이' 길러 '경제력' 있는 남자에게 넘겨주고 있으며, 그 동안 억센 아내의 등쌀에 주눅이 든 아버지는 아들에게 '고분고분한' 아내를 얻으라는 체험적 조언을 주게 되었다. 성취 지향적이고 도구적인 여성상이 한 세대만에 급격히 연약한 여성상으로 돌변하고 있는 최근의 현상은 크게는 사회 변동과 교육 제도상의 변화와 관련이 되지만 작게는 '억센' 여성이 되고 싶지 않았으나 되어야만 했던 어머니와 그런 억센 여성의 비공식적 지배에서 벗어나고 싶어했던 아버지들의 염원이 강하게 작용하고 있다고 보아야 할 것이다. 현재의 자본주의적 발전은 이들의 염원이 급격히 현실화되는 방향으로 전개되고 있다.

한편 공적 영역에서 활동하는 여성들의 수가 본격적으로 늘어나고 있으며, 여성들의 사회 활동 욕구는 크게 높아지고 있다. 이러한 방향으로의 변화는 가부장제를 붕괴시킬 가능성을 구체화시키고 있으나, 아직 사회적·경제적 자립을 이룬 여성들의 숫자는 어떤 변화를 일으키기에 충분한 수 *critical mass*를 확보하지 못하고 있다. 여성의 직업 진출과 현대 가족에 관한 논의는 이 책에 실린 다른 논문에서 자세히 다루어진다.

4. 가부장제의 극복

가부장제의 진행을 공적 영역의 확대라는 보편적 진화의 틀로 파악하고 이 틀내에서 한국의 가부장제 변형 과정을 살펴보았다. 다음의 〈표-2〉에서 정리된 바와 같이 신분제와 친족적 지배의 결합 형태

<표-2>　　　　　　　　　　한국 가부장제의 유형

	조선 초기~중기	조선조말~1950년대	1960년대 이후	후기산업사회(낙관적 전망의 경우)
사회	공공(봉건제) / 가정(생산)	공공 (식민 지배) / 가정(생존)	공공 (개발 독재) / 가정(정서)	공공 / 가정
구조적 특성	• 농경 사회; 소규모 경영 • 양반 관료 군주제; 정치 권력 우선 사회 • 신분제와 부계 혈통 조직의 결합 • 유교적 혈연, 가족주의; 직계 가족이 이상형 • 남존여비 이념; 사랑채/안채의 구분	• 외세에 의한 공업 자본주의화 • 식민 지배, 전쟁 혼란기, 비공식 영역의 확대기 • 부계적 가족주의; 소규모 가족 단위의 생존 • 자유주의 이념; 교육·취업상의 기회 균등 원리 도입	• 대규모 공장제 생산/자본주의 및 경제 우선적 사회 • 강력한 국가; 형식적 민주 국가 • 부부 중심의 핵가족 선호 • 남녀 평등 이념과 일터/가정 분리 • 가부장제의 자본주의적 변형과 도구적 가족	• 정보, 서비스 사회 • 다원적 민주 국가 공동체; 시민 세력에 의한 국가 권력의 견제 • 민주적 가족, 다양한 형태의 가족과 비혈연 공동체 • 실질적 남녀 평등; 일터/가정의 유기적 연결
성역할	남성—공식적 대표권, 토지·제사 상속권. 양반; 관료·선비·상민; 경제 생산 여성—혈통계승자 출산, 경제 생산(살림 일으키기) 봉제사·접빈객(열녀) 남성 세계 보완	남성—유학, 독립운동, 임금 노동으로 부재·공허한 가장권 여성—여가장, 생존의 책임, 지위 재생산과 자녀 양육 및 교육 전담	남성—경제 생산·사회적 대표권 여성—정서적 역할, 자녀 양육, 가사 노동, 가계 관리(알뜰주부, 복부인, 치맛바람)	각자의 선택과 합의에 따름 성 역할 고정 관념의 극복

가족 관계	부자>모자>고부 (수직적)	실질적 모자>모녀 (상징적 부자 관계)	부부>부모자식> 노부모 자식	모든 관계가 중시 (수평적)
지배의 기제	• 법제적 규제와 성 역할 분담 • 부계혈연주의; 부덕, 삼종지도, 출가외인 의식 • 여성들의 안채 문화: 본처/첩 • 모성 강조	• 비인간적 제도 (축첩제, 재가 금지 등) 폐기 • 자유주의 여성 운동의 좌절 • 신복고주의 — 현모양처, 모성 찬양	• 남성에 의한 경제 영역의 독점 • 남성다움, 여성다움 신화: 낭만적 사랑과 부부애 중심의 고립된 가족	• 모든 종류의 일 방적 통제와 기제는 쌍방적 상호 작용 형태로 바꿈 • 의사 소통력 강조(자율과 공생)
권위의 특성	• 친족조직중심의 가부장권, 부권 • 모권(자궁 가족과 효, 연장자로서의 예우)—안채의 주인/권좌 배후의 권력자로서의 여성	• 부의 권위는 상징화됨; 공허한 대표권 • 모중심가족 *matrifocality* 여성 자신들에 의한 가부장제의 유지(아들에 집착)	• 여성의 고립, 남성간의 유대 • 부(夫)권의 강화 • 엄마주의 *momism*; 감정적 자원 중심, 과잉 보호	• 분산된 권력과 정당한 권위 • 공/사 개념의 재규정
인성적 특성	남성 — 명분적 · 정서적 · 의존적 여성 — 실리적 · 도구적 · 독립적 (고된 시집살이)	남성—나약한 지식인, 실향민 여성—실리적 생존인 • '센 한국 여성' (가족 집단의 생존을 꾸려감)	'성공하는 남편 사랑받는 아내상' 남성 — 도구적 · 독립적 이미지 여성 — 정서적 · 의존적 이미지	• 양성성 • 개성

로 나타났던 조선조의 가부장제는 공식적 제도와 이데올로기를 통해 여성을 극도로 억압해왔으나 그 이면에서 대다수의 여성은 가부장의 어머니로서 막강한 권력을 행사해왔다. 안채의 주인으로서 그리고

명분 사회를 뒷받침한 주요 행위자로서 여성들은 사회의 공식적·비공식적 인정을 받아왔던 것이다. 특히 당시의 사회는 가족이 경제 생산의 단위이자 사회 조직의 근간이 되어온만큼 가정 영역이 갖는 사회적 비중이 상당히 컸으므로 여성이 공식 영역에서 제외된 사실은 매우 한정적 의미만을 갖는다.

이러한 전통적 가부장제는 일제 시대를 전후한 역사적 혼란기를 통하여 변질된다. 공식적 영역은 축소되고 따라서 남성의 영역이 줄어든, 특히 아버지 부재[父不在]의 상황에서 어머니의 실질적 권한은 확대된다. 즉 모중심적 가족의 성격을 두드러지게 나타내게 되는데, 그러나 이념상으로는 여전히 삼종지도의 규범과 아버지의 상징적 권위가 강조되어왔다. 이는 마치 껍데기만 남은 가부장적 틀을 여성들이 '자발적' 노력으로 메워간 형태로도 볼 수 있는데 생활 세계의 면에서 볼 때 이 시대의 가부장제를 전 시대의 것과 질적으로 다르다고 보기는 어렵다. 단지 이 시대를 통하여 좋든 나쁘든 여성들이 활개를 칠 수 있는 비공식적 영역이 더욱 넓어졌다는 것은 분명한 사실로 보인다. 동시에 식민 자본주의 경제가 전개되고 가정과 일터(사회)의 분리가 나타남에 따라 남성을 주경제 생산자로 하는 중산 계층이 형성되고 이 계층에서 대가족의 지배를 벗어나는 핵가족과 현모양처상이 대두된다. 이 현대적 가족의 특징은 부부간의 엄격한 역할 분담으로서 남편은 도구적인 역할을, 아내는 정서적인 역할을 맡게 되고 여성은 경제적으로 남편에게 예속된다는 점이다. 이는 부권(父權)의 지배에서 부권(夫權)의 지배로 이행해가는 과정이라 하겠다.

1960년대 이후 본격적인 공업 자본주의화 과정을 거치면서 핵가족화는 보편화되고 현모양처의 이데올로기는 확고히 뿌리를 내리게 된다. 여성은 일터에서 경제 생산에 참여하는 남성 가장을 위하여 가정에 남아 가사 노동을 하고 정서적 위안을 주는 아내로, 그리고 '출세할' 자녀를 기르고 교육시키는 일에 몰두하게 된다. 전 시대에서처럼 여성들은 여전히 가정의 구심원이나 공적 영역이 확대된 데 비하여 가정 영역이 크게 축소되고 점차 비공식 영역도 사라져가고 있기 때문에 실제로 그의 역할은 줄어든다. 취학 전 아동의 양육소로 그리고 경제 생산자의 휴식처로 전락한 가정의 관장자로서 여성은 여전히 맹활약을 하나 그들의 활동은 주관적인 인정에 의존하는 사적 노동에 그칠 뿐이다. 이 시기의 가부장제의 유지는 국가 기구 및 일터의 조직화 차원에서, 그리고 일상 생활에서는 생리적 성차와 '남성다움' '여성다움'으로 표현되는 심리적 성차를 강조함으로써 이루어진다. 성 역할이 고정화된 상황에서 공적 영역의 확대는 가부장적 지배의 확대를 의미할 뿐이다.

그러나 산업 사회는 근본적으로 가부장제를 극복할 근거를 제공하고 있다. 우선 생산이 공적 영역에서 이루어지고 임금 노동화함에 따라 개인의 경제 자립이 가능해진 것이다. 이와 더불어 개인의 인격을 존중하는 이념이 대두되고 점차 평등 원리가 사회적 상호 작용의 원리로 뿌리를 내리게 된다. 가족 제도상에도 변혁이 일어나 친속적 지배를 벗어나 부부 중심 핵가족으로 이행하여가는데 이미 과도기적 진행에서 부부간의 애정은 도구화되고 불평등 관계로 고착되는 양상을 보여왔다. 궁극적으로 가부장제 극복은 개인·가정과 사회가 어떻게 연결되어야 하느냐는 후기 내지 조직적 자본주의 사회의 본질적 구조 변혁의 문제와 연결되어 있다.

여기서 일터와 가정, 임노동과 가사노동, 공/사의 구분을 토대로 한 산업 자본주의 사회의 구조는 현대의 위기를 초래하며 불평등과 비인간화를 심화시키는 온상이 되어왔다는 사실을 집중적으로 살펴볼 필요가 있다. 사회·가족 그리고 개인 생활간의 역동적인 관계를 분석해낸 자레스키 Zaretsky(1976)의 논의는 가부장제 극복을 위한 사회 개혁 운동의 중요성을 다음과 같이 명쾌하게 밝혀내고 있다.

자레스키(1976: 33~36)는 자본주의 체제내의 상품 생산을 주로 하는 사회적 영역과 생산에서 격리된 가정 영역의 이분화가 '일'과 '생활,' 소외된 노동 위주의 외부 세계와 '개인 감정' 중심의 내면의 세계, 객관주의와 주관주의의 분리를 초래하였고 종국적으로 인간을 도구적 인간과 정서적 인간으로 분열시킨 점에 주목한다. 현대인은 한계 상황에서 생산의 영역에서는 소외되더라도 사적인 영역에서는 참다운 인간적인 의미를 찾을 수 있다는 주관주의적 신념에 매달리게 되었고, 이 주관주의는 일면 인간의 실존주의적 행동을 마비시키고 순응적인 조직 인간을 만드는 데 크게 기여해왔다는 것이다. 그러나 꾸준한 주관주의적 자아 의식의 성장은 개인을 억압하고 도구화시켜온 '일터'의 원리에 정면 도전하는 근원적인 움직임으로 발전하게 되는데 1960년대 이후에 일어난 많은 사회 운동은 이러한 맥락에서 이해될 수 있다. 이때 개인 대중들은 개인 생활과 생산적 생활의 통합을 절실히 원하게 되며 진정한 인간적 공동체의 회복을 추구하는 움직임을 벌이게 된다는 것이다.

이 움직임은 국가나 지배 계급에 일련의 요구를 하고 그러한 요구가 거부되었을 때 혁명이 일어날 것을 기대하였던 전통적인 사회 운동 개념과는 상당한 거리를 갖는다. 그것은 스스로의 실천을 통하여 개인적 삶을 변화시키며 개인의 생활에서부터 사회 전체의 구조와 관련된 정치적 이슈를 제기하는 운동이다. 생활 세계에서 시작하는 운동은 경제적 측면이나 제도적 권력에 모든 책임을 전가시키기보다 우선 인간의 삶의 조건과 좀더 의미깊게 연결된 문제를 발굴함으로써 더 깊은 동의를 얻어내고 지지 기반을 확보해가고자 한다. 여성 자신의 자율성 회복을 강조해온 여성 운동은 바로 이러한 새로운 사회 운동의 전개에 중추적 역할을 담담해왔고 또 할 것이라고 자레스키는 내다보고 있다. 즉 가부장제 극복의 주요 관건은 결국 '개인' 들이 자신의 삶을 강력하고 비대해진 공적 영역 내지 그 공적 영역에 의해 통제되고 있는 사적 영역에 매몰시키지 않고, 그 구조 자체를 변혁시켜가는 데 있다. 즉 공/사의 구분을 제거하거나, 적어도 공적 영역을 축소시키고 공/가정 영역간에 유기적 연결이 보장되는 새로운 공동체적 생활 양식을 창조하여가는 데 있는 것이다.

이러한 역사적 및 이론적 전망에서 볼 때 한국 사회에서의 가부장제 극복의 과제가 무엇인지는 매우 분명해진다. 첫째는 조선 시대로부터 사회 구성의 이념적 기본이 되어온 엄격한 공공/가정 그리고 공/사[7]에 대한 인식, 그리고 그런 인식을 토대로 형성되고 재형성되어온 사회적 관계 구조, 특히 성과 부권의 문제를 해결하는 것이다. 두번째는 새롭게 확대되고 있는 산업 자본주의적 여성 통제의 기제 즉, 미시적으로는 낭만적 사랑에 근거한 핵가족 이데올로기와 거시적으로는 국가 및 기업 등 조직의 확대에 따라 더욱 강화되는 인간의 도구화 문제를 어떻게 해결해나갈지가 문제가 된다.

첫번째 과제는 한국의 특수한 역사적 과정의 산물로서 한마디로 공식적인 남성 지배와 가정적 여성 지배라는 분열된 사회 생활 구조의 극복을 의미한다. 구체적으로 조선 후기 이후에 강화된 유교 이데올로기적 통세와 혈연직 통제에 근거한 가부징직 지배는 빈곤과 혼란기를 거치면서 남성의 여성에 대한 절대적 의존과 불변적 남성 우월주의로 고착되었고 이는 생활 세계에서 강한 어머니의 권한 행사와 공허한 아버지의 권위로 나타났다. 즉 도구적 모권이 공허한 가장권을 지탱하여왔던 것인데, 이때의 모권은 제도적으로 취약한 입장에 처한 여성들의 적극적 활동에 의해 구축된 하나의 거대한 체제로 볼 수 있으며 여성 자신에 의해 고수되는 구조물이다. 이런 면에서 전통적 가부장제는 제도의 차원이 아닌 생활 세계에서 강력한 의미로서 존속되어오고 있으며 문제의 핵심은 여성의 아들에 대한 철저한 동일시와 실질적인 남성의 가정내 부재의 문제가 어떻게 해결될

---

7) 개인주의적 전통을 갖지 않은 한국 사회의 경우 공공/가정의 분리는 공사의 대립과 근본적으로 같은 것을 의미한다.

수 있을지에 놓여 있음을 알게 된다.

두번째 과제는 새롭게 등장하고 있는 산업 자본주의적 가부장제를 극복하는 것이다. 즉 한편에서 강화되고 있는 '일터'의 조직화와 기술 관료적 통제 및 정부·군부·산업체간의 연합 체제 형성, 또 다른 한편에서 이루어지고 있는 전통적 가족주의와 현대적 핵가족주의의 결합에 대해 어떻게 대처할 것인가 하는 문제이다. 이를 위해 보다 심층적인 경제 및 국가 기구 그리고 문화심리적 통제 기제 및 그들간의 상관 관계에 대한 연구와 이를 위한 보다 적절한 분석틀을 만들어 갈 필요가 있다.

사회의 미래에 관한 예측은 어렵다. 그러나 점진적인 제도적 개혁을 극히 기피해온 반면, 개인적 차원의 적응력과 융통성으로 버티어 온 한국의 역사를 볼 때, 정치적 개혁과 개인적 삶의 목표를 직접 연결시키는 '생활 양식의 변화를 통한 혁명'은 한국적 삶과 접합성을 갖고 있을 가능성도 없지 않다. 잡초처럼 세어야만 했던 한국 여성들이 왜 자신들이 그렇게 될 수밖에 없었으며 또한 무엇을 위해 그렇게 되어야 했는지를 이해할 수 있는 역사적 시각을 가지게 될 때, 그리고 공허한 권위로 불안해하던 남성들이 친밀한 관계를 통하여 자신의 실질적 자리를 가정 안에 마련해가게 될 때 우리는 비로소 이 사회에 진정한 변혁이 일어날 것을 기대할 수 있을 것이다.

참고 문헌

가와시마(1978), 「이조 중기에 있어서 향안의 구조와 역할」, 『한국학 연구 논문집』, 정신문화원.

김병삼(1985), 「아들의 여름」, 『현대문학』 12월.

김영희(1984), 「한국 여성 교육의 변천 과정에 관한 연구」, 연세대학교

　　　　석사학위 논문.

김용옥(1986), 『여자란 무엇인가?』, 서울: 통나무.

김원일(1985), 『연: 김원일 문학선』, 서울: 나남출판사.

김주연(1985), 「사회 변동과 여성 성의식의 변화 연구」, 『아세아여성연
　　　　구』 24집, 숙명여자대학교.

김주희(1983), 「한국 전통 사회에 있어서의 이차 집단의 성격」, 『한국문
　　　　화인류학』 15집.

리키, 리차드, 로저 레윈(1977), 『오리진』, 김광억(역), 1983, 서울: 학원
　　　　사.

미드, 마가렛(1935), 『세 부족 사회에서의 성과 기질』, 조혜정(역), 서
　　　　울: 이화여자대학교 출판사, 1988.

박경리(1979), 『토지』, 서울: 지식산업사.

박병호(1986), 「한국 가부장권 법제의 사적 고찰」, 『한국여성학』 2집, 한
　　　　국여성학회.

박영신(1983), 「한국 사회 발전론 서설」, 『한국 사회 어디로 가고 있
　　　　나?』, 서울: 현대사회연구소.

박완서(1985), 「닮은 방들」, 『그 가을의 사흘 동안』, 서울: 나남출판사.

박용옥(1976), 『이조 여성사』, 춘추문고 018, 한국일보사.

─────(1985), 「유교적 여성관의 재조명」, 『한국여성학』 1집, 한국여성
　　　　학회.

박월미(1984), 「1920년대 여성 해방 의식과 지위 변화에 관한 연구」, 연
　　　　세대학교 석사학위 논문.

샐스비(1985), 『낭만적 사랑과 사회』, 박찬길(역), 서울: 민음사.

소혜왕후 한씨, 『내훈』, 심규순(역), 1980, 서울: 민음사.

손인수(1977), 『한국여성교육사』, 서울: 연세대학교 출판부.

송연옥(1984), 「1920년대 조선 여성 운동과 그 사상─근우회를 중심으
　　　　로」, 『1930년대 민족 해방 운동: 일제 파쇼하의 투쟁사례 연구』

(편집부 엮음), 서울: 거름출판사.

송준호(1980), 「한국에 있어서의 가계 기록의 역사와 그 해석」, 『역사학보』 87집.

———(1981), 「과거 제도를 통해서 본 중국과 한국」, 『과거』, 서울: 일조각.

———(1983), 「조선 양반고: 조선조 사회의 계급 구조에 관한 시론」, 『한국사학』 4집.

시게마스, 「굿에 나타난 여성의 사회 관계」, 『한국의 사회와 종교』, 최길성 역, 1982, 서울: 아세아문화사.

안동군(1985), 「전주 류씨 묘지와 정려각」, 『부응동안』(안동군지).

영덕군(1982), 「시문에 달한 현원 정부인 장씨」 「정신방」 「주씨부인」 「짐승 말 아는 며느리」, 『내 고장 전통 가꾸기』(영덕군지).

윤혜원(1973), 「근세 한일 여성의 사회적 처우에 관한 연구」, 『아세아여성연구』 12집, 숙명여자대학교.

이광규(1975), 『한국 가족의 분석』, 서울: 일지사.

———(1980), 「설화를 통해서 본 가족 관계」, 『사회과학논문집』 5집, 서울대학교.

이광린(1981), 『한국사 강좌: 근대편』, 서울: 일조각.

이규동(1985), 「남편이란 모성 본능에 기대는 큰 아이」, 『생활 속의 이야기』 6호(제일제당 사보).

이문열(1985), 『영웅시대』, 서울: 민음사.

이부영(1985), 「한국 민담 속의 여성 원형상」, 『한국 여성의 전통상』, 서울: 민음사.

이성무(1980), 『조선 초기 양반 연구』, 서울: 일조각.

이옥경(1985), 「조선 시대 정절 이데올로기의 형성 기반과 정착 방식에 관한 연구」, 이화여자대학교 석사학위 논문.

이인복(1985), 「한국 문학에 나타난 여성 자살 의식에 관한 연구」, 『아세아여성연구』 24집, 숙명여자대학교.

이재수(1976), 『내방가사 연구』, 서울: 형설출판사.

이현희(1979), 『한국 근대 여성 개화사』, 서울: 이우출판사.

임돈희(1986), 「종교와 여성관: 무속」, 「여성과 가족관계」, 『여성학의 이론과 실제』, 동국대학교 출판부.

임재해(1984), 「민속극의 전승전달과 영감할미의 싸움」, 『여성문제연구』 13집, 대구: 효성여자대학교.

자레스키, 『자본주의와 가족 제도』, 김정희(역), 서울: 한마당, 1983.

정금자 외(1985), 「한국 문학에 나타난 전통적 여성상: 서사문학을 중심으로 한 통시적 연구」, 『아세아여성연구』 24집, 숙명여자대학교.

정대현(1985), 「여성 문제의 성격과 여성학」, 『한국여성학』 1집, 한국여성학회.

정동철(1986), 「덜 자란 요새 남편」, 『샘이 깊은 물』 4월호, 서울: 뿌리깊은나무사.

정양완(1985), 「규범류를 통해서 본 한국 여성의 전통상에 대하여」, 『한국 여성의 전통상』, 서울: 민음사.

정요섭(1973), 「조선 왕조 시대에 있어서 여성의 사회적 지위」, 『아세아여성연구』 12집, 숙명여자대학교.

조옥라(1986), 「가부장제의 이론적 고찰」, 『한국여성학』 2집, 한국여성학회.

조혜정(1979), 「인류학적 관점에서 본 남성다움과 여성다움」, 『현상과 인식』 3(4), 서울: 현상과인식사.

———(1981), 「전통적 경험세계와 여성」, 『아세아여성연구』 21집, 숙명여자대학교.

———(1985), 「한국 사회 변동과 가족주의」, 『한국문화인류학』 17집, 한국문화인류학회.

차성환(1984), 「고려말·조선조 가치 체계의 변동과 사회 계층」, 『사회학연구』1집, 서울: 대영사.

최원식(1987), 「아버지 부재의 문학」, 『여성해방의 문학』, 『또 하나의 문
　　화』 3호, 서울: 평민사.

최재석(1983), 『한국 가족제도사 연구』, 서울: 일지사.

최홍기(1983), 「조선 시대의 지역 사회 엘리트 집단」, 『한국 사회 전통과
　　변화』, 서울: 범문사.

하버마스(1973), 『후기 자본주의 정당성 연구』, 문학과사회연구소(역),
　　서울: 도서출판 청하.

한영우(1983), 『조선 전기 사회 사상 연구』, 서울: 지식산업사.

한혜경(1985), 「도시 주부의 정신적 갈등의 사회적 요인에 관한 연구」,
　　이화여자대학교 석사학위 논문.

해밀턴, 『여성해방논쟁』, 최민지(역), 서울: 풀빛, 1982.

Ardener, S.(1975), *Perceiving Women*, London: Malaby Press.

Bachofen, J. J.(1967), *Myth, Religion and Mother Right*, trans. R.
　　Mannheim, Bollingen Series 84, New Jersey: Princeton.

Bamberger, J.(1974), "The Myth of Matriarchy: Why Men Rule in
　　Primitive Society," *Woman, Culture and Society*, ed. M. Z. Rosaldo
　　and L. Lamphere, Stanford: Stanford University Press.

Chodorow, N.(1974), "Family Structure and Feminine Personality,"
　　Woman, Culture and Society, ed. M. Rosaldo and L. Lamphere,
　　Stanford: Stanford University Press.

Coppinger, R. M. and P. Rosenblatt(1968), "Romantic Love and Subsisten-
　　ce Dependence of Spouses," *South Western Journal of Anthropo-
　　logy of Women*, ed. R. Reiter, New York: Monthly Review Press.

Dinnerstein(1977), *Mermaid and Minotaur: Sexual Arrangements and
　　Human Malaise*, New York: Harper and Row.

Draper, P.(1975), "Kung Women: Contrasts in Sexual Egalitarianism in Foraging and Sedentary Contexts," *Toward an Anthropology of Women*, ed. R. Reiter, New York: Monthly Review Press.

Gough, K.(1975), "The Origin of the Family," *Toward an Anthropology of Women*, ed. R. Reiter, New York: Monthly Review Press.

Guisso, R. W.(1982), "Thunder over the Lake: the Fire Classics and the Perception of Woman in Early China," *Women in China*, ed. R. W. Guisso and S. Johnnesen, New York: Philo Press.

Henderson, G.(1968), *Korea: The Politics of Vortex*, Cambridge: Harvard University Press.

Kendall, L.(1981), "Korean Shamanism: Women's Rites and a Chinese Comparison," *Religion and Family in East Asia*, ed. G. Devos and T. Sofue, Osaka: National Museum of Enthnology.

————(1985), *Shamans, Housewives, and Other Restless Spirits: Women in Korean Ritual Life*, Honolulu: University of Hawaii Press.

Kendall, L. and M. Peterson(eds.) (1983), *Korean Women: View from the Inner Room*, New Haven: Little Rock.

Lamphere, L.(1974), "Strategies, Cooperation, and Conflict among Women in Domestic Groups," *Woman, Culture and Society*, ed. M. Rosaldo and L. Lamphere, Stanford: Stanford University Press.

Langness, L.(1967), "Sexual Antagonism in the New Guinea Highlands: A Bena Example," *Oceania*, 37(3).

Lee, R. and I. Devore(1974), *Kalahari Hunter Gatherers*, Cambridge: Harvard University Press.

McMullen, I. J.(1987), "Rulers or Fathers? A Casuistical Problem in Early Modern Japanese Thought," *Past and Present* 116 (a Journal of Historical Studies), Oxford.

Mead, M.(1950), *Male and Female: A Study of the Sexes in a Changing World*, New York: William Morrow.

Meillassoux, Maidens(1981), *Meal and Money*, Cambridge: Cambridge University Press.

Murphy, R.(1959), "Social Structure and Sex Antagonism," *Southwestern Journal of Anthropology* 15.

Netting, R.(1969), "Women's Weapon: the Politics of Domesticity among the Kofyar," *American Anthropoligist* 71(6).

Ortner, S.(1974), "Is Female to male as nature is to Culture?" *Woman, Culture and Society*, ed. M. Z. Rosaldo and L. Lamphere. Stanford: Stanford University Press.

Palais, J.(1976), "Political Leadership in the Yi Dynasty," *Political Leadership in Korea*, Seattle: University of Washington Press.

Papanek, H.(1985), "Family Status-Production Work: Women's Contribution to Class Differentiation and Social Mobility," paper presented at the Conference on Women and Household, Organized by IUAES, ISA and ISWS, New Delhi, India.

Peterson. M.(1983), "Women without Sons: A Measure of Social Change in Yi Dynasty Korea," *Korean Women: View from the Inner Room*, ed. L. Kendall and M. Peterson, New Haven: Little Rock.

Reiter, R.(ed.) (1975), *Toward an Anthropology of Women*, New York: Monthly Review Press.

Sanday, P.(1974), "Female Status in the Public Domain," *Woman, Culture and Society*, ed. M. Z. Rosaldo and L. Lamphere, Stanford: Stanford University Press.

———(1982), *Female Power and Male Dominance: On the Origin of Sexual Inequality*, Cambridge: Cambridge University Press.

Slocum, S.(1975), "Women the Gatherer: Male Bias in Anthropologist," *Toward an Anthropology of Women*, ed. R. Reither, New York: Monthly Review Press.

Smith, R.(1983), "Making Village Women into Good Wives and Wise Mothers in Prewar Japan," *Journal of Family History* 8(1).

Stack, C.(1974), "Sex Roles and Surviving Strategies in an Urban Black Community," *Woman, Culture and Society*, ed. M. Rosaldo and L. Lamphere, Stanford: Stanford University Press.

Tanner, N.(1974), "Matrifocality in Indonesia and Africa and Among Black Americans," *Woman, Culture and Society*, ed. M. Rosaldo and L. Lamphere, Stanford: Stanford University Press.

Vogel, S.(1979), "The Professional Housewife," Tokyo Symposium: National Women's Education Center, Tokyo: the International Group for the Study of Women.

Wagner, E.(1983), "Two Early Geneologies and Women's Status in Early Yi Dynasty Korea," *Korean Women: View form the Inner Room*, ed. L. Kendall and M. Peterson, New Haven: Little Rock.

Weber, M.(1952), *The Religion of China*, trans. and ed. H. H. Gerth, New York: Free Press.

Wolf, M.(1972), *Women and the Family in Rural Taiwan*, Stanford: Stanford University Press.

————(1974), "Women and Suicide in China," *Women in Chinese Society*, ed. M. Wolf, Stanford: Stanford University Press.

제3장

여성과 직업: 전문직 활동을 중심으로

1. 머리말

가정/공공 *domestic/public* 영역이라는 상징적 대비를 중심으로 엄격히 구분되어온 남녀 유별의 세계가 자본주의 생산 양식의 대두와 뒤따른 공업화 과정을 거치면서 흔들리기 시작하였고, 1980년대 현재 산업화한 많은 사회에서 이러한 남녀 유별적 제도의 엄격성은 크게 사라진 듯이 보인다. 그러나 여성의 사회 진출이 매우 활발한 것으로 손꼽히는 서구 사회에서도 주요한 의사 결정권 행사면에서 여성들이 여전히 제외 *under representative* 되어 있다는 점을 들어 조직적 여성 운동의 필요성이 더욱 강조되어가는 것을 볼 때, 표면적인 남녀 혼합의 세계는 쉽게 도래한다 하더라도 실질적인 의미에서 평등한 남녀 관계를 기초로 하는 사회를 이루기에 더 긴 시간이 요한다는 사실을 알게 된다.

우리나라 여성들에게 '바깥 세상'에서의 활동이 허용된 것은 지난 100여 년간의 근대화 과정에 있어 매우 주요한 변화 중의 하나였다. 조선조를 통하여 공식적 제도 교육에서 엄격히 제외되었던 여성이 근대적 교육을 받기 시작한 지 98년[1]이 지난 1983년에 최고 학부인 4

---

1) 최초의 여성 교육 기관인 이화학당이 1886년에 설립되었다(김영정, 1978: 291).

년제 대학에 재학중인 학생의 25%[2]가 여성임을 미루어볼 때 실로 놀라운 변화가 그 동안 일어났음을 알 수 있다. 그러나 근대적 교육을 받은 여성들이 최고학부를 나온 후에도 공적 영역에서 여전히 사회 활동을 계속하는지의 여부를 살펴볼 때, 교육 기회의 확대가 의미하는 바가 무엇인지 다시 한번 생각해보게 된다.

여성의 경제 활동 참여 유형에 관한 최근의 연구들(이효재 · 조형, 1976: 김애실, 1981: 주경란, 1983)에서 공통적으로 지적되고 있는 것은 현대 교육의 보급률에 비하여 고등 교육을 받은 여성들의 취업률이 높지 않다는 점이다. 특히 1970년대의 급격한 국민 경제 규모의 확장에 따라 여성 인력의 현저한 양적 증가가 기록되었으나 질적인 면에서는 거의 아무런 변화를 보이지 않고 있음이 주목되어야 할 것이다. 이 글에서는 여성의 경제 활동 참여율이 지속적인 증가 추세를 보이고, 교육 기회의 확대가 현저한데도 불구하고 왜 전문직에의 여성 진출은 여전히 저조한가에 대한 문제를 다루고 있다.

현대 산업 사회에서 고등 교육을 받은 여성의 직장 진출은 크게 세 가지 변수에 따라 좌우된다.

첫째, 경제 구조의 변화에 따른 노동력의 수요와 공급의 원리에 따라 여성 취업의 상태가 크게 바뀔 수 있다. 특히 전문화에 따른 고급 여성 인력의 사회 진출과 노동 시장에 있어 종래부터 여성에 의해 수행되어왔던 직종들, 예를 들어 간호원 · 유치원 보모 · 서비스직 등에 확장된 수요가 여성 취업의 증가로 이어진다(Rallings and Nye, 1979: 204~05). 그리고 산업 구조의 특수성에 따른 여성 취업의 증가를 들수 있는데 최근 한국의 경우 수출 위주의 생산직에 미혼 여성들의 참여 증가가 그 좋은 예이다.

둘째, 그 사회가 갖는 독특한 문화적 전통, 특히 남녀 관계와 성별

---

2) 1987년 현재 4년제 대학 재학 여대생은 248,336명으로 전체 수의 27%이다.

역할 구분에 관한 일련의 상징 체계상의 변화가 여성의 새로운 분야에로의 진출에 크게 영향을 미친다. 예를 들어 사회 일반의 여성 취업에 관한 긍정적 태도, 특히 준거 집단과 의미 있는 타자들 *significant others*의 동의가 여성 취업의 가능성을 크게 높여줄 수 있고, 여가보다 일에, 특히 사회적 노동에 높은 가치가 부여될 경우 역시 여성 취업이 증가한다.

셋째, 사회 제도적 차원의 것으로서, 평등적 원리를 실행하려고 하는 정책적인 차원에서의 뒷받침과 직장 활동을 하는 여성들에게 주어지는 제도적 보상 및 공동체적 차원에서의 지지가 여성 취업률 증가와 상관 관계를 갖는다. 국가 정책적 차원에서의 뒷받침이란, 남녀에게 기회 균등을 보장하는 법 제정, 동일 노동에 대한 동일 임금제의 실행, 그리고 그 동안 가부장적 사회 구조 아래 능력이 개발되지 못한 여성의 소수 집단으로서의 특징을 고려하여 그들의 진출을 특별히 지원하기 위해 각 분야마다 적정수를 여성으로 채우게 하는 비율제의 도입, 육아 정책 등을 말한다. 공동체적 차원에서의 지지란 직장 또는 지역 공동체내 협력 집단의 형성을 통해 가사와 육아 등의 임무를 덜고 상호 격려하고 지원하는 방안을 의미한다.

이 세 가지 차원에서의 문제들은 각각 독자적이면서도 서로 깊은 영향을 주고받는다고 보아야 할 것이며, 각 요인들이 작용하는 방식이나 강도는 시대에 따라, 또 사회 유형에 따라 다르게 나타난다. 이 글에서는 두번째 차원, 즉 전통적 문화 차원에서의 가치와 규범이 아직까지 우리나라 여성들의 전문직 진출에 크게 작용하고 있다는 전제 아래 상징적 차원에서의 변화를 중점적으로 다루어보고자 한다. 강력한 가부장적 전통을 지니고 있는 한편, 비교적 짧은 기간 동안에 급격한 경제 성장을 기록하고 있는 우리나라의 경우, 가부장적 이데올로기가 뒤르켐 E. Durkheim의 말을 빌린다면 '성스러운 것'의 차원에 머물면서 경제적 압력과는 무관하게 또는 야합의 상태로 유지되고 있을 가능성은 매우 높다. 이것이 단순한 가능성만이 아님은 여기에서의 논의에서 밝혀질 것이며, 한국의 발전 계획에 있어서의 여성의 참여에 관한 종합적인 연구 논문을 낸 틴커 I. Tinker(1980), 한국의 미혼 사무직 여성 연구 논문을 낸 조옥라(1982) 등도 이와 비슷한 결론을 내린 바 있다.

이 글에서 알아보고자 하는 구체적 주제는 크게 셋으로 나뉜다.

첫째, 현재까지 전문 직종에서 일해온 여성의 경우, 세대에 따라 왜 이들이 평생직을 갖는 여성이 되고자 하였는지, 어떠한 상황이 그들이 전문이 되는 데 크게 작용하였는지와 같은, 한마디로 삶의 목표와 동기상의 문제를 사회 변화와 관련하여 살펴보고 있다.

둘째, 이들이 직장 생활을 계속해나가는 데 어떠한 문제가 있었으며, 그러한 문제를 어떻게 해결하여나갔는지, 즉 전통에서 벗어난 형태의 삶을 살아가는 과정에 있어서의 적응, 그리고 단순한 적응을 거부하고 극복하고자 한 창조적 노력을 알아보았다. 이는 한편 직장 생활을 원했던 다른 여성들이 어떠한 어려움 때문에 자신이 희망한 삶을 살아가지 못 했는지에 대한 해답의 일부를 제시해주고 있다. 특히 조직 활동이 중요해지는 추세를 감안하여 조직내 적응 문제에 초점을 맞추었다.

셋째, 이들이 가정과 직장 생활을 양립시켜가는 어려운 과제를 어떻게 해결하여갔는지를 살펴보고, 이것이 앞으로 자라나는 세대의 직업 진출의 전망과 계획에 어떠한 시사점을 던져주고 있는지를 파악해보려 하였다.

이를 위해 1981년과 1982년에 걸쳐 몇 가지 방법에 의해 자료가 수집되었는데, 심층적 인터뷰와 인생 역사 *life-history* 기술에 의한 자료가 주를 이루며 참여 관찰 자료와 질문서를 보충 자료로 삼았다. 일차로 행해진 심층적 인터뷰는 우선 전문직 여성들이 지닌 문제를 '발견' 하기 위한 작업이었다. 각 분야에서 비교적 '성공적인 직업인' 으로 자리를 굳힌 여성들과의 인터뷰가 이루어졌으며, 이와 더불어 전문직 여성들의 클럽인 BPW *Business and Professional Woman* 등 소그룹 모임에 참여하여 전문직 여성들간의 상호 작용과 사고 방식에 대해 알아보았다.

2차 단계로서 기혼 전문직 여성들의 인생 역사를 수집하였다. 수집된 인생 수기는 전부 100케이스로 1981년과 1982년에 연세대학교 '가족사회학' 과목을 수강한 학부와 대학원 학생들에 의해서 수집되었다. 인생 역사 수집에 있어서는 신뢰와 친밀감을 토대로 한 라포트 *rapport* 형성이 중요하기 때문에 학생들이 조사 대상자와의 기존 관계를 활용하여 깊이 있는 인생 역사를 모으는 방식을 채택하였다. 따라서 여기에 수집된 인생 역사는 딱히 일반성과 대표성을 띤 경우들이라고 보기가 힘드나 적어도 매우 다양한 분야의 직장을 포괄하고 있으며, 전문직 여성들의 실태와 문제점을 깊이 있게 다루고 있었다는 점에서 질적으로 가치있는 자료를 이루고 있다. 인터뷰 대상자의 나이는 28세부터 80세에 이른다.

인생 역사 자료 수집에 있어서는 살아가는 과정을 어린 시절부터의 연결 속에서 되도록 구체적으로, 그리고 총체적으로 파악함을 근본으로 삼았고, 특히 여성 자신이 자신의 삶과 거기에서 일어난 주요한 사건들을 어떻게 인지하고 있는지를 중심으로 살펴보았다. 이 작업에서 집중적으로 다루어진 항목은 열 가지로서 다음과 같다.

1) 어린 시절: 가정 환경(사회 경제적 · 종교적 배경, 부모의 교육 정도)과 가정내 상호 작용 유형(자녀 중의 서열은 몇 번째이며 부모의 기대는 어떠하였는가? 가족 등 누구와 친밀한 관계를 맺어왔으며 가정에서 영향력 있는 성원은 누구였는가?) 등을 질문하였다.

2) 학창 시절과 훈련 기간: 자신에게 큰 영향을 준 사람이라든가 사건 · 책, 그 외 정보의 근원을 직업 선택과 관련하여 알아보았다. 그리고 전문적 훈련 과정을 살펴보았다.

3) 직장 생활의 시작: 처음 직장을 갖게 된 과정과 직장내에서의 적응 문제를 중점적으로 다루었다.

4) 결혼기: 직장을 갖는 것에 대한 남편의 태도와 협력 문제, 자신이 가진 이상적인 부부관에 맞추고자 한 실제의 노력을 살펴보았다.

5) 자녀 양육: "직업이냐? 가정이냐?"의 선택이 문제되었던 때가 있었는지, 구체적으로 직장인으로서 회의를 가졌던 때를 자녀 양육, 가사의 문제, 시집·친정·동료의 협조와 비협조 상태와 연결시켜 알아보았다.

6) 자녀가 장성한 후: 막내가 어머니 손을 별로 필요로 하지 않을 때부터 변화해가는 심정을 상세히 알아보고 이것이 여성의 직업 활동에 가지는 의미를 찾아보았다.

7) 가정 외 친구 관계: 자신의 사회 활동을 지속적으로 격려해주고 도와준 소집단·클럽·친우 관계 등에 관하여 알아보았다.

8) 직장내 문제: 진급 관계와 능력 개발의 기회에 있어 공식적인 제도상의 차별과 비공식적인 차별(언어, 직업 동료들의 선입관 등)의 문제를 다루었다.

9) 회고: 현재 자신이 살아온 삶에 대한 생각을 특히 기회가 다시 주어진다면 달리했을 결정들이 있는가? 만약 다시 태어난다면, 남자로 태어나고 싶은지? 남녀의 차이는 무엇이며 딸이 어떤 삶을 살기를 원하는지 등을 질문을 통해 알아보았다.

10) 후배 여성에게 줄 조언: 여성이 성공적인 직업인이 되기 위해 가장 신경을 써야 할 점을 개인의 자질면·가정적·사회적 면으로 나누어 알아보았다.

여기서 수집된 인생 역사 수집 대상의 활동 분야는 주로 의학계(의사·간호사·약사), 교육계(교수와 교사), 금융계(은행 이사급), 사회 사업 계통, 도서관 계통(사서)과 매스컴 계통(방송·신문·출판계), 예술계(소설가·미술가·음악가·무용가), 기업계(전문직 비서·회사원·경영인), 법조계와 정치계, 그리고 새로운 분야로 크게 등장하고 있는 이공 계통의 직종(연구원·건축기사 등)으로 나타났다.

전문직 여성들의 남편과 자녀와의 인터뷰도 행하여져서 가설적 서술을 뒷받침해줄 자료로 활용되었다. 앞으로 전문직 여성의 진출을 전망해보기에 필요한 자료로서는 대학교 1, 2학년 학생들로부터 '앞으로 20년 후의 자신의 모습'이라는 주제로 한 수필을 모았으며, 그 외 학생들과의 심층 면접을 통하여 새로운 사실들을 발견하였다.

질문지에 의해 수집된 자료는 애초에 직업관·직업 만족도·성별 역할에 관한 태도 등에 있어서 사무직 여성과의 비교를 주목적으로 수집되었으며, 여기에서는 인생 역사에서 밝혀낸 것들이 어느 정도 신빙성이 있느냐에 대한 확신을 얻기 위한 목적으로만 사용되었다.

이 글의 궁극적인 목표는 현재 고등 교육을 받고 사회에서 활동하고 있는 여성들의 생활 세계를 총체적으로 파악함으로써 앞으로 오는 세대의 여성들의 삶을 좀더 풍성하게 하는 데 도움이 되게 하기 위함이다. 글의 서술과 논의의 많은 부분이 좀더 구체적인 자료들로 보완되어야 할 것이다. 그러나 이 글의 목표가 전문직 여성들이 안고 있는 문제들을 다각적인 면에서 이해하고 나아가 역사적 전개 과정을 꿰뚫어봄으로써 앞으로 여성 고급 인력의 취업 전망을 파악하고 계획을 세우기 위한 기본 자료로 활용되는 것에 있는만큼 가설적이나마 모델 정립에 역점을 두게 되었다. 소위 '객관성'을 높이기 위한 자료 수집보다는 일관성 있는 흐름을 보이기 위한 자료 수집에 노력을 기울이는 한편 되도록 연구 대상자들의 시각을 통해, 그리고 그들 자신의 표현을 빌려 우리나라 여성의 직업 진출에 있어서의 동기 부여의 문제와 가정과 직장 양립의 문제를 서술하고자 하였다.

2. 여성의 전문직 진출 과정

우선 한국 여성의 전문직 진출 과정을 세대 구분을 통하여 역사적으로 살펴보자. 여기서 지어진 세대 구분은 단순한 숫자상의 구분이 아니고 자료에 나타난 유형상의 구분이다.

근대화 이후 평생직을 갖고 활동해온 28세에서 80세에 걸쳐 있는 전문직 여성들의 삶을 인생 역사 자료를 통해 분석해보면 이들이 안고 있는 구체적 문제점과 해결 방식이 세대에 따라 크게 차이가 나며, 이들의 삶이 하나로 계속 연결되어 현재에 이르고 있다기보다는 일정한 단계적 과정을 거쳐오고 있음을 발견하게 된다. 이러한 세대별 유형화는 각 세대의 여성들이 처해 있던 사회·경제·문화적 상황과 연결시켜볼 때 더욱 분명해진다. 단 여기서 제시되는 범주적 집단은 가설적 성격이 강한 '그럴 가능성이 큰' 이념적인 모형임을 다시 한번 강조하고자 한다. 나이의 구분 등에 있어서 예외가 존재하며 따라서 문자 그대로보다는 하나의 흐름으로 파악해주기 바란다.

근대화 이후 여성의 전문직 진출 상황은 크게 네 단계로 구분할 수 있다. 첫째 단계는 1983년을 기준으로 나이 85세 정도에서부터 60세 전후에 있는 여성들로, 1900년경에 태어나서 직업의 준비 기간과 주요 활동 시기를 일제 식민 통치 아래에서 보낸 집단이 주축이 되어 활약한 시기이다. 둘째 단계는 식민 통치가 지속되어 나라의 미래가 암울하던 1920년대 중반기에 태어나 교육 과정을 일제 때 마치고 청년기에 해방을 맞은 60세 전후의 여성들로부터, 일제시 초등 교육을 마치고 해방 후의 정치적·경제적 불안정과 6·25사변을 청년기에 겪은 현대 40대 후반까지의 여성들이 주로 활동한 시기가 되겠다. 셋째 단계의 주축이 되는 여성들은 독립된 국가 아래 큰 혼란과 이동 없이 정규적 교육 과정을 거쳐 그 준비 과정이 비교적 순탄하였던 해방 전후에 태어난 세대로부터, 최근 직업 활동을 시작한 여성들이다. 한편, 넷째 단계에 속하는 이들은 1960년 전후에 태어나 급격한 경제 성장기에 소년기를 지내고 현저하게 높아진 여성의 대학에의 진학률을 기록한, 그리고 여성 운동이 본격화된 시대에 대학을 다닌 여성들로 범주화된다. 이 마지막 단계의 주인공들은 전문화되어가는 사회 구조의 변화와 남녀 평등 사상의 대두를 피부로 느끼며 청년기를 보냈다는 점에서 전 세대와 크게 구별된다. 각 세대별 여성들의 전문직 진출 양상을 진출 분야와 여성 자신의 직업관과 결혼관, 그리고 자아관을 중심으로 그들이 처한 시대의 일반적 사회 조건과 관련하여 논의해보자.

I. 첫 세대: 소명 의식에 찬 헌신적 세대

첫 단계에 활약한 여성은 우선 '신식' 교육을 받도록 학교에 보내졌다는 사실 자체만으로도 일반 여성과는 크게 구분되는 예외적인 특수 집단을 이룬다. 여기에는 주로 항일 투사의 집안이라든가, 외래 종교의 영향 또는 그 외 다른 이유로 일찍 개화한 집안의 딸들이 포함된다. 이들은 또한 일제 초기 또는 그 이전에 태어나 청소년기에 조국 광복 운동이라는 역사적 체험에 직접·간접으로 동참했다는 사실에서 다른 세대와 크게 구별된다.

구체적으로 살펴보면 일제 압박에 항거하는 가족에서 태어나 나라의 긴박한 실정에서 우선 조국 광복을 위한 일꾼으로 키워져 남녀 구별 의식 없이 정치·사회 활동을 해온 경우나, 천주교나 기독교로 개종한 집안에서 태어나 그 종교 집단에서 세운 학교에서 교육을 받아 사회 봉사의 정신 아래 교육·의학·종교 그리고 사회 사업 계통에 종사하게 된 경우가 주종을 이룬다. 그 외 일찍 개화한 집안에서 태어나 능력에 있어서 탁월함을 보인 경우 사범학교 또는 일본 유학을 거쳐 교육계·의학계·예술계에 종사하게 된 경우가 있다. 이들에 대한 자세한 인생 역사는 이미 선각자 애국 여성의 표본으로서 역사에 잘 알려져 있으며, 주변에서 그 수기들을 쉽게 찾아볼 수 있다(예: 김활란, 박순천 전기 등).

이 세대에 속한 여성들에게 있어서 직업 활동이란 조국 광복이라든가 사회 계몽 및 봉사라는 차원에서의 사명 또는 소명 의식과 연결되어 있으며, 개인의 자아 실현이라는 주제와는 거리가 멀다. 사회가 자신을 필요로 하고 있다는 사명 의식에 불타 있는 이들에게 있어 직업 활동은 '바깥' 또는 '안채'의 활동 구분 이전의 사람된 도리였고, 따라서 이를 뒤따르는 세대에서 발견되는 여성의 '바깥' 활동에 대한 회의 등은 찾아볼 수 없다. 결혼관에 있어서는 일과 결혼은 병립될 수 없다고 인지하여 결혼에 대해서는 초연한 채 살아간 사례들을 보게 된다. 간혹 결혼을 한 경우는 대부분이 신념을 같이하는 동조자를 만난 경우로서, 사회 활동과 가정의 양립 문제에서 별 무리를 경험하지 않았음을 알 수 있다. 특히, 그녀의 일(독립 투쟁이나 조국 건설 및 사회 봉사 등)이 가족 사업으로 인정되어 주위의 협조와 지지를 얻고 있다는 점과 당시의 가족 구성이 대가족적이었으므로 자녀 양육이니 가사 등에 있어 매우 유리한 조건을 갖추고 있었다. 이들 중에는 해방 후 자신의 임무가 끝났다고 느껴(특히 독립 운동에 깊이 연관된 경우) 가정에 안착한 여성들이 있었으나, 교육계·사회 사업계·의학계 등에 종사해온 대다수는 또다시 겹친 6·25동란과 정치적 불안정 속에서 자신의 일을 중단할 수 없었다고 회고하고 있다. 사명감을 가진 의사들의 경우, 찾아온 환자를 그냥 보낼 수 없어서 아이를 낳은지 사흘 만에 진료를 해주다가 자신이 오히려 큰 병을 얻은 경우라든가 해방 이후 빈곤한 수많은 친척과 이웃을 도와주어야 했기 때문에 경제 활동을 계속해온 경우들을 보게 된다. 흥미있는 점은 이 세대의 직업 여성들의 자녀, 특히 딸들은 어머니의 사회 활동에 대하여 매우 긍정적인 의견을 표시하고 있는데 이것은 앞서 언급한 대로 그 집안의 전체적 철학과 대가족적 제도, 그리고 어머니의 확고한 직업관과 사명 의식이 그만큼 긍정적으로 작용한 것으로 풀이할 수 있다. 이 시대를 대표하는 여성들의 인생 수기는 이미 여러 면에서 소개되어 있으나 아래의 수기는 드러나지 않은 여성의 경우로서 역시 이 시대의 여성들의 공통적 의식, 특히 사회 의식과 헌신적 소명감이 잘 드러나 있다. 그리고 한편 이 여성의 일생은 두번째 세대와 자연스럽게 연결되고 있다.

〔사례 1〕 65세의 교육자

어린 시절: 나는 1919년 3·1만세 운동의 노도가 전국 방방곡곡에 퍼져나가고 있을 때 조국 광복을 위해 중국으로 망명을 계획하고 계시던 아버지와 전형적인 유교 사상의 가정 교육을 철저히 받으신 어머니 사이에서 태어났다. 그때 내가 남자로 태어나지 않았음을 아버지께서는 못내 섭섭해하셨는데, 그것은 첫째, 집안이 번성하지 못했던 탓이고, 둘째, 앞으로 조국 광복을 위해서 많은 일꾼이 필요한데 여자가 어떻게 그런 일을 할 수 있을까 하는 생각이셨기 때문인 것 같다. 그러나 내 생애를 통해 본다면 특별히 여자였기 때문에 못한 일이라고는 별로 없었던 것으로 생각된다. 하여간 내가 태어났을 때 이미 내 위로 10년이나 위인 오빠와 5년 위인 언니가 있었다. 오빠와 언니는 나를 무척 사랑하고 위해주었다.

우리 집안은 원래 할아버지의 청렴한 선비 기질로 말미암아 가세가 넉넉지 못했는데 불행하게도 조부가 7, 8년 동안 병고로 고생하시다가 일찍 세상을 떠나자 가세는 더욱 기울어졌다. 할아버지 할머니의 제삿날이면 아버지는 안 계시고 어머니 혼자서 깨끗한 옷으로 갈아입으시고 방도 새로 도배를 하고 풍성하지는 않으나 정성껏 마련한 제상 양쪽에 촛불을 밝히고 향냄새가 은은히 퍼지는 가운데 조용히 절하고 꿇어앉아 술을 따르시던 어머니의 모습을 잊을 수 없다.

그럴 때면 엄숙한 분위기에 숨도 크게 쉬지 못하고 꿇어앉아 있었는데, 어머니의 눈에 눈물이 그득히 고이면 나는 얼굴도 모르는 할머니와 할아버지가 제상 저편에 앉아 미소를 짓는 것 같은 느낌을 받곤했었다.

학창 시절: 내가 소학교에 입학한 것은 여섯 살 때였는데 망명 지사들이 세운 이 학교는 만주 길림성에 있었다. 그때 학생들의 연령은 차이가 심하여 1학년에 18세에서부터 6세 된 학생까지 있었다. 그런데 웬일인지 공부하는 데 있어서는 12년이나 위인 그들이 반에서 체일 어린 그리고 여자인 날 이겨내지를 못했다. 그들은 등교길에는 나를 업고 가곤 했다. 어머니는 아버지가 망명한 후에는 일본 경찰의 시달림 가운데 삯바느질로 생계를 이어가시다가 내가 다섯 살 때 만주로 이주한 후에는 농사일을 배워 농사를 지었다. 그런 형편이라 여자 아이가 공부하기란 매우 어려운 일이었다. 내가 3학년 되던 해 온 동네가 기근이 들어 사는 것이 말이 아니었다. 그것 때문에 어머니는 내 학업을 중단시키려고 했다. 그러나 내 생각은 달랐다. "배우지 못해서 세상 이치를 모르는 사람은 사람의 탈을 썼으나 속은 없는 짐승과 무엇이 다르겠느냐. 나는 그런 사람 되기 싫다. 그러니 나는 차라리 죽어 없어지겠다" 하고 10여 일을 먹지도 마시지도 않다가 누워버리고 말았다. 그래서 결국 어머니와 오빠가 의논하여 다시 학교에 갈 것을 허락하였다.

그럭저럭 학업을 이어가는 동안 중학교부터는 중국 학교에 다녔는데 다행히 학교 장학금을 타게 되어 학비는 걱정하지 않아도 되었다. 그런데 장래 일을 생각하게 되면서 고민을 하게 되었다. 음악선생은 음악을 전공하라 하고, 어머니는 그 의견에 절대 반대였고, 아버지는 오직 나라 일만 생각하는 분이라 내가 불란서의 잔다크 같은 여자가 되기를 희망하셨고, 교장선생님은 내가 학교 성적은 좋으나 가정 형편이 곤란하다고 고등학교를 졸업하면 곧 모교에서 교편을 잡으라는 것이었다. 거기다 미국인 교회 목사님은 내가 고등학교를 졸업하면 자기를 따라 미국으로 건너가서 신학 공부를 해서 전도 사업에 헌신하라는 것이었다. 이것들 말고도 혹은 의사가 되라, 간호원이 되라, 의견도 많았는데 그때 나는 그 일 모두가 다 좋은 일이고 하고 싶은 일이었으니 딱하기만 했다. 그런데 나는 나 자신이 정말 무엇을 해야 할지, 내 소질이 어디에 있는지를 몰랐다.

그런 상황에서 유랑은 계속되었고 변동도 많아서 대학 과정도 마치지 못하고 20세란 한창 공부하고 생각할 나이에 나라 없는 설움과 현실에 쫓겨 직장이라 하기에는 적당하지 않을 광복 운동에 참여하게 되었고, 여자의 몸으로 군인이 되어 많은 남성들과 함께 일하게 되었다. 주로 문서를 다루거나 선전을 위한 선전 책자를 펴내는 일을 했고 방송도 하면서 배우며 일하고, 일하며 배운다는 마음으로 활동하였다. 그때 유교 사상에 젖은 노인들은 "여자가 무얼 알아서 나서느냐"고도 했고 동년배 여성들은 "저 혼자 잘났다고 나서느냐"고 비웃기도 했고 또 혹은 시기심으로 있는 말 없는 말들을 지어서 중상하는 사람도 없지는 않았으나 아버지와 또 다른 몇몇 어른들께서 늘 좋은 말로 많이 격려해주셨고 인정도 받았다. 특히 아버지의 말씀 가운데 "나라의 흥망성쇠는 국민에게 달려 있는데 국민의 반수를 차지하는 여성에게도 책임이 있는 것이니 어찌 여자라고 피할 수 있겠느냐. 각자가 가진 능력을 다 바쳐 일해야 한다"는 말이 내 마음에 깊이 새겨지게 되어 그것이 어려움을 극복하는 힘의 원천이 되었다. 뒷날 생각해보면 그때에 내가 생활을 통해 했던 공부는 학교에서 한 교과서 공부보다 훨씬 더 귀중한 것이었다는 사실을 알게 되었다.

직장 생활의 시작: 그러던 중 해방이 되었고 고국에 돌아와보니, 앞으로 또 무엇을 할 것인가 하는 것이 걱정이었다. 생각 같아서는 대학에 가서 계속 공부를 하고 싶었지만, 경제적 여유가 없어서 고민하고 있을 때 마침 도서관 전문학교에서 학생 모집이 있었는데 그 광고를

보고 "이것이 내가 택해야 할 길이다" 생각하고 응모하여 국비로 단기간 훈련을 받고 서울의 어느 도서관에서 사서로 근무하게 되었다. 그때 내 생각은 도서관 관리 경험을 얻어 나중에 시골에 가서 도서관을 새로 개설해서 국민들을 계몽해보고 싶은 것뿐이었기 때문에 처우 문제에는 크게 신경을 쓰지 않았다.

그러나 시골 도서관 개설 문제는 그리 쉽게 풀리지 않았다. 1년여를 쫓아다니며 애를 썼지만 성공을 거두지 못했다. 그때 처음으로 내가 여자가 아니었다면 될 수 있지 않았을까 하는 안타까움을 느끼기도 했지만 사실은 그때 국내 사정이 아무도 기기에는 마음을 쓸 수 없었기 때문이었을 것이다. 그러다가 6·25사변이 일어나 피난길에 올랐고, 전쟁 중에 중국 영사관에 번역관으로 취직이 되어 일하기도 했다.

결혼기와 자녀 양육: 결혼 당시에는 직장을 갖고 있지 않았는데 가정에서 묻혀 사는 것이 너무 한계가 좁고 성장이 없는 것 같아 다시 직장에 나가려고 애를 썼으나 번번이 남편과 시어머니의 반대로 뜻을 이루지 못했다. 그러다가 마침내는 남편과 시어머니도 나의 고집과 끈기에 승낙하게 되어 화교 학교에 한글 교사로 취직하게 되었다. 처음에는 학교 기숙사 사감의 일까지 맡아했기 때문에 학교에서 기거를 하고 1주일에 한 번쯤 집에 돌아와 자곤 했다. 나이든 아주머니 한 분이 집안일을 보살펴주었는데 그래도 식구들이 불편해하는 것 같아 오래지 않아 사감을 그만두고 집에서 기거하면서 출퇴근하였다.

얼마 동안은 집안 살림을 해줄 사람을 두고 살았지만 막내가 중학에 들어가면서부터는 가정부 없이 내 손으로 조석(朝夕)을 해먹어가면서 출퇴근을 하다 보니 직장과 가정이 모두 엉망이 되는 것 같았고, 항상 쫓기는 기분으로 직장과 집을 시계추처럼 왔다갔다 하였다. 그래도 그 속에서 자라나는 내 아들딸, 또 자라나는 타인의 아들딸을 바라보는 즐거움은 한이 없었다. 내가 조금이라도 그들의 성장에 보탬이 되었다면 그 이상 무엇을 바라겠는가.

직장내 문제: 돌이켜보면 나 자신은 여자라는 이유로 특별히 어려웠던 것 같지는 않다. 요는 능력과 두뇌가 문제라고 생각된다. 여자에게도 기회만 주어진다면 얼마든지 두뇌도 개발되고 능력도 개발될 수 있다고 나는 믿는다. 나 자신 20세의 나이로도 많은 남자들이 그 당시에 못하는 일을 감히 해냈다. 공부하는 데도 뒤지지 않았다. 다만 여자에게 결핍되어 있는 것은 팔뚝의 힘뿐이다. 그러나 세상 일이란 팔뚝의 힘만으로 되는 것은 아닐 것이다. 앞으로 세상의 모든 것이 기계화된다고 하는데 기계화된 그런 세상에서는 기계가 팔힘을 대신할 수 있으니 여성이 못할 일이란 점점 없어질 것이 아니겠는가?

회고: 나는 여자로 태어난 것을 아쉽게 생각하지 않는다. 다시 태어난다 해도 가능하면 여자로 태어나고 싶다. 여자가 남자보다 능력 범위가 넓고 깊기 때문이다. 국가와 사회가 필요로 하는 인력을 얻고 발전시키기 위해서는 여성에 대한 편견을 하루속히 없애고 능력 본위로 개발 육성하고 보호해야 할 것이다. 그리고 여자들 자신도 자기 능력의 한계를 잘 알고 무작정 덤비지만 말고 부지런히 자기를 성장시키고 능력을 길러내어 꼭 자기 적성에 맞는, 하다가 그만둘 그런 것이 아닌 직업을 택하고 한편 가정과 직장을 동시에 잘 다스릴 수 있는 것을 택해서 자기 완성과 동시에 자녀들, 아니 후세들의 행복을 위해 일해야 할 것이다.

나는 뒤에 올 후배 여성 직업인들에게 감히 한마디 권하고 싶다. 직업인이 되기 전에 먼저 자기를 알고, 남을 알고, 사회를 알고, 인간의 한계를 아는 그런 인간이 되어야 한다.

Ⅱ. 두번째 세대: 탁월한 여성과 '여성직' 에
종사하는 여성으로 대별되는 세대

두번째 단계의 주인공들은 나라의 미래가 암담하던 일제 중엽에 태어나 해방을 거치고 6·25를 겪으면서 정규적 교육을 제대로 받기 힘들었던 상황에서 전문인으로서 일하게 된 여성들이다.

해방 이후 갑자기 설립된 여자대학이라든가 의료기관 및 보육원 등 특히 여성이 담당해야 한다고 여겨진 직종에서의 인력 수요가 증가한 데 비하여 준비된 인력이 부족하여, 이 세대의 여성은—남성도—어느 면에서는 제대로 준비하지 못한 채 상황에 이끌려 직업을 갖게 된 경우가 많다. 53세의 교수는 "상황이 계속 직업 활동을 하는 방향으로 밀고 가서 직업을 갖는 데 대하여 어떠한 확고한 신념도 세우지 못한 채 일하다 보니까 이렇게 되었다"라고 자신이 직장인이 된 동기를 말하고 있다. 이 세대 직업 여성의 대다수는 소위 '여성직'에 종사하게 되었다.

이들의 세대에 있어서는 중·고교 때 우연히 이상을 심어준 좋은 선생을 만나게 되었다든가 좋은 책(『퀴리부인전』 등을 많이 인용하고 있다)을 읽게 되었다든가 담당 교수가 조교로 남을 것을 권했고, 마침 결혼도 결정되지 않아서 남아 있게 되었다는 등의 우연이 크게 작용하고 있다.

이 세대의 여성들은 전 세대와 비교하여 사면 의식이 약해진 반면 전통적 여성 의식이 강화됨을 볼 수 있다. 삶의 실현에 있어서 여성으로서의 '도리'를 강조하는 경향이 되살아나서, 일을 위해 독신을 주장하는 경향이 줄어들고 있음을 보게 된다. 결혼은 직장 활동의 지속 여부와 매우 밀접하게 연결되어 있으며, 양자의 양립은 여전히 불가능한 것으로 인지되어 독신인 경우와 일찍 남편을 여읜 경우는 평생직을 지킬 가능성이 매우 높으나 결혼한 경우는 결혼과 동시에 직장을 그만두는 편으로 기울어짐을 알 수 있다. 소위 적령기에 혼인한 극소수의 경우는 특별히 사회 활동을 하는 여성을 원했던 남편을 만났다든가, 결혼 당시에 이미 직업적으로 확립된 경우들에 국한된다. 당시만 하여도 가사 보조자를 구하기가 쉽고 시부모·친척의 지원을 항상 받을 수 있어서 실제적으로 가사와 육아 문제에 있어 어려움은 크지 않았던 것으로 보인다. 오히려 문제는 당사자가 직업에 부여하는 가치가 확고하지 않아 "직장에 어려운 일이 있거나 자녀들에게 문제가 생겼을 때 자신의 직장 활동에 대해 회의에 빠져 곧 그만둘까 고민하게 된다"는 여성 자신의 가정 우선적 사고 방식에서 비롯한 갈등이 많았던 것으로 보인다. 가정 우선의 원칙이 앞섬으로써 또한 직장에서의 업적에 있어 크게 부족함을 느껴왔다는 경우가 상당수에 달한다.

이들의 경우, 전통적 세계와 근대적 세계 양쪽에 모두 잘 적응할 수 있는 놀라운 능력을 보이고 있는데 구체적으로 말하면 사회 활동에서는 근대적 태도를 보이면서 가정 생활에서는 매우 전통적인 부창부수의 원리를 따르고 있음을 보게 된다. 남편의 보조자로서의 역할을 의무로 여김으로써 이중 역할을 수행하는 것을 매우 당연시하고 있다. 이들은 어떠한 경우에도 이혼이라는 것을 문제 해결을 위한 대안으로 보고 있지 않으며 자신의 희생으로 현상을 유지해나가야 된다고 믿고 있었다.

강조할 것은 이러한 이중 가치적 태도로 이중 역할을 둘 다 '성공적으로' 수행해온 여성들을 모델로 현재 전문직 여성의 이미지가 굳혀져왔다는 점이다. 흥미롭게도 이들의 딸들은 전 세대 직업 여성들의 딸들에 비하여 어머니의 사회 활동에 대해 부정적인 견해를 갖고 있었다. 현재 대학 졸업 또는 재학중인 딸들을 인터뷰한 바에 의하면 그들은 자신의 어머니가 매우 특출난 인간임을 인정하면서 여전히 그녀의 삶이 '무리한' 삶이라고 느끼는 한편 '자기 중심적'이었다고 생각하고 있었다. '무리한' 삶을 살아온 어머니에 대한 반응인지는 모르나, 이들 자신은 무리하지 않은 차분한 가정 주부로서의 삶을 선호하고 있다는 사실이 시사하는 바가 크다. 오히려 직장 생활에서 덜 성공한 경우 또는 어느 정도의 고등 교육을 받은 비취업 가정 주부의 딸들이 높은 성취 동기를 보이는 경우를 찾아볼 수 있는데, 취업 주부의 경우는 딸의 편에서 반발적인 반응을 일으킬 정도의 무리함은 경험하지 않아서, 비취업 주부의 경우는 어머니가 자신이 이루지 못한 것을 딸이 이루어주기를 기대함으로써, 자연스럽게 성취 위주의 인성(人性)을 길러가게 된 결과라 하겠다.

전반적으로 광복 이후 세대의 교육을 받은 여성들에게 기대된 바는 독립 조국에서 훌륭한 시민의 어머니가 되는 것이었지 직접 사회에 참여하는 것이 아니었다. 이런 면에서 여성의 사회 활동은 개인적 차원에서의 문제로 이해되었으며, "여성은 집으로 돌아가는" 신전통주의적 경향이 강화되고 있었다. 개인주의적 사고에 익숙지 않은 사회 풍토에서 자아 실현이라는 과제는 정당화되지 못한 채 여성의 직업 활동은 가정 경제상의 이유에서가 아니면 이기적이라는 식으로 인지되었고, 따라서 이 세대의 전문직 여성들은 직장 생활에 헌신하면 할수록 이기적이라는 비난을 면치 못하였다. 결과적으로 이 세대의 여성은 두 사람의 몫을 모두 성취해나갈 수 있었던 슈퍼우먼적인 여성과 여성들만의 영역에서 가정 우선의 원칙 아래 부업 정도로 직업에 임해온 '온 좋은' 여성 집단으로 나누어졌디고 볼 수 있다. 아래의 사례는 매우 자연스럽게 여자대학의 우수한 학생이 그대로 그 학교의 교수로 일하게 된 후자의 경우로서, 여성직에 근무하는 이 세대 여성들의 삶의 일면을 보여주고 있다.

〔사례 2〕 52세의 교수
어린 시절: 어머니가 여전(女專)을, 아버지가 전문학교를 졸업한, 그 당시로서는 인텔리인 부모에게서 태어났다. 나는 어린 시절을 제2차 세계 대전과 6·25사변이 발발하였던 역사적으로 어려운 시기에 보냈으나 "교육이 바로 재산"이라는 부모님의 신념 덕택으로 원하던 공부를 계속할 수 있었다.
학창 시절: 학창 시절 중 가장 기억에 남는 일은 대학 재학 시절인

데, 당시는 전쟁중이었기 때문에 임시 교사(텐트)에서 수업을 받았다. 그러한 어려운 환경에서도 학업에 대한 열의는 불타올랐고, 특히 화학 교수의 영향을 받아 화학 부문을 전공하기로 하고 학교에 조교로 남을 것을 결심하게 되었다. 그때에는 대학원이 없었기 때문에 대학만 마치고 조교로 있다가 강의를 할 수 있었다. 대학 졸업 후 결혼을 하고 예정대로 본교에 조교로 남게 되었다.

직장 생활의 시작: 조교로 1년 있은 후 대학원이 생기게 되어 또다시 대학원을 진학하여 석사 과정을 밟게 되었는데 첫 아이가 태어났다. 아기를 키워가며 직장 생활을 한다는 것은 상상할 수도 없이 어려운 일이었다. 처음에는 학교에만 오면 아기 생각이 나고 불안하여 공부도 제대로 안 되고 강의 시간에도 아기 걱정뿐이었으나 차츰 적응이 되어 가정 생활과 직장 생활을 명확히 구분할 수 있도록 감정 조절을 할 수 있게 되었다. 남편의 끊임없는 도움으로 많은 부담을 덜 수 있었으며, 또한 시어머니의 도움도 컸는데, 시어머니가 정기적으로 와서 밑반찬도 만들어주고 가끔 아기도 데려다 보살펴주었다. 현재 내가 나의 위치에 서게 된 데에는 자신의 노력도 있었지만 남편과 시부모님의 도움이 없었더라면 불가능했을 것이고, 또한 그분들이 반대를 했다면 미련 없이 직장 생활을 그만두었을 것이다.

나는 교수가 되라는 행운을 타고난 것 같은 느낌을 종종 갖는데 왜냐하면 어려서는 구체적인 계획도 없이 교수에 대한 선망을 갖고 있었고 대학 시절에는 전공에 대한 관심과 아울러 교수와의 인간적인 친분이 이루어져 조교로 남게 되었으며, 대학원이 생기자 1회로 석사 학위를 받아 저절로 자신도 모르는 사이에 교수가 되었기 때문이다.

결혼기와 자녀 양육: 남편의 깊은 배려와 도움으로 직장이냐 가정이냐의 문제로 갈등을 느낀 적은 없었으며 또한 가정 일에 있어서도 다행히 아이들이 모두 건강하고 자립심이 강하여 각자의 일을 알아서 해결하기 때문에 과거에나 현재에나 큰 불편은 없다. 아이들이 다행히

도 건강했기 때문에 지금과 같이 교수가 되었지 만일 자녀 중에 누군
가가 건강이 나빴다면 직장을 그만두더라도 자녀를 돌봐야 했을 것이
다. 나는 여성도 직장을 가지고 자기 성취를 해야 하지만 가족에 문제
가 있을 때는 자신을 희생할 각오가 되어 있어야 한다고 믿고 있다.

아이들에 대한 어머니의 역할이 부족하다고 느낀 것은 아들의 대학
입시 때로 나는 박사 학위 논문을 준비하고 있었기 때문에 아들의 뒷
바라지를 제대로 해주지 못하였다. 아들이 대학 입시에서 실패하면 내
책임인 것처럼 느껴질 것 같아 상당히 고민하였다. 다행히도 나의 학
위 논문이 통과되고 아들도 대학에 합격하여 무사하였으나 그 일을 계
기로 자녀들에 대한 어머니의 역할에 대해 다시 한번 깊이 생각해보게
되었다.

직업관: 자녀들이 어릴 때에는 어머니로서의 역할을 다 못해주는
것 같아 항상 미안한 감정이 있었는데, 그들이 성장하고 가사에 매이
는 시간이 줄어들자 요즈음은 직업을 갖기를 잘했다는 생각이 든다.
젊었을 때에는 여성이 직업을 갖는 것이 의미가 있다는 생각을 별로
하지 않았으나 나이가 들고 직장에 더욱 오래 있을수록 여성의 취업의
필요성을 절실히 느끼게 되었다. 직업을 가지지 않은 여성이 나이가
먹고 일이 적어지자 자신의 인생을 뒤돌아보고 너무나 자기가 희생을
당했다는 생각을 하며 성취한 것이 아무것도 없다는 허무감을 느끼게
되는 경우를 볼 때 더욱 그러하다. 나는 현재 직업에 대해 젊었을 때보
다 더 많은 열성을 가지고 임하고 있다. 한편 나이를 먹으니 직장과 같
이 딱딱한 분위기에 자주 피로를 느끼게 되고, 그럴 때는 친구들과 만
나 긴장을 푼다.

회고: 나는 다시 태어난다 하더라도 교수가 되고 싶을 것이며 또 그
렇게 될 것이다. 사람에게는 기회가 중요하며 나의 경우 역시 노력도
있었지만 기회를 잘 만나 현재의 상태에 이르게 되었다. 현재로 나는
내 일생에 대해 아무 불만도 없으며 무척 만족하고 있다.

III. 세번째 세대: 신전통적, 갈등 회피의 세대

셋째 단계의 주인공인 여성들은 일반적으로 비교적 안정된 사회에서 정규 교육 과정과 준비 기간을 거칠 수 있었던 세대에 속한다. 이 세대의 특징을 든다면 그 부모 세대가 근대 교육을 받았을 가능성이 크다는 점과 또한 경쟁적 동년배 집단의 형성이 가능한 가운데 자라났다는 점이다. 실제로 교육받은 어머니의 지도와 지지가 현저하고 제1세대 직업 여성의 딸들의 진출이 두드러진다. 한편 교육 조건과 사회 구조의 점진적인 변화에 따라 여러 가지 새로운 양상이 나타나고 있다.

특히 학력 경쟁을 통하여 정선된 엘리트들의 진출이 두드러진다.[3] 소위 최고의 '수재'들이 모이는 가장 경쟁이 심하고 입학하기 어려운 여자 중·고교를 거쳐 자신의 능력을 높이 평가받아왔다든가 학교에 다니던 중 항상 지도력을 발휘해왔었다는 조건이 여성을 계속 자극하는 추진력이 되어서 사회에 나가서도 지도력을 발휘하는 자리에서 활동하게 된 사례가 많으며, 함께 공부해온 동년배 집단내의 경쟁 심리가 여기에 크게 작용하고 있음이 주목된다. 여기서의 동년배 집단이란 여성만으로 이루어져 있고 따라서 경쟁과 상호 자극은 여성들 간에서만 이루어졌다고 보아야 할 것이다. 단 동년배 집단의 영향력과 가족의 영향력이 서로 상반된 방향으로 갈 경우 가족의 영향력이 동년배 집단의 그것을 압도할 가능성이 많다는 점에 주목하여 동년배 집단의 상호 작용만으로 전문인이 배출된다고 보기는 어렵다. 그러나 적어도 전 시대에 비하여 능력을 인정받을 수 있는 분야가 더

---

3) 이 주제와 관련하여 김정숙(1983)의 논문 「한국의 중산층 주부에 관한 일 연구—여고 졸업 후 20여 년간의 삶을 중심으로」가 참고가 될 것이다. 이 논문은 정선된 수재들의 학교로 이름난 어느 여자고등학교 졸업생들의 졸업 후 20년간의 삶을 중심으로 여성들의 사회 진출과 가족관을 살펴본 것이다.

넓어졌고 여성들간에서 자아 실현이라는 측면에서의 사회 활동의 당위성이 인정되기 시작한 점에서 새로운 출발을 예고한다고 보겠다.

직업 선택에 있어서 주목되는 점은 종전까지 여성들이 배출되어 온 여성만의 경로 *women's track*가 아닌 남녀 공동의 경로 *equal opportunity track*를 거친 경우가 많아졌다는 점이다.[4] 즉, 전 세대에는 여성들만으로 이루어진 교육 기관에서 훈련을 받은 후 여성에게 적합하다고 생각되는 직종에 진출하여 남성들과 경쟁을 거의 하지 않고 사회 활동을 한 경우가 많았는데 세번째 단계의 여성은 남녀 공통의 경로, 즉 종래 남성들만이 가던 대학을 거친 후 남성들로 메워진 분야에서 남성들과 대등한 입장에서 활약하기 시작했다는 것이다. 종래의 교육계·의학계·예술계, 그리고 여성들만의 조직 외에 새로운 분야가 개척되어서 이공계·사회과학계·매스컴 계통·기업체 등에서도 여성 활약이 본격적으로 시작된다. 한편 가정과 직장의 양립이 용이한 직종인 약사 등의 직업을 의도적으로 선택하는 안전주의자들의 증가도 주목된다.

이 세대의 여성들의 주요한 준거 집단은 여전히 가족인 것으로 보이나 흥미로운 것은 가족, 특히 어머니가 딸의 직업 활동에 영향을 미치는 방식이 다양하다는 점이다. 예를 들어 사회 활동을 장려하는 어머니——우리나라의 경우, 아버지가 중요한 미국의 경우와는 달리 어머니가 더 중요하다——의 영향과 지도를 받아 전문인이 된 경우가 상당수 발견되는 반면, 어머니가 전혀 교육을 받지 않았고 그래서 딸의 삶의 방향 설정에 어떠한 영향을 미치지 않았으나 전통적 역할 수행에서 여성에게 요구되어온 현실적인 지혜, 인내와 결단력을 보여줌으로써 실제 일을 성취해나가는 데 본보기가 되어준 경우를 볼 수 있다. 전자는 가치를, 후자는 태도 및 기질을 이어받은 경우라 하겠

---

4) L. Dilatush(1976), p. 193 참조.

다. 전자의 경우를 예를 들면 중등 과정을 거친 후 결혼으로 자신의 더 이상의 학구열을 포기했어야 했던 어머니가 큰딸을 낳은 후부터 "우리 박사딸"이라고 부르며 길러서 종래 박사를 만든 경우를 들 수 있고, 후자의 경우는 가부장적인 대가족에서 자란 경우에서 흔히 찾아진다. 매우 성공적으로 활동하고 있는 한 기자(40세)는 후자의 경우로서 다음과 같이 그 경우를 표현하고 있다.

나는 어머니와 같은 인생은 절대로 살지 않겠다고 어릴 적에 결심하였다. 그래서 나는 사회 활동을 택했고 어머니처럼 살고 있지 않다. 그러나 어느 날 현재 내가 하고 있는 활동에 있어서 모델은 주로 어머니임을 알고 스스로 크게 놀란 적이 있다. 참는 것, 길게 보고 나아가는 것, 일을 성취시키고야 마는 것, 이 모든 것이 어머니로부터 물려받은 것이다.

한편 부모의 교육 정도(현대식 교육)가 낮은 경우에는 많은 형제자매 중 막내나 끝에 가까운 딸들의 사회적 진출이 주목되는데, 그들은 자신이 형제자매 중 큰언니나 오빠를 부모처럼 따랐음을 지적하고 있다. 이는 윗형제나 자매 덕분에 실질적으로 전통적 사고 방식을 가진 부모의 영향권에서 벗어날 수 있었음을 의미한다. 또한 경제적으로 문제는 없으나 가정에 불화가 많았던 경우라든가 "가정에서 기대할 것이 아무것도 없었던" 집안에서 태어난 경우, 독자적 삶을 개척할 가능성이 높다. 이들은 어릴 때부터 성격이 "남달리 고집이 세고," "자존심이 강하였고," "주위 상황에 의해 별로 영향을 받지 않으려 노력한 독립적 인간"이었다고 자신의 성격에 대해 말하고 있다. 이들은 공통적으로 학교 성적이 뛰어났으며 마음에 들지 않는 주위 상황을 거부하고 극복하려는 의지를 어릴 때부터 기르고 있었던 경우라고 볼 수 있다. 이 외에도 아들이 없는 가족의 딸들이 또한 성취 동기가 강하고 활발하게 사회 활동을 추구해간 경향을 보인다.

요약하면, 이 세대의 여성들은 동기 부여와 준비 작업에 있어 상당히 다양한 면모를 보인다. 부모의 지원 속에서 그들의 기대에 부응하여 자신의 능력을 길러온 경우, 주위의 지지가 없었고 오히려 주위가 자신에게 만족스럽지 못하므로 이를 거부하고 자신의 길을 개척해온 경우, 자신이 속한 교육적 환경의 전반적 분위기에 따라 자연스럽게 직업인이 된 경우 등이다. 대부분 이들은 학교 성적에서 탁월함을 보여왔고, "그래서 항상 뛰어난 위치에 있고 싶다는 욕구가 지속되어왔으며"(42세, 의사), 자신에 대한 자존심이 강하고 자기 발전을 중시한다는 점에서 공통성을 보이고 있다.

이들이 사회 활동에 부여하는 의미는 '자아 개발'과 '자아 성취'의 측면이며 전 세대보다 사회 활동에 확고한 가치를 부여하고 적극적으로 활동하려는 의지를 엿보인다. 이 세대의 여성들은 일하기 때문에 "팔자가 나쁘다"는 등의 전통적 관념에 크게 구애를 받고 있지 않으며, 오히려 자신들을 선택받은 여성으로 간주하는 경향을 보인다. 즉, 이 세대에 있어서 여성의 전문식에의 신출은 선택적 의미를 갖는 것이며 이들은 자신이 선택한 바대로 산다는 것에 큰 의미를 부여하고 있다. 여성들은 자신의 사회 생활에 대해 큰 긍지를 보이고 있는데 이는 "나는 가정 생활보다 힘든 사회 생활을 해나갈 때 힘든 것을 해낸다는 긍지를 느낀다"는 표현에서 잘 나타난다. "일을 쉬면 퇴보할 것 같은 불안감이 있다"든가, "여자는 한 가지에만 애착을 갖게 될 경향이 많은데 이 둘을 잘 조화시켜 해나갈 수 있는 것에 큰 자부심을 갖는다." 또는 "여자는 가정과 직장을 병행함으로써 남자보다 우월하다"는 의견들도 자주 제기된다. 결혼과 직장을 상호 배타적인 것으로 보지 않으며 실제로 독신의 비율이 감소하는 현상을 보인다. 그러나 결혼은 당시 기준으로 좀 늦은 나이에 한 경우가 많은데, 이는 전문인으로서의 자질을 확립한 후에 결혼하는 경우 직업인으로 남아서 활동할 가능성이 높기 때문인 것으로 보인다.

그러나 실제로 직장과 가정의 양립 방식에 있어서는 전 세대와 큰 차이를 보이지 않는다. 대다수의 기혼 여성이 "여성은 가정을 지킬 능력이 있어야 하며, 자기 성취를 해야 하지만 가족에 문제가 있을 때는 자신을 희생할 수 있어야 된다"고 강조하면서 가정 우선의 가치를 고수하며 이중 역할을 담당하는 것을 보게 된다. 좀더 합리적인 가정내의 역할 분담과 실질적으로 평등한 부부 관계가 맺어지는 경우도 보이지만 이는 극소수로서 새로운 가능성을 제시하는 면에서의 의의를 가질 뿐이다. 그러나 전 시대에 비해 현저한 변화는 자녀의 수를 통제한다는 점으로 다수가 자녀를 한 명 내지 두 명만 낳아 직업 활동을 위해 좀더 적극적으로 환경을 통제해간 것으로 보인다. 이들의 주부로서의 역할 수행은 역시 가사와 육아를 남에게 어느 정도 효율적으로 인계할 수 있었기 때문에 크게 가능하다. 전 세대에서와 마찬가지로 친정어머니나 시어머니의 도움 또는 가정부의 고용 등의 방법으로 주부 역할이 해결되고 있음을 보게 된다.

이 세대 후반에 오면 결혼 전에 취업 경험을 한 여성들의 수가 증가하며 사회 활동을 뚜렷이 선호하지는 않지만 경제적으로 더욱 윤택한 살림을 위해 일을 계속하는 경우가 발견된다. 이것은 경제 구조의 변화와 더불어 여성도 가정인으로만 생활하기보다는 사회인이 되어 사회와 어느 정도 연결을 갖는 것이 바람직하다는 일반적 인식의 변화를 반영하는 것으로 보인다. 여성의 자아관에 있어서도 상당히 긍정적인 의식이 나타나고 있다. "다시 태어나면 남자로 태어나고 싶으냐?"는 질문에 "남녀 아무거나 좋지만 엄마 소리를 들을 수 있는 여자에게 애착이 간다. 또한 남자로 태어나면 사회에서 조장한 권위주의에 빠져버릴까 꺼려진다"(30세, 연구원)는 말이나 "한 생명을 탄생시키는 일 외에도 고집만 세워 밀고 나가는 남성들보다 여자가 더 일을 잘 진행시킬 수 있다"(32세, 의사)는 말에서 이를 엿볼 수 있다.

한편 결혼 자체에 대해 의문을 던지는 여성들도 보게 되는데, 34세의 언론인은 "자신에게 경제적 자립 능력만 있으면 꼭 결혼을 않더라도 멋진 생활을 영위할 수 있다"고 결혼의 필요성에 대해 회의를 표시하였다. 이 역시 자아 실현의 과정에서 상황을 통제 가능한 것으로 인지하고 스스로 새로운 스타일의 삶을 창조해갈 수 있다고 믿는 사고의 일면을 보여주는 것으로서 전 세대와 크게 구분된다. 그러나 이러한 태도는 아직 급진적인 편에 속하고 일반적으로는 역시 전 세대 여성들과 마찬가지로 근본적으로는 전통적 사고에서 벗어나지 못한 채 양가적(兩價的) 태도에 젖어 있음을 보인다. 최고의 지성인으로서, 그리고 직업인으로서 자신의 삶에 적극적 의미를 부여하고 만족을 표시하면서도 아들만 낳은 데 대하여 매우 다행스럽게 생각하는 경우라든가, 자녀들이 모성 박탈적 현상을 보일 가능성에 대해 심히 우려를 하고 죄의식을 느끼는 점 등은 이들의 삶이 개인적 적응 상태에 머물고 있기 때문에 오는 한계의 표현이라 하겠다.

아래의 사례는 가정에서보다는 동년배 집단내에서의 자극과 영향에 의해 전문인이 된 여성의 경우로서 결혼관과 부부 관계, 자녀 양육 등의 문제 해결에 있어 전 세대의 여성과 상당히 다른 양상을 나타내 보이는 한편 가부장적 사고의 일면을 여전히 드러내주고 있는 경우로 볼 수 있다.

[사례 3] 40세의 여의사[5]

나는 5남 1녀 중 둘째이며 외동딸로 태어났다. 아버지는 법관, 어머니는 가사과 출신으로 전통적인 가정 주부였다. 어릴 적의 가정 분위기는 보수적이었다. 특별히 어린 시절이나 중·고등학교 시절에 무슨 꿈이나 계획이 있었던 것은 아니지만, 오빠가 아버지를 이어주지 않았

---

5) 이 사례는 김정숙(1983: 29~31)의 논문에서 재인용한 것임.

기에 나 혼자 마음 속으로 법관이 되어서 가업을 이어야겠다고 생각했다. 그래서 문과를 택해 문과 공부를 하고 있었는데 막상 법관이 되겠다고 하니까 주위에서 반대였다. 어머니는 마음 속으로 으레 가사과를 가려니 생각하고 있었고, 고등학교의 영어선생님은 내가 영어를 잘해서 영문과를 가라고 하셨다. 이전부터 피아노를 쳤기에 음대 반에도 잠시 속해 있었다.

결국 고3 2학기에 이과를 택해 의예과를 지망하게 되었는데 원인은 이렇다 할 것이 없었다. 주위의 누구도 의사가 아니었고, 친한 친구들도 모두 문과였다. 그렇다고 내가 의사가 되겠다는 생각도 없었는데 모두 다 내가 의대에 가는 것에 대해 별로 심각하게 생각하지 않았던 것 같다. 부모님도 별로 반대하지 않고 내버려두셨는데 의대를 가긴 해도 "제가 무슨 의사를 하려고" 하는 정도로 가볍게 생각하셨던 것 같다. 당시에는 여자가 의사가 된다는 것이 이상하던 때였고, 특히 여자대학교의 의대는 사회적으로 별 인정도 받지 못하던 때였다. 막상 의대에 가보니 당시에 학생들은 거의 의사네 자제들이라 분위기가 의사 하는 분위기였다. 나는 그럴 생각도 없었고 더욱이 일반 화학을 못하여 적성도 맞지 않아 그만두려고 휴학계를 써가지고 다녔다. 그러던 중 친한 친구들이 졸업에 이르러 하나둘씩 마무리 작업을 하고 있었다. 이때에야 나도 비로소 겁이 나서 지금까지 공부 못한 것을 만회하려고 방학 동안 친한 선생님의 실험실에 다니면서 열심히 공부했다.

졸업하고 인턴과 레지던트 과정을 거쳐야 했는데 당시에는 미국에 가는 것이 유행이었다. 사실 결혼은 할 수도 있고 안할 수도 있다고 생각하고 있었는데 졸업 후 2개월 있다가 약혼을 하고 미국으로 가게 되었다. 미국에서 병원에 다니며 인턴과 레지던트 과정을 밟고 2년 동안 대학에서 공부하였다. 미국에서 아이를 낳아 베이비 시터 *baby-sitter*에게 맡기고 공부하랴, 적은 돈으로 살림하랴, 아이들 돌보랴, 무척 바빴다. 같이 의학을 전공한 남편은 전문의 시험을 보느라고 일을 도와

주기는커녕 오히려 아이들에게 떠들지 말라고 야단하는 정도였다.

9년 만에 한국에 돌아오자 그 동안 힘들었던 것이 지긋지긋해서 일을 하지 않으려고 맹세하고 5개월 동안 일을 않고 책만 읽으며 잘 쉬었다. 그러던 중 모교에서 오라고 하고 주위에서 미는 바람에 맹세한 것도 잊어버리고 다시 시작을 했는데, 이제 생각해보면 잘한 것 같다.

주부가 직업을 가지면 스트레스가 많이 쌓이나 별수없이 타협하고 살아야 하므로 부부간에도 서로 합의를 보지만, 남편은 가끔 자기 친구들에게 마누라 일하는 것에 대해 불평을 늘어놓는다고 한다. 승진을 위해 박사 학위가 필요하다고 해서 7년 동안 석·박사 과정을 밟았다. 이때에도 남편은 무슨 박사가 필요하냐며 탐탁지 않게 여겼지만 저녁 늦게 학교 끝나고 가는 나를 그래도 많이 이해해준 편이다. 일한다는 사실이 싫고 귀찮을 때도 있지만, 대개 일할 때는 신나게 일한다. 사실 내가 하고 싶은 연구를 하고 경쟁에서도 결코 뒤지지 않고 있으므로 나는 복받은 사람이다. 그러나 의사라는 직업은 환자가 선택해서 가므로 이름이 알려져야 된다는 스트레스도 있고, 7시 30분부터 저녁 5시까지 근무이므로 아침 일찍 나와야 하며, 친절해야 하고, 인명을 살려야 한다는 압박감도 있으며, 세속적인 의미를 갖고 아부도 하고 아부를 받아야 하는 정치도 있어 상당히 어려운 직업이다.

아이들은 한국에 와서는 가정부한테 맡기고 있는데 아이와 가정부의 관계를 탐지해야 하므로 원격 조정이 발달한다. 안 되겠다 싶으면 좀더 좋은 대우를 해서 내가 원하는 타입이 되도록 하고 있다. 예를 들면 아이가 세 살까지는 TV를 못 보게 한다든지, 책을 읽어주라든지를 말하고 있다. 아이들이 어렸을 때에는 모든 엄마는 다 나가는 줄 알고 있다가 크면서 친구들 엄마는 집에 있는 것을 보더니 엄마는 왜 나가느냐고 불평이 많았다. 그래서 토요일마다 아이 친구들을 집으로 초대해서 놀게 하고 먹을 것을 주며 신경을 쓰는데 그때 보면 그래도 엄마에 대해 자랑하고 자부심을 느끼는 것 같다. 이런 식으로 아이들이 어

릴 때는 항상 신경써야 하고 죄의식이 있었는데 커가는 것을 보니 주
눅이 들었다거나 잘못되지 않아 잘 자란 것 같다. 아이들의 선생님과
는 한 달에 한 번씩 편지를 쓰는 식으로 의사 전달을 하고 있으므로 학
교에 자주 못 찾아가는 것에 대해 거부반응은 없다. 가끔 내가 집에 있
었다면 더 좋은 어머니가 될 수 있었을까 생각해보는데 아마도 그렇지
못했을 것이라는 생각이 든다. 나는 다시 태어나면 남자로 태어나겠
다. 여자는 똑똑하다고 나쁘고, 못났으면 못났다고 나빠 너무 힘들므
로 나에게 딸이 없는 것이 얼마나 다행인지 모르겠다.

Ⅳ. 네번째 세대: 전통과 현대의 소용돌이 속에서 발돋움하는, 의욕은 있으나 채 준비되지 않은 세대

　　네번째 단계의 중심을 이루는 세대는 지금 한창 준비 기간을 끝내
고 있는 층들로 이들의 활약은 아직 본격적으로 시작되지 않았다고
하겠다. 이 세대는 1960년 전후에 태어나 급격한 경제 성장을 기록한
1975년대에 중등 과정을 거쳤으며 여대생 비율이 현저하게 높아진
1975년 이후에 대학을 다닌 여성들로 시작된다. 이들 집단의 특수성
은 (1) 비교적 경제적으로 부유한 계층이 증가한 시기에 (2) 교육받
은 부모가 이룬 도시의 핵가족 분위기에서 자랐으며 (3) 사회의 일반
적 분위기상으로는 여성의 전문직 진출의 당위성이 상당히 인정을
받게 되었다는 점과 (4) 남녀 평등 운동이 실제로 의미있게 우리 사
회에 뿌리를 내리기 시작했다는 점에서 찾아질 수 있다.
　　이들의 상당수가 경제적 어려움이나 사회적 절박함(일제의 압박,
해방, 6·25, 4·19혁명 등)을 피부로 느끼지 못하고 부모의 보호 아래
곱게 길러졌으며 특히 핵가족에서 그리고 도시적 환경에서 길러졌다
는 점에 주목해보자. 이는 우선 앞서 간 세대가 가질 수 있었던 전통
적·여성적 기질의 단절 가능성을 의미한다.
　　1970년대에 성장기를 거친 이 세대는 대중 매체의 영향을 크게 받

164

은 대신 혼란기를 거치면서 크고 작은 일을 치러온 강인한 기질의 전통적 어머니나 할머니를 직접 가까이서 보면서 자라지 못했다. 반면 이들에게는 서구에서 수용된 새로운 형태의 '사랑받는 아내상'이 더욱 현실성 있게 부각되고 있어서 기질적인 면에서 이들은 전 세대 여성들에 비해 추진력이 약화된, 오히려 서구적 의미로 여성화되어가는 경향을 현저히 보이고 있다.

한편 상당수의 어머니들은 매우 적극적으로 딸의 전문직에로의 진출을 원하고 있음이 주목되어야 할 것이다. 43세의 교사는 "내 딸을 남성적으로 키우고 싶다. 여자가 해야 하는 일은 못해도 좋으니 자기가 하고 싶은 것을 주저없이 할 수 있게 키우고 싶다"고 했으며, 35세의 교사 역시 "딸을 활동적으로 키우려고 한다. 자신의 삶을 스스로 개척할 수 있는 사람이 되기를 원한다"고 하여 대체적으로 교육받은 어머니들이 딸의 사회적 성공에 큰 비중을 두는 경향을 보게 된다.

동시에 사회 경제적 조건의 변화에 따라 남녀 평등이 실제 생활에서 의미를 갖기 시작했다는 점에서 이 세대는 전 세대 여성들과 크게 구별되어야 할 것이다. 숫적으로는 여전히 야소하지만 거의 모든 직송에 여성이 종사하게 되었으며, 주체 의식도 높아졌다. 대학에서의 여성학 강좌 개설과 아울러 여성 의식화에 관한 서적의 발간 및 여러 각도에서 여성 문제를 다루고 있는 매스컴의 영향 등으로 현대 사회에서의 여성의 역할에 대한 새로운 인식이 싹트고 있으며, 여기에 자신의 어머니의 삶에 대한 딸들의 관찰이 덧붙여져 여성의 취업 동기와 결혼관에 큰 변화가 일어나고 있음을 보게 된다. 이 세대의 여성은 사회 진출에 관한 구체적인 역할 모델을 가까이서 또는 매스컴을 통해 쉽게 찾아볼 수 있게 되었고 이에 따라 여대생들은 적극적으로는 사회 참여를 위해, 소극적으로는 자신의 어머니의 삶을 되풀이하지 않겠다는 의미에서, 직장 생활의 필요성을 절감하고 있음을 알게 된다.

최근 취업 동기에 관한 한 연구(이화여대 법정대, 1981)에서 밝혀진 바에 따르면 '자기 발전'의 면에서 취업을 원한 여성의 비율은 1960년대 이전, 1960년대, 1970년대를 지나오면서 약간 감소하는 경향을 보이는 반면 '사회 생활의 경험'과 '경제적 이유'의 면에서는 증가하는 경향을 보이고 있다. '사회에의 기여'라는 면에서는 1960년대 이전에 20%라는 숫자를 기록하나 1960년대 5%, 1970년대 1%로 현격한 감소를 보여 여성의 취업 동기가 개인적 차원으로 크게 바뀌고 있음을 알게 된다.

더 구체적으로 이들의 취업 동기를 살펴보면 매우 다양하다. 어머니 또는 할머니대부터 사회 활동을 해온 집안의 여성으로 취업을 의무로 느끼는 경우, 가정 주부로서의 삶에 대한 거부감 때문에 취업을 원하는 경우, 남편의 준비 과정(의사·박사 등)을 뒷받침하기 위해 또는 가정 경제를 윤택하게 하기 위해 취업을 지속하는 경우, 사회에서 고립되지 않고 활발한 대인 관계를 맺으며 지내고 싶어서 직장을 갖는 경우 등으로 나타나고 있다(이정희, 1982; 조옥라, 1982). 여성 취업에 관련된 구체적 정보의 증대에 따라 이 세대는 전 세대보다 매우 현실적으로 자신의 삶을 계획할 수 있게 되었으며, 따라서 더욱 일찍 포기하는 집단이 생기는 동시에 반려자 선택과 결혼 시기로부터 자녀 출산에 이르기까지 철저히 계획을 세워 자신의 목표를 차질 없이 수행해나가려는 집단의 형성을 보게 된다. 취업 시기와 양식에 있어서도 전업*full-time*을 원하는 여성, 자녀 출산 전까지만 사회 경험을 원하는 여성, 자녀 출산 전까지는 전업을, 그 이후에는 시간제를, 자녀 성장 후에 재취업을 원하는 등 다양하게 나타나고 있다.

이 세대는 지금 형성되고 있는 시기에 있으므로 그들의 활약이 어떠한 방향으로 나아갈지를 논하기는 아직 이르다. 단지 전 세대와 비교하여 이들 세대에서는 새로운 분야의 개척자가 되느냐의 문제를 넘어서 양적 증대가 이루어질 것이냐 하는 문제에 초점이 모아진다.

이러한 양적 증가를 목표로 두고 볼 때 장애가 될 요소로 가족주의 이데올로기와 '서구적 여성화'가 두드러진다. 또한 경제 구조의 변화에 따라 전 세대에 비하여 가사보조자를 구하기가 힘들고 핵가족화 추세에 따라 자녀 양육의 문제 해결이 더 어려워질 것으로 보인다.

이러한 변화에 따라 여성 의식 교육, 그리고 가사와 육아의 문제를 용이케 할 수 있는 대안이 시급해지고 있다. 핵가족화되는 상황에서 육아의 문제는 실질적으로 탁아소 설치 등의 사회 제도적 대책과 남편의 가정에의 참여가 대안의 핵심을 이루나 현재로는 취업 여성이 자녀를 맡길 이상적 시설은 찾아보기 힘들고, 남성의 의식 변화 역시 상황의 변화에 맞추어가지 못하고 있음을 보게 된다. 전 세대의 남성들에 비해 아내가 취업을 하기를 원하고 특히 맞벌이를 원하는 남성들의 수가 증가하였으나, 이러한 아내 취업에 관한 의식 변화가 실상은 매우 피상적 차원에 머무르고 있는 것이다(하필연, 1982). 대다수의 남성들은 아내가 돈을 벌어오는 것, 자아 성취를 하는 것은 좋지만 어디까지나 자신에게 불편을 주지 않는 한도에서, 즉 여성이 가정 우선의 태도를 가지고 형편에 따라 직장을 그만둘 수도 있고 시간제로 돌릴 수 있는 경우에만 직장을 가질 것을 원하고 있다. 따라서 앞으로 과제 중의 하나가 여성들의 전문직 진출에의 숫적 증가에 있다면 그것은 주로 다음 두 사항에 달려 있다. 즉 가정 일과 직장 일과 그 남는 '뒤치다꺼리'를 해온, 전 세대 여성들이 만족하게 해결하지 못한 이중 역할의 문제, 특히 가사와 육아 문제에 있어서 만족할 만한 해결 방안을 제도적 차원에서 이루어가는 것과 부부가 새로운 협력 관계를 맺어가는 것에 있는 것이다.

이 세대 여성들이 안고 있는 가장 심각한 문제 중의 하나는 앞에서 지적한 바대로 이들이 동기상에 있어서는 전 시대에 비해 더 강한 자아 성취 욕구를 갖고 있으나, 실제 일을 성취해나가는 면에서는 훈련이 전혀 안 되어 있다는 점이다. 이 점에 대하여 38세의 여성은 다음과 같이 말하고 있다.

요새 입사한 여성들은 자신의 권리를 주장할 줄 알고 여성 문제에
대해 박식하며 다방면에서 재기발랄하다. 그러나 현실 문제에 부딪치
면 쉽게 포기하는 것이 약점이다. 사회 활동을 하려면 큰 것을 위해 작
은 것에 질 줄 아는 지혜, 인내로 견디어서 끝내 자신이 원하는 바를
성취해나가는 의지가 필요한데 그런 면에서는 전혀 준비되어 있지 않
아서 도중에 포기하는 예를 흔히 본다.

즉, 머리로는 직업인이 되기를 원하고 그것의 당위성을 주장할 줄
알면서도, 자신이 원하는 바를 끝까지 밀고 나갈 의지와 추진력이 모
자란다는 뜻이다. 이 점에 관하여 35세의 교수 역시 공감을 나타내
며, 후배 여성들이 "기존 여성의 삶에 대한 거부로서 다른 삶을 살기
를 원하고 있으나, 실제 장애를 극복하고 직업인으로 능력 발휘를 할
준비는 되어 있지 못한 것 같다"고 말하였다. 즉 자신이 원하는 목표
와 실제 자신의 능력과 이를 이루려는 자신의 (능력 · 노력 · 태도상
의) 준비간의 괴리를 어떻게 극복할 것인가 하는 것이 이 세대의 주
요 과제인 것이다. 아래의 두 사례는 남성관 · 여성관 · 직업관 · 가정
환경 면에서 매우 대조적인 면을 보이는 한편 전 세대와 자연스럽게
이어지는, 현재 형성되고 있는 세대의 특징을 분명히 보여주는 경우
이다. 〔사례 4〕는 전통적 사고를 가졌으나 변화된 상황이 일을 하지
않으면 안 되게 만든 경우이며, 〔사례 5〕는 종래의 소극적 적응 태도
에서 적극적 태도로 변화해가는 조짐을 보여주는 경우이다.

〔사례 4〕 30세의 전문 비서
어린 시절: 아버지는 고학으로 일본에서 대학을 나오신 분인데 어
려서부터의 기억은 나에 대한 기대나 관심은 많았으나 여자로서가 아

168

닌 인간으로서의 인생관의 확립 등에는 관심이 없었다. 그러나 항상 아버지가 기대했던 이상의 성적을 보여드렸던 기억이 난다. 어머니는 부잣집 딸로 자라 그 이상의 공부를 할 충분한 여건이 되었으나 본인이 원하지 않아 고등학교만 나오신 분이다. 자녀 교육에 대한 열의는 대단해서 성적에 대단히 관심이 많았다. 나는 1남 3녀 중 장녀로 집안에서 가장 성적이 좋았고, 부모님의 말씀에 잘 따라서 상당히 편애를 받은 편이다.

중학교나 고등학교를 통하여 부모나 주변 사람들의 나에 대한 기대는 결혼을 잘해서 잘사는 것 이외에는 아무것도 없었고 나 자신 역시 성적은 좋은 편이었으나 왜 공부해야 하고 앞으로 무엇을 할까 등은 생각해본 적이 없었다. 대학교 때의 친구들도 다 나와 비슷한 사고 방식을 가졌기 때문에 우리들은 졸업 후의 취업 준비(영문속기나 교직 과목 등)는 하면 써먹게 된다는 생각으로 아무도 하지 않았다.

졸업 시험 즈음해서 두 직장에 갈 기회가 있었는데 과(科)의 조교 자리와 월급이 많고 분위기가 좋은 직장이었다. 나는 그때만 해도 여사에게 직장은 결혼하기 선까지의 중산 과정에 불과할 뿐이라는 생각에 후자를 선택했다.

직장 생활의 시작과 결혼기: 남편은 여자가 활동하는 것을 상당히 원하여 가령 더 좋은 직장에 갈 기회가 있을 때의 의논 등을 상당히 진지하게 해주고 왜 여자라고 밖에서의 일을 소극적으로만 하느냐고 핀잔을 주기도 했다. 또한 자기의 능력만 닿는다면 나에게 좋은 일자리를 찾아주려고 적극적으로 힘써줄 사람이다. 즉 여자라고 뒤처지고 집안 살림에만 집착하여 자기 발전을 모르는 것에 대해서는 상당히 비판적이어서 나도 모르는 사이에 여자도 사회 활동에서 보람을 찾고 변화하는 사회에 발맞추어 발전할 수 있도록 노력해야 한다는 의식 변화가 생겼다. 그러나 현실적인 면에서는 집안일 등에 조금도 도움을 기대할 수가 없고 조그마한 불편도 용납하지 않으므로 집에서나 집 밖에서 내가 해야 하는 일의 양이 무척 많기 때문에 직장을 계속 갖기가 그렇게 쉬운 것만은 아니다.

직장 생활: 비록 결혼 전에도 직장을 가졌고, 거기에서 상당히 열심히 일을 하여 능력을 인정받긴 했으나 근본적인 나의 사고 속에 여기(직장)는 결혼하기 전에 잠시 있는 곳이라는 생각이 뿌리박혀 있었기 때문에 결혼 후의 첫 직장에 대해서 얘기하겠다.

결혼 후 첫 아이를 낳고 두 돌이 지났을 때 친구가 농담삼아 임시직이 있는데 하겠느냐고 했다. 그때 선뜻 응한 데에는 물론 경제적으로 어려웠기도 했지만 그 외에도 너무도 변화와 발전이 없는 생활이 답답한 이유도 있었다. 여러 사람에게 잘 보였던 탓인지 더 좋은 자리에 갈 기회가 있어서 이 자리에 오게 되었다. 여러 사람에게 인정을 받는 동안 일에 대한 재미도 알게 되었고 남자들이 능력면에서 우수하다는 선입견에서 벗어나 일에 대한 적극성도 생겼다. 그러나 그러한 과정에서 가장 문제가 되었던 것은 남자 직원들과의 관계가 아니라 같은 여자들 사이의 문제였는데 가령 좋은 기회가 있을 때 조금 적극적으로 나서거나 남자와 경쟁하게 되면 남자들보다 여자들 쪽에서 더 거부 반응이 나오고 시기하고 따돌리게 되는 경우들이다. 이것은 여자들이 사회 활동을 하는 데 있어서 상당한 비중을 차지하는 방해 요인이라고 나는 본다.

그 당시 내 일에 있어서는 상당히 만족스러웠으나 보수는 생각보다 적었고 또 그때 상당히 경제적으로 어려운 상태에 있어서 지금 있는 직장에서 거의 두 배의 보수를 준다고 하는 바람에 비록 일은 여전히 비서 일이지만 직장을 옮겼다. 그 당시 우리 집 형편상 일보다는 돈을 택할 수밖에 없었고 그래서 지금의 직장으로 옮긴 지 3년이 되어가는데 옮긴 후의 내 직장 생활은 매우 불만스럽다. 능력상의 문제는 항상 접어두고 여자는 보조 역할만 하게 되기 때문에 어떤 때는 내가 소모품에 불과하다는 생각이 들 때가 많다. 또 한 번 놓친 기회는 다시 얻기도 상당히 어려운 것이니 다시 공부를 계속해서 전문적인 일을 가져야겠다는 생각도 든다. 내년에 남편의 박사 과정이 끝나면 대학원에 진학하여 그것이 시간제 일이든, 임시직이든 무엇인가 생산적이고 전문적이며 자기를 발전시킬 수 있는 일을 갖고 싶다. 나이들어서도 사회와 발맞추어 살 수 있도록 나 자신을 발전시키고 싶다.

자녀 양육과 가사: 직장 여성에게는 자식 문제가 가장 큰 문제이다. 내 경우 시어머니가 안 계시므로 친정어머니밖에 의지할 수가 없는데 나의 친정어머니는 별로 도움을 줄 마음이 없는 것 같아 다급할 때에 부탁해도 항상 마지못해 아이를 맡는 식이어서 전적으로 일하는 사람에게 의지한 셈이고 그 동안의 고초는 말로 표현할 수가 없다.

친척이나 친지는 다 말로는 안됐다고 하면서도 도움에는 인색하였다. 오히려 직장 동료나 이웃들은 관심을 가져주고 조그마한 도움이라도 주려고 노력했던 것 같다. 가장 고마운 것은 선생님들로 유아원·유치원·국민학교 선생님들 모두가 가정을 가지신 분들이어서인지는 모르나 관심을 많이 가져주고 따뜻이 대해주어 큰 도움이 되었고 학교에 들이긴 후에는 별 문제를 느끼지 않고 있디.

한때 아이들에게서 우울한 표정이나 산만함을 느낄 수가 있어서 가슴 아팠으나 이제 어느 정도 크니까 독립심이나 문제를 혼자서 해결하는 능력 등이 엄마가 집에 있는 아이들보다 낫고 자기의 여건에 대해 적응하니까 국민학교 정도 들어가고 엄마가 일하는 환경에 적응한 후에는 오히려 좋은 점도 많다. 그러나 아이가 근본적으로 독립심이 있다는 것은 성격이 차다는 것과 어느 정도 상통하므로 내가 아이에게 기대고 싶을 때 그만큼의 따뜻함을 받을지는 의문이다. 이것은 어쩔 수 없는 일이고, 그 외에도 친정 부모에 대한 원망이 쌓여서 그런지는 몰라도 이제 그들에게 문제가 있을 때 왜 자신들의 일을 자신들이 해결하지 못할까 하는 마음의 담이 생기고 관여하고 싶은 마음이 안 생기는 것은 나 자신 또한 어려움을 겪으며 살다 보니 생긴 원하지 않던 변화인 것 같다.

나는 친정이나 남편의 성격 때문에 모든 가사와 자녀 양육을 내 힘으로 가정부와 함께 하는 수밖에 없어서 여러 가지 어려움이 컸다. 식구가 적어 가사는 내가 조금만 노력하면 되므로 별 문제가 없었으나 자녀 양육 문제는 직장 생활을 하는 나에게 가장 큰 고민거리였고 과제였다. 특히 나의 경우는 경제적 어려움 때문에 직장을 가질 수밖에 없었으므로 더욱 고통스러웠고 죄책감을 느꼈으나 아이나 자신이나 남편이나 잘 극복한 셈이고 그 과정 속에서 폭이 넓어지고 더 성장했다고 본다. 그러나 잘못될 가능성은 얼마든지 있었던 것으로 운이 좋았을 뿐이라고 생각된다.

회고: 결혼 후 직장을 가질 생각도 없었고 어떤 계획도 없이 부딪치는 대로 대처만 하다 보니 후회되는 점이 많다. 그러나 내 앞에 있는 일은 열심히 성의껏 했고, 그러다 보니 예상 외로 인정도 받았고 내 의식도 상당히 발전했다고 생각된다. 직장을 갖지 않고 편안히 사는 사람들보다 좀더 자신감이 있고 현실을 파악하는 점이 정확하다고 생각된다. 다만, 눈앞의 편안함보다는 조금 더 안목을 갖고 앞을 내다보고 직장을 선택했더라면 훨씬 더 좋은 결과가 나오지 않았을까 생각된다. 그리고 내 부모가 좀더 어려서부터 나에게 여성으로서의 한계만 심어 줄 것이 아니라 인간으로서의 생의 계획을 구상해주고 장래를 생각할 수 있도록 도와주었더라면 상당한 도움이 되었을 것이고 비록 사회가 아직도 여자에게 불평등하긴 하지만 지금보다는 나은 위치에서 일할 수 있을 것 같아 부모의 인생관·여성관이 자식에게 미치는 영향이 얼마나 그 자식의 인생을 좌우하는가를 새삼 인식하게 된다. 내 딸에게는 물론 가정 생활이 우선적이기는 하지만 최선의 방법으로 가정과 사회를 양립하는 생활을 할 수 있도록 일깨워주고 자기 자신의 일을 가지고 자신있게 살아갈 수 있도록 도와주고 싶다.

그리고 부부 관계나 부모 자식 관계에 있어서도 집안에만 있는 여자들보다는 좀더 의논의 상대가 될 수 있고, 대화의 상대가 될 수 있다고 생각하고 대등한 입장에서 생활할 수 있다고 생각한다. 그러나 대등한 관계라고는 하나 남성과 여성은 어디까지나 그 나름의 역할이 있다고 생각되고 여자도 직장에서 자기의 일을 갖고 자기 생활을 하더라도 가정에서 자기의 직분을 다하지 못하면 아예 집에만 있는 것보다도 못하다고 생각한다.

남편과의 관계에 관한 문제는 남편과의 관계 그 자체가 중요한 것이 아니라 지금의 상황에서는 남편이 어떤 의식 구조를 가진 사람인지 결혼 전에 파악하는 것이 더 중요한 것 같다. 직장에서 여자에게 공적인 면에서 공정하게 기회를 줄 수 있는 의식의 소유자라면 아내가 밖에서 성공적인 직업인이 되기를 원하고 도움을 줄 것이고 그렇지 못한 경우는 최악의 경우 시기나 의심을 할 수도 있기 때문이다. 내 생각에는 대학 교육을 받은 남자의 30% 정도만이 아내의 직장 생활을 반겨하고 도움을 주기를 원할 것으로 보인다.

자녀 문제에 있어서는 이제는 친정이나 시댁 부모 혹은 친척의 도움을 기대하기는 점점 어려워지므로 탁아소 제도가 좀 잘 되어 있으면 좋겠다. 그리고 4~5세부터는 유아원 제도를 이용하면 되고 무엇보다 중요한 것은 엄마의 태도가 자식의 태도를 결정한다고 보아도 좋으므로 엄마가 자신감과 자기 일에 대한 자부심을 갖고 열성을 다하여 직장 생활을 하면 자식도 정서적으로 안정된다는 점이다. 집에 하루 종일 있어도 자신 없고 방황하는 엄마의 자식은 불안정하고 오히려 더 문제점이 있으며 아무리 어려도 아이들이 지각하고 적응하는 힘은 굉장하기 때문에 아이를 방치하지만 않는다면 엄마가 직장에 나가는 것은 별로 문제되지는 않는다.

〔사례 5〕 23세의 대학원생

딸 셋과 아들 두 형제를 둔 고등 교육을 받은 가정의 첫째 딸로 태어났다. 아버지는 대학을 졸업한 후 지금까지 개인 사업을 하고 계시며, 어머니는 여고를 졸업한 후 현모양처로 지내오고 계시다. 아버지는 할아버지의 강요로 법대에 진학하였지만 적성에 맞지 않아서 졸업 후 개인 사업을 시작하셨다. 어머니는 결혼 초에 할아버지의 회사가 망한 후 집안이 어려워 무척 고생을 하셨다고 한다. 어려운 가정 형편으로 나이 차가 별로 없는 딸 셋의 양육을 감당하시기 어려워 어머니는 나를 시골의 외가댁에 보냈다. 그때 내 나이가 네 살이었고 국민학교 3학년이 되어서야 서울의 우리 집으로 왔으니 어린 시절은 거의 외가댁에서 보냈다고 할 수 있다. 외할아버지가 공무원이었으므로 사택에서 살았는데 그곳의 많은 직원들이 나를 귀여워해주었고, 외할머니와 세 명의 삼촌, 한 명의 이모 사이에서 귀여움을 독차지하며 자랐다. 외할머니는 내가 하고 싶은 모든 것을 다 해주신 것 같다. 외가댁에서 국민학교를 다닐 때는 공부에 별로 관심이 없었다. 공부는 학교 수업만 참석하는 것으로 충분하다고 생각했고, 외할머니도 학교만 잘 다니면 되니까 공부는 못해도 괜찮다고 하셨다. 외가댁에서 우리 집으로 옮겼을 때 나는 부모님과 동생 모두가 나만을 생각해주지 않았기 때문에 외로웠고 서울 생활(가정과 학교)에서 나는 경쟁 의식을 철저히 가지게 되었다. 샘이 너무도 많았기 때문에 어디서든지 앞서야 했다.

내가 자랄 때 가장 많은 자극을 주었던 이는 어머니였다. 어머니는 맏며느리로서 모든 집안일을 떠맡아오셨고, 여자로 태어난 것이 여러 가지로 한스러웠음을 딸인 나에게 직접·간접적으로 호소하곤 하셨다. 결혼 생활에서 여자가 겪어야 하는 어려움, 특히 부부 관계에서 여자이기에 참고 견뎌야 하는 일들이 너무도 많고 부당하다고 느끼셨음인지 어머니는 여자도 자신의 할일이 확고하고 경제력만 있다면 사회 봉사도 하고 자기 만족도 얻으면서 보람있게 살 수 있을 테니까 가능하다면 굳이 결혼해서 기를 죽이고 살 필요는 없다고 늘 말씀하셨다. 어머니는 김옥길·정희경씨처럼 자신의 일을 성취해가며 살고 있는 여성들을 부러워하셨다. 이러한 어머니의 영향을 받아서인지 나는 커서 꼭 유명(?)한 인물이 되겠다고 다짐해왔다. 나는 서울에 올라온 뒤 공부를 잘했고 착한 딸이었기 때문에 아버지의 신임을 받았던 것 같다. 아버지는 딸 아들 구별 없이 자식들에게 많은 애정을 쏟으셨고 하고자 하는 것을 거의 들어주셨다. 특히 큰딸은 살림밑천이라고 하시면서 나를 무척 귀여워해주셨다.

돌이켜보면 중·고등학교 시절에 사귀었던 친구들도 여러 가지 면에서 암암리에 내게 많은 영향을 끼친 것 같다. 그 당시 내 친구들은 매우 활달했고 독립적인 성격을 지녔었다. 그래서인지 우리는 사춘기 시절을 지내오면서 다른 대부분의 친구들처럼 모양을 낸다든가, 남자 친구를 사귀려 하는 등, 남에게 나를 어떻게 보이게 하기 위한 행동은 하지 않았다.

나는 대학에 진학해서 본격적으로 전문 직업인이 되겠다는 굳은 신념을 갖게 되었다. 남녀 불평등에 대한 생각은 늘 내 마음에 있었고, 그래서 나는 여성 해방에 대한 책을 탐독했으며 실제 생활에서도 남성과 여성은 평등하다는 원리하에 행동하고자 의도적으로 노력했다. 대부분의 남학생들이 여학생들을 외모만 가꾸고 의식이 없는 인형으로 매도하는 것에 격분했지만 이에 대해 강하게 반발할 수 없었던 것은 또한 실제로 그런 여성들을 주위에서 흔히 찾아볼 수 있었기 때문이었다. 내가 전문 직업인이 되겠다고 굳게 결심한 또 다른 이유는 아직 우리나라에서는 주부가 하나의 직업으로서 인정받지 못하고 있고, 또 연일 매스컴에 오르내리는 중년 여성들의 무력한 후회와 한숨을 나는 절실히 느낄 수 있었기 때문이다. 내가 그들의 나이가 되었을 때 그러한 모습을 상상한다는 것은 끔찍한 일이었다.

한편 내가 대학에서 남학생들과 함께 수업을 받고 대화를 나누면서 느낀 것은 남성보다 덜 이성적이고 논리 정연하지 못하지 않나 하는 문제였다. 일부 남학생들의 체계적인 사고 방식과 사회에 대한 폭넓은 관심은 내게 심한 콤플렉스를 갖게 하였는데 이런 문제에 대처하기 위해 여러 가지로 고민한 후에 나는 다음과 같은 생각을 갖기도 했다. 내가 여학생이기 때문에 그런 면에서 뒤떨어지는 것이 아니라 나 자신의 노력이 부족하기 때문이라고. 그러나 지금까지 그런 식의 위안이 남학생에 대한 나의 열등감을 완전히 없애줄 수 있었다고 생각지 않는다.

나는 대학 1학년 때부터 고등학교 때 과외 지도를 해준 지금의 남편과 사귀기 시작했다. 이런 나의 상황은 자유롭기를 원했던 고등학교 친구들과의 모임에서 나를 곤경에 몰아넣곤 했다. "벌써부터 한 남자에게 매여서 활기를 펴지 못하는 것은 자신을 희생시키는 것이다"라고 친구들은 입을 모았기 때문에 나는 그들을 만날 때면 의도적으로 나의 남자친구에 대한 이야기를 피했었다. 그들의 말대로 애인이 있으면 없는 것보다 자유롭지 못하다. 그러나 그것은 자기 하기 나름이고, 애인이 없는 친구들은 애인을 만들기 위해 이성에 늘 관심을 쏟고 있었기 때문에 나는 차라리 일찍 애인이 생긴 것이 내 일을 하기에 편하다고 생각했다. 그러나 나를 화나게 한 것은 애인이 있는 경우 학교 생활에서 눈에 띄는 남학생과 여학생의 차이점이다. 애인이 있는 여학생들은 거의가 과친구들과 어울리지도 않고 모임에 빠지기가 일쑤이다. 그러나 남학생들은 애인이 있어도 구애받지 않고 자기 마음대로 생활을 한다. 그래서 나는 그와 만나면서 나의 개인 생활을 되도록이면 침해받지 않기 위해 투쟁했었다. 그런 것 때문에 서로 언짢은 일도 많았지만 나는 처음부터 그런 문제는 분명히해야 앞으로 내 일을 할 수 있을 것이라 생각했다. 그 결과 요즈음에는 나는 내 일을 함에 있어서 별 불편을 느끼지 않고 있다.

나는 4학년 때 약혼을 했다. 약혼 후에는 결혼해서 주부로서 충분히 보람되게 살 수 있을 거라는 대안이 내게 가끔 떠올랐는데 이럴 때면 그는 주부로서 안착하고 싶어하는 마음을 곧 게으름을 부리고 싶어하기 때문에 생긴 것이라고 날카롭게 꼬집어주곤 했다. 우리는 앞으로

결혼 생활을 하는 데 스스로의 일을 갖는다는 것이 삶을 구태의연하게
만들지 않는 윤활유로서 좋은 것이라는 데 동의하고 나는 전문 직업인
이 되기 위한 준비 과정으로 대학원에 진학하게 되었다. 나의 전공이
매우 진취성이 있는 학문(사회학)임에도 불구하고 이런 학문을 전공
하는 교수님들 사이에서도 여성에 대한 고정관념은 여전히 있는 듯하
다. 예를 들어 대학원 입학 면접 시험 때에 "여자가 시집이나 가지 대
학원에 무엇하러 와?"는 식의 교수님들의 언급에, 가야 할 길이 참 어
려울 것이라는 생각이 들었다. 가끔 내가 태만해질 때 "여자니까 할
수 없군" 하는 소리를 듣지 않기 위해 더욱 열심히 하게 하는 좋은 자
극제로 여기고 분발한다.

대학원 입학과 더불어 결혼을 했다. 나의 남편은 어릴 때부터 부모
곁을 떠나 혼자 하숙을 하며 지내왔기 때문에 매우 의지가 강하고 독
립적인 성격을 가지고 있다. 부모님의 자질구레한 보살핌은 거의 받지
않고 자라왔기 때문에 내가 학교에 다니면서 어설프게 하는 살림에도
별 불평을 하지 않는다.

우리가 처한 상황이 다른 부부들과는 다르기 때문에 남편이 밥을
짓고 설거지를 하며 청소를 하는 것 등이 하등 부끄러운 일이 아닌 것
으로 알고 있다.

나의 시집은 학문하는 것을 가문의 명예를 위한 제일의 것으로 여
기는 전통적인 유학자 집안이다. 그렇기 때문에 시아버지께서는 공부
하는 둘째 며느리를 맞이한 것에 대해 매우 자랑스러워하신다. "너는
공부만 열심히 하면 된다"고 하시며 학업 수행에 아무런 어려움이 없
도록 배려를 하신다. 이러한 기대가 내게는 가끔 정신적인 부담이 될
때도 있다.

아직까지는 내가 결혼을 하고서도 학업을 수행하는 데 별 어려움을
느끼지 않고 있는데 그 이유는 친정 가까이에 살며 가사는 거의 친정
어머니가 도와주기 때문이다. 시집간 후에도 친정 신세를 진다는 주위

의 눈총을 받기도 하지만 나는 부모님의 은혜를 나의 성공으로 갚을
수 있다고 생각하기 때문에 부담스러워하지 않고 그들의 도움을 청하
곤 한다.

나는 이번 학기에 석사 논문을 끝내면서 아기를 낳게 된다. 나는 아
이를 시험적으로 계획성 있게 키우고 싶다. 올바른 인간이 되기 위해
서는 어릴 때의 사회화 과정이 매우 중요하다고 생각한다. 내가 생각
하고 있는 남녀 평등의 실현을 위해서라도 올바른 가치관을 지닌 세대
로 키우고자 한다.

3. 적응 · 부적응과 극복의 가능성

이 절에서는 심층 인터뷰와 인생 역사, 그리고 질문서를 통해 얻어
진 자료 전반에 기초하여 전문직 여성들의 실태를 직장내 적응과 가
정과 직장의 양립의 두 문제로 나누어 정리해보고자 한다. 여기서 다
루고 있는 문제의 많은 부분은 여성의 사회 진출이 이미 상당히 진행
된 서구 사회에서 매우 비슷한 양상으로 나타나고 있고 또 심도 있게
연구된 바 있는 문제들이다. 특히 직장 여성들의 역할 갈등, 이중 역
할 수행 *dual-role performance*의 문제 그리고 역할 분리의 방법을 통
한 직장 여성들의 적응 방식은 상당히 유사한 모습을 나타낸다.

I. 직장내 문제

현대 여성의 전문직 진출 현황을 살펴보면 자격증을 확보한 후 일
할 수 있는 분야에 많이 진출해 있음을 알게 된다. 즉, 박사 · 건축기
사 · 교사 · 법률가 · 예술가 등을 들 수 있다. 의사나 건축기사 등은
독자적으로 개업을 하거나 사무실을 가질 수 있으며, 예술가나 교수
역시 자신의 직장 활동과 대인 관계를 어느 정도 통제 · 선택할 수 있

기 때문에 자신의 성(性) 때문에 갖는 핸디캡을 심각하게 느끼지 않고 있는 편이다.

한편 현재까지는 조직내에 있는 전문직 여성의 대다수가, 대학을 예로 들어볼 때 여자대학교라든가 남녀 공학의 경우는 가정대학·간호대학 등의 여성들만의 학과에 속하는 식으로, 여성 주도적인 분야에 속해왔기 때문에 직장내의 남녀 상호 작용에서 일어나는 갈등 문제는 크게 대두되고 있지 않은 편이다. 문제가 있다면 그것은 조직 자체의(취약한 위치에서 비롯되는) 문제로서 예를 들어 남성 주도적 조직에 비교하여 '상부'의 지시를 더욱 충실히 따르고 서열 관계를 확실히하며, 자율성의 범위를 제한하는 경향이 강하다는 점 등이 현재 여성 주도적 조직에서 일하는 젊은 세대의 여성들에 의하여 문제점으로 제기되고 있다. 한편 여성을 위한 조직의 경우 여성들이 중심이 되는 조직을 이루게 되는데 이러한 조직은 민주적인 운영을 해나갈 잠재력이 매우 큼에도 불구하고 아직도 (1) 인간 관계에 대한 관심이 필요 이상으로 작용하여 업무상 능률이 낮아지고 (2) 여전히 특수주의적 원리가 지배적이며, 직업 및 가족에 관한 의식면에서 나타나는 큰 차이를 줄일 효과적 기제를 아직 발전시키지 못하고 있기 때문에 결과적으로는 '시어머니 체제'를 벗어나지 못한다는 지적이 있었다. 이는 현재의 여성 주도적 조직의 중심을 이루고 있는 소수 엘리트층 여성들의 사고 방식과, 이 조직이 강자 집단을 모방해야 하는 약자 집단의 조직이라는 특성과 관련하여 앞으로 더 깊이 파악되어야 할 문제로 보인다.

남성 주도적 조직에 여성이 진출하는 경우에는 채용시부터 남성보다 더 까다로운 심사를 거치게 된다. 예를 들어 실력 외에 결혼 여부·가정 배경 등의 조건이 고려되며 '팔방미인'적 여성, '분위기'를 맞출 수 있으며 공격적이지 않은 성격이 선호된다. 이는 남성의 경우에도 어느 정도 고려되는 변수라고도 볼 수 있으나 그 정도에 있어 크게 차이가 나는 것은 부정할 수 없다. 조직내에서 경영진에 들어가고자 할 경우에 역시 성 차별적 관행이 발견되는데 현재로서는 대부분의 전문직 여성 스스로 관리·행정직 등에서 일하기를 원하지 않고 있으므로 아직 크게 문제시되고 있지는 않다. 뒤에서 언급하겠지만 가정에서의 책임 때문에 기혼 여성이 보직을 원하는 경우는 드물다.

또한 이들 독자적 활동을 보장받은 전문인들은 대체로 사회적으로나 경제적으로 상당한 지위를 누리며 자신의 직업에 대한 자부심이 강하다. 이들은 남녀 차별적 문화에서 파생되는 문제를 쉽게 무시하거나 피하여왔으며 또 계속 그럴 수 있는 집단임을 상기해야 할 것이다. 예를 들어 의사의 경우 환자가 여자 의사를 불신한다는 점을 문제로 들 수 있으나 의사와 환자간에 요구되는 의존과 신뢰의 관계가 워낙 강하므로 결국 그 문제는 상쇄된다는 점이다. 여교수들은 남교수들과 어울려 과외 모임에 잘 참석하지 못하므로 정보 교환 등의 면에서 고립된다는 점 등이 약점으로 지적되고 있으나 이것 역시 그다지 전문적 활동에 큰 지장을 미치지는 않는다. 최근 비슷한 직종에 종사하는 여성들간의 교류 관계와 모임이 활발해지는 편이며 여기서 서로 격려하고 도움을 주고받게 되는데, 이는 주로 여성 진출이 활발한 분야에서 발견된다. 특히 의사나 약사의 경우 "대학 동창 모임은 비슷한 일들을 하고 있는 사람들의 모임이기 때문에 옛 시절을 돌이켜보는 것 못지않게 각자 현대 생활을 성공적으로 해나가는 데 도움을 주고 있다"는 데 동의를 표하고 있다.

조직체내에서 팀의 일원으로 일하는 경우에는 직장내에서의 공동 작업과 그 외 사람들과의 상호 작용이 매우 중요하므로 위에서 언급한 독자적 활동을 주도하는 집단보다 더 많은 문제점을 안고 있다. 우선 취업시부터 여성 기피 현상이 현저하다. 여성 취업이 남성 영역의 침해로 해석되는 문화적 풍토 때문에 공개 채용 시험에서부터 제외되는 경우가 허다하며 이런 통념은 남성이 생계 부양자라는 의식,

즉 "남자도 먹고 살기 어려운데 여자가 어떻게?" 또는 "남자의 자리를 빼앗았다"는 흔한 표현으로 나타난다.

대개 채용자측은 여성 채용 기피의 이유를 한마디로 "일 시키기에 불편하다"고 표현하고 있다. 한 종합병원의 사례 연구를 보면 남자라면 쉽게 명령할 수 있으나 여자에게는 말할 때도 신경을 써야 한다는 점과 단체 행동에 여자가 끼면 불편하다는 점을 들고 퇴근 후 술좌석 등에서 서로 감정을 풀 필요가 있는데 여자가 있으면 신경이 쓰이고 결과적으로 피곤하고 분위기가 깨진다는 것이다. 그러나 무엇보다도 문제가 되는 것은 당직이나 출산의 경우에 동료 남성이 대신 일을 떠맡게 되기 때문에 여성 고용을 싫어하게 된다고 한다. 결혼 후 "배불러 다니는 모습이 보기 싫다"든가 "집안일에 너무 신경을 쓸 것이다"는 등의 감정적 반응 역시 크게 작용하고 있는 것으로 보인다.

다음으로 주목할 것은 여성은 최근에야 조직체내로 들어오기 시작한 '이방인 outsider'[6]이라는 사실이다. 포리샤 B. L. Forisha(1981)와 간터 R. Kanter(1975; 1977; 1981)는 여성의 소식내 활동 연구에 있어 단순한 성 차별 관행이 아닌 보다 복합적이고 역동적인 상호 작용 패턴이 작용하고 있음을 밝혀내있다. 그것은 크게 (1) 여성이 소식 사회의 신참자이며 따라서 '이방인' 내지 '주변인'으로 존재하기 때문에 생기는 문제와 (2) 성비(性比)가 크게 기우는 상황에서 파생되는 문제로 나누어볼 수 있다. 우선 '이방인'으로서의 여성의 위치와 관련하여 살펴보자.

조직이란 엄격하게 권위와 권력 그리고 성취의 개념 아래 이루어진 것이며 그 동안 여성은 이 조직의 발전과는 무관한 집단으로 존재해왔다. 따라서 남성 본위로 이루어진 이러한 조직에서 여성들은 '이

---

6) 서구 사회의 경우에 있어서 여성의 'outsider'로서의 지위와 이에 따른 논의가 B. Forisha(1981)의 "The Inside and the Outsider: Women in Organization," *Outsiders on the Inside*, ed. by B. Forisha and B. Goldman에서 집중적으로 다루어지고 있다.

방인’ 또는 ‘주변인’적 위치를 벗어나기 힘들다. 조직의 기존 성원인 남성들은 조직내에서 일어나는 일에 익숙하여 ‘평상대로 생각하면’ 되는데 그 중에는 비합리적인 요소, 비논리적인 요소도 있으나 이미 조직에 젖어 있는 이들은 의문 없이 무언의 합의 속에 이것들을 지나쳐버릴 수 있다. 이에 반해 외부에서 온 이방인인 여성들은 습관보다 원리대로 생각하게 되므로 “평상대로 생각하여 행동하는” 성원들의 행동에 대해(마치 임금이 벌거벗은 것을 지적하는 아이처럼) 필연적으로 문제를 제기하게 된다. 더욱이 여성들은 남성들과 다른 전제와 관심을 키워왔을 가능성이 크므로 더욱 기존의 ‘평상시 행동’이 이해되지 않을 수 있는 것이다. 이러한 상황에 부딪쳐 여성은 문제를 제기하게 되고 그 동안 편안하게 일해온 남성들은 여성이 ‘시끄러운 방해자’로 보여서 협력을 거부하게 된다. 반면 여성 자신은 자신이 이방인으로 소외됨을 느낄수록 더욱 자신의 입장을 강하게 주장하거나 조직의 비판자로서의 입장을 강화시켜감으로써 더욱 사태를 악화시킨다. 이러한 상호간의 근본적 시각의 차이가 조직체내에서 남녀가 조화로운 동료 관계를 형성해나가는 데 크게 저해 요소가 되고 있는 것이다.

　여성의 조직내 적응 양식을 관찰 분석한 칸터(1977: 62~63, 129)는 여성의 소수 집단으로서의 위치를 더욱 일반적 맥락에서 다루었다. 우선 외부인·이방인으로서의 여성은 기회와 권력의 면에서 매우 불리한 위치에서 조직 생활을 시작한다는 점에 주목한다. 자신에게 성공의 기회가 많이 열려 있다고 생각하는 사람일수록 더욱 기회를 잡기 위해 그 방면으로 노력과 관심을 쏟게 되는 반면 기회가 막혀 있다고 판단하는 사람은 현상 유지에만 신경을 쓰게 된다는 것이다. 기회가 열려 있지 않기 때문에 또는 권력이 없기 때문에 여성은 취약한 입장에 있는 다른 소수 집단의 성원들과 마찬가지로 방어적이고 조심스러운 운영 방식을 취하지 않을 수 없게 된다는 것이다. 한편 “권

력은 권력을 낳는다"는 권력의 속성을 이해한다면 뒤에서 밀어주는
세력이 없는 편인 고립된 여성은 힘이 없는 상관으로——또는 승진
가능성이 적은 상관으로——인식되는데 칸터는 남녀를 불문하고 여
성 상관을 기피하는 경향도 이런 관점에서 분석하여야 함을 주장하
고 있다. 더구나 권력의 중심권에서 벗어난 상사가 맡게 될 부하 집
단 역시 권력이 없는 사람들로 이루어질 가능성이 크며 이런 부하들
은 상사가 여성이건 남성이건 다루기 힘든 사람들이기 때문에 여성
의 중간 관리 및 행정인으로서의 활용을 더욱 어렵게 하는 요소가 되
고 있다는 것이다. 즉 칸터는 매니저가 될 때 겪는 어려움은 여성이
기 때문만이 아니라 소수 집단의 어느 경우에나 적용되는 권력을 둘
러싼 역학 관계의 문제 때문임을 지적하고 있다.

두번째로 숫적 불평등에 따르는 '외로운' 여성의 문제를 살펴보자.
여성이 조직내의 이방인이라는 위치는 또 다른 심각한 문제를 야기
시키고 있다. 이는 직무 외의 '여성적' 역할 기대의 문제로서 남성들
은 새로 들어온 여성 동료들을 어떻게 대해야 하는지 잘 알지 못하므
로 기존의 통념에 따라 여성을 대하게 된다. 이 문제는 특히 조직내
에서 남녀 비율이 숫적으로 극히 기울어지는 경우에 현저하게 나타
난다.

남성들만으로 이루어져 있던 집단에 한두 명의 여성이 새로 들어
와서 일을 시작하게 되면, 그 여성은 개성을 가진 한 여성으로서가
아니라 '여성'의 대표자인 것처럼 취급된다는 것이다. 즉 주위의 남
성들이 가진 기존의 여성관에 따른 역할 수행이 요구되는 것인데 칸
터(1977: 233~36)는 이를 크게 네 가지 유형으로 분류하고 있다. 첫
째는 모성적 역할이 기대되는 '어머니 *mother*' 형; 둘째는 집단의 장
식품 또는 귀염둥이 역할을 수행하도록 기대되는 '애완용 *pet*' 형; 셋
째는 성(性)적 대상으로 간주되는 '유혹' 형; 끝으로 이 세 범주에 들
지 않는 여성으로 전통적 역할 수행을 거부하는 '철의 숙녀 *iron-*

maiden' 형이다. 남성과 경쟁하고 협동하는 직종에서 활동하는 여성은 대다수가 자신의 전문적 직분과 무관한 이러한 역할 기대에 부응하거나 또는 거부하느라고 시간과 에너지를 소모해왔으며, 이것이 여성이 조직내에서 자신의 전문 능력을 발휘하는 데 있어 장애 요소가 되었음은 분명한 사실이다.

한편 여성이 홍일점일 경우 고립될 가능성 때문에 문제는 더욱 커진다. 고립된다는 것은 곧 주요한 정보원에서, 그리고 위로부터의 권력에서 소외된다는 것을 의미하며 이런 상태에서는 성공적 조직 활동을 기대하기 어렵다. 그러나 흥미롭게도 다수의 고위직·전문·관리·경영직의 여성들은 되도록 "눈에 뜨이지 않고 *invisible*" "공격적이지 않은 *unobstrusive*" 방식으로 일하면서 스스로를 고립시켜온 편임을 칸터는 밝혀내고 있다. 이는 남성 중심의 조직에서 살아 남기 위한 적응 방식으로서 성적인 변수에 따르는 장애 요소를 최소화하기 위해서 여성들이 사용한 전략이라고 볼 수 있다. 때로 여성들은 일을 쉽게 해나가기 위해 일부러 공식적 지도권을 남성에게 주는 방법도 사용하였다. 즉 남성 중심의 조직에서 축출되지 않기 위한 기제로서 "눈에 띄는 것에 대한 공포감"을 갖게 되었다는 설명이다.

이러한 서구의 연구 결과는 우리의 상황에 그대로 적용된다. 고위 경영직 여성들은 남성 동료나 상관 또는 부하 직원과 관계를 맺는 데 있어 아직 적절한 상호 작용 규칙이 세워지지 않아 문제가 많음을 보여주고 있다. 고위 경영직에 오래 몸담아온 한 60대 여성은 직장에서도 '모성적' 성품을 발휘해야 함을 지적하였다. 이는 남자 동료들의 심리 상태를 이해하고 화해를 시키는 역할과 "여자이기 때문에 양보해주기를 바랄 때 양보해주는 아량"을 의미하며, 이러한 '모성적' 아량의 발휘는 결과적으로 직업인으로서 실력 발휘면에서 부정적으로 작용한다고 하였다.

젊은 층의 경우는 선의의 동기에서인지는 모르나 여자라서 '보아주는' 풍토 때문에 일하는 것을 배울 기회를 얻지 못하는 점이 문제라고 지적한 경우가 있었다. 여성을 연약하다고 믿고 돌보아주려는 남성의 '기사도' 정신과 전문 지식 향상을 위한 연수의 기회나 승진의 기회가 남자 우선으로 주어지는 제도적 차별 때문에 여성이 능력 있는 직업인으로 자라기는 어려운 상황이라는 것이다. 이 문제는 경쟁이 더욱 심화될 직업 환경을 생각할 때 앞으로 더 큰 문제로 대두될 가능성이 높다.

전문적 여성을 대하는 동료들의 양면적 태도——근대적이면서 전통적인 것이 공존하는——는 젊은 층의 여성들에게 특히 문제를 안겨주고 있다. 30대 초반의 한 기자는 이를 "남성들은 고정관념에 맞추지 않으면 비난하고, 그러나 맞추어 행동하면 능력 없는 것으로 판단한다. 그래서 지나치게 적응하다 보면 팔려가는 당나귀꼴이 된다"고 표현하였다. 이러한 이중적 기대 속에서 겪게 되는 고초는 여성 자신의 확고한 직업관과 자신감 없이는 극복되기 어려우며 앞으로 여성의 전문직 진출에서 중요하게 다루어져야 할 문제임이 강조되고 있다.

남자들과 교류가 많은 직종에 종사하는 여성들이 가장 큰 문제점이라고 지적한 것은 직장 사회의 전반적인 풍토가 실력과 업적 위주가 아니라는 점이었다. 책임의 소재가 불분명하고 전문화되지 않은 상태에서 "일을 제대로 한다"는 것은 "적당히 이것저것 다 해내는 것"을 의미하는데, "적당히 처리하는 능력이 아무래도 남성이 낫다"고 기업체 관리직에 종사하는 여성(45세)은 말하고 있다.

채용에서부터 시작하여 대부분의 업무가 인맥(가족·친족·선후배 관계·동향 관계)에 의해서 이루어지며 정보도 그러한 망을 통하여 교환되는 조직의 구성으로 볼 때 신참자인 여성은 여러 면에서 매우 불리한 입장에 있는 것이다. 정보 교환이 매우 제한되어 있고 일단 정보를 얻기 힘든 자리로 제외되면 일을 제대로 수행하기가 불가능한 한국적 조직의 특성을 감안하면 현재로서 여성이 조직내에서 주요한 의사 결정을 하는 역할을 담당하게 되기는 가족 기업체 등의 예외적인 경우를 제외하고는 거의 불가능한 것으로 보인다. 주요 결정들이 '무대 뒷방'에서 즉 뒷거래를 통해서, 또 '남자들의 세계'(술좌석이나 골프장)에서 이루어지는 경우가 많은데, 대부분의 여성들은 이 면에 있어서 경험도 지식도 없는 문외한들인 것이다. 성공적으로 이 문제를 해결해가고 있는 어느 중소기업의 여사장(52세)은 골프치는 것은 주로 자신이 하고 술좌석에 가야 할 때는 남자 부사장을 따로 고용하여 자신이 못하는 일을 하도록 조처하고 있다고 하였다. 여성 경영인 중에는 그나마 이용할 수 있는 인맥으로 친구의 남편들을, 남녀 공학을 다닌 경우는 남자 동창들을 들고 있다.

'무대 뒷방'이 주요한 비중을 차지하는 직업 구조상의 문제는 고위 경영자만이 안고 있는 문제가 아니다. 40대의 약사는 "회사와의 약품 구입 때 술과 전자제품 등으로 뒷거래하는 것을 보는데 남자들은 이런 일을 거리낌없이 한다"고 지적하면서 자신은 이런 일을 하지 않으므로 그 집단에 끼이지 못하고 그래서 결국 일정한 관리직 이상으로 진출할 수 없다고 하였다. 조직내 파벌이 있는 경우, 여성은 대개 거기에 속하지 않아 득을 보는 수도 간혹 있으나 그 때문에 중심부에 들어갈 기회 역시 거의 없다는 것이다. 기업체에서 충분히 능력을 발휘해온 한 여성(45세)은 이제 더 이상 승진의 가능성이 보이지 않고 자신의 업적을 인정받을 제도적 장치도 없기 때문에 직장을 사회 봉사 계통으로 완전히 바꾸어볼까 생각중이라고 하였다. 다른 회사로 옮긴다든가 새 회사를 차릴 기미를 보이는 것으로 압력을 넣는 방법이 없느냐는 내 질문에 우리나라 기업의 경우는 대개가 기업주만이 '주인'이므로 그 밑의 책임자들은 실제로 기업을 잘 이끌어가기 위해 최선의 노력을 하지 않고 있는 실정이며, 이런 상황에서는 '주인'이 아닌 경영직에 있는 이들은 "자신들은 못하나 나가서 한번 해보라는 식으로, 또는 심심하던 차에 좋은 구경거리 났다는 식으로 오히려 나가기를 원하고 신나게 구경할 가능성이 크다"고 답하였다. 이러한 업적 위주, 책임 소재가 불분명한 전반적인 직업 풍토(인맥 위주, 감정적 기업 경영) 때문에 신참 여성들은 어려움을 겪고 있으며 이로 인해 의욕 상실을 경험하고 있다.

남성 동료와의 관계에 있어서 여성이 극소수여서 예외적으로 취급될 때는 처신하기가 쉬웠는데 여성의 진출이 어느 정도 활발해지면서 그것이 오히려 어려워지고 있다고 한다. 예를 들어 경쟁 의식을 갖게 된 일부 남성들이 매우 방어적인 태도를 취하게 되어 일부러 경시하는 말투나 행동을 취하고 사소한 것에서 권위를 찾으려 하거나 여성을 의도적으로 경계·고립시키려는 경향을 보인다고 하였다. 이런 분위기에서 남녀간의, 또는 여성들간의 반목이 의도적, 또는 비의도적으로 조장되어왔는데, 예를 들어 남자 사원과 여자 사원은 호칭을 다르게 부른다든가 대졸 사원과 고졸 사원에게 같은 일을 시킴으로써 학력이나 경력보다 여성이라는 '신분'이 우선임을 암시하고 갈등을 암암리에 유발, 표면화시키는 경우가 허다하게 지적되었다. 이 점은 여성 자신들의 직업 의식의 변화와 더불어 여성간의 협력 집단이 형성된다면 크게 극복될 수 있을 것으로 보이나 앞으로 얼마간은 이 문제가 좀더 심각해질 것으로 보인다.

종합하면 전문직 여성들은 직장내에서 여전히 강하게 작용하는 남녀관의 압력에서 벗어나지 못하고 있다. 첫째로, 여성에 대한 선입관이 여전히 작용하여 능력대로 평가받지 못하고 있는 한편, 여성의 모성적 역할의 강조가 직장에서도 똑같이 요구되어 자신의 의사와는 무관하게 양보의 미덕을 또는 중재의 역할을 떠맡게 된다. 남녀 유별의 전통 때문에 직업 동료로서의 남녀 관계는 아직 확립되어 있지 못하며 이에 따른 혼란과 갈등 역시 무시 못할 문제로 대두되고 있다. 둘째로, 조직체에서의 진출 양상을 살펴보면 우리나라의 경영 방식에 있어서 연줄을 통한 비공식적 관계가 여전히 큰 비중을 차지하고 있으므로 보편적 기준에 의한 고용이 어려우며, 일 처리에 있어서도 뒷거래가 성행하여 다수의 여성은 불리한 위치에 있다. 특수주의적 전통에 의거하여 소수의 여성들이 혈연 관계를 통하여 조직내 중책을 맡게 되는 경우도 있으나 이러한 경우란 성별 역할에 관한 전통적 규범보다 가족주의적 규범이 작용했다는 의미일 뿐 여성의 역할에 대한 어떤 근본적인 변화로 해석될 수는 없는 것이다.

Ⅱ. 가정과의 양립

이 글에서 다루어진 대다수의 기혼 여성들은 적어도 표면적으로는 직장과 가정 생활을 큰 갈등 없이 조화시켜나가고 있는 것으로 나타나 있다. 자신 스스로가 느끼는 차원에서는 가정과 직장 생활을 성공적으로 양립시켜나가고 있다고 보아야 할 것이다. 인터뷰 대상자들은 가정과의 양립 문제가 바로 직장 여성에게 있어 매우 심각한 문제임을 지적하면서도 직장과 가정의 양립에 대한 질문에서 77.3%가 "해낼 수 있다"는 데, 14.8%가 "문제없다"는 데 동의를 표하였다. 이러한 긍정적 반응은 이들이 자리를 굳힌 직업 여성들이기 때문이라고 풀이될 수 있는데, "직장이냐, 가정이냐"의 문제를 "할 수 있느냐, 없느냐"의 문제가 아니라 양자를 '어떻게' 잘 조화시켜가느냐 하는 차원에서 고민하여온 것이다.

이들이 가정과 직장의 양립 문제를 해결해간 두드러진 특징을 요약하면,

1) 직장과 가정을 명확히 구분하고 효율적으로 처리하는 점

2) 가사와 육아의 문제에 있어서 친정이나 시집 어머니들, 그 외 친척 및 가사 보조자의 도움을 상당히 받고 있다는 점

3) '이해심' 많은 남편을 만났다는 점

4) 자신의 굳은 의지와 남다른 노력, 원만한 대인 관계를 유지할

188

수 있는 개인적 특징을 지녔다는 점을 들 수 있다.

직장과 가정을 구분한다는 것은 "직장에 오면 집의 일을 까맣게 잊을 수 있어야 한다. 어떤 이들은 학교까지 와서 집에 전화를 걸고 집 걱정을 하는데 그런 식으로 해서는 직장 일을 제대로 수행해갈 수 없다. 집안 일은 집에서 끝내야 한다"(41세, 사서)든가 "직장에서의 일을 가정으로 끌어들여 식구들에게 불편을 주며 가정에서의 역할을 충실히 수행치 못한다면 그 여성은 직업인으로서의 자격이 없다"(48세, 주부) 등의 언급에서 잘 나타나 있듯이 직장에 가서는 집안의 일을 깨끗이 잊어버리고 직장 일에 몰두하는 반면, 집에 오면 직장 일을 잊고 집안 일에만 신경을 써야 한다는 역할 단절을 통한 적응 방식을 말한다. 전문직 여성들이 성공적으로 직장 활동을 계속해나가기 위하여 이것은 필수적인 기술이지만 한편 쉽지 않은 작업이기 때문에 여성 자신들에 의해 누누이 강조되고 있는 것으로 보인다.

시간 할당의 측면을 살펴보면 전문직 여성들은 거의 대부분의 시간을 직장 아니면 가족과 보내고 있으며, "현재 생활 중 어디서 가장 만속을 느끼는가" 하는 설문에서 직장 일과 집에서 가족과 보내는 시간이 단연 우위를 차지하고 있다. 이는 이들이 직장과 가사 이외에 친구를 만나는 등 취미 생활을 즐길 시간적 여유가 없음을 의미한다. 직장 여성은 시간에 항상 쫓기므로 어떻게 시간을 효율적으로 보낼 수 있는지를 잘 계획하여 생활하는 것이 필수적이라고 지적하고 있는데 이들은 직장 생활, 자녀와 보내는 시간, 남편과의 대화 시간을 가장 중시하는 것으로 나타나 있다. 이에 덧붙여 대부분의 경우 전통적 확대 가족의 일원으로서 시집의 큰일(제사·명절·생일)이 있을 때 며느리로서의 역할 수행은 소홀히할 수 없는 영역이며, 동시에 친정 식구와의 관계 유지를 위한 시간 할당 역시 절대적으로 중요하다고 여기고 있었다.

가사에 있어서 전문직 여성은 대개 가정부를 고용하고 있으며, 육아에 있어서는 남편의 어머니나 자신의 어머니, 그 외 가까운 친척(여형제·이모 등)의 도움을 크게 받아왔음을 알게 된다. "결혼했을 때부터 집안일은 아예 시어머니가 맡아서 하셨기 때문에 가사의 문제는 전혀 없었다"(40세, 교사)든가, "아이들이 어릴 적에 친정어머니와 시어머니가 우리와 함께 사셨기 때문에 나는 직장과 가정의 양립 문제로 고민해본 적이 없다"(50세, 교수)는 응답에서 볼 수 있듯이 어머니들의 적극적인 협조에 의존하여 여성들이 직장 활동을 큰 역할 갈등 없이 해온 것을 알게 된다. 그리고 현재까지도 전문 직종에 종사하는 고소득 여성의 경우에는 가사 보조자를 고용하기가 힘들지 않은 상황이므로 가사에 관한 한 큰 어려움은 없었던 것으로 보인다. 단지 적절한 가사 보조자의 고용 가능성이나 관리의 문제, 그리고 대가족이 사는 경우에는 많은 수의 가족 성원간의 화목을 이루어가는 문제를 대신 안게 된다. 어머니나 친척들의 도움을 기대할 수 없고 가정부에게 자녀 양육의 상당 부분을 의존해야 하는 경우 "혈연 관계에 있지 않은 남"에게는 아이를 마음놓고 맡길 수 없다는 전통적인 혈연 중심적인 고정 관념 때문에 심리적 갈등을 경험하여 자신의 직업상의 발전을 포기한 경우가 적지 않았다.

한편 마음놓고 자녀를 맡기고 사회 활동을 할 수 있는 조건에 있는 여성들도 어머니로서의 자신의 역할에 대해 부족함을 느낄 때가 많다고 고백하는 수가 상당수에 달한다. 전문직 여성들이 각별히 신경을 기울이는 것은 자녀 양육의 문제로서 "아이를 돌보는 시간이 적으므로 근무 이외의 시간에 계획성 있게 돌봐주어야 한다. 시간이 적으므로 질적인 면에서 몇 배의 노력이 필요하다"는 식의 생각을 대부분이 갖고 있었다. 이들은 자신의 직업이 자녀에게 미치는 영향을 부정적인 것과 긍정적인 것으로 나누고 있다. 부정적인 점으로는 집에만 있는 가정 주부처럼 아이들을 곁에서 항상 보살펴주지 못한다는 점을 들고 있는데, 특히 자녀가 어릴 때는 두고 나오기가 마음이 아팠다는 경험을 거의 대부분의 여성들이 언급하고 있다. 긍정적인 것으로는 직접 돌보는 시간이 적었다 해도 자녀에게 공부하는 점에서 또는 생활하는 면에서 저절로 모범을 보일 수 있다는 점과 사회 생활을 함으로써 자녀들을 더 잘 이해해줄 수 있다는 점, 그리고 여성 자신이 자신의 세계를 가지고 있으므로 자녀에게 지나친 기대나 간섭을 하지 않는다는 점을 들고 있다. 사회의 주요 활동이 일어나는 영역에서 소외된 가정 주부들보다 사회 생활을 하고 자아 실현을 추구해나가는 직업 여성들이 여러 면에서 자녀들을 사회화시키는 데 더욱 유리한 입장에 있다는 것이다.

한편 전문직 여성의 가정에서는 자녀 양육에 있어 남편의 참여가 주목된다. "남편이 아이를 지나치게 좋아해 잘 돌보아주어 커다란 어려움을 덜었다"(43, 약사), "남편의 끊임없는 도움으로 부담을 덜고 일할 수 있었다. 남편이 일찍 퇴근할 때에는 저녁을 준비해놓고 아기도 잘 본다"(48세, 교수)는 식의 자상한 남편상이 그려지며, 한편 남편이 실제 자녀 보살피기를 좋아하건 상관없이 자녀 양육에 참여할 수밖에 없는 상황이므로 결과적으로 무자ㆍ무녀간의 관계가 진밀해지는 점이 지적되고 있다. 또한 흥미로운 점은 나이가 많은 층에서는 거의 예외없이 시어머니가 함께 살면서 가사와 자녀 양육을 도와왔는데 젊은 층으로 오면서 친정어머니와 시어머니간의 선택이 이루어지고 있다는 것이다. 특히 그 여성의 직장 활동이 자기 만족과 자아 실현의 의미가 큰 경우일수록 시어머니의 도움을 기대하기가 힘들어지는 대신 친정어머니의 도움이 주어지고, 경제적으로 가정 경제에 크게 도움이 되는 경우 시집의 협조가 적극적인 경향을 보게 된다. 즉 가정 경제에 도움이 크고 가정이라는 집단의 복지가 위주인 경우에는 전통적 형태의 부계 협동 원리가 작용하고, 여성 개인의 성취나 활동이 중시되는 경우에는 딸의 행복에 신경쓰는 친정어머니의 개입 가능성이 증가한다는 것이다.

전문직 여성의 또 다른 특징으로는 부부간의 이해가 크게 강조되고 있으며, 관계가 가깝다는 점을 들 수 있다. 이 점은 이동원(1979)·김순옥(1972)의 연구에서도 밝혀진 바 있다. 특히 젊은 층(30~40대)에서는 동창 또는 같은 직장내의 동료와 연애 결혼한 경우가 많으며, 자신이 직장 생활을 하는 데 크게 도움이 되어준 이로서 주로 남편을 들고 있음을 보아 부부간의 상호 이해가 이들에게 매우 중요하고 또 크게 기능함을 알게 해준다. 이들은 "남편이 아내 일에 관심을 갖도록 직장 문제와 동료 관계를 남편과의 대화의 소재로"(43세, 회사원) 삼는 것이 중요하며, "자아 실현을 해보려는 그만큼 가족의 이해가 필요한데 그 이해를 얻기 위해서는 적극적으로 남편과의 시간을 잘 보내야 한다"(33세, 연구원)고 지적한다. 남편과의 조화로운 관계는 저절로 얻어지는 것이 아니고 여성의 노력이 역시 중요하며, 대화를 통하여 만족스러운 결혼 생활과 직장 생활을 영위할 수 있도록 노력해야 함을 강조하고 있다. 또한 가정 주부에 비해 남편에 대한 간섭이 적으므로, 그리고 자신(아내)에게 더 신경을 써주기를 바란다는 등의 기대도 적으므로 남편은 소신껏 하고 싶은 일을 할 수 있고, 자신의 불만도 적다고 한다. 결국 부부의 친밀한 관계 유지에 아내의 직업이 긍정적 역할을 한다고 상당수가 지적하고 있다.

전문직 여성의 남편의 경우를 보면 우선 처음부터 여성이 자신의 일을 갖는 것에 대해 긍정적인 사람들을 발견하게 된다. "남편이 처음부터 여성도 고등 교육을 받았으면 활용하고 스스로의 생을 가질 수 있어야 한다는 사고 방식으로 지금까지 계속 도와주고 있다"는 경우가 연령층에 관계 없이 많이 나타나고 있다. 최근 남편에 대한 실망을 메우기 위해 대학원에 가고 전공 분야를 살려 전문인이 된 경우도 보이나 월등히 많은 수가 만족스러운 결혼, 남편의 이해와 사랑 때문에 전문인으로서 자라날 수 있었음을 전하고 있다. 그러나 좀더 주의깊게 분석해보면 여성의 직장 활동에 있어서 남편의 '이해'가 필수적이지만 실생활에서의 남편의 적극적 협조의 양은 그리 많지 않다. 부부 관계에 있어서도 여성이 실제로 평등적 사고 방식을 가진 남편을 만났기 때문에 갈등이 적은 것이 아니라 대다수가 남편에게 자신을 잘 적응시켜나갔기 때문임을 알게 된다. 많은 가족에서 전통적 역할 분담 의식이 잔존해 있는데 특히 여성의 사회 활동은 남편의 승인하에서만 가능하다는 생각이 그러하다. 남편이 승인한 경우에도 이미 지적하였듯이 여성 쪽의 적극적 노력으로 항상 남편과의 대화를 통해 그의 이해와 지식을 확보해놓는 것이 필수라는 생각이 지배적이다. 이들이 남편과의 관계를 묘사하는 단어들을 주목해볼 필요가 있는데, 그 표현을 살펴보면 남편을 "잘 '섬기지' 못하는 데 대한 미안감"(54세, 교수), "여자가 남편을 섬기고 아이를 키우는 것은 '숙명적' ……"(44세, 의사), 자신의 직업으로 인해 남편에게 "소홀히 되지 않도록 항상 신경을 써주어야 한다"(28세, 행원), 또는 "남편에게 우선 '봉사할 수 있는' 시간을 마련해야 한다"(30세, 의사) 등이다. 극단적으로 "직장 생활을 한다는 사실로 왠지 남편에게 미안한 생각이 들어 집에 들어가서는 일체 직장 관계 일은 잊고 손수건·양말 등을 모두 갖다 바칠 정도로 지극히 노력했다"(45세, 교수)는 식의 표현도 보게 된다. 후배 여성을 위한 조언에 있어서도 남편과의 관계를 중시하며, "우선 남편을 항상 '받아주고' 이해해주어야 한다"거나 "남편이 어떤 불만을 터뜨리거나, 전혀 논리나 이치에 맞지 않는 발언을 하더라도 그저 참고 나중에 간접적으로 조용히 암시해주는 것이 바람직하다"(50세, 의사), "절대 남편을 앞지르려 하지 말 것"(46세, 교수)을 강조하고 있다. 한편 "직장 생활의 성공을 위한 하나의 키포인트를 일러준다면 '남편의 효율적인 이용'이다"라고 지적하고 있는 여성(28세, 교사)이 있었는데 이는 어떤 면에서 남편을 섬기고 자존심을 세워주면서 자신이 원하는 바를 추구해온 전통적 세대들의 뒤를 이어 그의 도움을 적극적으로 유도하고 '서로' 이용하는 것을 목표로 하는 세대가 출현하고 있음을 알게 한다.

끝으로 전문직 분야에서, 특히 성공적으로 활동하고 있는 여성들에게서 공통적으로 발견되는 점은 굳은 의지와 남다른 노력 그리고 그 외 몇 가지 성격적 특징들이다. 이들의 삶에 있어서 일반적으로 주위의 협조적인 환경 여건이 매우 중요하게 작용하였음은 사실이지만 궁극적으로 이들 자신이 가사와 직장에서 두 사람 몫의 일을 감당해나간 슈퍼우먼들임을 부인하기 힘들다. 53세의 교수는 "항상 노력하며 살아가는 것을 신조로 남자들보다도 네 배 내지 다섯 배의 노력을 하였다"고 회고하고 있다. 노력과 더불어 긍정적이고 적극적인 태도가 전문직 여성이 되기에 필수적이라는 점이 자주 거론되며 "가족의 후원, 자신의 능력, 그리고 성격, 이 3박자가 맞지 않으면 여성이 도저히 전문직에서 활동을 계속할 수 없다"(49세, 교수)는 매우 함축적인 말로 여성이 전문인이 되기 위해서는 여러 조건이 고루 갖추어져야 가능함을 보여주고 있다. 특히 성격적 특징으로서 인간 관계를 잘 유지할 수 있는 지혜와 요령, 그리고 인내심이 강조되고 있다.

이상으로 전문직 여성들이 어떻게 가정과 직장을 양립시켜왔는지를 살펴보았다. 이를 비교문화적 맥락에서 살펴보면 둘로 나누어 논의될 수 있다. 첫째는 가정과 직장의 병립 문제에 있어 한국의 전문직 여성들이 활용하고 있는 방식들이 서양의 여성들에 의해 활용되는 방식들과 매우 흡사하다는 점이다. 역할 구분 *role-compartmentalization*의 원리와 이중 역할의 부담, 그리고 자신의 남다른 노력을 통한 문제 해결은 여러 연구에서 지적된 바 있다(Poloma, 1972; Garland, 1972; Rapoport, 1972; Pleck, 1981; Forisha, 1981; 신은숙, 1981; 주경란, 1983). 두번째의 차이점으로서 확대 가족적 성향이 강하게 남아 있는 우리나라의 상황에서 여성 자신의 어머니나 남편의 어머니를 위시한 친척들의 도움 또는 가정부 고용을 통해 여성의 임무로 간주되고 있는 가정내 역할을 크게 줄여왔다는 점, 그리고 부부 관계에 있어 전통적 부창부수의 원리가 지배적이나 부부간의 갈등이 상대적으로 표면화되고 있지 않다는 점일 것이다.

한편 암시적 사실로서 논의되어야 할 점은 여기서 다루어진 표본집단이 양립 문제를 나름대로 잘해나가고 있는 경우이고, 따라서 이들이 잘해나가고 있다는 사실이 전문직 여성들에게 큰 문제가 없다는 뜻으로 해석되어서는 안 된다는 점이다. 여성이 아무리 직장에 다닐 의사가 강하여도 주위의 지원과 협조가 없이는 현재로서는 여성의 전문직 진출이 불가능하다는 점을 보아왔는데, 여성들 자신은 자신이 두 가지를 병행해나갈 수 있다는 점에 대해서 매우 자부심을 느끼고 있으면서, 또 한편 아무래도 한쪽으로 더 기울게 되고 따라서 자신의 이상적 기준으로 볼 때 자연히 한쪽이 부족함을 느끼지 않을 수 없음을 고백하고 있다. 공공석상에서 인터뷰에 임한 한 음대 교수(32세)는 "연주하랴, 강의하랴, 아이들 기르랴, 남편 뒷바라지하랴…… 그러니 다 잘 못하죠" 하는 식으로 자신을 평가하였는데 이러한 겸손한 표현은 통상적으로 전문직 여성이 자신을 평가할 때 사용하두록 기대되는 표현임과 동시에 직업 여성에게 기대되는 1인 3역의 역할 수행을 의미한다. 이는 결과적으로 기존 수준에 비추어 가정과 직장의 양립을 잘 해나가지 못하여 직장에서의 활동을 제한, 또는 포기한 여성들의 존재를 암시하며, 이 문제는 다음의 예에서 매우 명확히 표현되고 있다. 현재까지 10여 년간 시간강사를 하고 있는 48세 여성은 자신의 경우를 아래와 같이 말하고 있다.

이상적 부부관은 전통적 영향을 그대로 받아서 남편을 내조하는 여자로서의 관계를 원했으면서도 최고의 교육을 받고 사회 진출과 자기 성취를 원했기 때문에 모순적이고 갈등이 심하였다.〔……〕 특히 아이들이 나 자신의 문제 중 가장 심각하고 괴로운 문제였는데 맞벌이가 아니면 아이들의 장래를 훌륭하게 뒷바라지하지 못한다는 생각과 한편 그럴 경우 집에 있는 엄마에 뒤지지 않을 만큼의 엄마 역할을 보충할 수 있을까 하는 점, 또 여기에 나 자신의 자아 실현에 대한 욕구의 문제가 겹쳐서 고민하였다. 결국 이 모든 것이 무리였고 힘드는 일이어서 벅찬 일과가 아닌 시간제 강사로 나가기로 하여 건강·가정·직장의 조화를 이루어가고 있다.

이 경우에서 미루어볼 수 있듯이 직업 활동을 포기하지 않고 '성공적'으로 지속해나갈 수 있는 여성은 현재로서 선택된 집단에 국한되어 있다.

4. 요약과 전망

이 글에서 밝혀진 바에 의하면 현재 활발히 활동하는 전문직 여성 인구는 고등 전문 교육을 받은 여성 전체 인구 중 선택된 소수에 머물며 여러 모로 예외적인 여성들의 집단이다. 진출 분야에 있어서는 상당히 다양하나 각 분야에서 큰 영향력은 행사하지 못하고 있다. 이들은 근대적 활동에 종사하므로 매우 진취적이고 근대적인 것으로 기대되나 실제 이들의 사고 방식은 상당히 기존의 사회 문화 구조에 적응하는, 그래서 결국 상황에 창조적으로 대처하기보다는 끌려가고 있는 단계에 머무르고 있어 신전통적 *neo-traditional* 특징을 강하게 드러내보이고 있다. 구조적 차원에서 보면 산업 구조가 급변하고 있고 사회 발전을 위하여서는 다양한 분야에 훈련된 인력 양성이 요구되고 있는 반면 '가정'과 '사회'의 양분법에 근거한 성별 역할에 관한 '상징'은 변하지 않고 있어 여성의 사회 활동에서 느끼는 갈등은 여전하다. 그러나 행위자 자신들——이 글에서의 전문직 여성들——은 갈등을 심각하게 느끼지 않고 있는 상태이며, 느끼더라도 개인적 차원에서 초인간적 의지와 노력을 기울임으로써 극복·적응해가려는 경향이 현저하다.

전통적 상징이 변화되지 않는 데서 생기는 문제의 심각성은 앞으로의 여성의 사회 진출을 전망해볼 때 뚜렷해진다. 즉, 전문직에 종사해온 여성들은 전통적 모성과 보조자로서의 역할을, 직장에서는 근대적 전문인으로서의 역할을 부족함 없이 동시에 해나가는 것을 기준으로 삼아왔으며 이 두 역할을 성공적으로 수행할 수 있었던 '탁월한' 능력을 가진 소수의 여성을 제외하고는 적지 않은 수의 여성들이 전문인이 되기를 원했으나 중도에서 탈락되었다. 탈락되지 않았더라도 상당수의 전문직 여성들이 집안에서도, 직장에서도 '약간씩 모자라는' 느낌으로 살게 되는 현상을 초래하였다. 이들의 가정과 직장의 양립 문제는 4장에서 다시 언급된다.

역사적 분석을 통해 볼 때 여성의 전문직 진출에 커다란 전환기가 다가오고 있음을 알게 된다. 그 동안 우리나라 여성의 전문직 진출에의 양상을 보면, 세번째 세대까지는 매우 전통적인 사고 방식을 답습하고 있어서 동기상에 있어서도 대졸 여성의 대다수가 취업을 원치 않고 있거나 원하더라도 결혼 초기에 미리 포기하였다. 그리하여 평생직이란 오직 소수의 특수한 여성들만에게 열린 세계였는데, 세대별로 보면, 첫 세대의 여성들은 국가와 민족을 위한다는 소명감이 크게 작용하였으며, 둘째 세대는 해방 이후 학교에서 능력을 인정받은 여성들이 인력 부족을 메워가는 면에서 주로 '여성직'에로의 진출이 가능하였고, 셋째 세대는 자아 실현의 의미가 강하게 대두되면서 준거 집단의 지지를 크게 받은 여성들이 다양한 분야에 진출하기 시작하였었다. 그러나 최근 급속한 경제 성장에 따라 상대적으로 전문화된 직업 구조와 80여 년간의 근대 교육의 영향과 핵가족화 추세, 그리고 1970년대 후반부터 뿌리를 내리기 시작한 남녀 평등 운동의 영향이 복합적으로 작용하여 새로운 세대의 등장을 가능케 하고 있다.

이 새 세대는 이전의 3세대에 걸친 여성들의 활동을 밑거름으로 하여 여성 취업이 상당히 일반적인 현상으로 인정되며, 부모들과 동년배 남성들도 여성 취업 경험을 다소 긍정적으로 평가하는 사회적 환경에서 성장해왔다.

그러나 이들이 처해 있는 상황을 좀더 실제적 차원에서 살펴보면, 우선 고용의 면에서 공평하게 기회가 주어지지 않고 있다. 최근 우리나라에서 상당히 권위 있는 신문의 사설란에 사회 발전을 위해 우선 채용 공고에서부터 '대졸 출신 남자'라는 항목을 과감히 빼자는 주장이 있었는데 몇 주일 후에 그 신문사 사고에 '대졸 출신 남성'만 고용한다는 기사가 나고 있었다. 취업 시험에서부터 나타나는 남녀 차별적 관행은 취업 이후에도 그리고 직장내 승진에서 여전히 크게 작용하여, 여성의 능력 계발을 위한 제도적 장치의 출현 등은 앞으로 얼마간은 기대하기 힘들 것 같다.

한편 여성의 의식과 태도 면에서 살펴보면 그 동안의 근대화 과정을 통하여 여성의 사회 진출이 의미하는 바와 권리, 여성의 사회적 책임 등에 대한 교육이 있어왔고, 실제 전문직에서의 역할 모델이 주변에서 제시됨으로써 의식면에서는 매우 준비된 '집단'의 여성들이 성장해오고 있다고 볼 수 있는데, 그러나 여기에 또 다른 방향으로 작용하는 요인이 등장하고 있다. 이 요인이란 여성들이 받은 서구적 문화의 영향, 핵가족화, 그리고 근대 교육을 받았으나 여전히 보수적 사고를 가진 부모 아래에서 자랐다는 점과 관련된다. 특히 크고 작은 어려움을 극복해나간 이전 세대 여성들의 삶의 과정을 곁에서 보면서 그러한 태도를 몸에 익혀온 선배 세대에 비하여 심리적인 면에서 문제들을 개척하고 극복해가는 태도가 되어 있지 못하다는 측면에서 문제가 대두되고 있는 것이다. 젊은 세대 여성들의 나약화 현상은 서구에서 활발히 논의되고 있는 의존 심리, 즉 신데렐라 콤플렉스 *Cinderella complex*(다울링, 1982)라든가 고등 교육을 받은 여성들이 여성적 삶에서 실패할 것이 두려워서 사회적 성공에 대한 공포감 *fear of success* (Horner, 1969)을 갖게 된다는 심리적 현상으로 이어질 가능성이 크기 때문에, 이 심리적 특성과 관련하여 사회적 문제에 주력할 필요가 있다. 특히 앞으로의 직장 활동은 더욱 조직과 깊은 관련을 가질 것이기 때문에 조직 행동과 관련하여 여성의 사회화 과정을 살펴보면 여성의 전문직 진출의 전망이 그리 밝지 않음을 쉽게 예상하게 된다.

남성의 경우를 보면 어릴 때부터 성취감과 적극성을 강조하여 길러진다. 어릴 적부터 떼를 지어 노는 편이고 팀으로 야구나 축구 등의 운동 경기를 함으로써 집단의 일원으로 행동하는 습관을 기르게 된다. 방학 캠프나 합숙 훈련에도 여아들에 비해 자주 보내어져서 단체 생활의 기회를 갖게 된다. 또한 남성들은 군대를 의무적으로 가게 되어 그곳에서 엄격한 조직 생활을 체험하게 되며 그 후 직장 생활을 하면서 자연스럽게 조직내 생활을 익혀가는 것이다.

반면에 여성의 사회화 과정을 살펴보면, 될 수 있는 한 곱게 키우는 원칙 아래 남에게 귀여움을 받는 것을 중요하게 생각하도록 길러져왔다. 이 과정에서 수동성과 타자 지향적 성격이 길러지는 것이다. 한편 어릴 적부터 집단놀이보다 두세 명끼리 모여 소꿉장난이나 인형놀이를 하며 학교에 가서도 대개 두세 명의 절친한 친구와 지속적 관계를 맺을 뿐 집단 활동의 기회는 거의 주어지지 않는다.

중·고등학교에서 남녀가 분리되어 있는 경우는 오히려 여학생들이 지도력을 발휘할 기회를 갖게 되나 대학 과정을 통해서 특히 남녀가 데이트 시기를 보내면서 여성은 다시 수동적 태도를 취하도록 유도되는 것이 현재의 상황이다. 이러한 경향은 최근에 행하여진 남녀 공학 대학교 학생들의 친구 관계 유형 연구에서 잘 나타나고 있다(강성혜 외, 1984). 대학생들의 동성간의 활동을 보면 남학생들은 집단으로 하는 서클 활동을 주로 하거나 술집이나 당구장을 중심으로 몰려

다니는 편이다. 이곳에서 상호 정보 교환을 하는 한편 규율에 맞추어 토론 또는 게임을 하며 집단 활동을 익혀간다. 반면에 여대생들은 서클 등 집단 활동을 하는 경우는 드물고 하더라도 홍일점이거나 극소수에 속하여 예외적인 대우를 받게 되기 쉽다. 그 외 다수의 여대생들은 두세 명씩 다방이나 카페·레스토랑 등에서 만나 주변잡기적 이야기를 하며 시간을 보내는 것이 보편적 유형으로 나타났다. 이들의 관계는 대개 친밀한 2인 또는 3인 관계 이상으로 발전하지 않으며, 떼를 지어 다닌다거나 게임 등은 거의 하지 않으므로 집단 의식을 형성할 수 없고 또한 친밀하지 않은 사람과의 접촉 기회도 거의 없다. 이러한 관계는 결혼과 이어져서 여성은 조직내 경험 없이 일생을 보내게 되는 경우가 대부분인 것이다.

이렇게 여성들은 어릴 때부터 집단 활동의 기회가 주어지지 않으며 따라서 조직 생활을 위한 훈련이 거의 되지 않은 채 성장한다. 한편 기회가 부여된 경우에도 어려움을 겪는다. 이들은 조직의 이방인·주변인으로서 자신의 전문적 역할 외에 여성이라는 신분에 따르는 역할을 수행해야 하는 동시에 '통계적 불평등' 때문에 갖는 '고립'과 '눈에 뜨이지 않으려는' 방어적 처신으로 조직내에서 어려움을 겪게 된다. 큰 조직체내에서 활동하는 유능한 여성들이 기업의 중심 계열에 들기보다 고문이라든가 스탭이라는 주변적 위치에서 활동하기를 원하게 되는 이유는 바로 이러한 권력, 기회 구조, 그리고 숫자의 문제와 관련된다.

이러한 여성이 처한 조직내에서의 구조적 위치와 관련하여 여성들이 조직체내에서 원활한 활동을 할 수 있게 하기 위해 분명히 인식해야 할 점을 정리하면 다음과 같다.

첫째로 여성은 이방인, 그리고 주변인으로서 조직에 참여하고 있다는 점을 인식함이 중요하다. 직장에서 발생하는 많은 문제를 풀기 위하여 젊은 여성들이 각자 개인적 차원에서 노력을 하고 있으나 사실상 이들이 겪는 문제의 본질은 조직 자체의 구조 원리와 구성원간의 역학 관계에 근거하고 있다.

둘째로 여성은 어릴 적부터 집단 활동이나 이에 수반되는 권력에 관계되는 영역에서 소외되어왔다는 사실을 인식함이 중요하다. 특히 권력이라는 것을 '남성적인 것'으로 인식하여 기피해온 태도는 극복되어야 할 것이다. 권력에는 부정적인 측면이 있으나 긍정적인 측면도 있으며, 또한 조직내에서 활동해나가기 위해서는 이 문제를 직시하지 않을 수 없다. 특히 중요한 것은 여성의 조직내 관계 결성은 두 영역에 걸쳐 이루어져야 한다는 점이다. 하나는 남성 위주의 지배 체계내에서 위계 서열상의 연결을 맺는 것이며, 다른 하나는 동료와의 수평적 연결망을 형성하는 것이다. 여성들은 자신들의 특이한 위치를 감안하여 여성 동료간에 유대망을 형성하여 자아 정체감을 새롭게 하고 상호 지원 체계를 이루어 지혜를 나누어갈 필요가 있다.

셋째로 여성은 이방인이기 때문에 취하기 쉬운 '객관적 비판자'로서의 입장을 지양하고 조직에 적극 참여하는 자세를 가져야 할 것이다. 이와 관련하여 기존의 조직 체제기 인간 중심의 이상적 조직이 아닐 수 있다는 사실을 아는 것이 중요하다. 여성의 조직내 활동은 궁극적으로는 조직체의 환경을 더욱 '인간적'으로 만들어가는 작업과 이어져야 할 것이다(Hauptman, 1981: 12). 의사 결정이 위에서 독점되고 능률만을 중시하는 기계적 조직이 아니라 인간이 일에서 소외되지 않는 민주적 조직 즉 '남성적 원리'와 '여성적 원리'가 함께 존중되는 조직을 이루어가는 작업에 있어서 이제껏 이방인으로 겉돌아온, 그래서 내부인에게는 잘 보이지 않는 조직의 문제를 오히려 잘 볼 수 있는 여성의 역할이 크게 기대된다.

이러한 문제 외에 우리나라 조직의 특수성으로 주목되어야 할 점이 있다. 우선 우리나라의 조직이 겉으로는 합리적 모형을 본따고 있으나 실제로는 매우 특수주의적이고 감정적으로 운영되고 있다는 점이다. 특히 직분들이 명백하게 규정되어 있지 않은 현상과, 조직이 공식·비공식적 차원으로 양분화되어 있는 특성 때문에 여성이 조직 내에서 자리를 굳혀가고자 하는 데 큰 어려움을 겪고 있다. 조직이 어느 정도의 합리성·자율성을 확보하지 못하는 한, 조직체내의 일은 개인적 연결망과 감정에 의해서 크게 좌우될 것이며, 그런 조건들이 신참자이며 이방인인 여성에게 유리하게 작용할 가능성은 거의 없다. 따라서 우리나라의 조직 풍토의 개선 작업은 여성의 조직에의 진출과 함께 이루어가야 할 시급한 과제이다.

현대 사회에서 조직의 일원으로 활동하고자 하는 여성은 이러한 여러 단계에 걸친, 여러 형태의 적응과 성장 과정을 거쳐가야 한다. 여성들은 자신에게 주어진 현실적인 선택들, 바라는 목표에 도달하기 위해 따라가야 하는 진로, 그리고 지불해야 할 대가와 얻게 될 보상에 대하여 냉철하게 따져보면서 개인적 적응과 성장을, 그리고 조직체의 구조 개선을 도모해나가야 할 것이다. 이 작업에 있어 여성들 간의 유대와 협력은 필수적이다.

참고 문헌

강성혜·고애경·민성혜·이혜란, 「1984년도 1학기 '성과 사회' 연구 결과 보고서」(미출판), 연세대학교.

김순옥(1972), 「부인의 취업이 부부간의 갈등에 미치는 영향」, 이화여자대학교 석사학위 논문.

김애실(1981), 「여성 취업의 현황과 전망」, 『한국의 여성 연구』, 유네스코 한국위원회.

김영정(1978), 『한국여성사』, 이화여자대학교 출판부.

김정숙(1983), 「한국 중산층 주부에 관한 일 연구: 여고 졸업 후 20여 년간의 삶을 중심으로」, 연세대학교 석사학위 논문.

신은숙(1981), 「한국 여자교수의 역할 갈등에 관한 연구」, 이화여자대학교 석사학위 논문.

이동원(1979), 「한국의 가정생활과 여성의 역할」, 『여성학』, 이화여자대학교 출판부.

이부영(1982), 「한국 민담 속의 여성 원형상」, 『한국 여성의 전통상』, 대우재단 주최 심포지엄 출간물.

이정희(1982), 「한국 고급 여성 인력에 관한 연구」, 연세대학교 석사학위 논문.

이효재·조형(1976), 「여성 경제 활동 및 취업에 관한 연구: 1960~1970의 추이」, 『논총』 제27집, 이화여자대학교 한국문화연구원.

조옥라(1982), 「사무직 여성」, 『한국의 도시 여성과 직업 연구 세미나 보고서』, 유네스코 한국위원회.

조혜정(1981), 「전통적 경험세계와 여성」, 『아세아여성연구』 제10집, 숙명여자대학교.

주정일(1983), 「여성 인력 양성 및 활용 방안 연구」, 한국교육개발원.

콜레트 다울링(1981), 『신데렐라 콤플렉스』, 우아당.

하필연(1982), 「여성 취업에 대한 남성 의식 연구: 대졸 출신 남성을 대상으로」, 연세대학교 석사학위 논문.

Dilatush, L.(1976), "Women in the Profession," *Women in Changing Japan*, ed. J. Paulson and E. Puers, Stanford: Stanford University Press.

Forisha, Barbara L.(1981), "Introduction," and "The Insider and the Outsider: Women in Organizations," *Outsiders on the Inside*, ed. B. L. Forisha and B. H. Goldman, N. J.: Prentice-Hall.

Garland, T. N.(1972), "The Better Half? The Male in the Dual Profession

Family," *Toward a Sociology of Women*, ed. C. Safilios-Rothschild, Greenwich, Conn: Xerox College Publishing.

Hauptman, Anna R.(1981), "Styles of Leadership: Power and Feminine Values," *Outsiders on the Inside*, ed. B. L. Forisha and B. H. Goldman, N. J.: Prentice-Hall.

Horner, Matinas(1968), "Sex Differences in Achievement Motivation and Performance in Competitive and Non-Competitive Situations," Doctoral Dissertation, University of Michigan, Ann Arbor, University Microfilms, No. 69～12, 135.

────(1969), "Fail, Bright Women," *Psychology Today* 3(November).

Kanter, Rosabeth Moss(1975), "Women in Theory and Behavior," *Another Voice*, ed. M. Millman and R. Kanter, Anchor Books.

────(1977), *Men and Women of the Corporation*, N. Y.: Basic Books.

────(1981), "Structuring the Inside: The Impact of Organizations on Sex Differences," *Outsiders on the Inside*, ed. B. L. Forisha and B. H. Goldman, N. J.: Prentice-Hall.

Kosinar, Patricia(1981), "Socialization and Self Esteem: Women in Management," *Outsiders on the Inside*, ed. B. L. Forisha and B. H. Goldman, N. J.: Prentice-Hall.

Pleck, J. H.(1981), "The Work-Family Problem: Overloading the System," *Outsiders on the Inside*, A Spectrum Book.

Poloma, M.(1972), "Role Conflict and the Married Professional Women," *Toward a Sociology of Women*, ed. C. Safilios-Rothschild, Greenwich, Conn: Xerox College Publishing.

Rallings, E. M. and F. I. Nye(1972), "Wife-Mother Employment, Family, and Society," *Contemporary Theories about the Family*, ed. Burr and Nye, New York: Free Press.

Rapoport, R. and R. Rapoport(1972), "The Dual-Career Family: A Variant Pattern and Social Change," *Toward a Sociology of Women*, ed. C. Safilios-Rothschild, Greenwich, Conn: Xerox College Publishing.

Rosaldo, M. and L. Lamphere(eds.) (1974), *Women, Culture and Society*, Stanford: Stanford University.

제4장

가족 관계: 여성의 취업 여부와 계층에 따른 비교적 고찰

1. 머리말

가족은 일반적으로 본능 충족과 가장 밀접하게 관련된 '자연적' 제도로 간주되어왔다. 가족을 자연스러운 원초 집단으로 간주하려는 이러한 경향은 가족 현상에 관한 사회과학적 연구가 지체되어온 주요 원인이 되어왔다. 이 글에서는 전반적인 생활 양식의 급진적 재구성을 요구하는 격변기에 한국의 가족 관계는 어떻게 변화되어왔으며 또 변하여갈 것인지를 다루고 있다. 가족 관계가 극히 친밀한 환경을 이루는만큼 그것을 객관화시켜 보기에는 어려움이 많으나 지금의 시점에서 이 작업은 꼭 필요하다.

여기서는 가족의 문제를 기존 체제의 적응의 차원에서 다루기보다 사회 구조와의 관련 아래 체제의 변화와 연결시켜서 보고 있다. 구체적으로 현대적 임금 구조, 국가 권력, 그리고 가족 이데올로기와의 관련에서 살펴보겠다. 먼저 서양 사회의 가족 관계 변화와 산업화에 따른 가족 형태와 기능의 변화를 다룬 다음, 한국 사회의 전망을 논하고자 한다. 한국 가족 변화의 주도적 흐름은 한편으로는 전통적 직계 가족 제도에서 현대적 부부 중심의 핵가족 제도로 이행하는 제도적 변화 과정이며, 다른 한편으로는 집단주의적 가치와 성 역할 고정 관념에 근거한 가부장적 관계를 극복하고 평등한 관계를 이루어가려는 민주적 가족 형성의 변화 과정으로 볼 수 있다. 서양의 경우 이 두 과정은 4~5세기에 걸쳐 일어난 점진적인 이행 과정이었으며 최근 20여 년 동안 엄청난 혼란과 변화를 겪어가고 있다. 후발 공업 국가인 한국의 경우는 1세기도 채 되지 않는 동안에 이 두 과정을 압축적으로 경험하고 있으며, 동시에 후기 산업 사회적 위기를 서구가 겪는 형태로 겪지 않고 지혜롭게 넘겨가기 위해 새로운 대안을 찾아나서야 하는 상황에 있다.

2. 산업 자본주의화 과정을 통한 결혼 및 가족 제도의 변화

산업 혁명 이후 급격히 추진되어온 도시화 및 산업화는 50만 년 동안 지속되어온 인류 역사상 유례없는 급격한 변화를 가져왔다. 산업화는 '근대화' 또는 '진보'라는 이름 아래 박차를 가해왔다. 초기 산업 사회의 과제는 자본주의 사회나 사회주의 사회를 막론하고 기술 개발과 경제 생산에 역점이 두어졌다. 가족 형태 역시 이러한 과제에 맞게 급속히 변형되어갔으며 이 시대에 적합한 '근대적' 가족으로 대두된 것이 바로 핵가족이다. 특히 자본주의 사회에서의 가족은 자녀 양육, 소비와 사생활의 중심지로서 개인 생활에 막대한 비중을 갖게 되는데 이에 따라 핵가족화를 둘러싼 가족 구조 및 가족 관계상의 문제는 사회 변동의 주요 쟁점이 되어왔다. 여기서는 먼저 산업화 과정을 통한 가족 제도와 가족 관계의 변화를 서양의 선진 자본주의 국가의 모델을 토대로 재구성해보고자 한다.

핵가족이란 두 세대, 즉 결혼한 남녀와 그들의 미혼 자녀만으로 구성된 형태의 가족이다. 노부모와 기혼 자녀 가족의 동거 형태인 3대

가족과는 그 구성 원리나 운영에 있어 매우 다르다. 우선 핵가족은
규모에 있어 작으며, 자녀를 양육하여 독립시킴으로써 노년의 가족
은 결혼 초기처럼 부부만 남게 된다. 핵가족적 이념은 부부 중심이
며, 가계 계승과 부모 봉양을 지상의 명제로 삼는 직계 가족 이데올
로기와는 근본적으로 다르다. 특히 핵가족은 작은 규모내에서 밀접
한 상호 작용이 중요하므로 규범이나 제도화된 관계를 쉽게 변화시
킬 수 있다는 가능성을 안고 있음이 주목된다. 다음의 〈표-1〉에서 규
모의 크기에 따른 대가족과 핵가족의 구성적 특징을 한눈에 볼 수 있
다.

〈표-1〉

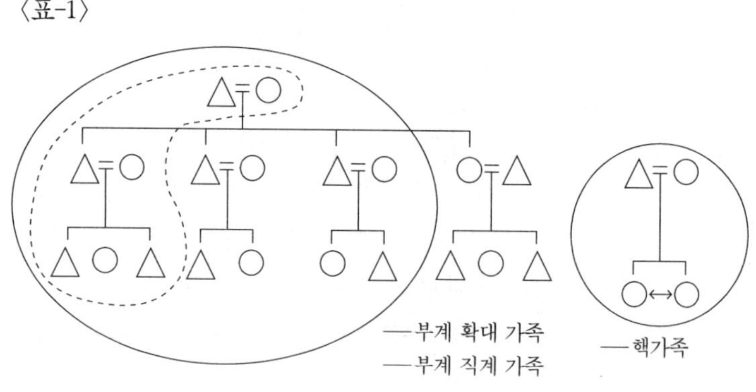

봉건적 대가족제의 이상이 붕괴되는 과정은 경제 구조의 변화와
매우 밀접한 관련을 갖는다. 산업화의 선두 주자인 영국의 경우, 자
본주의의 전개 이전부터 상당히 부부 중심의 핵가족 전통이 있어온
것으로 연구 결과가 나타나고 있으나 서구 전반에 걸친 본격적 핵가
족화는 16, 7세기 이후 자본주의화와 산업화 과정을 통하여 이루어진
다. 생산이 가족 단위를 넘어 대규모로 조직화됨에 따라 개인적 경제
자립이 가능해졌고 개인적 신분 상승의 기회는 크게 확대되었다. 중

세적인 가족 집단 위주의 귀속적 신분 사회에서 개인 스스로가 자신의 사회적 신분을 획득하는 것을 원리로 한 개인주의적 사회로의 이행이 시작된 것이다. 생산 조직이 대규모화하는 것과 비례하여 국가 기능이 확대되었으며 전통적으로 가족이 담당해왔던 경제 생산, 자녀 출산, 양육과 교육, 가족 성원의 보호, 성 관계 및 종교적 역할 중 상당 부분은 기업이나 국가에 의해 이루어지게 되었다. 개인은 궁극적으로 가족이 아니라 국가에 의해 보호되는데, 예를 들어 사회 복지 기관에 의해서 부모가 자녀를 학대한다는 결정이 내려진 경우 아동은 부모로부터 격리되어 그 기관의 보호를 받게 된다. 사회 복지 기관이 이를 실행할 수 있는 권위는 국가를 통해서이다. 국가에 의해 관장되는 학교 교육 기관과 사회 보장 제도를 통해 모든 국민에게 혜택이 주어지는 것은 산업 사회 후기의 사회 복지 국가의 주요한 기본 원리 중 하나로 제기된다.

이런 상황에서 대가족은 개인의 생활에 매우 부담스러운 제도가 될 가능성이 높아졌다. 첫째로 직업을 바꿀 때마다 이사를 해야 하는데 대규모의 가족 이동은 쉽지 않다. 주로 이동하면서 경제 활동을 해온 수렵 채취 사회도 핵가족을 이루어왔었다는 비교 문화적 사실이 이를 뒷받침한다. 즉 대가족은 토지를 기본으로 한 농경적 정착 사회와 상호 접합성을 갖는 제도인 것이다.

둘째로 가부장적 대가족에서는 직업 선택, 배우자 선택 등 자유 의지 행사의 면에 있어서 갈등을 유발시킬 소지가 많다. 체험에 의한 지혜보다 체계화된 전문 지식이 권위를 갖게 된 전문화 시대에 가부장적 지도는 불필요한 간섭 내지 방해에 지나지 않은 경우가 적지 않다는 것이다. 실제로 자신보다 학력이 높아진 아들을 부모는 더 이상 복종시킬 수 없으며, 또한 자녀의 경제적 자립이 보장된 상태에서 부모의 권위는 크게 하락될 수밖에 없었다.

셋째로 대가족의 붕괴는 감정적 욕구의 변화에 기인한다. 비인간적이고 바쁜 현대의 사회 생활에서 개인은 가족으로부터 무엇보다도 인간적 친밀성과 휴식을 기대하게 되었다. 대가족은 그러한 역할을 효율적으로 담당하기에는 너무 복잡하고 규범적인 관계 구조를 갖는 다. 서열을 따지고 형식적 예의를 지키며 부부간의 애정 표시가 자유 롭지 못한 대가족적 분위기가 억압적이라고 느끼게 된 젊은이들이 늘어나기 시작한 것이다. 젊은이들은 가능한 한 자신이 마음 놓고 쉴 수 있고 자유롭게 행동할 수 있는 자신만의 공간을 원하게 되었으며 그러한 공간을 마련하기 위해서는 자기 스스로의 선택에 의한 연애 결혼과 단출한 핵가족적 삶을 이루는 것이 가장 나은 방법임을 인식 하게 된 것이다.

이러한 경제 구조적 변동에 따른 산업화 과정을 거치면서 가족의 형태는 적은 수의 자녀와 애정으로 결합된 부부로 이루어진 핵가족 이 예외없이 표준적 형태로 부상되었다.

파슨즈 T. Parsons를 위시한 기능주의자들은 이미 이러한 핵가족을 산업 사회에서 인간의 욕구 충족과 사회의 발달을 가장 잘 이루어가 는 기능적 가족으로 논의한 바 있다. 그는 특히 생산 활동 영역과 소 비와 사적 공간으로서의 가정이 엄격하게 분리됨에 따라, 밖에서 돈 을 벌어오는 도구적 *instrumental* 역할과 가족 구성원의 욕구를 충족 시키는 정서적 *expressive* 역할이 중요해지는데 이는 성별에 따라 분 담됨으로써 더욱 효율적으로 해결된다고 보았다. 남편만이 직업에 종사하는 성별 분업은 생산성을 높일 뿐만 아니라 "결혼 관계 속에서 경쟁을 최소화시키는 메커니즘으로 가족의 결속을 강화하는 기능"까 지 한다는 것이다(1964: 242).

그러나 인간과 사회를 보는 시각에 따라, 그리고 산업화의 수준에 따라 핵가족은 산업 사회와 근본적으로 긴장 관계에 있음을 학자들 은 또한 밝혀내고 있다. 무어 Moore(1969), 라쉬 Lasch(1980), 스콜닉 Skolnick(1980), 자레스키 Zaretsky(1980)와 같은 학자들은 핵가족을 생산성에 집착한 산업화 과정, 특히 가족 단위 임금 체계 *family wage system*로 특징지어지는 시대의 산물로 보고, 그런 제도가 안고 있는 비인간성과 장기적 사회 발전에 미치는 부정적 영향을 논하였다. 이들이 제기하는 핵가족의 문제점을 요약하면 다음과 같다.

첫째로 가족내의 역할 분담에 의하여 남편은 '돈벌이꾼'으로, 아내는 사랑하는 것이 의무화된, 즉 감정을 요리해야 하는 *feeling work* 인간이 되어버렸다. 여기서 도구적 행위와 정서적 행위의 분담 형태로 나타나는 효율성이 누구를 위해 또는 무엇 때문에 바람직하느냐는 매우 근본적인 차원에서의 의문이 제기된다. 인간은 성취하고자 하는 욕구와 감정적 유대를 맺고자 하는 욕구를 동시에 갖고 있으므로 이 둘을 역할로서 엄격히 분리시킨다는 것은 바람직하지 않다는 것이다.

둘째로 이 생활 영역의 분리는 또 다른 문제점을 낳고 있는데, 즉 가장 친밀한 관계를 맺어갈 것이 기대되는 가족 성원, 특히 부부가 가정과 사회라는 매우 다른 경험 세계에 살게 됨으로써 실제로는 친밀성을 길러나가기가 극히 어려운 상황에 처하게 된다는 것이다. 남녀를 축으로 가정과 사회가 갈라져 있는 한 친밀하고 평등한 관계보다는 여전히 규범적이고 지배 종속적 관계가 지속될 수밖에 없다는 분석이다.

세번째로 핵가족의 문제는 그것이 쉽게 사회로부터 고립된다는 점과 연결되어 논의되고 있다. 지역 공동체라든가 친족 공동체와의 연결이 더 이상 필수적이지 않은 상황에서 핵가족은 외부 세계에서 쉽게 단절될 수 있다. 사적 비밀이 보장되는 고립된 가족은 바깥 세상으로부터의 피난처일 수도 있으나 위협적 장소 그 자체로 변신할 가능성을 안게 되는데 실제로 핵가족 속을 들여다보면 증오와 폭력과 횡포가 가득하다는 것이 임상 정신 계통의 연구가 밝혀온 주요 내용이다(Laing, 1971 ; Henry, 1963).

네번째로 핵가족은 생산 노동에 직접적으로 참여하지 않고 있는 가정주부·노인과 아동들을 사회의 핵심적 변화가 일어나는 영역에서부터 격리하여 소외시키고 있다. 특히 가정 영역에서 일생을 보내야 하는 주부의 경우, 남편은 소위 근대적 양식의 노동에 참여하는 전문 경력을 쌓고 개인적 성취주의의 사회에 적응해가는 동안 여성은 가정에 고립된 채 집단주의적 가치를 여전히 내면화시킬 것을 강요당한다는 면에서 그 갈등이 커질 소지는 매우 많다는 것이다.

다섯째로 핵가족이 가장 자연스럽고 이상적인 형태의 가족이라는 이데올로기는 핵가족만을 표준적인 가족 형태로 고정시키고 그 외의 모든 비표준적인 생활 스타일을 일탈적인 것으로 규정하는 결과를 낳았다. 이는 산업 구조 자체가 형성시켜온 독신자라든가 배우자와 헤어진 사람, 미혼모 등 소위 '표준적' 집단에 들지 못하는 많은 사람들의 소외와 고통을 의미한다. 다양성이 증대되는 복합 사회에서 이러한 식의 표준화는 개인을 억압하고 사회 발전을 지체시키는 또 다른 요인이 되고 있는 것이다.

여섯째로 부부 애정 중심의 핵가족이 안고 있는 주관주의와 보수주의적 성격이 문제되고 있다. 개인의 감정이라는 내면 세계와 경제 생산 위주의 외부 세계의 분리가 엄격해진 상황에서 노동자가 갖는 유일한 자신의 공간은 가정이며 따라서 가정 생활은 인간적인 가치를 보존하는 유일한 개별적 영역으로 설정된다. 그러나 이는 이미 논의한 친밀성의 문제에서 드러나듯이 실재이기보다는 환상적 인간 회복으로, 무지한 주관주의를 낳아 개인 생활과 정치 영역간의 상관성을 무시하게 하는 결과를 초래했다는 것이다. 이로써 개인적 삶과 사회적 삶의 통합이 극히 어려워졌으며, 역사의 과정은 공동체적 감정, 가족적 책임 의식, 개인 관계 등과 무관한 채 일터와 사회의 원리의 주도 아래 이루어지게 되었다(Zaretsky, 1976).

이와 같이 산업 사회 체제의 형성으로 야기된 새로운 개인적 또는

집단적 욕구가 핵가족화로 인하여 충족되리라고 믿었던 기능주의자
들의 낙관적 예측이 빗나간 것임이 자명해지고 있다.

실제로 이러한 인식은 급진적 사회 운동을 통해 이미 1세기 전부터
나타나고 있었다. 가족 제도가 갖게 되는 반사회성 *anti-social*과 개인
억압적 요소에 주목하여 서구에서 일었던 19세기 사회주의 운동 내
부에서는 가족 제도를 전면적으로 폐지하자는 움직임이 있어왔다.
특히 초기의 유토피아적·무정부주의적 사회주의자들은 가족에 대해
근원적 비판을 가하였으며, 가사 노동을 사회화하고 가옥 구조를 변
화시키는 등 새로운 공동체를 구상하여왔다. 후기의 소위 '과학적'
마르크스주의 운동에서도 여성이 사회적 노동에 참여하고 가사 노동
은 사회화되어야 한다고 계속 주장해왔으나 그들이 폐기하기를 주장
한 가족은 부르주아적 가족 형태에 국한된다는 점에서 초기 사회주
의자들과는 의견을 달리한다. 가족에 관하여 마르크스, 엥겔스, 베
벨, 레닌, 체트킨, 콜론타이 등이 공유한 의견은 혁명이 성공하여 여
성의 경제적 예속이 종식될 때 이상적 가족 형태, 즉 프롤레타리아
동지애적인, 진정한 애정에 기반을 둔, 따라서 이혼이 용이힌 일부일
처제 *proletarian heterosexual serial monogamy* (Barrett and McIntosh,
1982: 18~19)가 저절로 실현될 것이라는 것이었다. 이러한 주장은
당시 상황에서 매우 진보적인 것이었으나 지금의 상황에서 볼 때는
한계를 갖는다. 즉, 이들은 가족이 갖는 이데올로기적 구속력, 특히
'남성다움'과 '여성다움'에 관한 문화적 구성을 간과하고 여전히 이
성간의 소유적 사랑에 대한 낭만적 인식을 고수함으로써 가정내의
성 역할에 관한 고찰이라든가 성 관계 *sexuality*와 부모됨에 대한 근
원적 질문을 던질 여지를 없애버린 것이다.

최근 서구의 여성 운동 내부에서는 가족 자체를 부정한다거나 가
족 문제를 간과해온 것은 매우 근시안적이었으며 실제로는 가족을
더욱 인간 중심적이면서 동시에 사회를 이끌어가는 집단으로 만들어

가도록 노력해야 한다는 자성의 소리가 일고 있다(Barrett and McIntosh, 1982: 16~17). 남녀 문제는 가족 문제와 직결되어 있으며, 권력의 집중화 내지 전체주의적 경향 역시 가족 생활 양식과 밀접한 관계를 맺고 있다는 것이다. 베티 프리단은 가족의 재발견을 제2단계 여성 운동의 주요 작업으로 규정하고 다음과 같이 쓰고 있다(Friedan, 1981).

> 가족은 반동적 의미를 지닌 단어가 되어왔다. 그러나 실제로 가족은 인간이 자신의 운명을 스스로 좌우할 수 있고 자신의 기본적 욕구를 충족시키며 거대한 비인간적 제도와 통제 불가능해진 기업과 국가 관료 체제에 위협당하면서도 그래도 개개 인간성 *personal*의 본질을 지켜갈 수 있다는 희망을 갖게 하는 마지막 보루의 상징이다.

프리단은 따라서 제2단계 여성 운동은 평등 원리와 다원성의 존중을 골자로 한 새로운 가족을 이루면서 동시에 여러 종류의 2차 집단, 예를 들어 노동 조합·교회, 시민들의 모임들을 통하여 남녀가 협동해가는 단계가 되어야 한다고 결론짓고 있다.

실제로 현대 사회에서 경제적·감정적 안정을 주는 토대로서 가족 자체가 갖는 보수성, 그리고 아내와 어머니로서 여성이 경험하는 '착취'와 인내에 대한 근본적 반성이 없이 가족이 강한 1차 집단으로 다시 자리를 굳혀갈 가능성은 높지 않다. 그것은 결코 쉬운 과제는 아니라는 것이다. 그러나 주목될 점은 서구에서 1970년대를 기점으로 가족 형태는 실제로 매우 다양해졌으며, 그것은 흥미롭게도 소위 '행복한 핵가족'에서 자라난 세대의 반발의 몸짓을 통해 본격적으로 이루어졌다는 점이다.

새로운 가족 형태의 출현은 상업 사회가 안고 있는 모순을 느낀 개개인이 일으키기 시작한 하나의 생활 스타일의 혁명으로 볼 수 있다.

이는 1960년대에 일어난 갖가지 사회 운동과 남녀 평등권 운동, 그리고 근본적으로 남녀가 사회적·경제적으로 독립적으로 살아갈 수 있게 된 새로운 사회적 여건의 성숙과 밀접한 관련을 갖는다. 특히 1970년대 이후 기술 문명이 가져다주는 풍요로움이 모든 문제를 해결해주리라는 낙관론이 비관론으로 바뀌면서 산업 사회가 가져온 비인간화의 문제를 깨닫게 된 많은 사람들이 박차를 가했다고 보아야 할 것이다. 우선 서구에서 일고 있는 새로운 가족의 구체적 형태를 몇 가지 보도록 하자.

1) 동거 관계 *non-marital cohabitation*: 기존의 결혼 관계나 가족 관계를 바람직하다고 느끼지 않는 이들이 택한 방식으로 법적 절차를 밟지 않고 동거하는 관계이다. 이들은 사회적 제도에 의존하지 않고 자기 두 사람의 의사에 따라 전통적 역할 규범에서 벗어난 새로운 부부 관계를 이상으로 한다. 이들의 동거 관계는 매우 일시적일 수 있으나 대개의 경우 계약적 관계를 띠며 오랜 기간 계속된다.

2) 자발적 선택에 의한 무자녀 가족 *voluntary childlessness*: 여러 가지 이유로 자발적으로 자녀를 갖지 않기로 한 부부의 경우인데, 현재로서는 대개 전문직에 종사하는 사람들로서 자신의 생의 과업을 실현하기 위해 헌신하는 경우가 대부분이다.

3) 안식년 가족 *a sabbatical year for marriage*: 일정한 기간을 함께 산 부부는 합의하에 일정 기간을 자신의 욕구와 기대에 충실하는 기간을 떨어져서 갖게 된다. 현대 부부의 문제는 서로 너무 의존적이고 구속적 관계를 맺게 된다는 점에 있다고 보고 부부 관계로부터의 휴가는 서로에 대한 관심을 다시 새롭게 하고 원하는 바의 경험을 갖게 할 것이라는 것이다. 혼자 떠난 후 다시 돌아오지 않는다면 이들에게 있어 그런 부부는 그런 식으로 헤어지는 것이 서로에게 나을 것이라 여겨진다.

4) 다세대 가족과 공동체 *multi-adult households and commune*: 직

장 동료나 친지의 가족들과 함께 대가족을 이루어 사는 생활로서 특히 가사의 분담과 자녀 양육상 편리한 점을 장점으로 들고 있다. 이들은 또한 다양하고 긴밀한 인간 관계와 공동체적 분위기를 귀중하게 여긴다. 핵가족을 기본 단위로 지속하면서 다른 가족들과 기능적·감정적인 상호 부조의 관계를 맺는 형태로부터, 서너 쌍의 남녀가 누구나와 일차적인 친밀한 관계를 맺으며 아이들도 공동의 아이들로서 기르는 공동체적 *commune* 성격의 형태에 이르기까지 다양하게 나타난다.

5) 외부모 가족 *single parenthood*: 별거, 이혼, 혼전 출산 등 여러 가지 사정상 혼자서 아이들을 기르는 부모가 늘어나고 있다. 스웨덴에서는 이러한 외부모 가정을 위한 전용 아파트와 육아 시설·보육원을 설치하여 불편이 없게 제도적으로 뒷받침하고 있다.

6) 이중 핵가족과 공동 자녀 양육권 *the binuclear family and joint custody*: 근본적으로 이혼을 가족의 붕괴 현상으로 보지 않고 가족의 재조직 현상으로 이해한다. 이혼한 성인 남녀는 부부로서의 관계를 끝내나 부모로서의 역할을 지속하고자 하며 이에 따라 추구된 새로운 가족 형태가 이중 핵가족 형태이다. 아이는 법적 또는 당사자들간의 합의하에 두 남녀가 새롭게 이룬 가족의 구성원으로 자라게 된다. 이혼 후에도 여전히 부모 자녀 관계를 지속하고 자녀 양육의 권리와 책임을 친부모가 공동으로 나누어 갖는 것이 이른바 어른과 아이 모두에게 매우 바람직한 것으로 인지되고 있다.

7) 개방된 가족 *open marriage and open family*: 여기서는 근본적으로 가족을 개방적 체제 *open system*로 이해한다. 현대의 많은 부부가 직면한 문제는 두 가지, 즉 친밀성과 개인적 성장의 기회를 다 가지기 힘든 상황에 있다고 보고 해결책으로 개방적 결혼 방식이 제시되었다. 이 관계는 부부가 자신의 개체성을 잃지 않은 채 함께 개인적인, 또한 그들의 관계의 성숙을 위해 노력하는 관계이다. 상대방을

속박하거나 소유적인 의미를 띤 관계에서 벗어나서 보다 자유롭고 우애적인 관계를 맺을 것을 전제로 한다. 역할상의 융통성 있는 분담과 정직한 커뮤니케이션을 통하여 변화하는 상호간의 현실적인 기대에 맞추어 항상 조정이 가능한 관계를 이루고자 한다. 성 관계를 부부 관계의 핵심으로 보지 않는 경우가 많으며 따라서 이것도 개방되어 있다. 부모 자녀와의 관계에서도 경험을 함께 나누고 아이와 어른 구별 없이 서로에게 배운다는 원칙이 존중된다. 이들 가족은 또한 친척과 친지·이웃 등 외부와 밀접한 상호 관계를 맺는다.

위에서 본 다양한 형태의 가족 외에도 독신 생활을 즐기는 사람, 부부가 한 직업을 가짐으로써 일반인의 절반의 시간만을 직장 생활에 보내고 그 외의 시간을 자신이나 가족, 또는 공동체의 필요에 따라 육아와 집안 살림, 봉사 활동에 보내는 등 자신이 원하는 바의 생활 양식을 창조해가고자 하는 사람들의 수가 늘어나고 있다.

새로운 가족 형태에서 공통적으로 추구되고 있는 원리는 보다 인간적인 관계의 형성이라고 할 수 있다. 즉, 인간에게는 성을 불문하고 성취 욕구와 정서적 욕구가 있으며 이를 적절히 충족시킬 수 있도록 짜여진 사회가 이상적인 사회라는 인식 아래 새로운 가족상이 제시되고 있는 것인데, 그 가족은 첫째로 가족 성원 중 어느 누구도 집단의 복지라는 이름 아래 희생을 강요당하지 않는 민주적 관계를 기초로 하며, 둘째 가정이 사회의 일방적인 통제를 받지 않도록 공공/가정간의 유기적 연결을 도모해가는 집단이다. 이는 구체적으로 가족 집단의 성격이 제도적이고 규범적인 집단에서 인격적 유대가 강조되는 집단으로 전환되는 것을 의미하며, 또한 지나치게 확대된 공식 영역의 지배로 인간과 가정이 도구화되고 있는 현실을 극복하는 것을 의미한다. 이러한 전환의 과정은 곧 남녀간의 성 역할 고정 관념을 무너뜨리고 과도하게 사회화된 남성을 가정화하고 과도하게 가정화된 여성을 사회화시키는 작업과 연결된다. 바람직한 가족은 가

족 구성원 각자가 자율적이고 창의적인 성원으로서 진정한 협력을
할 수 있는 능력을 갖출 것을 요구한다.

　구체적으로 〈표-2〉에서 정리된 것처럼 결혼의 의미, 중심적 관계,
역할 분담, 그리고 권위 관계는 그 이전의 사회와 크게 변화된 양상
을 보이는 것이다. 가족은 한 사람의 권위에 의해 움직여가는 집단이
아니고 모든 가족 구성원이 평등한 발언권을 가지는 대화 중심의 공
동체라는 것, 개인의 희생에 의해 가족내 질서가 지켜지는 것이 아니
고 모두가 조금씩 양보하고 타협하고 방식을 취할 것이 강조된다.
즉, 가족내에 일어나는 갈등을 무시하고 회피하기보다 갈등을 직시
하며 이를 건설적인 방향으로 함께 해결해나갈 수 있는 관계를 추구
하고 민주적 자질이 가족내에서 길러지도록 도모한다.

〈표-2〉

농경적 사회	초기 산업 사회	후기 산업 사회(이상형)
1) 결혼은 집단간의 계약 2) 노인·남성 중심의 가 　부장제 대가족내에서 　수직 관계가(부자·고 　부 등) 강조되고 수평 　관계(부부·형제)는 수 　직 관계 3) 성과 나이에 따른 엄격 　한 역할 분담 4) 상호 작용은 규범에 근 　거. 의사소통은 명령적 5) 관계의 고정화 　—이미 틀지워짐	1) 결혼이라는 제도에 근 　거 2) 생계 수입원인 남성 중 　심, 권력의 집중(가장 　권) 3) 엄격한 부부 역할 분리 4) 의사 소통 형식은 명령 　형, 문제 발생시 회피, 　또는 규범적으로 해결, 　자기 표현을 억제 5) 관계의 고정화 　—이미 틀지워진 관계	1) 부부 당사자간의 약속에 　근거 　—자발성이 증가 2) 관계 중심: 권력의 분산 　과 협력 3) 융통성 있게 역할 분담, 　부모 공동의 자녀 양육 4) 대화형의 의사 소통/충 　분한 협상을 통한 문제 　해결 모색 　—상호 의사 표시를 장 　려 5) 관계의 융통성과 적응력 　—창조적 관계

개인을 희생시키지 않는 민주적 가족을 만들어가려는 이러한 노력이 1970년대를 통하여 상당히 강하게 이루어졌음에도 불구하고 그 성과가 크게 나타나지 않고 있는 것은 서구 특유의 소유적 개인주의의 성향과 사회복지 국가로의 이행 과정과 관련이 있다고 볼 수 있다. 사적 영역에서의 조용한 움직임이 단시일내에 변화를 드러낼 것을 기대하는 것은 무리이며, 아직은 서구의 경험과 비교할 수 있는 상황을 찾기 힘들기 때문에 일반화하기에는 성급한 감이 없지 않으나 현재 서구 사회는 적당한 대안을 찾지 못한 채 원자화된 개인으로 흩어지든가 전통적 가족 제도에 다시 매달리려는 성향을 매우 현저하게 드러내고 있다.

그러면 한국 사회의 가족은 어떤가? 선진 자본주의 사회의 경험을 토대로 볼 때 우선 분석을 위한 맥락을 잡으려면 현재까지 한국의 자본주의화 과정을 몇 단계로 나누어볼 필요가 있음을 알게 된다. 산업 구조 형성의 초기에는 아동과 여성이 가장 저임금을 받는 노동자로 노동 시장에 나서는 시기를 거친다. 그러나 이 시기를 지나서 자본주의적 팽창이 일정 수준에 도달하게 되면 성에 따른 전문화가 일터와 가정을 축으로 나타나고 '가족 임금 체계'[1]가 정착된다. 더 진전된 형태로 자본주의가 무르익는다는 것은 확대된 경제 영역의 독자적 세력이 정치 권력과 맞서는 수준에 이르게 되며 3, 4차 산업의 확장과 극단적 소비주의화 및 개인주의화를 뜻한다. 이 시기를 통해 표준적 핵가족 형태의 붕괴가 일어난다. 현재 한국의 상황은 자본주의 체제가 본격적으로 그 골격을 형성하여 그 자체내 힘이 막강하게 부상

---

1) '가족 임금 체계' 관계에 관하여 어렌리크 B. Ehrenreich(1983), *Hearts of Men*(New York: Anchor Books)는 남성이 받는 임금으로 아내와 자녀 부양이 가능하다는 전제 아래 국가의 정책, 즉 세금, 여성 취업, 복지 제도가 세워지는 점을 강조한다. 곧 남편 개인이 가장으로서 부양 가족의 복지를 책임지는 사적 사회 보장제 *private sector welfare system*의 주관자가 되는 것인데 이 시기를 통하여 가장의 힘은 막강해진 것이다.

되고 있는 상태로 보인다. 이러한 맥락에서 볼 때 최근까지 한국 가족 제도의 변화는 '가족 임금 체계'의 확립과 밀접하게 관련되어왔음을 알게 된다. '가족 임금 체계'에서 남성은 원칙적으로 거대 규모의 공장을 차질없이 돌아가게 하는 부속품으로, 여성은 그 부속품이 제대로 기능을 하도록 보조하면서 동시에 상황 변동에 따라 부족한 노동력을 메울 산업 예비군으로 존재하게 된다. 즉 '일'하는 남편과 살림하는(소비하는) 아내의 역할 분화가 기능적으로 이루어지며 이런 상태에서 두 남녀가 이루는 가족 형태가 '부부 중심 핵가족'인 것이다.

한국의 경우, 현재 부부 중심의 핵가족화는 불가피하게 진행되고 있으며, 특히 최근 20년간의 급속한 도시화로 인하여 적어도 외형적으로는 핵가족화 추세가 뚜렷해지고 있다(최신덕, 1982; 이동원, 1981). 현재로서 한국 가족 문제의 주요 쟁점은 핵가족화와 탈핵가족화의 문제를 동시에 안고 있다는 점일 것이다.

다음 절에서 한국의 결혼, 핵가족화, 그리고 아직은 시기 상조인 감이 없지 않으나 탈핵가족화 과정을 통한 가족 관계의 변화를 가능한 한 동태적으로 살펴보려고 한다. 가족내의 역할 분담, 권력 관계, 구성원간의 적응 양식과 가족 집단이 외적 압력에 대응해가는 방식이 주로 다루어질 것이다. 여성의 취업 여부와 계층적 변수는 가족 관계 형성에 있어 매우 중요하게 작용하므로 비취업 주부와 취업 주부, 그리고 계층별 차이를 따로 나누어 살펴보고자 한다.

3. 현대 한국의 가족 관계

현대 한국의 가족 관계를 파악하기 위해서는 산업화 과정상의 특수성과 전통적 가족 제도에 대한 이해가 필요하다. 산업화 과정의 특수성으로는 (1) 그 속도가 매우 빨랐다는 점과 (2) 산업화의 모델로서 서구적 모델이 이미 존재해 있었다는 사실에 주목할 필요가 있다. 서구 모델이 이미 존재했다는 것은 주체적이지 못할 경우 자칫 서구적 모델을 맹목적으로 따르게 될 위험을 의미함과 동시에, 서구 지향적 사대주의를 벗어날 경우 서구가 거쳐간 시행 착오의 전철을 밟지 않고 보다 나은 가족 형태를 이루어갈 가능성을 의미한다.

한국의 경우, 불행하게도 대다수의 사회가 그랬듯이 급격히 근대화가 추진됨에 따라 "무엇이 인간을 위해 좋으냐?"는 물음은 전혀 무시된 채 "무엇이 경제 성장을 위해 좋으냐?"는 물음이 한국 사회의 가장 의미있는 물음으로 제기되어왔다. 이 과정에서 가정은 산업 역군의 스트레스를 풀어주고 산업 역군을 생산해내는 장소로 전락하였다. 서구의 경우도 이와 비슷한 과정을 거쳐왔으나, 한국의 경우는 계획적으로 추진된 급격한 산업화로 인해 그 정도가 매우 심할 수밖에 없었다. 산업화의 급속한 전개는 극심한 가치관의 혼재라는 또 다른 차원의 갈등적 상황을 빚었다. 즉, 성취 지향적 개인주의·평등주의 및 합리주의를 근본으로 하는 소위 근대직 구조 원리가 사회의 영역에 따라 각기 다르게 실현되었는데, 특히 가족 생활을 포함한 사적 영역은 이러한 가치와는 상당히 무관한 전통적인 혈연주의·서열주의와 정의(情誼)주의가 지배함으로써 과도기적 갈등을 심화시켜온 것이다.

한국의 산업화의 발단이 외적 압력에 의한 것이었고, 또한 식민 제국주의적 팽창의 불가피한 산물로서 극단적 서구 지향성을 낳았다는 제3세계적 특질이 갖는 의미 역시 가족 관계의 변화를 이해하는 데 있어 매우 중요하다. 단적으로 서구 문화를 체계적으로 보지 못하는 가운데 모방을 일삼는 경우, 현재 서구에서는 오히려 극복하고자 하는 전통적 잔재를 직수입하는 문제를 안게 된다. 예를 들어, 낭만적 부부애의 환상과 '신사'가 문을 열어주어야 한다는 식의 신사도와 의존적 '숙녀'상, 극단적 개체주의 등이 그것이다. 이러한 맹종의 다른 편에는 서구화를 무조건 배척하는 입장이 있게 되며, 이 신보수주의자들은 서구 사회에서 나타나는 가족의 불안정성과 노인층의 고독한 생활 등을 들어 전통적 양식만을 고집하기에 이르게 된다. 산업화와 서구화를 분석적으로 구분하지 못하는 이러한 사고는 바람직한 가족 관계를 추구하기 위한 토론을 어렵게 하는 커다란 장애 요인이 되고 있다.

가족 제도와 관련되는 한국의 문화적 특수성으로는 강한 가족주의의 이데올로기와 남녀 유별적 전통을 들 수 있다. 첫째로 가족이 모든 사회 생활의 근원이라는 가족 중심적 가치는 농경적 사회의 산물이지만 또한 유교를 통치 이념으로 삼았던 조선 시대를 거치면서 강화되어 부계 혈연 중심의 가족 단위는 사회 생활의 절대적 단위로 뿌리를 굳혀왔다. 왕조 말기 이후 일제 치하와 정치적 혼란기를 겪으면서 개인의 삶의 유일한 보루로서, 혈연 가족의 기능과 의미는 더욱 절대화되었으며 가족에 관한 한, 이성적이기보다는 감정적 반응을 불러일으켜왔다. 그런 면에서 가족주의적 의식은 안정의 토대이자 보수성의 온상이 되어왔다. 두번째로 한국의 전통적 남녀 관계는 선비적인 문약한 남성상과 현실적이고 모성적인 아내상으로 특징지워질 수 있는데, 이러한 남녀 관계가 현대 사회에서 어떠한 형태로 바뀔 것인가가 현대적 가족 관계 형성에 주요 관심사가 된다. 구체적으로 모자 관계가 다른 어떠한 관계보다 우선시되는 것, 극단적인 남성 우대의 관습, 그리고 최근 어머니가 자녀 양육을 전담하게 되면서 더욱 심화되고 있는 자녀에 대한 어머니들의 집착이 주요 문제로 대두되고 있다.

한국의 가족 제도와 가족 관계의 변화는 이러한 상황적인 요소와 일상 생활을 지배하는 가치 지향성이 끊임없이 상호 작용하는 과정 내에서 이루어지며 양자간의 불균형은 많은 갈등을 낳고 있다. 일반적으로 볼 때 경제 구조의 변화와 직결된 부분은 급격히 변화되는 양상을 보이는데 예를 들어 농촌에서 도시로의 이동에 따른 불가피한 핵가족적 구성이라든가, 소비체로 간주되는 자녀의 수가 감소되는 추세 등이 그것이다. 그러나 인간적 상호 작용과 합의가 요구되는 영역의 변화는 매우 더디며, 실제로 현재 가족 관계상의 변화의 관건은 바로 이 차원에 걸려 있는 것으로 보인다. 즉 외형상의 변화가 아니라 내용상의 변화로서 집단주의와 개인주의의 대립, 시가 중심 원리와 친정 중심 원리, 부모 중심 원리와 부부 중심 원리의 대립 등으로 나타나는 제도적 관계와 애정적 관계간에 빚어지는 갈등이 첨예화되고 있는 것이다.

이러한 잠재적 갈등이 존재하고 표출되기 시작한 상황에서는 구조 기능적 이론보다는 갈등 이론 및 교환 이론적 모델이 설명력을 지닌다. 기존의 규범이 더 이상 타당성을 갖지 못하고 깨져나가는 상황에서 개개 사회 구성원은 규범과 규칙을 따르기보다 상황에 따라 자신의 이익을 극대화하고 손해를 극소화하는 계산적 행동을 하게 되기 때문이다. 교환 이론에 따르면 사회 생활은 끊임없는 교환의 과정으로 이해될 수 있으며, 불균형적 교환은 곧 불평등한 관계를 의미한다. 교환 이론에서 핵심적 개념은 개인이 갖는 자원 *resource*과 그 자원이 교환되는 협상 과정이다(Lee, 1977; Nye, 1979).

이 교환 이론을 부부 연구에 적용해볼 때 취업한 경우와 취업하지 않은 경우에 여성들이 가진 자원의 내용은 서로 판이하게 다르며 따라서 그들 가족이 가진 문제의 성질 또한 근본적으로 다르다는 것을 미루어볼 수 있게 된다. 경제적 자립이 가능하고 그 자체로서 사회적 축적(경력)이 인정되는 직업을 가진 여성과 가정에 머물면서 가족 성원의 건강과 행복을 최대의 목표로 삼아 일해온 여성을 비교할 때 그들이 맺어가는 가족 관계의 양상이나 기대치가 다를 수밖에 없음은 자명하다. 여기서 남성보다 여성을 중심으로 가족 관계 논의를 전개하고자 하는 이유는 현재로서 가족의 핵심적 운행자는 여성이 되고 있기 때문이다. 남성의 경우는 5장에서 다시 논의된다.

I. 비취업 주부의 가족

주부의 상황

아내가 경제적 활동을 하지 않고 소위 사적 영역인 가정에만 머물게 되는 것은 자본주의적 확장의 결과임을 이미 논의하였다.[2] 산업화 초기에 가장 열악한 조건에서 노동을 해왔던 여성들은 중산층이 두터워지고 세대주 남성의 수입이 상승함으로써 산업 노동에서 벗어나게 되었다. 이것은 노동에 시달리던 여성들에게 축복이자 다음 세대 여성들에게 저주스런 변화라 하겠다. 주부는 경제적 면에서 남편에게 전적으로 의존하는 대신 자신은 집에 '남아서' 가사 노동과 육아, 그리고 '인간적' 가치들—사랑, 개인적 행복, 가정적 안락—에 대한 책임을 맡게 된다. 즉 여성이 남편의 경제력과 그의 사회적 활동에 따른 사회적 신분의 자원에 의존하는 대신 남편은 아내의 정서적 자원에 의존하게 되는 것이다. 이러한 공적 자원과 사적 자원 교환의 불균형, 특히 매우 불안정한 사적 복지 체제(남편)에 자신의 생을 맡겨야 하는 여성은 이 체제의 희생물이 될 가능성을 항상 안고 있다.

그러나 자본주의화의 역사가 짧은 한국 가족의 경우, 부부 애정 중심의 고립된 핵가족의 전형을 이미 상당 기간 이루어왔던 서구 사회와는 다른 양상을 보이는데 이는 주부의 사회적 상호 작용의 폭이 아직 상당히 넓다는 점에서이다. 대부분의 후발 공업 국가에서 가정 주부의 역할이 상당히 큰 사회적 비중을 차지하는 근원은 사회의 합리적 조직화가 체계적으로 이루어지지 않아 여전히 광대한 사적·비공

---

2) 전통 사회에서의 가정 영역은 자본주의적 산업 사회의 가정 영역과 근본적으로 다른 기능과 의미를 지녔다는 점에 관해서는 이 책 2장에서 충분히 토론이 되고 있다.

식적 영역이 남아 있다는 점과 대가족적 관계의 존속 현상에서 찾아볼 수 있다. 제3세계에서 흔히 나타나는 가정 주부의 비공식적인 경제 및 사회 활동을 파파넥 Papanek(1985)은 '지위 재생산 *status reproduction*'의 역할이라고 부르고 있다. 지위 재생산의 역할에는 (1) 계나 부동산 매매와 같은 경제적 역할; (2) 자녀의 과외 지도와 의도적인 교사 방문 등의 교육적 투자; (3) 제사와 친척 관리 등 가족의 체면과 명망 관리; (4) 적극적 내조와 연줄 결성을 통한 남편의 출세 관리; (5) 그 외 자녀의 결혼을 성사시키는 것 등 주요한 정보 교환이 포함된다. 실제로 1970년대까지만 해도 한국의 중산층 주부들은 이 다섯 가지 종류의 역할을 수행하느라고 매우 분주하였으며 엄밀히 그들의 가정적 역할은 단순히 가정의 영역에 머문 것이 아니었다. 그러나 1970년대 이후 본격적으로 산업화가 진행됨에 따라 여성의 활동 범위는 점점 좁아지고 있으며, 전형적으로 '남편 하나'에 의존하는 '가정 주부' 집단이 확고히 형성되었다. 이들의 역할은 가족 성원의 건강 관리와 자녀 교육, 그리고 정서적 역할 등 극히 사적인 영역에 한정되어기고 있다.

이러한 부부의 경우, 부부간의 권력 관계의 성격을 살펴보자. 공식적 경제 활동에서 제외되고 또 어머니 세대가 행하던 비공식적 경제, 사회적 활동의 통로마저 잃기 시작한 현대 주부는 대신 사적 *personal* 자원과 감정적 *affective* 자원을 개발함으로써 부부간의 역할 및 권력 관계에서 균형을 이루려고 노력하게 된다(Scanzoni, 1979). 사적 자원이란 남편으로 하여금 아내가 일상 생활에서 필수 불가결한 사람임을 느끼게 하는 것이 주가 된다. 의존성은 곧 권력의 원천이 되기 때문이다. 남편의 식성에 맞는 식사 준비, 남편 수발들기, 적합한 성적 파트너가 되는 것, 자녀 양육을 알아서 잘하고 있다는 것을 남편으로 하여금 인지하게 하는 것이 여기에 포함된다. 경제적 여유가 있는 가정 주부의 경우 공해 식품으로부터 가족을 보호하는 것, 자녀 학력

관리 및 자녀를 다양한 취미를 즐기는 '문화인'으로 기르는 것, 남편
의 모임 등에 나가 남편의 사회적 명망을 더해주는 역할이 보태지며
경제적 여력이 없는 경우 알뜰한 가계 운영이 주를 이루게 된다(김순
옥, 1972; 조혜정, 1981a). 주부는 이렇게 남편을 직접적으로 의존시
키는 것 외에 자녀들의 사랑을 차지함으로써 집안의 감정적 지주로
서의 자원을 또한 확보한다. 실제로 현대의 시대 사조인 평등주의와
개인주의의 영향을 받은 가정 주부들은 새로운 자원을 개발하고 이
를 바탕으로 평등한 권력 관계를 맺기 위하여 노력해왔다. 이들의 시
도는 때로 '바가지' '잔소리' 등으로 무시되기도 하나 때로는 성공한
다. 특히 고등 교육을 받은 여성일수록, 남편을 위해서 자신의 자아
실현을 포기했다고 믿기 때문에 자신의 헌신적 역할에 대한 보상을
남편에게 강하게 요구하게 되며, 이것을 남편의 권한에 대항하는 직
접적 자원으로 쓰기도 한다.

최근까지, 한국의 어머니들은 감정적 자원과 사적 자원을 확보함
으로써 가정내에서 막강한 권한을 행사해온 편이다. 직접적인 통제
나 권위는 아니더라도 원거리 조정을 통하여 주부들은 자신이 원하
는 바를 상당히 이루어갈 수 있었던 것이다. 그러나 문제는 그 권한
이 어디까지나 '도구적 권한 *implementational power*'에 그친다는 점
이다. 예를 들어 빠듯한 살림살이를 꾸려가는 '자질구레한 일 따위'
는 총괄적 권한 *orchestration power*을 가진 남편이 인계한 권리에 지
나지 않는다(Safilios-Rothschild, 1976). 비공식적 경제 활동의 영역이
열려 있을 때, 그리고 생존 자체가 위협을 받을 때 가계 관리는 그나
마 큰 비중을 갖는다. 그러나 생산과 소비 활동이 엄격히 분리될수
록, 또 남편의 경제력이 커질수록, 가정 관리권의 의미는 줄어든다.
그리고 실제로 경제적 여력이 있는 경우, 수입의 관리권은 남편이 쥐
고 일부의 살림 비용만을 아내에게 주는 경향이 높아진다. 특히 자신
의 가정내 위치에 불안을 느끼는 남성일수록 경제권으로 권력 행사

를 하려 들게 된다. 그러나 일반적으로 가족이 사회 구조내에서 갖는 비중이 점차 줄어들고, 직업 활동으로 바빠짐으로 해서 남편은 가능한 한 가족일을 아내에게 맡겨버리려는 경향이 현저해지고 있다. 다시 말해서 "남자는 큰 데 뜻을 두어야 한다"는 선비 전통에 근거하여 '소소한' 가정일을 회피하는 경향과 자본주의 사회의 '사회' 우선적인 구조로의 이행에 따라 남편의 인계권 행사가 상당히 이루어지고 있다는 것이다. 그러나 가정일을 실제로 누가 주도하든 경제적 자립 가능성이 없고 가사일이 정당한 사회적 평가를 받지 못하는 상황에서 가정에 고립되어 있는 비취업 주부는 통괄권을 쥔 남편에게 궁극적으로는 종속될 수밖에 없음을 분명히할 필요가 있다. 이렇게 불균형한 자원 분배 때문에 취약해진 주부의 위치와 관련해서 여러 가지 내적 갈등과 사회 문제가 파생된다. 이를 주부 당사자의 문제와 가족 관계 및 사회적 문제로 나누어 살펴보자.

주부의 내적 갈등

우선 주부의 삶은 가정이라는 좁은 테두리내에서 이루어진다는 점에 주목할 필요가 있다. 그 삶의 특징은 일상성과 기다림이다. 중산층 비취업 주부의 삶은 박완서(1985)와 오정희(1981)의 소설에서 생생하게 그려지고 있다. 박완서의「닮은 방들」에서 똑같은 평수의 아파트에서 똑같은 피아노와 전기 프라이팬을 마련하고 서로 경쟁하듯 살아가는 일상에 젖은 주부의 삶과 그 일상성으로 인해 질식해갈 듯 새로움을 갈구하는 한 주부의 내면을 그리고 있다.

그 여자네 살림살이는 어찌나 알뜰하고 아기자기한지, 꼭 동화 속에 나오는 방 같았다.〔……〕나는 그 여자네 방보다 더 멋있게 꾸미려고 별렀으나 꾸며놓고 보니 가구의 배치나 커어튼의 빛깔까지 비슷한 것이 되고 말았다.〔……〕나는 예쁜 앞치마를 두르고 식구들을 위해

밥도 짓고 반찬도 만들었다.〔……〕나는 철이 엄마에게 노이로제에 대해 물어보았다. 그러면 그녀는 내 증세 같은 건 물어보지도 않고 자기도 노이로제고 누구도 그렇고 또 누구도 그렇고 하며 그녀가 아는 여편네들을 모조리 꼽았다.〔……〕우리 방이 철이네 방과 닮은 것만큼 우리의 상하좌우의 방들은 닮아 있었다. 물론 어느 집은 딴 집이 안 가진 세탁기가 있고 어느 집은 딴 집보다 먼저 피아노를 들여놓고 그 정도의 차이는 있었으나, 그 정도의 우월감조차 오래 누리지는 못했다. 곧 누가 그것을 흉내내고 말았기 때문이다.〔……〕나는 이런 닮음에의 싫증으로 진저리를 쳐가면서도 철이네만 있고 우린 없는 세탁기를 위해 콩나물과 꽁치와 화학 조미료와 철이 엄마식 요리법만 가지고 밥상을 차리고〔……〕(350~51)

이러한 일상성과 개성의 상실은 물론 규칙화된 공장 상품 생산과 소비주의의 시대를 사는 대다수 시민 생활의 특징이기도 하다. 그러나 일생을 가정에만 머물러 있어야 하는, 그리고 자신의 미래가 다른 가족 성원의 활동에 걸려 있는 주부에게 그 정도는 더욱 심하다. 자녀에 매달리며 혼란기를 살았던 이전의 어머니들에 비해서 산업화가 안정적으로 진행될수록 주부들의 삶이 갖는 반복적 일상성의 강조는 더욱 커지고 그 삶의 의미는 반대로 줄어든다. 다시 박완서의 표현을 빌려보자.

나의 어머니가 우리들을 기를 땐 우리를 잠재우고 고른 숨소리를 지키며 우리가 자라서 어느 만큼 훌륭하게 될까, 어떤 효도를 할까, 그런 공상을 할 때가 제일 흐뭇하고 행복했다고 한다. 나도 그래 보려고 한다. 그러나 그게 되지 않는다. 나는 내 애들이 자라 무엇이 될지도 나와 어떤 관계를 이룰지도 짐작할 수 없다. 춥고 막막하다.(360~61)

자신이 지속적으로 노력하며 쌓아갈 독자적인 성취의 영역을 상실한 상태에서 일면 주부의 삶은 기다림의 연속으로 표현된다. 오정희(1981)의 단편 「비어 있는 들」에 다음과 같은 구절이 있다. "나는 줄곧 그(남편)를 기다려왔다. 그 기다림이 하도 절박하면서도 만성적인 것이어서 나는 오히려 그것이 생리적·원천적이 아닐까 생각하고 있다"(140). 가정에만 있는 주부에게 남편과 아이들을 기다린다는 것은 주요 의무이며 거의 생리적인 현상이 될 정도로 친숙한 것이 되고 있다. 그 기다림은 실상 구체적 사람을 기다리는 것뿐이 아니다. 남편의 승진을 기다리며 자녀의 입학을, 그리고 그의 결혼을 기다리는 것이다. 주부가 할 수 있는 것은 자신이 간접적으로 참여한 일의 결과를 행운을 기다리듯이 응원을 보내며 기다리는 길뿐이다. 그러나 사회가 더욱 산업화되고 개인주의화되면서 주부 자신도 그러한 기다림의 보람이 덧없음을 점차 의식하게 된다. 자아 성취가 강조되는 상황에서 여전히 집단주의적 삶을 살아야 하는 것과 수입의 원천인 가장 위주의 불평등 관계를 맺게 되는 것에 주부들은 점차 갈등을 느끼고 있는 것이다. 이는 곧 자아 정체성의 문제를 야기시키며 현대 주부들의 정신적 방황은 대부분 여기에서 비롯된다. 사회 경제적 지위가 높을수록, 고등 교육을 받을수록 이 문제는 심각해진다. "나는 이름이 없다. 누구의 아내, 누구의 엄마일 뿐이다. 가끔 동창회에 나가서 사회적 활동을 하고 있는 친구를 만나면 나는 잃어버린 세계를 그리워하게 된다"는 주부의 말에서, 또 가정 주부들의 알코올 중독 현상이 증가한다는 보고에서, 춤바람·치맛바람 그리고 최근 급격히 불어난 중년 여성층의 열렬한 종교 활동 속에서 주부들의 불안한 자아 정체감의 실체를 여실히 엿볼 수 있다(김정수, 1983; 한혜경, 1985).

불안한 자아 정체성의 문제를 극복해보려고 주부들은 나름대로 노력을 한다. 그러나 그 노력은 대체로 문제의 핵심을 보기보다는 회피하는 식으로 이루어지며, 때로는 자녀의 도구화 등 무리한 결과를 빚는다. 다시 오정희의 단편 「어둠의 집」에서 한 구절을 빌려보자.

> 몇 해째 남편의 귀가는 늦고 납득할 만한 이유 역시 늘 있어 그 여자는 남자들의 사회 생활이란 것에 대해 대범하려 애써왔다.〔……〕 남편의 생일은 닷새 뒤로 다가왔고 그 여자는 남편의 가까운 친구들을 몇 쌍 초대할 계획이었다. 남편에게는 비밀이었다. 남편의 놀라움은 그 여자에게 신선한 기쁨이 될 것이다.(196)

여기에 등장하는 아내는 아이들도 다 자라서 자신을 더 이상 필요로 하지 않는 중년에 들어선 여성이다. 그녀는 여전히 홀로 집을 지키면서 남편과의 신혼 시절을 회상하고 아이들을 생각한다.

> 가족들을 떠올리자 그 여자는 자신이 그들의 악의적인 유기에 의해 이 어둡고 쓸쓸한 집에 홀로 있게 된 것만 같은 생각이 들었다.〔……〕 자신이 살아 있음으로 해서 싸워야 하는 알 수 없는 불만 따위에서 벗어나는 길은 노동에 매달리는 길뿐이라는 것 역시 오랜 세월 동안 스스로 터득한 깨달음이었다.(199)

그 여자는 그때 자신의 몸 안에서 끓어오르는 걷잡을 수 없는 힘을 느낀다. 그리고 그것은 "상대가 확실치 않은 분노"(202)라고 생각한다. 자신의 삶이 뭔가 근원적으로 잘못되어 있음을 느끼면서도 그 느낌은 막연한 느낌으로 끝날 뿐이다.

> 어둠(등화 관제로 인한)은 곧 끝날 것이다. 그 여자는 두려움에서 헤어나기 위해 위로하듯 자신에게 타일렀다. 그러나 그것은 그녀가 자신의 삶에 대해 가끔 혼자 중얼거리는, 어차피 끝나게 되어 있다는 체념적인 어조와 너무도 흡사해 그녀는 섬뜩 놀랐다. 그러나 동시에 그

렇게 말할 때의 편안함, 자기를 내던져버린 자의 세상에 대한 조소·
경멸 따위가 되살아났다.(206)

작가가 중년에 들어선 이 여성의 독백을 통해 나타내려 한 것이 일
반 가정 주부의 의식을 지배해온 자포자기한 감정이었는지, 원래 체
념적인 한 개인의 삶이었는지는 그리 확실치 않다. 그러나 위에서 묘
사된 사고의 흐름은 많은 주부들이 공통적으로 가져본 느낌일 것으
로 유추해도 큰 무리가 없을 것이다. 이는 스스로의 힘으로 자신의
상황을 바꾼다는 것이 구조적으로 봉쇄된 삶을 사는 사람들이 필연
적으로 갖게 되는 무기력한 느낌이기 때문이다. 여기서 버나드
Bernard(1971)가 말하고 있는 자의식이 얕을수록 행복한 아내가 될
수 있다는 '행복한 결혼의 패러독스'가 시사하는 바가 크다. 자신의
삶에 대해 생각을 하지 않고 바쁘게 지낼 수 있는 주부가 바로 '행복
한 주부'인 것이며, 끊임없이 집안 소제를 하는 경우라든가, 에어로
빅·계모임·꽃꽂이·박물관 대학 등의 여가 선용 활동이 주부의 삶
에 큰 비중을 갖게 되는 연유도 이와 관련된다.

사회적 문제

자신이 처한 상황의 구조적 제약을 명확하게 보고 있는 가정 주부
는 드물다. 반복적이고 일상적인 일로 바쁜 주부는 자신의 생을 총체
적으로 조명해볼 기회를 좀체로 갖기 어렵다. 자신의 상황을 객관화
시켜보고 있다 하더라도 그 제약을 뛰어넘기가 어렵다는 것이 더욱
문제를 심각하게 만든다. 여성의 취업이 어려우며 이혼 역시 현재로
서는 쉬운 일이 아니다. 여성들은 가정 주부의 삶이 여성에게 가장
적합한 삶이라는 것을 절대적 진리처럼 배워왔기 때문에, 또 대안이
없기 때문에 주어진 틀 안에서 최선을 다할 수밖에 없다고 느끼고 있
으며, 실제로 나름대로 최선을 다하고 있다. 이들은 체제 유지에 있

어 중심적 역할을 하고 있는 셈인데, 변화를 지향할 때 이는 문제로 등장할 가능성이 높은 것이다.

앞에서 논의한 바와 같이 비취업 주부가 권력을 얻을 수 있는 근거로는 가정내의 역할 수행을 철저히 전담함으로써 가능하며, 한편 남편의 사랑을 항상 확보함으로써 가능하다. 전자의 경우에는 주부가 가족 구성원에 대해 비현실적인 기대감을 갖게 되는 것은 불가피하다. 자아 실현의 과제를 남을 통해 이루어야 하는 상황에서 성취 지향적으로 길러진 여성일수록 과도하게 남편의 출세를 자극하거나 자녀에게 어머니의 꿈을 실현해줄 것을 강요하게 된다. 우리는 주변에서 남편과 자녀들의 행동을 자신의 희망대로 유도하고 연출해나가는 주부들을 흔히 보게 된다. 그리고 그 결과는 지나치게 의존적인 자녀, 아내에게 미숙아처럼 의존하는 남편, 그리고 한 남자를 둘러싸고 벌이는 고부간의 심각한 알력으로 이어짐을 보게 된다. 가정에서 소외된 남편, 과열된 교육열과 경쟁적 사회 풍토 등이 어머니로서의 정체성에 안주하는 여성들의 계산된 헌신의 산물일 가능성이 상당히 높은 것이다. 부부 관계가 애정과 신뢰를 잃을 경우 자녀의 도구화 위험성은 더욱 커진다.

한편 새롭게 부각되고 있는 '사랑받는 아내'로서의 주부상은 젊은 세대에게 사랑이 있는 한 갈등도 불평등도 없는 행복한 가정만이 있을 것이라는 환상을 심어주고 있다. 실제로 낭만적 사랑이란 실체라기보다는 산업화와 더불어 대두된 이데올로기이며 배우자의 경제적 의존성과 깊은 관련이 있음을 샐스비 Salsby(1985)는 밝혀내고 있다. 한국과 같이 남녀 교제의 역사가 짧은 사회에서 낭만적 사랑의 환상에서 생기는 문제는 심각하다. 연애를 하면서 상대방 인물을 사랑하는 것이 아니라 사랑을 위한 사랑을 하는 것, 그리고 서로 연애의 상대가 되기 위해 남성은 더욱 '남성적'으로, 여성은 연약하고 의존적인 존재로서 스스로를 부각시키려는 것은 그들이 이룰 가족 관계 형성의 토대를 허약하게 하고 있다. 남편의 사랑에 매달리는 현상은 또한 남편의 역할 과중 내지 소시민화를 강요하는 결과를 낳기 때문에 더욱 문제가 된다. 실제로 "남편이 관심을 가져주지 않는다"는 것이 비취업 주부들이 남편에 대해 갖는 가장 큰 불만 중의 하나로서, 직업이 있는 여성에 비해 직업이 없는 여성을 아내로 삼은 경우, 남편은 아내의 삶에 대해 더 많은 책임을 져야 하는 것이다. 또한 현대 사회의 소시민화와 탈정치화 현상은 이러한 단란한 핵가족에 대한 환상과 깊은 관련을 갖는다.

비취업 주부의 삶의 형태가 갖는 또 다른 사회적 비중은 (1) 그것이 성에 따른 역할 분담을 구조적으로 지속시킨다는 것과; (2) 과잉 소비와 과시 성향의 증가; 그리고 (3) 계층간 격차를 심화시킨다는 점에서 찾아진다. 가정일을 전담하는 직업이 여성의 지배적인 삶의 형태인 한, 성 역할 고정 관념은 깨어지지 않을 것이다. 주부는 바로 이 고정 관념을 구체화시키는 주요 집단인 것이다. 또한 상업주의가 팽배한 사회에서 여유 있는 층의 주부의 삶은 마치 '여가'의 상징인 듯 간주되고, 많은 여성들에게 일을 하지 않고 사는 삶이 바람직한 삶인 듯한 가치를 심어주고 있나. 여성의 삶의 최대의 목표는 남편을 잘 만나는 것이며 그래서 큰 집에서 고급 의상을 걸치고 '일'을 하지 않고 오직 취미 생활을 즐기면서 사는 것이 하나의 이상적 삶의 양태로 비추어지고 있는 것이다. 비슷한 처지의 주부끼리 실내장식·의상·휴가 활동 등으로 비생산적인 경쟁을 벌이거나 친척간의 문제로 끊임없는 스트레스를 주고받기도 한다. 그나마 서구에서는 여성이 취업하기 어려웠던 당시, 지역 사회의 봉사로 여가를 선용하는 주부들이 많이 있었으나 우리나라의 경우는 여가 선용에 대부분 개인적 만족이나 자녀들에게 치중하는 현상으로 나타난다는 점이 주목을 요한다. 틴커 Tinker(1980)는 이러한 공동체 의식의 부재 현상을 한국의 특수한 현상으로 들면서 그 원인을 한국 문화의 극단적인 가족 및 친족 중심주의에서 찾고 있다. 즉 주부는 전통적인 가족 집단주의를 고수하는 주요 집단으로서, 새로운 공동체 의식을 심기보다는 가족적 이기주의를 존속시키는 데 기여하고 있다는 것이다.

계층간의 격차를 심화시킨다는 것은 가족에게만 시간과 에너지를 투자하도록 구조화된 상황에서 주부가 수행하게 되는 자녀 교육에 관한 열성적 활동과 관련된다. 국민 소득의 분배와 사회 복지에 관한 정책이 경제 성장을 위해 뒷전으로 밀리고 있는 상황에서 아동 양육과 교육은 거의 전적으로 가족에게 맡겨지게 된다. 이러한 상황에서 경제적 여유가 있어 교육적으로 안정된 환경을 마련해줄 수 있고 전적으로 관심과 시간을 자녀 교육에 쏟을 수 있는 전문적 육아인이 있는 계층에 속한 아동이 학력 경쟁에서 이길 가능성은 매우 높아진다. 즉 치열한 학력 사회에서 한칸 방에 살면서 부모가 모두 노동을 나가야 하는 가정에서 자라나는 아동과 자신의 공부방을 갖고 있으며 자주 학교를 방문하는 여유를 가진 어머니의 세심한 관심과 지도 속에서 자라는 아동이 벌이는 경쟁이 공평한 것일 수는 없다는 것이다. 사회가 어느 정도 안정되고 공업 자본주의 경제가 확대됨에 따라 계층간의 분화는 심화되고 있으며 이러한 불평등은 상당 부분 자녀들이 사회의 핵심부에 진출할 수 있도록 효율적으로 훈련시키고 불법적 행위(예를 들어 불법 과외)까지 불사하는 중산층 주부의 적극적 활동에 의존하고 있다고 하겠다.

이제까지 논의된 비취업 주부의 모습은 미래 지향적 관심에서 평가된 것으로 앞으로 지양되어야 할 부정적인 측면들이다. 실제로 한국의 비취업 주부들은 아무리 "일을 해도 빛이 나지 않는" 가사 노동을 포함하여 자녀와 병약자를 돌보는 일, 그리고 이름 붙여지지 않았지만 그 일이 수행되지 않고는 사회 생활이 원활히 이루어질 수 없는 무수한 일들을 수행해왔다. 곧 이들은 정부가 책임져야 할 많은 양의 사회 복지 관계의 일을 아무런 대가 없이 떠맡아온 것이며, 지금까지의 크고 작은 사회적 충격을 개인의 삶 속으로 삭여온 것이다.

동시에 주부는 불안정한 경제 체제를 안정시키는 산업 예비군적인 집단으로 경제적 상황이 바뀌거나 가정 환경이 나빠지면 지금껏 고수하던 가치와는 무관하게 비숙련·저임금의 산업 노동자로 직업 전선에 나서야 했으며 가정과 노동 시장에서 이중의 역할을 감당해야 했다. 인간적 유대보다 상품적 가치가 중시되는 사회로 될수록 가정 주부의 역할과 위치는 취약해지고 있어서 사실상 이러한 역사적 진행의 방향을 바꾸려는 주부들의 노력이 어느 때보다 절실히 요구되고 있다. 그러나 개개 가정의 주관자로 고립되어 있는 주부들이 집단적 활동을 전개할 가능성은 아직은 희박한 것으로 보인다.

가능성이 있다면 그것은 주부들이 자신의 자녀와 남편의 안녕과 복지를 사회 구조적 맥락에서 꿰뚫어볼 수 있을 때일 것인데 이는 곧 주부의 정치 사회적 활동의 폭을 어떻게 넓힐 수 있을지의 문제에 달려 있다. 구체적으로 주부가 (1) 자아 성찰을 할 자신의 시간과 공간을 어떻게 확보할 수 있을지, 그리고 (2) 정치·사회적 참여를 통하여 다른 사람들과 유대 관계를 맺고 시민으로서의 사각을 어떻게 확고히해갈 수 있을지가 주요 과제가 된다.

자녀 세대를 통해 변화가 생길 가능성은 있다. 아래에 인용된 글은 연세대학교의 '성과 사회' 강좌(1987년 봄학기)가 끝나는 날 학생들이 자신에게 가장 의미깊은 사람에게 보낸 편지 중에서 고른 것이다. 이 글에는 자신의 가족에 대한 근원적 성찰과 보다 인간적인 사회를 희구하는 의지가 무척 감동적으로 서술되고 있다. 여학생의 글보다 남학생의 글이 보다 절실한 느낌을 주는 것은 그만큼 그들이 가족내에서 사랑을 많이 받았으면서도 그에 대해 성찰해볼 기회를 갖지 못하였음을 드러낸다고 하겠다. 이중적 가치 기준에 따라 남성과 여성 두 쪽의 삶이 모두 왜곡되어가는 것을 보는 시각을 갖게 될 때, 극단적 보살핌과 기대가 부담스럽게 느껴질 때, 그리고 사랑하는 어머니의 '체념'과 '한'을 함께 느낄 때, 가족내 혁명을 젊은 세대가 주도해 갈 가능성이 높아지리라고 기대해볼 수 있다.

[아빠에게 보내는 편지]

"나 시집 안 갈 테야!" 하는 말을 처음엔 농담으로 받아넘기시더니, 어제의 아빤 참 심각하게 "여자는 뭐라 해도 시집을 가야 정상인이 될 수 있다"고 하셨지요? 그리고 얼굴엔 근심이 가득하셨어요.

솔직히 말하면, 제가 이러한 생각을 가지게 된 것이 전혀 아빠 탓이 없다고 말 못하겠어요. 아빤 우리에게 말할 수 없이 좋은 아빠셨지요. 내가 언제나 열심히 공부하도록 격려해주시고, 여성의 경제적 자립, 능력 발휘가 중요한 것이라고 제게 참 누누이 강조해오셨어요.

그때 기억나세요? 대학을 들어오기 위해 '학력고사'를 보고 난 후, 과를 결정하지 못해 고민했을 때, 아빠는 '경제학'이나 '경영학'을 하기 바라셨죠? 상대에서 CPA시험을 보아 확실히 자격이 있는 것이 낫겠다구요. 그때나 지금이나 아빠의 제게 대한 격려가 끊임없는 힘이 되고 있는 건 사실이고, 뭐랄까요, 친구 사이에서 그런 아버지를 둔 저를 부러워하는 일이 많았었어요. 언제나 엄마 아빠 사이에서 제가 아빠 편을 더 들었던 것은 아빠가 합리적이고 편협한 쪽은 엄마일 거라는 생각에서였어요.

지난 여름 방학 때 시중의 베스트셀러라는 『신데렐라 콤플렉스』를 읽게 되었어요. 그것을 읽으면서 '우리 집'과 매우 비슷한 데가 있다는 것을 알았어요. 언제나 아빠의 격려를 받으며 자라온 딸, 엄마와의 불화, 그런 상황들이 가족에게 미치는 영향. 그 책을 계기로 '여성학'에 관심을 갖게 되었어요.

아빠도 아시죠? 대학에 들어온 다음부터, 불화는 아니더라도 저와 엄마와의 사이가 더욱 안 좋아진 것을요? 우리 집에서 가장 보수적이고 제게 여성적인 것, 얌전하고 예쁠 것을 요구하는 것은 엄마였어요.

전 그걸 'ㅇ대 졸업생 기질'로 몰아붙였지만, 여성학 공부를 하면서 엄마 아빠 사이를, 그리고 저와 엄마 사이를 다시 볼 수 있게 되었어요.

아빠, 지금껏 저는 제 자신이 남자라고 착각했었나봐요. 남성과의 동일시라고 할까요? 언제나 아빠와 유사한 생각·가치관·지위에 내 초점을 맞추고 살아왔고, 엄마는 그저 제게 엄마일 뿐이었죠. 아빠도 제게 그런 사고를 심어주셨구요. 그러나 생각해보세요, 아빠. 전 아빠의 딸로서 그렇게 자유로울 수 있었지만, 아빠가 엄마에겐 어떻게 대하셨어요? 엄마는 아빠의 아내로서 어떠한 억압과 제약을 받아왔을지 생각해보셨어요? 엄마와 제 사이가 나빴던 것도 그 이유 때문이었을 거예요. 두 가지 기준이 공존을 한 거죠. 전 엄마가 내면화시켜온 엄마의 삶에 적용되어온 그 기준이 싫었어요. 아빠가 엄마와 제게 달리 적용하신 사회적인 기준, 전 참 심한 갈등에 시달렸어요.

어느 날 엄마께서 제게 이렇게 말씀하셨어요. "넌 좋겠다. 사는 게 재미있고, 기운나구, 희망이 있어서……." 엄마는 제가 엄마와 똑같은 기준으로 시긴 행동 사고의 제약을 받지 않고, 아빠와 같은 기준으로 사는 게 부러웠던 거지요. 엄마는 자신이 가족내에서 가장 소외되고 열등한 존재라고 느끼셨던 거예요. 반면에 저는 엄마처럼 되는 게 두려웠고, 지금도 여전히 두려워요. 난 그것이 엄마의 무능력 탓이라고 생각했지요, 지금껏은. 그러나 사실을 깨닫고는, 이 사회의 모순을 깨닫고는, 그리고 제가 남성이 아닌 엄마와 같은 여성이라는 걸 깨닫고는, 그게 엄마의 개인적인 무능력이 아닌, 사회가 여성을 무능하게 만드는 것이라는 걸 알았어요.

지금은 엄마를 이해하게 되었어요. 그래서 요즘 아빠에게 요구가 많아진 거예요. 엄마의 취미·자유 의지·사고를 받아들여주시고, 엄마의 입장이 되어주시길 바랐던 거예요. 엄마를 너무 '아내'로만 보지 말고 '인간'으로 여겨주세요.

아빠가 솔선해서 그런 사고를 가지셔야, 아빠의 딸인 저도 앞으로
한 '인간' 으로 살 수 있을 것 같아요.

1987년 6월 7일 딸 ㅈㅁ

〔어머니께 드리는 편지〕

어머니 보셔요.

제가 어머니께 드릴 말씀이 있답니다.

며칠 전 제가 설거지를 하다가 그릇을 깨뜨렸던 일 생각나시죠? 그
때 어머니께서 저더러 여자애가 조심성 없이 그릇을 깨뜨렸다고 꾸중
하셨던 일도 기억하시죠? 그 소리를 듣고 저는 어머니께 손이 미끄러
워서 좀 실수로 그릇을 깨뜨렸다 하더라도 그게 조심성과 무슨 상관이
있으며 더군다나 여자이니까 조심해야 한다는 게 무슨 논리냐고 말대
꾸를 하여 또 한번 나무라셨던 걸로 생각해요.

평소 어머니는 여자건 남자건 능력이 있으면 능력껏 대우를 받아야
하는데 지금 현재 우리나라에서는 그렇지 못할 뿐 아니라 앞으로 그렇
게 될 날도 참 먼 것 같아서 참으로 불만이 많으시다는 말씀도 자주 하
셨고, 또한 어머니는 딸아들을 별로 구별하지 않고 키웠다고 생각한다
는 말씀도 많이 하셨어요. 그런 말을 들을 때마다 전 '엄마, 멋쟁이' 를
속으로 외쳤으나, 며칠 전과 같은 그런 얘기를 듣다 보면 엄마는 한 머
릿속에 두 가지 생각을 갖고 계시다는 생각이 자꾸 들어요.

'여자는 여자답게' '남자는 남자답게' 행동해야 한다는 것이 어떤
것이라고 생각하세요? 그 이전에 사람이니 사람답게 행동해야 되는
것이 아닐까요?

어머니!

어머니도 이젠 어머니가 하고 싶으신 대로 마음껏 하세요. 왜 몸이
아프고 고달파도 '아버지와 저희를 위해서' 마음대로 눕지 못하세요?
아내와 어머니라는 지위를 가졌다는 이유로 아파서도 안 되고 음식도

잘해야 되고 청소도 빨래도 집안 관리도 모두 척척 해내야 된다는 건 너무하다고 생각하지 않으세요?

어머니도 얼마든지 어머니가 하고 싶은 일을 하실 수 있어요. 웃고 싶을 때 크게 웃고, 울고 싶으실 땐 소리내어 울고, 또 드시고 싶으신 게 있으면 찾아서 드시구요. 항상 어머니는 아버지 것, 우리 것 차례로 남겨놓으시곤 남은 게 있으면 드시고, 없으면 안 드시고 하셨어요. 또 남은 것도 때로는 부스러기나 찌꺼기도 많았구요. 그럴 필요는 하나도 없으세요. 어머니와 아내이기 이전에 어머니도 한 사람으로서, 당연히 어머니 하고 싶으신 걸 하실 수 있어야 된다고 생각해요.

또한 즐거운 기분과 화목을 위해서라는 명목하에 무조건 참는 게 최고라는 생각도 이젠 좀 바꾸셨으면 해요. 물론 혼자만 사는 건 아니니까 서로 조금씩 양보하는 건 중요하지만 아내니까, 또 엄마니까 참는다는 것은 있을 수 없어요.

이제는요, 그 동안 생활하시면서 어머니 마음 속에 어머니 머릿속에 숨죽인 채 집어넣었던 것들을 서서히 하나하나 끄집어내서 한껏 펼쳐보세요. 그럼 아주 근사할 것 같아요.

어머니, 제가 어머니께 드리고 싶은 말씀은 바로 이거였어요. 그럼 이만 쓰겠어요.

1987. 6. 12. ㄱㅁㄱ

〔어머니께 드리는 편지〕

어머님 안녕하세요?

당신이 돌아가신 지도 벌써 10년이 되었군요.

어제 따사로운 햇살이 당신의 잠자리를 무척이나 포근하게 감싸주던 날, 문득 당신이 그리워져옴을 참지 못해 시외버스를 타고 당신을 뵈러 갔었어요. 타인에게는 1/4,000,000,000에 불과한 존재일지 모르지만 나에게는 4,000,000,000/1 이상의 존재였던 당신.

　무성히 자란 잡초들을 뽑고 있는데 어디선가 '우리 왕자님' 하는 음성이 들려오는 듯했어요. 꿈 같던 어린 시절에 생텍쥐페리의 『어린 왕자』를 유난히도 좋아하셨기에 항상 나를 '왕자님'으로 부르셨던 어머님!

　철없는 개구쟁이 시절 내가 진짜 '왕자님'인 줄 알고 천방지축 날뛰던 나날들을 생각해보면 어머님에 대한 그리움과 함께 잊혀짐이 한없이 안타깝기만 합니다.

　그러나 그러한 안타까움과 그리움이 근래에 이르러서는 당신의 삶 자체에 대한 그리움과 안타까움으로 바뀌었으며 '왕자님'의 말 속에는 바로 소외당한 당신의 삶에 대한 한이 담겨 있음을 최근에야 알게 되었습니다.

　문학 소녀로서의 꿈을 안고 대학에 입학하던 날 찍은 당신의 낡은 사진 속에서, 나는 어머님의 참모습을 볼 수 있었습니다.

　어려운 생활 가운데서도 항시 글을 쓰시려고 애쓰셨던 어머님. 그러나 아버지보다 더욱 당신을 이해할 수 없었던 나!

　당신께서 무엇인가를 쓰시는 것이 그리 싫어서 당신의 흔적이 있는 모든 종이를 갈기갈기 찢어놓고는 "그래 엄마가 잘못했어! 우리 왕자님이 나에겐 더욱 귀중하잖아!" 하시던 말씀을 듣고서야 마음이 놓이곤 했던 시절도 있었지요.

　아주 엄하셨던 할아버님·할머님과 함께 살던 시절, 학교에서 돌아와 보면 부엌에서 가끔 울고 계셨던 어머님!

　간혹 신문에 나온 고등학교·대학교 동창 모임 광고를 보고 얼굴이 발가스레 상기되어서, 갈 수 없는 입장이 퍽으나 안타까운 듯 한숨만 내쉬던 당신!

　오늘, 이 늦은 밤에 이 왕자는 당신의 삶은 어떤 것이었을까를 생각해보며 말할 수 없는 분노를 느낍니다.

　한 꿈많은 소녀의 삶이 왜 그리 갈기갈기 찢겨진 채 아무런 의미도 없는 삶을, 그것도 병마와 씨름하다 마치게 되었는가를…….

한 인간으로서의 여자가 아닌, 딸로서의 여자, 아내로서의 여자, 어머니로서의 여자만을 강요해왔던 이 사회 속에서 사실상 당신의 삶은 이 땅에 태어나는 순간부터 정해져 있었다고 볼 수밖에 없겠지요.

『어린 왕자』의 꾸밈없는, 그 어떤 편견과 가식도 없는 모습의 '삶'을 원하셨던 어머님, 그러한 삶의 모습과 이 땅의 여자들이 겪어야만 하는 삶의 과정에서 당신이 선택할 수밖에 없었던 길은 '체념' '인내' '안타까움' '절망' 이었겠지요.

이 땅에서의 '여자의 일생' 을 살다 가신 어머님!

지금 당신의 왕자는 당신의 삶에 대한 왜곡과 소외의 모습이 당신만이 아니라 이 땅의 모든 여성이 감수해야만 하는 현실임을 알았기에, 이제는 단순한 분노의 차원을 벗어나, 이성적·실천적 차원에서 인간으로서의 여성과 남성을 바라보며 살아가렵니다. 그것은 당신이 그렇게도 바라셨던 삶인 동시에, 참인간으로서의 나의 삶을 살아가는 것이 될 테니까요.

여자로서의 삶이 아닌, 인간으로서의 삶을 원하셨던, 그리고 지금은 편히 잠드신 어머님께.

분노와 안타까움을 가라앉히고 실천을 지향코자 하는 아들이.

1987. 6. 그 어느 조용한 날 밤에, ㅎㅅㅈ

〔할머니께 보내는 편지〕

할머니, 참 우울하군요. 어제도 저는 '이한열' 이라는 또 한 희생을 맞닥뜨리고는 스스로의 무력함에 기막혀했습니다. 분노하는 모임의 가장자리에 서 있다가 "나는 너만 믿고 산다" "네가 거기에 끼는 날은 나 죽는 날로 알아라"는 할머니의 근심어린 얼굴을 떠올리며 힘없이 발길을 돌렸고, 대문을 여시면서 안도의 웃음으로 저를 맞는 할머니의 얼굴에 저는 혼란스런 자기 비하를 되풀이 새겨야만 했습니다.

어릴 적부터 할머니 품에서 자랐고 할머니를 생각하지 않고서는 오늘의 저를 뇌리에 떠올릴 수조차 없음에도 불구하고 요즈음 부쩍 할머니의 웃음이나 안쓰러워하시는 눈매가 제게 커다란 짐으로 느껴지는 것은 왜일까요?

돌이켜보면, 빈손으로 월남하셔서 억척으로 집안살림 기틀을 굳히시고는, 할아버지와 아버지 어머니의 반대와 "영감·아들·며느리 놔두고 무슨 헛고생을 사서 하느냐"는 친구분들 말씀을 귓전으로 흘리시곤, 어린 손녀·손자의 손을 이끌고 홀로 저희 서울 공부 뒷바라지에 떨쳐나섰던 할머니. 외로운 감옥살이 같다던 자조섞인 할머니 말씀마따나 셋방살이 십여 년, 그래도 그 누구에게 한 번 꿀린 적 없으시고 남에게 뒷말로라도 싫은 소리 한 번 안 들으신, 대 곧고 경우 바르셨던 할머니. 저는 그런 할머니 품 속에서 항시 누나보다 특별한 보살핌을 받았고, 또 "네가 공부 잘해 출세해야 내가 산 보람이 생긴다"며 스스로 못 배우신 것을 한하시던 말씀을 들으며 자랐습니다. 할머니께 저는, 제대한 지 삼 년 후인 지금도 당신 손이 조금이라도 안 가면 큰일이 날 '내 새끼'인 동시에 출세해야 될 '대장부'입니다.

그런데, 제가 곤혹스러운 것은 할머니의 삶과 제 삶이 양쪽 모두 왜곡된 것이 아니었나 하는 참으로 망측스러운 생각이 언제부터인가 생겼다는 점입니다. 저는 지금도 기억납니다. 바라시던 대학에 합격했다고 좋아하시던 할머니께 입학 후 몇 달 되지 않아서 불쑥 휴학증을 내밀던 저를 허망한 표정으로 보시던 그 얼굴. 그 이후로 깊은 밤 저희 몰래 홀로 흘리시던 눈물을 저는 선연히 기억합니다. 물론 그 눈물의 의미를 제가 만분지 일이라도 어찌 헤아릴 수 있겠습니까? 저희가 대입 준비에 바쁘던 시절, 그때 할아버지께선 해방 전후에 받은 고문 후유증으로 몇십 년간 불편하신 몸으로 지내시다 돌아가셨지요. 그래도 저희 공부가 더 중요하다시며 방학 때나 할아버지 곁으로 가셨던 할머니. 며칠 전 "그때 할아버지께 못할 일 했다"고 하시며 눈물짓던 할머니 말씀에 저는 또 한 번 망치로 얻어맞은 듯했습니다. 저는 할머니 삶과 아울러 할머니와 할아버지의 정까지도 빼앗은 격이 아닙니까?

할머니로선 최선의 사랑이었고 당연하였던 보살핌이 저를 온전한 사람으로 서게 하는 데 오히려 역효과를 가져왔다고 제가 말씀드린다면 할머니께선 참으로 낙담하시겠지요. 입으로만 효도하며, 지금껏 극구 마다하셨지만, 할머니의 기력에 부치는 가사 노동을 거들어드린 적이 별로 없는 저. 미숙아적인 의존성과 사내다움의 사이에서 스스로를 특별한 사람으로 여겼고 할머니는 저를 위한 분이라는 터무니없는 생각을 했던 어린 시절과 오히려 할머니를 대할 때 어떤 부담감을 느끼는, 참으로 불효스런 지금의 저를 볼 때, 그래서 진실로 분노해야 할 때 망설이고 혼자 서야 할 때 외로움을 느끼는 저 자신의 모습이 우울한 영상으로 다가섭니다.

그러나 위의 사실들이 할머니와 저만의 일일까요? 그리고 저와 할머니의 탓만일까요? 할머니로서는 당연하신 세상살이를 해오신 것이죠. 어려운 말로 가부장제와 성 역할 분화, 차별이 가져오는 문제점들이 할머니와 저를 통해 나타난 것 아니겠습니까? 또 그 모순들은 이 사회의 권위 구조와 연계되어 어제 한열이의 비극과 다시 이어져 있는 것이겠지요.

할머니, 이제 저는 할머니를 바로 세워드림으로써 저 자신 홀로 서려 합니다. '늦었구나' 하고 생각할 때가 가장 빠를 수 있는 때인 것처럼, 깨달음의 순간은 곧 개선을 시작할 수 있는 때가 아니겠습니까? 제가 군에 가 있을 때, 누나 시집가기 전에 글을 배우시겠다며 열심히 '가갸거겨'를 쓰시다가, 이제사 애써 글배워 뭐하시겠냐는 자형의 말에 그만 연습장을 치워버리셨다죠. 할머니, 이제 제가 가르쳐드리겠습니다. 가끔 제가 읽는 신문을 보시고 큰 제목 글자를 알아맞추시곤 못 배운 것을 애태워하셨던 할머니, 가끔 웃으시면서 '나는 벙어리와 살지' 하시던 할머니. 이젠 할머니와 열심히 이야기하겠습니다. 학교 이야기, 그리고 세상 돌아가는 이야기…… 해서 할머니께 제 심정을 전해드리게 될 때면 할머니께서도 저를 통한 삶이 아닌 자신의 삶을 뒤늦게나마 되찾으시리라 믿습니다. 또 그러한 할머니는 저에게 부담감 지우지 않으시고, 홀로 서게끔 해주시겠죠. 그리하여 어제 같은 경우에 저는 다시는 망설이지 않게 될 것입니다. 인간성 상실의 비극이 일어나지 않는 사회 창조에 저는 머뭇거림 없이 동참할 수 있게 될 것이며 할머니께서도 그 일을 바람직하게 보실 수 있게 될 것입니다.

　황해바다가 십여 리 밖인 구월산 기슭, 꿈에도 그리시는 고향 땅, 하도 기름진 땅이었기에, 이북 사람들 굶주린다고 누가 말할 때면, 대뜸 당신 사시던 땅이 그렇게 좋았었는데 말도 안 된다고 하시는 할머니. 휴전선이 툭 트여 이남·이북 가림 없이 함께 어울릴 그날, 제가 꼭 고향 땅에 업어 모시겠습니다. 환갑을 지내면 그때부터 나이를 다시 센다는데, 그렇게 셈한다면 할머닌 저보다 십 년이나 젊으신 이팔 청춘이시네요! 자! 이젠 저랑 같이 새롭게 사시는 겁니다. 할머니!

불효손자 ㅎㅇㅅ 올림

II. 취업 주부의 가족

　취업 주부는 크게 두 부류로 나누어진다. 하나는 경제적 궁핍으로 일하지 않으면 안 되기 때문에 일을 하는 여성들이며 다른 하나는 경제 외적 이유가 크게 작용한 경우이다. 실제로 이 둘간의 경계는 생각만큼 분명치는 않다. 절대 빈곤에서 벗어나기 위해 일하는 경우, 가정의 경제 생활을 보다 윤택하게 하기 위하여 일을 하는 경우, 또는 자기 나름의 능력을 사회에 환원한다는 자아 실현 등의 가치를 부여하고 일하는 경우 등이 있다. 그러나 여성이 일을 하는 이유가 어디에 있다고 생각되는지에 따라 가족 성원들의 협조 양식이라든가 여성 자신의 처신이 상당히 달라지기 때문에 경제 때문에 일하는 경우와 경제적 이유가 절박하지 않다고 생각하는 이유를 나누어 살펴

보고자 한다. 먼저 경제적인 이유로 일을 하지 않으면 안 되는 저임
금층 여성의 경우를 보자.

저임금 취업 주부

경제적인 필요 때문에 일을 할 수밖에 없는 여성이 갖는 특수성으
로는 우선 그들이 일을 하지 않아도 되는 상황에 있었으면 하는 바람
을 갖는다는 점을 들 수 있을 것이다. 농촌 주부를 포함하여 노동 계
층의 여성들은 과도한 노동에 시달리기 때문에 일차적으로 집에서
바깥일을 않고 편히 지내는 비취업 주부의 삶을 선망하는 경향을 보
인다. 따라서 이들은 자신의 경제력의 의미를 과소 평가하고 있으며
자신이 경제적 자립 가능성을 갖고 남편과 대등하게 관계를 맺어갈
수 있는 여건에 있으면서도 근본적 차원에서 이 조건의 진정한 의미
를 보지 못하는 경향이 있다. 새로운 여성으로서의 자각은 대개의 경
우 노동 운동을 통해 얻게 되는데 이러한 소수의 경우를 제외하고는
자신의 직업을 임시적인 것으로 보는 경향이 두드러지며 경제력이
있는 남성과 결혼하는 것을 최고의 목표로 삼을 뿐 경제 · 사회적 자
립인으로 새로운 부부 관계를 이루어갈 생각은 않고 있다.

반면에 남편들은 아내를 돈벌이에 내보냈다는 자격지심에서, 그리
고 흔들거리는 가장의 권위를 튼튼히 하기 위하여 더욱 가부장적인
태도를 굳혀가는 것이 일반적 현상이다. 즉 사회적으로 성공하지 못
한 데 대한 자존심을 남자된 우월감으로 버티고자 하여 이들은 항상
가정에서 더욱 권위 행사를 하려 든다는 것이다.

자녀와의 관계에 있어서도 이들은 항상 부모로서의 도리를 다하지
못한다는 죄책감을 안고 있다. 예를 들어 자녀가 공부를 못하는 것은
환경을 제대로 마련해주지 못하기 때문이라고 생각한다. 이러한 상
황은 가정 주부상이 여성의 이상적 존재 양태로 인정되는 한 변화되
기 힘들며, 노동 계층 여성의 계급적 의식과 여성으로서의 의식은 따

라서 매우 복잡 미묘한 양상을 보여왔다(조형, 1986). 여성의 노동이 가정일의 확대로만 인식될 때 노동 계급으로서 그들의 노동 운동의 참여에는 한계가 오게 마련이고 여성으로서의 독립적 인격을 강조할 때 노동자 의식이 약화될 소지가 많다는 것이다. 여성의 삶에 대한 한 여대생의 글을 인용해보자.

난 그리 넉넉지 못한 경제적 환경에서 자라왔다. 어머니는 장사를 하였고, 자아 실현을 위해서가 아니라 '먹고 살기 위해' 하신 것이다. 어려서부터 나는 "왜 우리 엄마는 저렇게 강하고, 극성스럽고, 아버지가 해야 할 일을 도맡아하시는 걸까?"라는 의문을 스스로에게 던져왔다. 그러니까 반대로 성 역할 개념이 형성되었다고나 할까? 가정을 위해서 아버지는 무기력해도 되고 어머니는 무슨 일이든 다 해야 된다고 생각했다. 보통 나의 친구 집, 아버지가 밖에 나가 돈 벌고 집에 오시면 신문 보고, 어머니는 하루 종일 집에서 청소하고 빨래하고 맛있는 음식을 장만하는 가정이 부러웠다. 나는 어머니가 항상 집에 있지 않은 것이 너무 싫었었다.

이러한 환경 속에서 자랐기 때문에 나의 의식 속에는 여자가 너무 강하면, 그리고 적극적이면 고생한다는 것과, 남편의 보호와 사랑 속에서 안주하는 것이 여자의 가장 큰 행복이라는 생각이 자리잡기 시작했다. 그래서 "여자도 남자 못지않게 사회 생활을 하고 자아 실현을 해야 한다"는 아버님의 말씀이 무능력한 사람의 자기 합리화 정도로 들렸을 뿐이다.

대학 1학년 때 일이다. '주부상'을 배우면서 '여자의 역할'에 대해 논쟁이 벌어진 적이 있었다. 난 그때 "여자의 행복은 남편과 아이들 뒷바라지에서 비롯된다. 여자는 여자다워야 하며 가정내에서 자신의 임무를 충실히 이행할 때 비로소 자아 실현이 이루어지는 것이다. 여성 운동은 여성 지위의 열악함을 자인하는 우스운 몸짓들이다"라고 주장했으며, 같은 과 친구들의 거센 공격과 비판을 받았던 기억이 난다.

그러나 역시 깨우침은 중요하다. 강의와 친구들과의 대화를 통해 나는 점차 나 자신의 생각이 변화되고 있음을 느낀다. 여성스럽기를 스스로에게 강요하고 내 어머니와는 다른, 가정에만 머무는 '어머니'가 되기를 스스로에게 강요하며 여성 해방에 대해 거부감을 느끼던 내게 어떤 파도가 일고 있다. 사회 저변에 깔린 남녀 불평등과 수세에 몰린 여성의 위치에 대해 눈을 뜨기 시작하면서 나도 모르는 어떤 반감 같은 것들이 치밀어온다.(ㄱㅅㄱ)

일을 한다는 것에 대한 사회적인 의미와 인간 평등에 대한 새로운 자각을 내면화시킨 경우, 상황이 전환될 가능성은 매우 높다. 노동자 시인 박노해의 시에서 그러한 자각이 짙게 표현되어 있다(1984: 26~68).

> 이불흩청을 꿰매면서
> 속옷 빨래를 하면서
> 나는 부끄러움에서 가슴을 친다.
>
> 똑같이 공장에서 돌아와 자정이 넘도록
> 설거지에 방청소에 고추장단지 뚜껑까지
> 마무리하는 아내에게
> 나는 그저 밥달라 물달라 옷달라 시켰었다……
>
> 명령하는 남자, 순종하는 여자라고
> 세상이 가르쳐준 대로
> 아내를 야금야금 갉아 먹으면서

나는 성실한 모범 근로자였었다……
편리한 이론과 절대적 권위와 상식으로 포장된
몸서리쳐지는 이윤 추구처럼
나 역시 아내를 착취하고
가정의 독재자가 되었었다

투쟁이 깊어갈수록 실천 속에서
나는 저들의 찌꺼기를 배설해낸다
노동자는 이윤 낳는 기계가 아닌 것처럼
아내는 나의 몸종이 아니고
평등하게 사랑하는 친구이며 부부라는 것을
우리의 모든 관계는 신뢰와 존중과
민주주의적이어야 한다는 것을

잔업 끝내고 돌아올 아내를 기다리며
이불홑청을 꿰매면서
아픈 각성의 바늘을 찌른다.

자아 성찰이 가능한 남성의 경우, 아내의 직장 활동으로 인해 생기는 가정내의 빈 공간은 자신이 채워가야 함을 쉽게 알아차리게 된다. 또한 이에 따른 가사와 육아의 경험은 가부장적 고정 관념을 깨고 새로운 가족 관계를 맺어갈 토대를 이루게 된다. 그러나 현재로서 이러한 변화는 극히 일부에서 가능할 뿐이며, 저임금층에서 새로운 가족 관계 형성이 크게 가능하리라고 기대하기는 역시 어려운 상황이다.

고임금 취업 주부
현재로서 자신의 자발적인 선택에 의해서 취업 활동을 하는 여성들이 새로운 가족 관계를 맺어나갈 가능성이 가장 높은 집단으로 보인다. 적어도 이들 부부의 경우는 부부간의 권력 재분배의 근거, 즉 경제 자립이 확실히 마련되었다고 볼 수 있기 때문이다. 그러나 현상적으로는 대부분의 취업 주부들은 현재 자신이 갖고 있는 경제 사회적 자원을 공평한 권력 분배를 위한 협상에 사용하려는 시도를 하지 않고 있다(조혜정, 1981a). 그 직접적인 요인은 그들이 전통적 교환의 규범에서 벗어나지 못하고 있는 가치 지향의 차원에서 찾아진다. 로드먼Roadman(1972)은 부부간의 권력 관계가 그들이 가진 자원의 비중에 따라 재조정될 가능성은 부부 관계를 규정하는 문화적 규범이 자유로운 협상을 허용할 만큼 융통성이 있는가의 여부와 직결되어 있음을 지적하고 있다. 즉 가부장적인 규범이 그 사회의 절대적 가치 기준일 때 권력 분배는 자원 소유와는 관계 없이 이루어진다는 것이다. 한국의 경우, 협상 시도가 어려워지는 것은 다음과 같은 전통적 규범과 태도와 관련이 깊은 것으로 보인다.

1) 남존 여비 이데올로기의 존속: 전통적 이데올로기를 여전히 내면화시킨 경우, 취업 주부들은 자신이 사회 경제적 활동이 혹시 남편의 자존심을 상하게 할까봐, 직접적인 표현을 빌린다면, "기를 죽일까봐" 조심스럽게 처신한다. 이들은 남성의 자존심을 세워주는 것이 매우 중요한 여성의 임무 중의 하나라고 믿고 있으며, 가능한 한 자신의 취업 활동이 남편의 사회 활동이나 여성 고유의 업무인 가정 생활에 지장이 없는 한도내에서 수행하고자 한다. 따라서 자신의 일을 부업 정도로 여기고 일차적 비중을 가정에 두는 것이 이제까지 상당 수의 취업 주부들이 취해온 태도였다.

2) 이중 역할의 성공적 수행: 자신의 사회적 활동에 커다란 비중을 두는 경우에도, 주부들은 자신의 '비전통적'이고 '비정상적' 직장 활동을 '허용' 내지 이해해준 남편에 대해 고마움을 가지며 더 이상의 것을 기대하지 않는다. 오히려 비취업 주부를 아내로 둔 남편들에 비

하여 서비스가 소홀해질 것을 염려하며 그 기준에 맞는 아내 노릇을 하기 위해 과도하게 노력하다가 건강을 해치거나 무리를 빚는 일이 흔하다. 이러한 태도는 곧 직장 활동은 가정과 직장에 걸친 이중 역할을 성공적으로 수행할 수 있는 '슈퍼우먼'이나 하는 것이라는 통념을 낳았다.

3) 남성 주인(호주) 의식: 전통적인 부부간의 교환 형태는 남편은 아내에게 공적 정체성을 부여하고 아내는 자녀를 낳고 노동력을 제공해왔다. 여자는 스스로 '팔자를 고칠 수 없는' 존재이며, 현재에도 '남편이 있는 여자'라는 공적 인정을 대다수의 사람들은 매우 중요하게 여긴다. 이와 아울러 이혼에 대한 부정적인 인식이 여전히 강하게 존재하기 때문에, 많은 여성들에게 이혼은 아직 선택 가능한 방도가 아니다. 남편이 없는 여성을 '주인이 없는 물건' 정도로 간주해온 비인간적 풍토가 청산되지 않은 상황에서 여성은 상대방이 남편으로 있어주는 것만으로도 공평한 교환이 이루어졌다고 생각하게 되며, 이로써 협상을 시도할 근거를 보지 못한다는 것이다. 이는 법적으로 호주 제도가 존속하는 현상과 일치하는 가부장적 집단주의의 또 다른 일면이다.

4) 여성적 인내와 소극성: 협상의 당위성과 필요성을 느끼는 경우에 있어서도, 여성들은 갈등을 일으키지 않도록 길들여져왔으므로 실제로 협상을 시도하는 것에 소극적이다. 즉 현재로서 대다수의 취업 주부들은 평등한 관계를 맺을 수 있는 기본 자원이 마련되어도 스스로 전통적인 가치와 관습에서 벗어나지 못하여 가부장적인 가족 관계를 근본적으로 변화시키지 못하고 있다. 이러한 주부의 생활 양식이 가족 관계와 사회 발전에 갖는 의미를 살펴보자.

비취업 주부의 문제가 불안한 정체감과 취약한 사회적 지위의 문제로 집약된다면, 취업 주부의 문제는 역할 갈등의 문제로 집약된다(신은숙, 1981; 조혜정, 1983). 여성이 전통적인 성 역할 규범을 고수하는 한, 과중한 이중 역할 수행을 피할 수 없게 된다. 현재로서 대다수의 주부들은 남편과 시부모 모시기, 제사를 포함한 대소사간의 친척 관리, 육아와 가정 관리의 총괄적 책임을 지고 있다. 이러한 다역할 수행의 압력으로 기혼 여성의 다수가 자녀 출산과 아울러 직업을 포기하거나 활동을 축소시킨다는 사실이 시사하는 바가 크다(김정숙, 1983).

직장일과 가정일을 도맡아하는 경우, 취업 주부는 양쪽으로 실패감을 안게 될 가능성이 높다. 즉 전적으로 직장에 몰두하는 사람들에 비해 일의 성과를 거두기 어려우며 이는 많은 취업 주부에게 스트레스와 실패감을 안겨준다. 동시에 남편에 대한 서비스와 자녀와 보낼 수 있는 시간과 정력을 비취업 주부의 경우와 비교할 때 이들은 아내로서 그리고 어머니로서의 역할 수행에서 역시 부족감을 느끼게 된다. 특히 취업 주부들은 자녀에게 대한 죄의식을 자주 언급하고 있다. 이 문제로 시부모나 친정 부모와 동거하는 경우가 많다.

여성 취업의 당위성이 아직 제대로 사회적 인정을 받지 못하고 이를 위한 제도적 배려는 더욱 안 되어 있는 상황에서 취업 여성들이 겪는 고충은 현재로서는 여성 자신의 남다른 노력과 그 가족의 '양해'와 협조의 수준에서 해결이 모색되고 있을 뿐이다. 그러나 이러한 개인적 수준에서의 조정은 특수한 상황적 조건에 의해 좌우되므로 한계를 갖는다. 따라서 제도적 개선을 위한 노력이 취업 주부와 그 가족들, 그리고 취업 주부가 될 사람들에 의해 보다 적극적으로 이루어져야 할 것으로 보인다. 취업 주부들이 자신의 가족 관계의 합리화와 평등화를 적극적으로 모색하지 않고 전통적 부덕을 고집하면서 직장 활동을 수행해나가고자 하는 한, 역할 갈등과 다역할 부담에서 벗어나기 힘들 것이며 아울러 여성 취업 진출의 전망을 어둡게 하는 결과를 초래한다. 선배들에 의해 심어진 취업 여성에 관한 이미지가 가정과 바깥일을 혼자 힘으로 수행해나가는 슈퍼우먼으로 고착된다든가 직장일을 소홀히하는 것으로 정착될 때 후배 여성들은 그 이미지를 깨야 하는 또 다른 부담을 안게 되기 때문이며 제도적인 개선은 그만큼 지체되기 때문이다. 따라서 취업 여성들은 그들이 진보적인 직장 활동을 수행해가는만큼 가정도 진보적인 공간으로 만들기 위해 노력해나가야 할 것이다.

즉 취업 주부들은 가족 관계의 변화를 주도해나가는 선구적인 역할을 담당해가야 한다. 사회가 전문화되고 개인적 자립이 가능해질수록 개인의 욕구와 성향이 다양해지게 마련이며 따라서 개개인은 자신에게 맞는 삶의 양식을 적극적으로 책임있게 이끌어갈 것이 요구된다. 여기서 다양한 형태의 결혼과 가족에 관한 인식이 중요해지며 특히 결혼과 자녀 출산의 시기 및 자녀의 수를 가정 생활과 사회 생활에 무리함이 없도록 조정하는 것, 경우에 따라서는 자녀를 낳지 않는 것도 하나의 정상적인 선택이 될 수 있는 것을 인정하는 것이 중요하다. 특히 여성은 구조화된 억압적 관계를 피하여야 하며 부부는 전통적인 성 역할 고정 관념에서 벗어나 협력자가 되는 데 동의하고 있어야 하는 것이다. 가족 전원은 아내 또는 어머니의 취업이라는 새로운 상황에 적극적으로 대처하는 태도를 가져야 할 것이며, 특히 육아와 가사 노동을 합리적으로 나누어가기 위한 훈련을 쌓아가야 할 것이다. 이때 중요한 것은 주부가 자신의 남편과 자녀들에게 일을 떠맡길 수 있는 결단이다. 예를 들면 주부가 외출했을 때 남편과 자녀 등이 그들 나름의 시간을 즐기리라 믿는 것, 가족간에 식사 당번을 정하여 스스럼없이 요리를 하고 설거지를 나누어 함으로써 자율적인 생활 습관을 익히게 하는 것이다. 여기서 활발한 의사 소통을 통한 상호 이해와 가정내에서 아버지의 역할의 중요성이 특히 중요하게 부각된다(박성수, 1985; Giele, 1980; Barrett, 1982). 아래에 인용되는 여대생의 편지는 어머니의 취업이 가져온 가정내 변화를 매우 생생하게 그려내고 있다.

어머니 보세요.

유월에 접어들더니 이제 완연한 여름 날씨가 계속되는 것 같아요. 이제 꼬마들 손에선 빙과가 끊임없이 이어지고 풍성한 과일로 동네 과일 가게는 더위에 지친 사람들을 유혹하겠죠. 봄인 듯하더니 벌써 여름, 그리고 가을도 금세 올 테고…… 세월은 이렇게 가나 보죠?(후훗 —) 제가 잠시 주제넘었죠? 아무튼 웬일로 엄마한테 편지를 쓰는지 궁금하시죠. 이번이 두번째 편지가 될 거예요. (지난 해 어버이날 이후……)

최근 몇 년 동안 우리 집은 불안한 시국만큼이나 매우 혼란스럽고 과도기적인 변화를 겪었죠. 이는 엄마도 동의하실 거라고 믿어요. 건실하시던 아버지께서 재작년 가을 문득 회사를 그만두시고 사업을 하시겠다고 했을 땐 막연한 혼란의 예감이 오갔어요. 가족 회의에서 이른바 "아버지를 믿어 드리자"라는 결론으로 아버지는 드디어 사업 준비를 하시게 되었어요. 그런데 이 과정에서 저나 우리 집안 식구 누구도 상상하지 못했던 일이 일어나고 있었어요. 어머니께서 가정을 버리신 거예요. (이건 우리들끼리 푸념하며 뇌까리던 말이지만……) 그 동안 자상하시던 우리의 어머니, 아버지의 착한 아내로서의 어머니께서 별안간 아버지의 사업을 도우시겠다고 열심히 두 분이서 밖으로 다니시더니, 순종적이고 인내심 그 자체이시던 어머니께서 변화된 새로운 얼굴을 보여주시더군요.

아버지와의 의견 충돌, 사소한 일에까지 미치는 어머니의 통찰력, 그리고 일에 대한 강한 집착…… 우리는 이러한 어머니의 모습에 놀라면서도 아버지와의 잦은 의견 충돌에서 부부 싸움이 잦아지자 평화롭던 가정에 큰 소리가 오가는 것에 매우 신경이 쓰였죠. 해서 우리들은 늘 어머니에게 집안에만 계시던 어머니께서 무엇을 알겠느냐, 아버지를 믿고 그냥 옆에서 열심히 도와드리기나 하시라, 이럴 때 어머니는 집에서 정상적인 생활을 꾸려나가는 것이 바람직한 태도이고 이것이 바로 좋은 내조의 길이라고 주장을 하며 나아가서는 "가정으로 어머니를 돌려달라," "어머니 가정으로 돌아오세요. 아이들이 웁니다"라는 데모를 할 정도였어요. 하지만 굽히지 않으시더군요. 우리들의 성화에 "그래, 이젠 나도 집에서 살림이나 할까……" 하시다가도 금방 사업 걱정을 덩달아 하시는 엄마를 보며 문득 떠오르는 것이 있었어요. 엄마의 인생이 새롭게 시작되는 것이 아닌가 하고…… 그 동안 YMCA다, 주부 교실이다, 사회 생활을 하시는 어머니를 보기는 했지만 이렇게 본격적으로 일을 하시는 모습은 처음이었고, 집안일을 팽개치실 정도로 집착하시는 모습 역시 뜻밖이었거든요.

아무튼 엄마께서 일에 집착하는 동안 우리들의 불편(?)은 말이 아니었어요. 청소·빨래·부엌일이 밀리고 양말 챙겨주는 사람도 없고…… 혼란의 연속이었죠. 지금 생각하니 우리들은 가정의 평화라는 미명하에 우리의 편리를 위해 어머니를 얼마나 고생시켰는지 알 수 있을 것 같아요.

여성학 과목을 수강하면서 이런 우리 가정과 엄마의 새로운 모습에 대해 새 시각으로 확실하게 이해를 하게 되었어요. 가정을 버리신 것이 아니다, 다만 엄마는 엄마 자신을 찾고 싶으신 거다, 하고…… 생각이 거기에까지 미치니 엄마가 그 동안 가정을 위해 얼마나 큰 희생을 하셨는지, (예전에 단지 고마우신 어머니에서 떠나서) 이제 우리는(저는) 더 이상 엄마에게 그 큰 희생을 강요할 수 없는 것이며 강요해서는 안 되는 것임을 깊이 느끼게 되었어요. 더 이상 제가 불평을 늘어놓지 않는 것을 엄마도 느끼시죠? 남동생들도 이젠 어느 정도 체념을 한 단계인 것 같아요. 아니면 막연히 이해를 했던가. 다만 큰 동생이 고 3인지라 수험 준비 때문에 여전히 불만이 있기는 하지만, 그 녀석도 지나가는 말로 "엄마에게 놀랐다, 아버지보다 사업 감각이 예리하다"고 감탄을 하면서 "우리 엄마가 그렇게 능력이 있는 분인 줄 몰랐다"고

은근히 자랑스러워하더군요. 힘나시죠?

그래요. 어머니가 부재하는(비워주시는) 가정 공간을 이제 더 이상 비워두지 않겠어요. 우리들이 직접 들어가 채우고 아버지께서도 아직 서툴지만 손수건쯤은 스스로 챙기게끔 압력(?)을 넣어야겠어요. 우리 착한 아버지는 벌써 그렇게 하고 계신 것 같지만…… 엄마를 이해하고 도와드리고 싶은 내 심정, 아니 우리 심정 아시죠? 힘내세요. 이젠 우리가 엄마를 밀어드리겠어요. 아빠 일을 도와드리는 보조의 차원이 아니라 당당한 개인의 자격으로 회사의 발전을 위해 뛰시라는 이야기를 하고 싶어요.

이야기가 너무 길어졌군요. 그만 써야겠어요. 안녕!

엄마의 막강한 지지자 ㄱㅎㅇ 올림

취업 주부와 그 가족 성원은 이러한 가정내에서의 변화뿐 아니라 가정의 테두리를 벗어난 사회 제도적인 개혁을 위한 노력을 동시에 이루어나가야 하는데 그것은 보다 질이 높은 탁아 및 아동 교육 프로그램의 마련과 노부모를 위힌 사회 보장 제도의 확립, 그리고 기시외 간소화를 겨냥한다. 실제로 취업 주부의 아동들은 자율적이고 민주적 태도를 가정에서 자연스럽게 익힐 가능성이 높으나 반면 부모가 가정에 늘 있지 못하는 것에 대해 지나치게 죄의식을 느낀다거나 방치해둘 가능성도 항상 있으므로 확실한 제도적 장치를 마련할 필요가 있다.

노부모를 위한 사회 제도적 장치의 마련 역시 중요한 과제 중의 하나이다. 고부간의 심리적 갈등은 두 여성이 한 남자한테 과도하게 의존하는 주어진 상황적 조건 때문에 해결될 가능성이 매우 희박하지만 취업 주부의 경우는 문제가 좀 다르다. 그들은 자녀 양육을 위하여 적극적으로 부모와의 동거를 원할 가능성이 있으며 고부 갈등의 경우도 좀더 긍정적인 방향에서 해결을 도모해갈 자원을 가지고 있기 때문이다. 물론 고부간의 갈등의 해결은 아내의 경제적·사회적 자립 가능성이라는 근대적인 변수와 남편이 가진 어머니에 대한 집착 등 전통적이고 심리적인 복잡한 변수가 작용한다. 그러나 산업화가 이대로 추진되는 한, '시집살이'는 점점 사라져갈 것으로, 최근에 항간에서 사용되는 '며느리살이'라는 표현은 그 과도기적 상황을 일면 반영한다고 하겠다. 즉, 최근에 악화되고 있는 다수의 고부 갈등이 실제로 시어머니들의 '며느리살이' 또는 그런 사태에 대한 과민하고 부적절한 사전 방지책 때문이라는 것이다. 가족법의 개정과 아울러 부모의 권리와 의무를 보다 명백히함으로써 여성·아동·노인의 기본권이 침해되지 않도록 제도적 장치를 마련해가야 할 것이다.

현재까지 자녀를 기르고 노부모를 보살피는 역할은 가사 노동과 마찬가지로 경제 생산적인 역할로 간주하지 않고 가내 노동 정도로 취급하며 그 평가에 소홀해왔다. 이러한 사회적 인식이 계속된다면 사회 성원들은 더욱 인간을 보살피는 역할을 소홀히할 것이고 그렇게 될 때 이 사회의 미래는 암담해진다.

노부모에 대한 '효'는 부모 자식간의 진정한 유대를 기초로 하며 따라서 이때 시부모나 친정 부모의 구분이 재고될 필요가 있다. 여성이 '남의 집으로 시집을 가는' 시대를 마무리짓는 시대에 부모에게 효도한다는 것은 새롭게 규정되어야 하며 각 개인은 자신을 길러준 부모의 은혜에 대해 일차적 보답을 해야 하는 것이다. 즉 남녀를 불문하고 자녀는 자신을 길러준 부모에게 효도를 할 의무를 지고 있는 것이다. 물론 이때 부모와 자식의 관계는 쌍방적인 관계로서 모든 자녀에게 효도를 기대하기 전에 부모가 남아 선호적인 가치로부터 벗어나 평등하게 자녀를 길렀는지의 문제가 제기된다. 최근에 들어서서 점차 외동딸만 있는 가정이 늘어나고 있고 적어도 가정에서의 남녀 차별적 관행은 많이 사라져서 딸의 자율성과 진취성을 크게 장려하는 양상이 나타나고 있다. 부모와의 관계 역시 규범적인 관계에서 애정 위주로 나아가는 일반적인 추세에 비추어, 딸의 자발적인 노후 봉양 가능성이 높아질 것으로 보인다.

동시에 이러한 방향으로 부모 자녀 관계가 확립될 때 상호 역할에 대한 기대감이 어긋남으로 해서 일어나는 고부간의 갈등이 완화되고 오히려 3대 동거를 용이하게 해주는 선행 조건이 될 수 있다. 남편의 부모 우선의 원리에서 남녀 각자의 부모 우선의 원리로의 이행은 구시대 남존 여비와 남녀 유별의 관습을 청산하는 과정이며, 제도에 의한 것이 아니라 애정과 체험에 근거하는 진정한 효도의 정신을 뿌리내리는 과정이 될 것이다. 여성들의 경제 자립은 이를 이루기 위한 기본적 전제 조건이 된다.

4. 민주적 가족 형성과 사회적 조건

가족 임금 체계에 토대를 둔 엄격한 성 역할 분담에 따른 핵가족은 산업화 초기에 '기능적' 가족의 형태로 부각되어왔다. 급격한 산업화를 추진하고 있는 한국의 경우, 적어도 외형상으로는 핵가족화가 두드러지며 대다수의 중산층 가족에서는 파슨즈의 묘사와 일치하는 남편의 '도구적' 역할과 아내의 '정서적' 역할 분담 현상, 그리고 '경제적 지주인 남편과 그의 사랑받는 아내'라는 새로운 형태의 부창부수의 관계가 주도적 현상으로 나타나고 있다. 현재로서 대다수의 비취업 주부의 갈등은 고부간의 갈등으로 표출되고 있는 전통적인 직계 가족의 구속에 대한 불만, 또는 정체감의 위기 현상으로 나타나고 있다. 특히 평등한 부부 관계를 이상으로 하나 근본적 자원의 분배에 있어 취약한 입장에 있는 비취업 주부들은 가족의 일상 생활 영역과 심리적 자원을 통해 가족 구성원을 통제하며 결과적으로 남편을 가족으로부터 소외시키고 자녀를 도구화할 위험성을 안고 있다. 동시에 낭만적 사랑의 부부상에 매달림으로써, 나약하고 의존적인 여성상을 새롭게 심고 있다. 그 동안의 가난의 한을 푸는 '여유'의 상징으로서, 또한 남편의 바쁜 '바깥' 활동으로 인해 비어진 가정의 공간을 메우느라 여성들은 가정 주부의 삶에 만족해왔다. 아직도 다수의 여성들은 자기 가족만의 조그만 둥우리를 꾸려가는 재미, 능력 있는 남편의 사랑받는 아내로 평생을 행복하게 살리라는 꿈, 또 자신이 하지 못했던 모든 취미 활동을 즐길 두 명의 예쁜 아이들을 기르리라는 꿈을 갖고 살고 있다. 그것의 다른 면이 곧 '불안하게 기다리며 사는 인생'임을 인정하지 않으려 애쓰면서 사실은 자신의 꿈이라기보다 자신의 어머니들의 꿈을 실현해보려고 애쓰고 있는 것이다. 그러나 보다 인간적인 삶을 살고자 하는 욕구가 강해지면서, 또한 가계 운영상 여성 취업의 필요성이 증대되면서 '주부'란 삶의 토대는 그 근본에서부터 흔들리고 있다. 여기서 서양에서 최근에 큰 문제로 부상되고 있는 '빈곤의 여성화' 현상이 자신에게만 의존해 있던 여성(아내)을 말없이 떠나버리는 남성들이 증가하기 때문에 나타나는 현상이란 점이 시사하는 바가 크다.

이 같은 비취업 가정 주부의 위치의 근원적 취약성은 궁극적으로 인간을 기르고 보살피는 일과 가사일에 대한 새로운 평가가 이루어지지 않으면 극복될 길이 없다. 즉, 사회의 경제 생산 우선의 이데올로기를 바꾸어나가야 하는 것인데, 실제로 이는 사회로부터 고립되어 있는 비취업 주부들이 주도해나가기에는 매우 힘든 작업이다. 주부는 활동의 범위가 가정과 친지의 영역을 크게 벗어나지 못하기 때문에 사회적 의식 계발의 기회가 매우 제한되어 있으며, 전체 사회의 변화에 민감하게 반응하고 대처해나갈 능력을 기를 기회가 적기 때문이다.

장기적으로 볼 때, 비취업 가정 주부의 삶의 형태는 없어지거나, 있더라도 순수한 선택에 의한 하나의 삶의 형태로 남아 있게 되어야 할 것이다. '주부'라는 존재 양식이 남아 있게 된다면 그것은 성을 불문하고 자신의 적성과 성향을 고려해서 선택을 하는 상당히 개인적이고 계약적인 성격을 떠어야 할 것이다. 즉, 주부란 여성에게만 국한된 특수한 삶의 형태가 아니라 남녀간의 자발적 계약에 따라 남성이 선택할 가능성도 똑같이 있을 때 착취적 직업이 아닐 수 있다는 것이다.

취업 주부의 가족은 비취업 주부의 가족에 비해 근대적인 관계를 맺어갈 여건이 마련되어 있는 편이다. 자의에서건 타의에서건 경제 활동을 하게 되면서 여성은 임금과 세금 문제로부터 노사 관계, 사회 복지 정책에 이르기까지 사회의 주도적 흐름에 관심을 갖고 정보를 교환하게 되며 그 과정에서 또한 시민으로서의 자신의 의무와 권리에 대한 의식을 키우게 된다. 그러나 이는 어디까지나 잠재적인 가능성이고, 현재로서 대다수의 취업 주부는 가정과 직장에서의 역할 과중으로 시달리고 있다. 여성의 경제력은 오히려 전통적인 가치관이 지배하는 상황에서는 남성의 권위에 대한 도전으로 간주되어 바람직한 부부 관계를 맺는 데 있어 불리하게 작용함을 볼 수 있다.

이러한 상황에서 취업 주부에게는 좀더 적극적인 태도 변화가 요구된다. 여성의 사회 경제적 활동에 대한 정당성을 보다 분명히 인식하고, 전통적인 성 역할 고정 관념에서 벗어나 가정의 민주화 작업에 앞장을 서야 한다는 것이다. 기회 균등을 통한 공평한 자원의 분배와 정당한 협상 과정을 통해서 부부는 한 편이 지고 한 편이 이기는 관계가 아니라 양쪽 모두에게 바람직한 관계를 형성해나가야 한다. 수평적 부부 관계가 추구되는 근거는 바로 새로운 시대에 더욱 적응력 있는 가족 관계의 형성에 있으며 구체적으로 부부 관계의 질적인 향상, 자녀의 능력 개발과 자율적 성격 형성, 그리고 더 나아가 책임감 있는 노부모에 대한 효의 실천과 직결되기 때문이다.

미래의 가족은 가족 성원 중 어느 누구도 집단의 복지라는 이름하에 희생을 강요당하지 않는 가족이어야 할 것이다. 특히 어머니의 인간으로서의 창조적 주체성이 존중되고, 아버지의 사랑이 자녀들에게 직접 전해지는 곳으로, 가정은 민주적인 시민을 길러내는 곳이어야 하는 것이다. 가족은 더 이상 규범이나 제도에 묶여 있는 집단이 아니라, 개개 구성원의 진정한 인간적인 만남으로 묶여지는 집단이며, 나아가 인간 회복을 위한 사회 변동의 모태가 될 수 있는 집단이 되어야 한다. 즉 권위주의적이고 경쟁적인 사회를 민주적이고 함께 공존하는 사회로 만들어가는 것은 이 시대를 사는 시민의 주요한 임무 중의 하나이며, 그 작업은 자신이 이루어가는 가족에서부터 시작되어야 하는 것이다. 헌신적인 어머니가 되는 것보다 부담스럽지 않은 어머니가 되는 것, 돈 잘 버는 아버지보다 사랑을 나누는 아버지가 되는 것은 매우 어려운 일일지 모르지만 또한 가장 의미깊은 일 중의 하나임에 틀림이 없다.

마지막으로 분명히해야 할 점이 있다. 앞에서 논의된 취업 주부와 비취업 주부의 경험상의 분리는 각자가 현재의 삶을 객관화시켜보는 데 도움이 되도록 이념형으로 정리한 형태일 뿐이며, 실제로는 대다수의 여성들이 이 두 형태의 삶을 넘나들면서 살고 있다는 점이다. 어머니나 딸이 상대방의 삶을 통해서 억압을 느끼는 경우라든가, 한 개인이 생애의 주기를 통하여 취업 주부로 있다가 직장을 잃게 되거나 포기하는 경우, 또한 비취업 주부로 있다가 직장을 가져야만 하는 경우 등이 급변하는 사회적 상황에서 날로 증가하고 있다. 최근 일부의 대중 매체에서는 비취업 주부의 권리를 옹호하는 주장을 펴기 시작하였는데 실제로 이 움직임이 여성의 권리를 옹호하려는 의도에서인지 여성들을 분열시켜 평등 사회를 향한 의지를 약화시킬 의도에서인지는 약간의 분석으로 자명한 해답을 얻을 수 있다.

비교 문화적으로 볼 때 가정 영역이 중요하면 할수록, 그리고 가정과 공적 영역간의 연결이 긴밀하면 할수록 여성의 체험과 의견은 존중되었었다. 가족이 공적 영역에 종속되어 있으면서 동시에 공적 영역과 무관해야 한다는 이데올로기가 지배하는 현대 사회는 그런 면에서 모성의 체험을 무시하고 왜곡하는 가장 반모성적 시대에 속한다. 또한 여성은 핵가족내에서 한 남성의 경제력에 의존하는 삶을 살게 됨에 따라 더욱 급격히 수동적 존재가 되어가는 경향을 보이고 있다. 남성과 여성이 자유롭게 상호 작용을 하게 된 현대 사회에 들어서서 여성들은 자율적 인간이 될 조건을 갖추게 되었음에도 불구하고 오히려 남성의 관심과 사랑에 더욱 집착하는 경향을 보이기 시작한 것이다. 경제 생산지로의 역할을 포기한 경우 여성은 경제 생산자로서 전통적 지위와 여성들만의 모임을 통한 표현과 토론의 기회를 잃으며 더 나아가 어머니로서의 체험을 나눌 공동의 장소마저 잃게된다. 물론 사친회나 계모임 등 여성들이 자신의 체험을 토론할 기회를 갖기는 하나 이들 모임의 관심을 실질적으로 주도하는 것은 국가 이데올로기, 전문가(의사와 교육가 등)의 의견, 대중 매체, 더 나아가 상업주의적 이윤 업체들이었지 자신들은 아니었다. 특히 사적인 그리고 감정적인 문제는 당사자간에 해결해야 한다는 프라이비시(사적 공간)에 대한 강조는 여성들로 하여금 자신의 내면적 생각을 털어놓기를 더욱 주저하게 만들었다. 소위 전통 사회에서 여성들이 모여 자신의 의견을 모으고 개진시켜나간 "우물가의 정치"(M. Wolf, 1972)라든가 여성의 억하 감정을 풀어주던 굿마당도 더 이상 열리지 않게 되었고 어머니로서 노후에 받는 존경과 감사의 정도 핵가족화한 사회에서는 기대하기 힘들게 되었다. 단적으로 표현해서 전통 사회에서 여성이 '배제' 되었었다면 현대에 들어서면서 배제의 정도가 줄어든 대신 보이지 않는 통제는 더욱 체계화되어 여성의 삶은 더욱 교묘하게 왜곡되고 있다고 할 수 있을 것이다.

그 단적인 예를 먼저 여성 노동의 측면에서 살펴보자. 1926년 동아일보에 난 이소산(李素山)의 「현하 조선이 요구하는 여성」에서 이 문제는 매우 명료하게 표현되고 있다.

> 현모양처란 이름좋은 도덕은 누가 만든 것이며 사람다운 사람은 기르지 않고 남자에게 형편좋은 현모양처를 만들어내는 현대식 교육 제도는 누가 만든 것인가? 이것이 모두 선조 이래의 남성들이 만든 도덕이며 현대 자본주의가 낳은 제도이다.
>
> 여자로 남에게 품팔이하는 것은 비천한 일이라고 하다가 자본주의적 상업이 점차 발달됨에 따라 값싼 여공이 필요하게 되매 직업 부인이란 미명하에 그를 장려하는 자도 그들이며 문전 출입도 자유롭게 못하게 하다가 생활이 곤란하게 되면 그 아내를 심상하게 품팔이시키는 것도 그들이며 여자가 공부해 무엇해 하다가 현금 와서는 공부한 여자가 아니면 장가 안 가자는 것도 그들이며 여자에게 대하여 정조와 수절을 요구하면서도 기생과 과부를 필요로 하는 자들도 그들이니 이것이 무슨 모순이냐, 요컨대 현대 여자에 대한 도덕과 법률은 모두 남자들의 생활상 형편 좋도록 여자를 사역하자 함에 불과한 것이다.

이 글에서와 같이 여성의 노동은 나라의 경제, 남편의 편리에 따라 때맞추어 이용되어왔으며 이는 지금까지도 크게 변함이 없다.

출산의 영역에서도 여성 체험의 왜곡과 소외는 근대화 과정에서 더욱 심화되어왔음을 볼 수 있다. 가부장제 사회에서는 한결같이 불임성 *impregnation*이 임신 가능성보다 더 나은 것으로 인지되어왔으며, 임신은 저급한 존재인 여성에 의한 남성을 위한 행위로 규정되어왔다. 임신은 신의 저주에 의한 것이며 열등한 여성이 감수해야 할 짐이며 의무로 간주되었다. 여성으로 하여금 스스로 출산을 통제할 수 있게 만든 현대 기술 문명은 그런 면에서 여성 자신이 스스로 출산의 체험에 권위를 가지게 될 가능성을 제공해준 혁명적 계기를 마련해주었다. 그러나 이러한 변화에도 불구하고 실제의 상황은 여성의 이해에 역행하는 방향으로 나아갔다. 그나마 전통 사회에서는 출산 행위 자체는 여성의 영역에 남겨졌었다. 출산은 여성 산파와 여자 친척들의 도움으로 이루어졌으며 임신과 출산 회복 과정과 수유에 관한 경험은 경험자들의 지식이자 느낌으로 공유되었었다. 그러나 현대 사회에 들어서면서 임신과 출산은 출산의 경험이 없는 전문가 집단에 의해 '비정상적' 내지 '병적' 상태로 규정되어 여성은 전문적 지식의 권위로 복종하기를 강요당하게 되었다. 자연 분만이 가능한 경우에도 '안전'과 '편리'를 강조하는 의사들에 의해 성급한 유도 분만과 수술이 자행되었으며, 임부들은 수술대 위에서 힘을 주어 아기를 낳기에 편안한 자세와는 전혀 거리가 먼 수동적 자세로 아기를 낳고 있다.[3]

여성의 존재가 더욱 심히 왜곡되고 있는 또 다른 영역은 성 관계 *sexuality*의 영역이다. 로보담 S. Rowbotham(1973: 6)은 서구의 문헌을 보면 고대에는 여성의 성적 욕망을 악한 것으로 보고 특히 여성의 성기의 '적극성'을 위험시한 기록을 찾아볼 수 있다고 한다. 17세기까지도 여성의 채워지기 힘든 성적 욕구에 관한 남성의 불안이 표현되고 있고, 도시건 농촌에서건 여성의 탐욕적 정욕이 문제가 된다는 기록이 나타나고 있다. "여자는 교회에서는 성녀, 거리에서는 천사, 부엌에서는 마귀, 침실에서는 원숭이"라는 속언이 생겼을 정도로 여성들의 성적 적극성이 남성들에게 문제가 되었었던 것으로 보인다. 여성의 성적 적극성에 대한 생각은 18세기에 들어서면서 점차 성적 수동성의 개념으로 바뀌기 시작하였다. 여성은 남성을 기다리는 존재일 뿐이며 진정으로 여성다운 여성은 남성의 영혼을 인도하는 비성욕적 존재라는 개념과 더불어 여성은 성적으로 수동적 존재라는 규정이 내려지기 시작한 것이다.

---

3) 최근 여성 운동의 결과로 출산에 관계된 의사 위주의 분만의 자세가 임부 중심으로 바뀌고 있음은 주목할 현상이다.

아내의 성적 욕구를 부담스럽게 느끼고 이를 회피하려는 부르주아 남편의 경험은 전통적인 정절 의식과 어우러져 여성 성욕의 수동성에 대한 진단을 낳은 것이다. 이는 여성이 느끼는 성적 쾌감은 클리토리스의 접촉 *clitoral orgasm*에 의해서가 아니라 오직 성기를 질에 삽입, 즉 남성과의 성교를 통해서만 *vaginal orgasm* 온전히 얻어질 수 있다는 이론으로 구체화되었다. 1966년 실험을 통하여 이 구분의 생리학적 근거는 부정되었으나 이러한 근거 없는 개념은 여전히 일상적 남녀 관계를 지배해오고 있다(Bouchier, 1986: 79).

이러한 여성에 대한 문화적 횡포에 의해 많은 현대 여성들은 자아 분열을 경험하여야 했다. 문화적 표현을 빌리면 여성은 '미치거나 *mad*' '바보 *dull*'가 될 수밖에 없었으며(V. Wolf), '인형 *doll*'이거나 무작정 남자를 밀어붙여 파괴하는 '황소 같은 존재 *bully*'가 될 수밖에 없었다(Lawrence, 1932). 여성은 여전히 '대화의 상대'와 '잠자기 상대'로, 또는 어머니와 창녀로 이분화된 채 대상화되어오고 있는 것이다. 여성들은 이러한 역사적 과정의 정확한 파악을 통하여 비로소 자신들의 진정한 소리를 만들어갈 수 있을 것이다.

여성이 취업을 하든 안하든 건강한 가족 성원이 될 수 있는 조건은 공통적이며, 그것은 이제껏 여성 운동에서 주장되어온 원칙론 즉 여성의 기본적 생계 보장과 인권의 보장이다. 구체적으로 가족법 개정을 통해 법적 인권의 보장을 확실히하는 것, 여성의 취업 능력을 높이고 기회 개방을 하는 것, 그리고 아동 양육과 교육에 대한 국가의 책임있는 지원 제도를 확립하는 것이다. 자신의 삶을 꾸려가는 데 있어 선택 가능성이 봉쇄된 상태에 있는 이들이 건강한 가족 관계를 맺어가기란 불가능하기 때문에, 취업 주부건, 비취업 주부건 여성의 기본 인권의 확보를 위해 나서야 하는 것이다.

참고 문헌

김순옥(1972), 「부부의 취업이 부부간의 갈등에 미치는 영향」, 이화여자대학교 석사논문.

김정숙(1983), 「한국의 중산층 주부에 관한 일 연구」, 연세대학교 석사논문.

박노해(1984), 「이불을 꿰매면서」, 『노동의 새벽』, 서울: 풀빛.

박성수(1985), 「새로운 아버지상과 아버지됨」, 『평등한 부모, 자유로운 아이』, 『또 하나의 문화』 제1호, 서울: 평민사.

박완서(1985), 「닮은 방들」, 『그 가을의 사흘 동안』, 서울: 나남출판사.

샐스비, J.(1985), 『낭만적 사랑과 사회』, 서울: 민음사.

신은숙(1981), 「한국 여자교수의 역할 갈등에 관한 연구」, 이화여자대학교 석사논문.

오정희(1981), 「비어 있는 들」, 「어둠의 집」, 『유년의 집』, 서울: 문학과지성사.

이동원(1981), 「도시 가족에 관한 연구: 결혼에 대한 태도 비교― 1958～1980」, 『논총』 제39집, 이화여자대학교 한국문화연구원.

조은(1985), 「가사와 경제 활동에 관한 태도와 실태」, 『중산층 여성과 문화 지체』, 유네스코 한국위원회 연구보고서.

조형(1986), 「인간 해방의 구조」, 『열린 사회, 자율적 여성』, 『또 하나의 문화』 제2호, 서울: 평민사.

조혜정(1981a), 「부부 권력 관계의 변화를 중심으로 본 취업/비취업 주부의 연구」, 『한국사회학』 제15집.

―――(1983), 「다역할 수행에서 역할 나누어 갖기에로」, 『여성연구』 제1집, 제1권, 서울: 여성개발원.

조혜정(1985a), 「전문직 여성」, 『여성과 일』, 서울: 이화여자대학교.

조혜정(1985b), 「노후의 가족 관계와 노후 생활에 대한 연구」, 지순 외 3
　　인 공동연구, 럭키개발지원 연구보고서.
최신덕(1982), 「현대 가족」, 『변천하는 가족 관계』, 서울: 한국부인회.
한혜경(1985), 「도시 주부의 정신적 갈등의 사회적 요인에 관한 연구」,
　　이화여자대학교 석사학위논문.

Barrett, M. and M. McIntosh(1982), *Anti-Social Family*, London: Verso.

Bernard, J.(1980), "The Paradox of the Happy Family," *Women in a Sexist
　　Society*, ed. V. Gornick & B. Moran, New York: Mentor Books.

Bouchier, D.(1983), The Feminist Challenge: The Movement for
　　Women's Liberation in Britain and the United States, London:
　　MacMillan.

Ehrenreich, B.(1983), The Hearts of Men: American Dreams and Flight
　　from Commitment, New York: Anchor Books.

Giele, J. Z.(1980), "Changing Sex Roles and Family Structure," *Family in
　　Transition*, ed. A. Skolnick and J. Skolnick, Boston: Little, Brown
　　and Company.

Henry, J.(1963), *Culture Against Man*, New York: Random House.

Macklin, E.(1980), "Non-traditional Family Forms: A Decade of Re-
　　search," *Decade Review: Family Research 1970~1979*, ed. F. M.
　　Berardo, National Council on Family Relations.

Laing, R.(1971), *The Politics of the Family and Other Essays*, New York:
　　Pantheon Books.

Lasch, C.(1980), "The Family as a Haven in a Heartless World," *Family in
　　Transition*, ed. Skolnick and Skolnick, Boston: Little Brown and
　　Company.

Lawrence, D. H.(1932), *Lady Chatterley's Lover*, London: William Heinemarrin Ltd.

Lee, G.(1977), *Family Structure and Interaction: A Comparative Analysis,* New York: J. B. Lippindott.

Moore, B.(1969), "Thought on the Future of the Family," *The Family and Change,* ed. T. N. Edwards, New York: The Free Press.

Nye, I.(1979), "Choice, Exchange, and the Family," *Contemporary Theories about the Family,* W. R. Burr et al., New York: the Free Press.

Okley, A.(1974), *The Sociology of Housework,* London: Pantheon Books.

Papanek, H.(1985), "Family Status-Production Work: Women's Contribution to Class Differentiation and Social Mobility," paper presented at the Conference on Women and Household, Organized by IUAES, ISA and ISWS, New Delhi, India.

Parsons, T.(1964), *Social Structure and Personality,* New York: The Free Press.

Roadman, H.(1972), "Marital Power and the Theory of Resources in Cultural Context," *Journal of Contemporary Family Studies* 3(Spring).

Rowbotham, Sheilla(1973), *Woman's Consciousness, Man's World,* Harmondsworth: Penguin.

Safilios-Rothschild, C.(1976), "A Macro- and Micro-examination of Family Power and Love: an Exchange Model," *Journal of Marriage and the Family,* 37.

Scanzoni, J.(1979), "Social Processes and Power in the Families," *Contemporary Theories abort the Family,* W. Burr et al., New York: The Free Press.

Skolnick, A. and J. Skolnick(1980), *Family in Transition,* Boston: Little

Brown and Company.

Tinker, I.(1980), "Toward Equity for Women in Korea's Development, Plan," Report prepared for the World Bank UNDP Korea Project ROK/78/002.

Wolf, M.(1972), *Women and the Family in Rural Taiwan*, Stanford: Stanford University Press.

Woolf, Virginia(1931), "Introduction," *Life As We Have Known It: By Co-operative Working Women* (ed. by M. L. Povies), London: Hogarth Press.

Zaretsky, E.(1976), *Capitalism, the Family and Personal Life*, New York: Harper and Row(『자본주의와 가족 제도』, 김정희 옮김, 1983, 서울: 한마당).

제5장

'남성다움'의 구성과 재구성: 사회적 기능과 존속 기제를 중심으로

1. 머리말

산업화와 근대화 과정을 거치면서 여성적 삶의 형태는 매우 달라졌다. 특히 전통적으로 가정 영역에 머물던 여성들이 공적 영역으로 진출하게 됨으로 일어난 변화는 엄청나다. 그러면 남성들의 삶은 어떤가? 여전히 공적 영역을 주도하며, 기득권에 연연하여 성 체계에 관한 한 어떠한 변화도 지지하려는 보수 세력으로 남아 있는가? 이 장에서는 '남성됨'이 무엇이며, 특히 산업화 이후에 크게 문제되고 있는 '남성다움'에 대한 불안과 갈등은 무엇 때문이며, 여성 해방의 물결 이면에서 일어온 남성 운동은 무엇을 추구하는 움직임인지 살펴보고자 한다.

현재 우리 사회에 '남성다움' 혹은 '남자의 여성화'가 크게 문제가 되고 있다. 어느 교수가 신문에 쓴 「남자가 되는 길」[1]에 이 문제가 잘 드러나 있다.

얼마 전 교수 한 분이 매우 언짢아했다. 이유인즉 한 남학생이 떳떳

---

1) 윤세철(1979), 「청론탁설」, 『조선일보』.

하지 못한 일로 어머니를 앞세워 나타난 일과 그 학생의 남자답지 못한 행동에 혐오를 느꼈기 때문이다. 요즈음 소년들은 남자의 생활에서 점차 멀어져가고 있다. 아버지는 아침에 나갔다가 저녁에 돌아온다. 그동안 그들의 어머니나 학교 선생님들과 생활한다. 그러나 학교에서는 여선생님들의 수가 늘어났을 뿐만 아니라, 남녀 공학은 일반적 추세이다. 〔……〕 따라서 무엇이 그들을 남자답게 만드는지 가까이 접하기가 어렵다. 〔……〕

　한편에서는 여성의 남성화를 걱정한다. 그러나 이는 여자가 남자를 닮아간다는 피상적인 것이 아닌, 여성다움을 잃어간다는 보다 본질적인 문제를 말하는 것이 아닌가 한다. 이 역시 한 소년이 한 남자로 성장하는 어려움과 비슷한 경우라 생각된다. (강조는 필자에 의한 것)

이 수필의 필자는 남성이 남성다워지지 못하고 어머니에게 의존하여 있는 것과 남자가 남성다움을 잃어간다는 점에 대해 깊은 우려를 나타내면서 대마초 하위 문화의 형성과 세대차의 원인도 '남성답지 못한 남성'들에 의해 야기되는 문제인 것처럼 쓰고 있다. 그리고 이 교수의 염려는 혼자만의 것이 아니고 사회 일반에 상당히 팽배해 있는 염려인 듯하다.

　중앙교육위원회에 의해 이루어진 「여교사의 대책에 관한 연구」[2]에서 최근 여교사의 급증으로 남학생의 여성화가 심각한 문제로 대두되고 있다는 판단이 내려졌다고 한다. 교육대학에 차별적 입시 기준을 두어서라도 여성 교사의 숫적 증가를 저지하고 남성 교사를 장려하라는 방안까지 제시되었다. 일반 시중에서는 "아들을 남성답게 키워라" "딸을 여성답게 키워라"는 등의 책이 빈번히 눈에 뜨이는 것으로 미루어 이 현상이 꽤 심각한 문제로 대두되고 있음을 알 수 있다.

---

2) 『동아일보』, 1979년 5월 29일자.

'남성다움'이란 남성으로 태어난 인간이 마땅히 갖추어야 할 기질과 자격, 해야 할 도리 등을 가리키는 단어로서 구실의 수행과 직결된 개념이다. 앞에 인용한 교수의 말처럼 남성다워지는 것은 자연적인 현상이 아니라, 사회화 과정을 통해 이루어지는 것이다. 인간이 태어났다고 다 인간다워지는 것이 아닌 것처럼 남자 아이도 저절로 남성다워지는 것이 아니다. 즉 '남성다움'이란 어디까지나 사회적으로 구성되는 문화적 현상으로서 이해되어야 하며 본질론과는 거리가 멀다.[3]

이 글에서는 먼저 비교 문화적·진화론적 입장에서 '남성다움'에 대해 고찰해보고자 한다. 비교 문화적 입장은 자문화 중심적인 편견에서 벗어나 '남성다움'이 의미하는(했던) 바를 보다 거시적 안목으로 볼 수 있게 하며, 스스로의 문화를 객관적으로 평가할 수 있는 근거를 제시한다. 특히 진화론적 입장을 취함으로써 '남성다움'이 갖는 의미를 환경에 적응하는 변동의 면에서 고찰하려고 한다. 특정 문명에서 '남성다움'의 문제가 왜 그러한 특정한 형태로 나타나며 또 특정한 방법으로 해결되어왔는지를 적응의 과정으로 보려고 하는 것이다. 즉 '남성다움'이란 문제와 관련된 제도들을 거시적 차원에서 기능적인 측면에 초점을 맞추어 다루게 될 것이다.[4]

두번째로는 산업화 이후 서구 사회에서 나타나는 '남성다움'의 내

---

3) 적어도 그 본질적(유전적) 차이에 대해서 우리는 아직 정확한 지식을 갖고 있지 못하다. 관련되는 논의로 마가렛 미드의 『세 부족 사회에서의 성과 기질』(이대 출판부, 1988)을 참조할 것.

4) 이 논의가 광대한 시간적·공간적 차원을 다루는만큼 도식적이라는 비난을 피할 도리가 없다. 여기서 전개되는 이론이 결정적이라기보다는 가설적이고 시사적인 것임을 고려해주기 바란다. 제시된 보충적 증거는 직접적이라기보다는 간접적·추론적이며 따라서 이론의 전개는 오직 우리에게 현재 알려진 사실들과 어느 정도 합리적인 일치를 하느냐에 따라 판단되어져야 할 것이다. 여기서 진화론은 문명의 지속성을 인류 차원에서 재구성한 개념틀일 뿐이며 특정 사회의 역사적 진행과는 다른 수준의 논의임을 분명히 인식할 필요가 있다. K. Ekholm(1981: 243) 참조.

용을 역사적으로 살펴보고자 한다. 그리고 이에 관련된 현상을 신정신분석학적 입장에서 살펴볼 것이다. 특히 남녀간의 인성적 차이가 어떠한 기제를 통하여 존속되어오고 있는지를 '모성의 재생산 *the reproduction of mothering*' 을 중심으로 분석한 낸시 초도로우 N. Chodorow의 논의를 통하여 이해해보고자 한다. 끝으로 현재 서구에서 일고 있는 '남성상의 재규정' 내지 '남성 해방' 운동을 검토해보고 우리 사회의 현상과 관련하여 대안을 제시해보고자 한다.

2. 비교 문화적 · 진화론적 입장에서 본 '남성다움'

세계에 편재한 여러 종류의 사회에서 '남성다움'이 어떻게 정의되고 있으며 남자 아이가 어떻게 남성답게 되는가에 대해 우선 간단히 살펴보기로 하자. 성별 분업과 자녀 양육에 대한 여성의 독점적 역할을 중심으로 (1) 수렵 채취 사회; (2) 원시 경작 사회; (3) 집약 농경 사회와 목축 사회의 순서로 살펴보고자 한다.

I. 수렵 채취 사회

수렵 채취의 사회는 성별 분업이 매우 분명한 사회이다. 이 사회의 분업은 성과 나이에 의한 것뿐으로 남자는 큰 짐승 사냥 *big game*을 주로 하고, 여자는 채집과 작은 짐승 사냥을 하며, 자녀 양육의 책임을 주로 맡고 있다. 그러나 이 사회에서 수렵인으로서 남자의 역할은

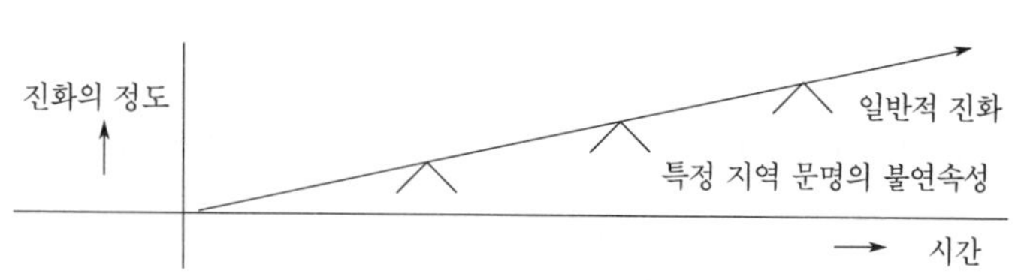

우리가 상식적으로 알고 있던 바와는 달리 실제로 그 비중이 그다지 크지 않다. 식량 획득의 70~80%는 여성의 채집과 작은 짐승 수렵에 의해서 충당되며 남성이 가끔 가져오는 식량(고기)은 '귀한' 음식물로 취급되나 그것이 없다고 사회의 존속에 위험이 온다고 보기는 힘들다(S. Slocum, 1975; E. Friedl, 1975; M. Martin, 1975). 뿐만 아니라 이러한 사회는 사회의 분화가 적고 전문적 정치 지도자 등의 역할도 없으며 남녀가 모두 각자의 자율성을 상당히 누린 사회이다. 단 남성들이 구해오는 사냥물은 최고의 교환 가치를 가지는 최고의 가치재로 인정되었고, 친족 조직이 발달됨에 따라 여성 교환이 결혼 제도의 핵심을 이루게 된다. 여성의 모성 외의 역할이 매우 활발한 점도 이 사회의 특징이다.

초기 유아 양육은 젖을 먹이는 어머니와 여성에 의해 행해지나 남아는 4~5세만 되면 곧 아이들끼리 모여 놀거나 친척들을 따라 사냥을 간다. 일터 · 가정 · 공동체가 상당히 연결되어 있어서 많은 사람들과 상호 작용하며 자라게 된다.

이 사회에서 '남성다움'이란 훌륭한 사냥꾼이며 너그럽게 나누어 먹을 줄 아는 사람이 되는 것을 의미한다. 기질적 차이는 개인의 차로 인정되지 성의 차이라고 인식되지 않고 있다. 또한 초기 아동 교육을 맡아하던 어머니는 자녀 양육 외에 경제 산출인으로서의 역할 수행을 병행하기 때문에 아이와의 관계에 지나치게 애착을 갖는 현상을 찾아볼 수 없을뿐더러, 남아는 어린 나이 때부터 어머니로부터 떨어져나가 남자의 세계로 들어가서 수렵인이 되므로 점차로 남성의 역할 수행을 위해 필요한 능력과 기질을 키워간다.

II. 원시 경작 사회

원시 경작을 생업으로 하는 사회는, 매우 다양한 형태의 문화를 발달시키기 때문에 한마디로 '남성다움'의 문제에 대해 규정하기는 힘들다. 그러나 이를 대개 두 종류로 나눌 수 있는데 하나는 여성의 경제 활동이 매우 활발한 반면 남성의 역할은 별로 사회적 비중이 없어 구조적으로 수렵 채취의 사회와 비슷한 경우이고, 다른 하나는 남성의 역할 또한 여성의 역할 못지않게 중요한 경우이다.

첫번째 경우의 예로서 동인도East Indies의 알로Alor 사회를 들 수 있다(Barnouw, 1973: 155~57). 이 사회의 남자의 역할이란 약간의 물물 교환——그것도 매우 의례화된 것으로——과 그 외에 연극이나 미술·옷치장에 관련된다.

여자는 산후 10일경부터 밭에 나가서 일을 하는데, 밭에 아기를 데리고 나가지 않는 편이며, 따라서 마을에 남아 있는 아버지나 형제·조부모가 아이를 보게 된다. 남아는 5~6세쯤 남자 옷을 걸치게 되면서 서서히 남자가 되기 시작한다. 이들은 주로 그룹을 지어 돌아다니며 자기들끼리 음식물을 모으러 다니거나 남자 어른의 조수 노릇을 한다. 사춘기가 되면 이 소년들은 머리를 기르기 시작하고 몸치장과 머리 장식을 위해 많은 시간과 정력을 들인다. 반면 머리를 깎고 있는 여자들은 이들의 멋부린 모습에 찬사를 보낸다고 한다.

이런 사회에서 '남성다움'이란 큰 문제가 되지 않는다. 대체로 이들은 일찍부터 어머니의 품을 떠난다. 또한 어느 정도의 어머니에 대한 귀속과 애착이 지속되어도 큰 사회적 문제가 되고 있지 않다. 그들은 여성에의 애착을 다음과 같이 자연스럽게 표현할 정도로 '남성다움' 내지 '독립'에 대해 집착하고 있지 않다.

우리 어머니와 아내가 매우 비슷하다. 우리가 어릴 때 어머니는 우리를 먹여주었고, 자라서는 우리 아내가 우리를 위해 요리를 한다. 우리는 어릴 때 어머니와 같이 잤고, 어른이 되어서 아내와 같이 잔다. 어른이 된 후에도 때때로 밤에 잠이 깨면 우리는 아내를 '엄마'라고 부른다. (Barnouw, 1975: 157)

274

원시 경작 사회의 두번째 형태는 남자의 역할이 여자의 역할만큼 중요한 것으로 인정되는 사회로, 이들 남자들의 역할은 주로 전쟁과 관련이 된다. 이들은 인접 부족과 끊임없는 전쟁 상태에 있으므로 전사로서의 남자들은 이 역할에 맞게 용기있고 다치기를 두려워하지 않는(대개 이런 전쟁에서 사상자는 거의 없다) 품성을 지닐 것이 요구된다. 대개 이런 사회에서는 남아를 전사의 역할에 맞게 만들기 위한 제도적 장치가 발견되는데 남성 성년식이 그 중 가장 흔히 채택되고 있는 수단이다(J. Brown, 1963; J. Whiting, 1962; J. Whiting, et al., 1958).

남성 성년식이란 그 사회의 모든 소년이 의무적으로 치러야만 하는 의식으로서 이 식은 예외없이 분리 *separation* · 전환 *transition* · 재통합 *integration*의 세 단계로 나누어진다. 처음 단계에서 이들은 자기가 일상적으로 관계를 맺어오던 모든 것으로부터 분리되고 특히 여자들로부터 분리된다. 호피 인디언 Hopi Indian들의 경우, 이 분리의 단계에서 어지들은 아이를 보내지 않으려고 붙잡으며 울고 남자 아이는 놀라서 가지 않으려고 발버둥치는데 결국 가면을 쓴 남자들(대개 친척)에게 끌려가게 된다. 이러한 연극적이고 의례화된 분리는 남아들에게 어머니로부터 분리되지 않으면 안 된다는 사실을 분명히 인식시켜주는 기능을 한다(E. A. Hoebel, 1966).

전환의 단계는 시련과 시험의 기간이다. 참가한 소년들에게 고통스러운 경험과 시련을 꿋꿋이 감당할 것이 요구된다. 이 기간 동안 앞니나 송곳니를 망치로 빼거나, 얼굴 · 가슴 · 이마 · 팔다리 등을 칼로 째서 표적을 만들거나 마구 회초리로 때리는 등의 시련이 소년들에게 가해진다. 그리고 매우 고통스런 할례가 대개 이 의식의 절정을 이룬다. 이 기간 동안 또한 이들은 남성만의 비밀과 여자 다루는 법, 남자 어른에 대한 위계 서열적 태도, 전사로서의 기술 등을 터득하게 된다. 특히 '남성다움'에 대한 자신감을 심어주고 남성의 역할을 수행하는 데 수반될 위험과 고초를 직면할 수 있게 하는 갖가지 훈육 방법이 동원되는 것이다(Erikson, 1963: 143~44).

이러한 사회에서는 '남성다운' 정신을 철저히, 흔들리지 않도록 하기 위하여 여자들이 이용당하고 있음이 주목된다. 여자들을 제한 또는 무시하거나 성차 *sex-difference*를 극히 강조함으로써 남아를 여성들로 분리시키는 것이다. 남성다워지는 것이 어려울수록 이 단계에서 참가 소년들이 겪는 충격이나 훈련은 비례적으로 심해진다(E. Friedl, 1975: 78).

재통합의 단계에서 이들은 새로운 인간, 즉 '남성다운' 인간으로 전환되어 일상 세계로 돌아온다. 이제 이들은 여성으로부터 분리되어 남성으로서 일체감을 확고히 이룩하고 성인 남자로서의 역할을 훌륭히 수행해나갈 자격을 갖추게 된 것이다.

즉, 남성 성년식의 목표는 성별 역할의 한계를 분명히하고 ── 특히 남아에게 ── 남성다움에 대한 확신과 자신감을 갖게 하는 데 그 주목적이 있는 것이다. 여기서 강조되는 남성 우위의 이념은 실제 남성 우위의 신분적 반영이 아니라 하나의 이데올로기로, 고난에 처하더라도 자신의 역할 수행에의 성공적·지속적 동기를 갖도록 기운을 북돋아주는 기능을 갖는다(Parker and Parker, 1979: 302). 남성 성년식은 남아를 '남성다운' 남성으로 만드는 제도적 장치로서 남성의 방위 역할이 별로 중요하지 않은 사회에서는 남성 성년식이 그리 거창하고 엄격하지 않다는 점을 주목하여야 할 것이다(Parker and Parker, 1979: 301).

Ⅲ. 집약 농경 사회와 목축 사회

이 두 사회는 매우 다른 사회적·문화적 특징을 보이나 '남성다움'의 문제에 대해서는 비슷한 양상을 보인다. 이 두 형태의 사회에서는 모두 철저한 성별 분업이 이루어지고 있으며 남성의 활동이 ——우선 경제적 역할을 위시하여—— 사회의 존속에 큰 비중을 차지한다. 반면 경제적 생산자로서의 여성의 역할은 앞서 언급한 사회에 비해 저조하며, 대신 여성의 모성적 역할이 크게 강조되고 있다.

이 두 사회에서는 남녀 성별 분업이 매우 엄격하며 남성의 역할이 여성의 역할보다 월등히 높은 사회적 인정을 받아 남성의 지배적 위치를 확보시키는 반면, 여성은 앞에 언급한 사회들의 여성들에 비해 자율성 *autonomy*을 크게 잃고 남성에게 종속화되는 특징을 갖는다. 남성간의 협동과 유대가 사회 유지에 매우 중요한 요소로 등장하며 이는 도시 · 지배 집단 · 국가 조직의 출현을 포함하는 공공 영역의 확대로 이어진다. 반면에 아동 양육은 어머니의 독점적 역할임과 동시에 사회적으로 중요하다고 인정된 단 하나의 역할로 간주되어 남아에 대한 어머니의 헌신은 남아를 매우 깊게 어머니에게 결속시키게 된다. 이러한 남아들을 남성의 세계로 끌어들이고 남성의 세계에서 불화를 일으키지 않고 훌륭히 협력하게 만든다는 것은 결코 쉬운 일이 아니다.

집약 농경 사회에서는 대부분 철저한 격리의 방법을 채택하여 남아를 남성답게 만들어왔다. 이는 역할상에서뿐만 아니라 공간상의 철저한 격리를 의미하며 일찍이 소년을 남성의 세계에 귀속시키고 그가 속하지 않은 반대 영역에의 참여를 엄격히 막는 제도를 말한다. 이런 사회에서는 대개 남녀의 숙소가 따로 있고 여자는 집에만 있어야 한다는 규범, 또는 남녀의 철저한 식사 금기, 예를 들어 남녀는 절대로 함께 식사를 해서는 안 된다는 등의 규범들이 발견된다 (Michaelson Goldschmidt, 1971: 332; E. Friedl, 1975). 조선 시대의 '남녀 칠세 부동석'의 관습이나 사랑채와 안채의 분리, 여자는 남자와 상을 함께 받지 못하는 관습, 바깥 양반/집안 사람 구분 등은 모두 그 당시 농경 사회에서 채택된 남녀 격리 제도의 일면이다.

농경 사회에서는 남존 여비의 사상이 강하게 존재하며, 이는 여성의 위치를 비하하고 남아로 하여금 비하된 여성에의 귀속에서 가능한 한 빨리 탈피하도록 하는 사회적 압력으로 작용하게 된다. 원시 경작 사회에 비해 집약 농경 사회에서는 남존 여비의 사상이 신화라기보다 거의 현실의 반영이 될 정도로 남성 지배적인 사회적 구조를 구축하게 된다.

목축 사회의 유형은 목축 방식에 따라 다양하나 아프리카 등지에서는 남성 성년식을 거행하는 예가 발견된다. 아랍 여성의 베일의 관습에서 볼 수 있듯이 철저한 격리의 방법이 여기서도 '남아의 남성화' 문제를 해결하는 방식으로 활용되어왔다.

IV. 요약

앞에서 논의된 사례들을 토대로 다음과 같은 유추가 가능하다. 첫째, 남아의 남성화가 매우 문제시된 사회들은 세 가지 특징을 지니고 있음을 알게 된다. 이는

1) 남녀 역할의 분명한 분리
2) 어머니의 아동 양육의 독점
3) 남성의 역할이 갖는 사회적 비중

이다. 역할의 분명한 분리란 남녀 역할이 얼마나 상호 배타적으로 규정되어 있는가에 관한 것이다. 남녀의 역할 구분이 덜 엄격한 사회에서는 '남성다움'이란 것이 별로 문제가 되지 않는 반면, 구분이 많고 엄격할수록 '남성다움'이 문제시된다.

두번째로 어머니의 자녀 양육의 역할이 독점적일수록, 또 그 양육 기간이 길수록 남자 아이를 여성의 품에서 떼어 남자답게 만들기가 힘들어진다. 다시 말하면 아들이 유아기와 아동기의 경험을 통하여 어머니에의 귀속감과 애착을 강하게 가질수록 남성다움이 문제화될 가능성이 커진다는 뜻이다.

셋째로 남성의 역할이 갖는 사회적 비중의 문제이다. 생계 유지가 거의 여성들에 의해 가능한 사회에 비해 남성의 경제·사회적 역할이 사회의 존속에 매우 중요한 경우, '남성다운' 남자를 기르는 것은 심각한 사회적 과제가 된다. 이는 대개 남성이 경제적 생산이나 방어 면에서 주요한 역할을 담당하는 사회이며 또한 남성간의 협력과 유대가 매우 중요한 사회이기도 하다.

이러한 세 요소를 가진 사회에서는 '남성화'에 각별한 신경을 쓰고 특수한 제도적 장치를 발전시키고 있다. 전쟁이 잦은 원시 경작 사회에서는 시련과 시험을 수반하는 남성 성년식을 통하여, 집약 농경 사회에서는 철저한 격리의 제도와 이데올로기적 통제를 통하여 남아는 남성으로서의 정체를 분명히하고, 남성다웁게 되는 방법을 배우며 자신의 남성다움을 확신하게 된다.

3. 산업 자본수의 사회에서의 '남성다움'

I. 근대 서구 사회에 나타난 '남성다움'

'남성다움'이 원래 남성에게 주어진 역할 수행을 성공적으로 해나갈 성품을 의미한다면 먼저 공업 사회의 성별 분업의 특징에 대한 이해가 있어야 할 것이다.

공업 자본주의 사회의 가장 큰 특징은 전문화와 개인 차원의 동기 유발에 있다고 볼 수 있다. 앞에서 본 사회에서와 같이 남자나 여자들이 한 직종의 일——전사라든가 수렵인, 혹은 협력하는 농부라든가——에 종사하는 형태가 아니라 여러 종류의 직종에 종사하게 되는 형태를 낳았다. 원칙적으로 농부에서 간호원까지 개인의 취향과 능력에 맞는 직업을 선택하게 된 것이다. 많은 여성들은 기계화와 자동화, 평등주의에 입각한 교육, 산아 제한, 국가의 조기 아동 교육 제도

등을 통해 전통적 역할 외의 역할을 수행할 수 있게 되었다. 특히 인류 역사상 최초로 과학에 힘입어 여자들이 자신이 낳을 아이의 수와 출산의 시기를 결정할 수 있게 되었다는 사실이 갖는 의미는 크다. 이로써 여성의 사회적 영역——전통적 농경 사회에서는 남자의 독점 영역이었던——에의 참여가 시작되고 공업화의 진행에 따라 그 참여도는 현저히 높아지게 된다.

이러한 산업 구조의 변화는 '남성다움'에 대한 새로운 정의를 요구하게 되었다. 현대 사회는 전투적이고 도전적인 남성을 필요로 하는 대면적 전투 위주의 원시 경작 사회도 아니고 여성을 제외한 남성간의 유대만이 중요한 집약 농경 사회도 아니다. 이는 개인의 능력 개발과 취향 위주의 분업을 지향하는 사회인 것이다. 이런 면에서 공업 사회는 '남성다움'이란 것이 크게 문제되지 않는 방향으로 나아가야 함을 알게 된다.

그러나 실상은 어떤가? 이미 서너 세기의 공업화 과정을 거쳐 후기 산업 사회에 들어선 서구 사회에서 여전히 심각하게 대두되고 있는 남녀간의 대립과 갈등, 그리고 '남성다움'에 대한 집착도 어디에 기인하는 것인가? 이 질문에 답하기 위하여 서구 자본주의화의 전개 과정에 따른 남성 역할과 관계상의 변화를 역사적으로 살펴보자.

이윤 추구와 도구적 합리성을 토대로 하는 자본주의 체제의 발달은 가족 관계 논문에서 언급했듯이 가족 임금 체계와 소위 동반자적 연애 결혼을 중심으로 한 남녀 관계를 형성시킨다. 이 시기를 통해 가장 강조된 남성의 역할은 가족 부양을 책임지는 가장으로서의 역할이다. 어렌리크(1983: 11)는 이를 '부양자의 윤리 *the breadwinner ethic*'라고 부르고 있다. 구체적으로 남성은 생산 공장의 성실한 일꾼으로서, 또한 아내를 포함한 서너 명의 딸린 식구를 부양하는 가장으로서 막중한 책임과 권한을 갖게 되는 것인데, 이때 '남성다움'은 책임감·합리성·자제력·결단력·여성 보호적 태도가 그 골자를 이루게 된다. 경제적으로 여유있는 삶, 좋은 집과 차를 포함한 과시용 소비재를 구입하는 것이 생의 주목표인 당시 사회에서 중요한 것은 경제적 소비 능력과 가정적 안정이었으며 다수의 남성들은 성실하고 책임있는 가장으로서의 역할에 상당히 만족해 있었던 것으로 보인다.

동성간의 관계와 이성간의 관계에서 추구되는 내용도 이 시기를 통해 판이하게 달라진다. 남성들간의 관계는 근본적으로 목적 달성을 위한 경쟁과 단결의 관계이다. 이는 스포츠 활동을 통해 일찍부터 남성들에게 심어지게 된다.[5] 남성들은 스포츠를 통하여 협동하고 서로를 보살피며 친밀해지나 이 관계에서 솔직한 감정 표현이나 의존성은 억제된다. 친밀성은 어디까지나 상대방팀에 반하여 함께 경쟁한다는 '아군' 의식, 그리고 힘과 기술을 길러가도록 서로 자극을 주고 경쟁하는 데 근거한다. 남성간의 감정적 친밀성은 농담이나 몸으로 싸우는 시늉 등으로나 표현될 수 있을 뿐이다(Kidd, 1987: 259). 감정적으로 너무 친밀해지지 않는 것, 모든 감정을 초월하고 완수할 일을 위해 훌쩍 떠나는 것이 이 시대 '남성다움'의 특징을 이루게 되고, 이는 험프리 보거드나 게리 구퍼 등 20세기 전반부 서구 영화의 주인공들이 완벽하게 연출하여온 남성상이다. 데이비드D. David와 브레넌R. Brannon(1976: 12)은 이 당시 미국의 남성다움의 골자는 (1) 모든 여성적인 것의 거부; (2) 큰 수레가 되는 것(성공); (3) 강한 느티나무처럼 자신감에 넘치고 강한 것; 그리고 (4) 결과가 어찌됐든 부딪쳐보는 공격성·용기·무모함 등이라고 분석해내고 있다.

남성간의 관계가 상당히 업적과 능력 위주로 흐른 데 반하여, 남녀 간의 감정적 친밀성은 전 시대의 소원함과는 대조적으로 크게 강조되기 시작하였다. 남성은 슬프거나 외로울 때 여성에게 위안을 구하

---

5) B. Kidd는 「스포츠와 남성다움Sports and Masculinity」(1987)에서 가부장적 이데올로기로서의 스포츠를 자세히 분석하고 있다.

고자 했으며 연애란 것이 인생에 있어 특별한 의미를 갖게 되었다. 물론 이때 남녀간의 친밀성은 한계를 지닌다. 남녀 관계는 남성이 감정을 토로하는 것을 여성이 들어주는 고해성사와 비슷한 형태일 뿐 진정한 감정 교류에 근거한 친밀성으로 발전하지는 못했다는 것이다. 동성연애자를 범죄자로 취급하는 엄중한 성적 규제와 남성간의 친밀한 감정 표현을 심리적 병리 현상으로 보는 경향이 이 시기를 통하여 강하게 대두된다. 이는 곧 엄격한 역할 분담이 관계와 감정의 분화로까지 이어지는 현상으로서 남성간의 도구적 관계, 남녀간의 성 관계가 그 핵심을 이루게 된다.

이러한 규격화된 관계 구성은 1950년대를 전후로 도전을 받게 된다. "남성의 반란"이라는 표현을 쓰면서 어렌리크(1983: 12)는 전 시대를 특징지은 "생계 부양자의 윤리"의 붕괴 과정에 대해 몇 가지 주요한 관찰을 하고 있다. 첫째는 "부양자 윤리"의 붕괴는 일반적으로 인지되고 있듯이 1960, 70년대 여성 해방 운동의 여파로 초래된 것이 아니고 자본주의의 단계적 진전에 따른 자생적 현상이라는 것이다. 경제적으로 풍요로움을 누린 세대가 일으킨, 즉 히피나 '역문화 *counter culture*' 운동과 더욱 밀접한 상관 관계를 갖고 있다는 것이다. 또한 경제적으로는 1970년대 석유 파동을 거치면서 물가가 뛰어오르고 전반적 경제 침체가 예기되는 상황에서 남성들의 부양자 책임은 매우 무거워졌다. 남성들은 자신들에게 부여된 순종적 직장인으로서, 그리고 가장으로서의 역할이 너무 위험 부담과 긴장이 높은 것이라고 느끼기 시작했으며, 이에 '성공'과 '책임'보다 '신나는 시간'과 '수월한 삶'을 추구하는 남성들이 등장하기 시작한다.

이 시기를 통하여 일기 시작한 "남성상의 재규정"에 대한 움직임은 책임을 기피하고 자신의 만족만을 추구하는 경우로부터 여성 해방주의적 이상을 나누어 갖는 '남성 해방' 운동에 이르기까지 매우 다양하게 나타난다. 어렌리크는 대다수의 남성 반란은 "대중적 신경증과 문화적 원자화의 징후"라는 진단을 내렸는데, 즉 남성들은 성차별적 태도는 전혀 극복을 못한 채 떠돌아다니는 플레이보이나 '마초,' 히피들처럼 "부양자 윤리"만을 내팽개친 것에 불과하다는 것이다 (1983: 169). 여전히 여성들에게 기대고 서비스는 요구하면서 유아기적 자기 도취에 빠져 있거나 아노미 상태에서 헤어나지 못한 상태에 머물고 있다는 것인데, 이는 크게는 소비 경제와 자기애적 소비 문화의 산물이며 작게는 대중적 심리학자들의 부추김과 관련이 깊다는 것이다. 마음껏 새로운 상품을 사들이고 성 관계를 즐기며 신나는 시간을 갖는 것을 목표로 한 삶은 인간 자체가 소비의 대상이 된 사회상을 그대로 반영하고 있다는 것이다.[6]

하여간 1960년대 이후 남성들 가운데는 몸치장에 신경을 쓰고 감정적 표현을 자유롭게 하면서, 전 시대의 '남성다움'의 상징이었던 책임감·경쟁·성공·무감정 등에 정면으로 거부감을 나타내는 수가 늘어나고 있는 것은 사실이다. 이들은 성공할수록 외로움을 느껴야 하고, 끊임없이 이성 상대자를 바꾸면서 소유하는 것 외의 다른 방식으로는 여성과 친밀한 관계를 맺어가지 못하며, 실패에 대한 공포에 끊임없이 시달려야 하는 삶을 일찍이 거부하기로 한 것이다. 이러한 저항의 몸부림은 아직 정리 단계에 들어서지 않았으나, 이를 이 시대의 위기적 징후의 발현으로 볼 때 새 시대의 변혁적 에너지로 발전되어갈 가능성이 전혀 없는 것은 아니다. 이 문제는 결론 부분에서 다시 거론된다.

II. '남성다움'의 존속 기제

그러면 '남성다움'이란 어떤 기제를 통해 존속되는가? 초도로우는

---

6) 최근에 제작되기 시작한 '부성'에 관한 영화(예:『세 남자와 아기바구니』)들은 책임질 것이 없이 물적 풍요와 '신나는 시간'으로 이어져온 '자유로운' 삶에 염증과 환멸을 느끼며, 다시 '관여하는' 삶으로 돌아가는 남성들을 그린 것들이다.

남성화와 여성화의 문제는 단순한 성 역할 규범의 차원에서 존속되는 것이 아님을 밝히고 있다.[7] 즉 여성이 모성적이 되고 남성이 공격적이고 지배적이고자 하는 심리적 경향은 개인적인 학습 차원의 문제가 아니라 어머니가 자녀 양육 *mothering*을 독점하는 사회 조직적 특성에서 설명되어야 하는 현상이라는 것이다. 이것은 여성이 출산을 하고 수유를 한다는 사실에서 비롯하므로 일면 보편적 특성을 보이나 산업 자본주의 사회에 들어서서 더욱 강화되어 나타나고 있다는 것이 초도로우의 주장이다. 즉 가정이 더욱 사회로부터 분리되고, 여성이 혼자 핵가족내에서 자녀를 기르게 되면서 모성적 기능은 더욱 여성만의 것이 되어가고 남성은 더욱 도구적 인간이 되어가고 있다는 현상에 주목한다. 사회학과 정신분석학이 만나는 지점에서 남성과 여성의 인성 형성의 과제를 분석한 초도로우의 논의를 좀더 자세히 살펴보자.

초도로우의 논의의 초점은 '모성적 성향의 재생산'에 있다. 그는 프로이트가 밝혀낸 대상 관계 이론의 중요성을 인정하고 프로이트가 제시한 대로 자아 발달의 과정을 무의식적·감정적 심리 구조의 차원에서 분석하고 있다. 그러나 초도로우가 프로이트와 크게 의견을 달리하는 것은 가족을 사회 조직의 한 단위로 보았다는 점과 어린 아이의 자아 형성 과정에서 가장 중요한 존재를 어머니로 보았다는 점이다. 프로이트는 임상을 중심으로 이론을 발전시켰고 또 자신이 남성이었던만큼 한계를 가졌던 것인데, 비교 문화적이지 못했다는 점과 끊임없이 남성, 즉 아버지와의 관계를 분석의 핵심에 놓아왔다는

---

7) Nancy Chodorow(1974), "Family Structure and Feminine Personality," *Woman, Culture and Society*, ed. M. Z. Rosaldo and L. Lamphere(Stanford: Stanford University Press), pp. 44~66: (1978), *The Reproduction of Mothering: Psychoanalysis and the Sociology of Gender*(Berkeley: University of California Press): 헤스터 아이젠슈타인(1984), 「모성의 문화적 의미 Ⅲ」, 『현대 여성 해방 사상』, 한정자(역), 1986 참조.

점이다. 초도로우는 비교 문화적으로 가족 구조 형태의 다양함을 전제로 하면서 모성 *mothering*을 재평가하고 모자 관계를 중심에 놓음으로써 소유적 개인주의 *possessive individualism*의 전제에 토대를 둔 남성 중심적 이론을 넘어서는 대안을 제시하고 있다. 그가 제시한 중심 개념은 자기 사랑 *narcissism* (Barrett and McIntosh, 1982: 126)으로, 자아 형성 과정은 아기가 자기의 주 양육자, 즉 어머니와의 관계에서 갖게 되는 일차적 유대 관계에서부터임을 강조한다. 초도로우는 초기에 형성되는 어머니에 대한 일차적 애착 관계에서부터 분리되어 개체성을 확립해가는 데에 있어 여아와 남아는 매우 상이한 과정을 거치게 되고 이에 따라 매우 다른 '관계 형성 능력 *relational capacity*' 과 자아 정체성을 갖게 된다는 점을 밝혀내고자 하였다.

이 과정을 간단히 풀어보자. 초기에 아기는 성에 관계 없이 어머니에 의해 길러진다. 따라서 모든 아기는 어머니와 동일성과 통합성을 경험함으로써 인생을 시작하는 것이다. 이러한 일차적 동일시 관계에서 비롯되는 심리적 감각으로부터 출발하여 아기는 점차 자신이 어머니로부터 분리된 존재임을 깨닫게 된다. 어린이가 건강한 자아 정체감을 갖는다는 것은 이 일차적 동일시 과정을 순조롭게 벗어남을 의미한다. 주목할 점은 가부장적 사회에서 이러한 자아 정체감의 습득은 여아와 남아에게 각기 다르게 나타난다는 것이다. 아동 발달 단계 중 모자간의 밀착 관계가 미처 분화되지 않은 '전(前)외디푸스' 단계에 초점을 맞추어보면 소년보다 소녀가 더 오랫동안 이 단계에 안주함을 보게 된다. 반면 소년은 일찍 외디푸스적 밀착 관계로 이행해가는데 즉 아버지에 대해 경쟁 의식을 느끼게 되고 어머니를 대상으로 성과 소유에 강한 관심을 갖게 되는 것이다. 이런 차이는 일차적으로 남아와 여아에 대한 어머니의 지각의 차이에서 비롯되는 것으로 보이는데 즉 어머니는 여아와의 관계를 연속선상에서 지각하는 반면 남아의 경우는 자신과 분리된 별개의 존재로 지각하고 양육하기 때문이라는 것이다. 여아의 경우는 어머니와의 공생 관계를 연장시키려는 경향을 보이는 반면 남아의 경우는 개별성 내지 타자성을 강조함으로써 일찍이 공생 관계를 종결지으려는 경향을 갖게 된다. 일반적으로 나타나는 여성의 관계 지향성, 남성의 개체 지향성은 이미 이 단계에서 나타나기 시작하는 것이다.

자신의 성적 관심을 아버지에게 돌리게 되는 외디푸스 단계에서도 여아는 남아가 어머니와의 관계에서 거치게 되는 과정보다 훨씬 단순하고 덜 강박적인 형태의 경험을 갖는다. 이는 여아가 관심을 아버지에게 돌리더라도 어머니와의 일차적 밀착 관계를 그대로 맺고 있기 때문이다. 초도로우는 여아가 아버지에게로 향하는 것은 필연적이라기보다 어머니에 대한 적대감의 표현이라고 보고 있다. 즉 어머니가 남동생이나 오빠를, 또는 아버지를 더 사랑하는 것을 알게 될 때 그 사랑을 쟁취하기 위한 시도라는 것이다. 따라서 외디푸스 시기의 소녀의 성적 경험은 2인 관계라기보다는 3인 관계에서 이루어진다. 커서도 여성이 이성(異性)적 밀착 관계에 있어 남성보다 덜 독점적이고 복선적인 경향을 보이는 것은 이러한 과정과 관련이 된다.

현대 사회에서 남성이 주로 직장에 나가고 집에 있지 않으며 따라서 자녀들과 관계를 맺을 시간이 적다는 조건적 특성이 또한 자아 정체감 형성 과정에서 크게 작용한다. 이는 특히 남아의 경우에 적용되는데 어머니로부터 떨어져나온 남아는 자신이 동일시할 새로운 대상을 찾게 되는데, 이때 주위에서 적합한 대상을 찾는 데 어려움을 겪게 된다. 어머니를 포함한 여성 대상이 항상 곁에 있는 여아에 비하여 아버지를 만나기 힘든 아들은 남성으로서의 정체감을 확립하는 데 문제를 안게 된다는 것이다. 초도로우는 이 시기의 남녀의 사회화 과정을 비교하면서 '위치적 동일시 *positional identification*'와 '인격적 동일시 *personal identification*'의 개념을 소개하고 있다. 어머니가 주양육자가 되는 가족 구조에서 어머니와 성이 같고, 같은 일을 담당할 딸은 구체적이고 직접적인 상호 작용, 즉 '인격적 동일시'를 통하여 자연스럽게 여성이 되어가나 아들은 그러한 모델이 없기 때문에 추상적이고 간접적인 '위치적 동일시'를 통하여 남성됨을 배워가야 한다는 것이다. 일터에 나간 아버지와 관계를 맺지 못하게 될수록 아들은 어머니의 기대나 또래 집단의 영향, 또는 매스컴을 통하여 간접적 지식으로써 '남성다움'이 무엇인지를 추측하고 배워가야 하는 것이다. '위치적 동일시'를 통해 자신의 성 정체감을 익혀가야 하는 남자 아이들은 '남성다움'의 내용을 잘 알지 못하여 '반(反)여성다움'을 남성다운 것으로 규정하거나 정형화된 남성성에 집착하는 경향을 보이게 된다. 즉 어머니로부터 스스로를 과도하게 분리시키거나 여성을 비하함으로써 자신의 남성성이 확립된다고 믿게 된다는 것이다.

이렇게 자아 정체감 형성기에 갖게 되는 남아와 여아의 경험의 차이는 인성 구조상에 주요한 차이를 만들어내었다. 여성은 남성에 비해 뛰어난 관계 형성 능력을 갖게 되고, 외디푸스 시기에 경험했던 삼각 관계를 아기를 가짐으로써 재형성해나가려는 욕구(모성)를 갖게 된다. 즉 '모성적 성향의 재생산'이 이루어지는 것으로 곧 여성이 어머니가 되고자 하는 것은 원초적인 모녀 밀착 관계의 회복이자 삼각 관계의 재실현을 뜻하는 것이다. 여성의 관계 중심적인 사고, 여러 가지 상황적 변수를 고려하는 복선적인 논리 성향, 상호 의존성, 그리고 감정 이입적 이해력은 여아가 유아기의 자아 형성 과정을 거치면서 습득된 특질이다.

반면에 남아는 개체성을 확립하기 위하여 자신의 일차적인 밀착 관계를 거부하여야 하였고 이 과정에서 관계의 단절을 경험하게 된다. 일차적 애착의 대상인 어머니와의 관계의 거부는 곧 일반적 관계성 및 자신 속에 잠재해 있던 모성적 성향의 억압을 의미한다. 즉 남아는 모성적 성향을 키울 기회를 이 시기에 벌써 박탈당하는 것이다.

특히 어머니·친척·여교사, 어머니의 친구 등 구체적 모델을 통해 '여성다움'을 습득해가는 누이들에 비하여 남아는 추상적 개념으로 '남성다움'을 익혀가야 했으며, 이런 과정에서 남성은 추상적 사고 경향과 무감정 *apathy*, 단선적인 인과적 사고에 집착하는 경향을 갖게 된다. 남성이 논리적이고 결단력이 있다는 일반적 인식은 바로 이러한 남성의 반관계적 성향과 관련을 갖는다.

한편 어머니로부터 일찍이 분리되어야 하고 그를 대신할 아버지가 없다는 점에서 남성의 자아 형성 과정은 여아에 비하여 매우 불안정한 특성을 지닌다. 이에 따라 남성은 무엇인가를 객관적으로 성취하고 경쟁하려는 도구적 경향을 더욱 강하게 갖게 되고 동시에 여성을 비하하여 자신의 정체성을 확고히하려는 공격적 성향도 보이게 된다.

초도로우는 자아 형성기에 습득된 이러한 인지와 감성의 경험은 남녀의 인성을 워낙 다르게 구조화시키기 때문에, 또 그 이후 가정내의 보살핌과 모성적 역할은 여전히 어머니에 의해 전담되기 때문에 가정 외 학교 교육이 아무리 남녀를 똑같이 가르쳐도 효과를 내지 못한다고 보고 있다. 가족 구조내에서 재생산되고 있는 이러한 성차는 현대 여성의, 그리고 남성의 운명을 결정짓고 존속시키는 가장 주요한 기제가 되고 있다는 것이다.

이상과 같이 원리로는 다양한 능력 개발이 기초가 되는 전문화 사회에 들어와서도 '여성다움'과 '남성다움'이 체계적으로 재생산되어 남성과 여성의 분리가 존속되는 과정을 살펴보았다. 가정과 일터가 분리될수록, 그리고 여성이 가정의 전담자로 남게 될수록 남성과 여성의 인성 구조는 더욱 다르게 형성되는 면을 보이고 있는 것이다. 그러면 이 글 첫 부분에서 인용한 어느 교수의 남학생들의 여성화에 대한 우려는 어떤 의미를 띠는 것일까? 우리 사회의 경우를 중점적으로 살펴보자.

4. 현대 한국 사회에 있어서의 '남성다움'

앞의 논의를 기초로 할 때 남아의 여성화에 대해 갖는 문제 의식은 크게 두 가지 차원으로 나누어 논의될 수 있다. 하나는 전통적 남녀 유별 의식과 이와 연속상에 있는 가족 임금 체계의 붕괴에서 비롯되는 위기감의 면에서일 것이며, 또 하나는 초도로우가 논의한 바의 여성에 의해 독점되는 모성의 재생산 구조와 남성들의 불안한 정체감 차원에서 빚어지는 문화 심리적 문제 차원에서일 것이다. 먼저 사회 발전을 주어진 역할의 수행 차원에 둘 때 안게 되는 위기감에 대해 살펴보자.

제3세계 중에서는 비교적 빠른 시일내에 본격적 산업화 단계에 들어선 한국 사회는 현재 농경적, 초기 산업 사회적, 그리고 후기 산업 사회적 양상을 동시에 드러내고 있다. 현재의 급격한 사회 변동은 사실상 많은 혼란과 불안을 야기시키고 있다. 최근의 생활 세계를 지배해온 '주도적' 이데올로기는 '경제 발전'으로서, 국가 기구, 기업 운영, 대중 매체와 가족 집단은 모두 경제 발전을 위해 전력 투구해왔다. 이에 모든 남성들은 '책임있는 가장'으로, 그리고 믿을 수 있는 '고용원'으로 새롭게 태어날 것이 요구되고 있는 것이다. 구체적으로 남성들은 전통적 의존 심리에서 벗어날 것이 기대되며 동시에 일하기보다는 적당히 즐기며 살기를 원하는 초현대적인 경향에 물들지 않도록 사회 각 영역에서 갖가지 기제와 방식으로 심한 통제를 받게 된다. 봉건적인 가부장의 권위에서 자유로워진 듯하면서 실제로는 더 완벽한 통제를 획일적 교육, 국가 정책, 매스컴 등을 통해서 받게 된 것이다. 다시 말해서 '남성다움'에 대한 압력은 이 시대에 들어서서 어느 때보다 심하고 광범위하게 이루어지고 있다.[8]

실제로 최초의 근대화 과정에서 가족 부양을 책임지는 '가장'으로

서의 자부심은 한국 남성들로 하여금 조직에 순종하게 하여 궁극적
으로 경제 구조를 안정시키는 주요한 토대가 되어왔다. 그리고 현재
의 '남성다운 남성'의 표준형은 서구 영화에서 그려왔던 책임·결
단·독립성·성취주의·힘, 그리고 합리성을 갖춘 인간상에 매우 근
접해 있다. 이는 전통 사회에서 내세운 문사적이고 균형잡힌 인간상
과는 크게 내용을 달리한다. 그리고 실제 전통 사회에서 배출해낸
'이상적' 남성이란 한편으로는 명분주의적이고 이상주의적이면서 현
실 생활에서는 상당히 나약하고 상호 의존적인 인간이었으며, 다른
한편으로는 특수한 인간 관계(정과 의리)를 매우 중시하는 사회성이
높은 남성이었음을 고려할 때 현대적 '남성다움'과 전통적 '남성다
움' 사이에는 연속성보다 단절성이 더 깊음을 알게 된다.

　　최근 전통적인 '여성다움' 그리고 '남성다움'에 대한 집착 현상은
일면 크게 줄어들고 있다. 특히 여성의 경우를 볼 때, 오히려 딸이
'남성적' 성향을 갖도록 장려하는 경우도 쉽게 찾아볼 수 있다. 여성
도 명랑하고 발랄하며 주체적인 데가 있어야 한다는 인식은 매우 보
편화되고 있는 것이다.[9] 여성이 '남성화'되는 문제는 남성의 경우보

---

8) 서양의 게이 *gay*(동성을 사랑하는 사람들) 해방 운동은 바로 국가를 포함한 사회
　　제도적 통제가 성 *sexuality* 관계를 맺는 극히 사적 차원에서까지 철저히 이루어지
　　고 있는 현대 문명의 엄격함에 도전하는 운동이다. 게이 운동가들은 '남성적 원리'
　　가 강조되어온 집단——예를 들어 그리스의 스파르타나 일본의 사무라이 집단 등
　　——에서 동성애는 공인된 관계였으며 대다수의 사회는 동성애에 대해서 매우 허용
　　적이었는데, 부부 중심 핵가족화와 가족 임금 체계가 확립되는 과정에서 동성애는
　　범법적 행위로 간주되기 시작한 점에 주목한다.

9) 현대 심리학 연구에서 인성적 정형화는 개인에게나 사회 발전에 바람직하지 못한
　　것임을 밝혀내고 있다. 정형화된 성격은 인간이 가진 잠재성을 제한하며 동시에
　　급변하는 현대 사회에 적응하는 것을 어렵게 한다는 것이다. 사람은 누구나 타고
　　난 성에 관계없이 '여성적인' 특성과 '남성적인' 특성을 공유할 수 있으며, 현대
　　사회에 바람직한 인간상은 이를 공유한 '양성적' 인간상이라는 것이다. 즉 자신 내
　　부의 '여성다움' 또는 '남성다움'만을 드러내려 애쓰는 편협하고 경직된 인간이
　　아니라 자신 내부의 다양한 잠재력을 개발하고 사고와 행동상에 유연성을 갖는 사

다 덜 심각하게 인지되고 있는데, 이유는 현대 사회가 여성에게 문호
개방을 하였다는 점에서 찾아진다. 여성의 사회 진출이 가능해지면
서 여성이 어느 정도 남성화되는 것은 신분 상승이며 자연스러운 현
상으로 간주하게 된다. 학교에서 뛰어난 성적을 내고 학급의 지도자
가 되는 것은 여성에게도 자랑스러운 일이라는 것이다. 그러나 남성
이 '여성적' 성향을 드러내는 것은 심히 금기시되고 있는데, 이는 남
성이 단지 반대 성의 특징을 가졌다는 것뿐 아니라 신분 하락을 하는
일에 말려들었기 때문에 더욱 거부 반응을 일으키게 되는 것이다. 따
라서 남성은 여성보다 더욱 심리적 성향에서 규제를 받는 편이며, 현
대적 '남성다움'의 재생산 차원을 볼 때 이 문제는 더욱 심각한 양상
을 드러낸다.

그러면 초도로우가 제시한 모성의 재생산과 남성의 자아 정체감의
문제를 우리 사회의 현상과 연결하여 살펴보자. 초도로우의 논의는
기본적으로 보편적 시사성을 띠고 있다. 조선 시대에도 여성이 초기
아동 양육을 독점한 것은 사실이다. 그러나 주양육자가 단 한 명이었
는지, 할머니·고모 등 여럿이었는지에 따라 인성 형성의 양상은 달
라져왔다. 그리고 7세 이전부터 남자 아이는 사랑채에 내보내어졌다
는 점에서도 현재 상황과 크게 차이를 보인다. 그 이후에도 어머니는
많은 수의 아이를 길러야 했고 또 대가족적 상황에, 또는 혼란과 빈
곤에 시달렸으므로 어머니의 애정은 분산되거나 단 한두 명의 아들
에게만 집중되었을 가능성이 높다. 대개 아들을 통해 무엇인가를 성
취하고자 한 어머니들은 아들과의 동일시 관계를 의도적으로 지속시
켰을 가능성이 높다고 보아야 할 것이다. 이는 초도로우가 논의한 상
황과는 매우 다르다. 우리 사회의 경우 이런 어머니의 극단적 남아
선호 성향으로 인하여 오히려 남성이 어른이 되어도 어머니와 일차

<hr>

람이다. 양성성 *androgyny*에 관한 자세한 논의는 정진경(1987), 「성 역할 연구의
양성적 시각」, 『한국여성학』 3집 참조.

적 유대를 끊지 못하고 있는 경우를 보게 된다.

예를 들어보자.

어머니로부터 감정적 독립을 하지 못한 남성은 아내를 어머니의 대치물로 보는 성향이 높다. 아내에게서 강한 모성을 바라는 모습은 현진건의 단편 「지새는 안개」(이순, 1984: 111에서 재인용)에 잘 나타나 있다.

그는 열세 살 되던 봄에 열아홉 살 먹은 색시에게로 장가를 들었었다.〔……〕 부부가 무엇인지 아내가 무엇인지 알지는 못하였으되 어머니 품에 자던 자기가 인제 그와 한 요 위에 잘 것과 또 그는 자기에게 고운 옷을 해 입히고 맛난 반찬을 해주는 침모나 유모 같은 것이니 그에게는 옷 투정 반찬 투정을 막 하여도 매도 아니 맞고 꾸중도 아니 하시는 것을 그는 신기히게 생각했다.

흥미롭게도 이 1920년대의 부부상은 지금도 정신신경과 의사와 저명 예술인 등에 의해 제기되고 또 재연되고 있다. 이규동(1985: 52~53)은 「남편이란 모성 본능에 기대는 큰 아이」라는 제목으로 한국 부부의 심리를 그리고 있다. 그는 전통 사회에서의 남아 선호 사상이 여성으로 하여금 남자를 보호하는 극도의 모성을 발달시켰고 따라서 남성은 커서도 아내의 모성 본능에 기대는 큰 아이 같은 일면을 스스럼없이 나타낸다고 풀이하면서, 서구의 기사도 정신이 여성을 근본적으로 취약한 존재로 보는 전제에 근거한 것인 데 비하여, 한국 남성의 의존성은 그만큼 여성을 "부딪치고 기대서도 끄떡없는 오지그릇"과 같이 강한 존재로 생각하고 있기 때문(1985: 53)이라고 말하고 있다. 그는 조화된 부부 관계를 위해서는 이런 한국 남성 특유의 응석 심리를 알아두는 것이 필요하다는 조언으로 결론을 맺고 있다. 한 영화인(이장호, 1985: 90)은 이러한 응석 관계에 있는 자신

의 경우를 「인내와 사랑으로 거두어주시는 아내」라는 제목으로 아래
와 같이 쓰고 있다.

> 여사(아내)께서 나를 돌봐주시게 된 것도 어언 13년의 세월이 흘러
> 갔습니다그려. 그 동안 나는 여사의 작은 가슴속을 무던히도 박박 긁
> 어대며 일녀일남의 자식 속에 또 하나 빈대붙는 꼴의 가장 같지 않은
> 가장 노릇을 하며 여사의 부담만 늘게 한 것 또한 숨길 수 없는 사실이
> 므로[……] 내가 당신의 일생을 책임지기로 한 약속까지는 좋았으나
> 오히려 책임을 지게끔 당신에게 거꾸로 매어달렸으니 그 동안 얼마나
> 부담스러우셨을까요.[……] 정말로 날 믿지 마시고 행여나 기대도 하
> 지 마시고[……] 어디서 양자 하나 들여놓는 셈치고[……] 아주 날 기
> 르기로 작정해주십쇼.

이 영화인의 글에서 드러나는 '남성다움'은 또한 남성의 전통적인
의존성과 초현대적인 자아 도취적 성향을 동시에 드러내고 있다는
점에서 주목을 끈다.

한편 전통적으로 여성이 자녀를 갖고 싶어한 가장 큰 이유는 초도
로우가 말한 '일차적 모녀 밀착 관계의 회복'과 '삼각 관계의 재실
현'과는 좀 거리가 멀다. 여성은 '섭섭이'였으며 따뜻한 보살핌을 받
지 못한 경우가 많았을 것이다. 오히려 모성이 엄격히 제도화되어 있
고 여성이 자아 성취를 할 길은 그것밖에 없었기 때문에, 즉 '경험의
회복'으로서가 아니라 '제도에의 순종'이 여성으로 하여금 아기를
원하게 하는 일차적 요인이 되었을 것이라는 것이다. 물론 이 두 차
원은 전혀 별개의 차원이거나 상호 대립적 관계에 있지는 않다. 그러
나 현대의 변화된 상황과 비교해볼 때 전통적 모성은 현대적 모성에
비해 딸을 일찍 독립적 개체로 떨어져나가도록 허용(내지 강요)했을
것이며 딸 자신의 모성(어머니가 되는 것)에 대한 지각도 감성적이기

보다 도구적인 면이 상대적으로 크게 부각되었을 가능성이 높다는 것이다.

그러면 현대화된 가정에서 드러나는 남성화의 문제를 이와 관련하여 살펴보자. 자녀를 적게 낳고 경제적 여유가 생겼으며 핵가족적 분위기를 이루고 사는 경우에 초도로우가 논의한 바의 모성 재생산과 남성의 불안한 자아 정체성 확립의 문제가 제기될 것은 충분히 예상할 수 있다. 실제로 1960년대 이후 경제 성장기에 자라난 다수의 청소년들은 현저하게 이 경향을 드러내보이고 있다.

이미 논의한 바대로 격변기에, 그리고 '남성다움'을 배워가기 힘든 구조적 상황에서 '남성다워야 한다'는 강박 관념은 남아서 심리적 부담으로 남아 있다. 한 대학생의 다음 글은 그 점을 잘 드러낸다.

난 국민학교 때 예쁘다, 여자처럼 생겼다는 말을 무수히 들었고 이런 말은 고등학교에 입학한 이후 뜸해졌지만 그래도 아직까지 빈번히 들곤 한다. 이런 말은 나를 기분 나쁘게 했고 나를 더욱 남성답게 만들고자 노력하게 하였다. 씩씩하게 얘기를 하고자 했고 일부러 대중 앞에서 발표도 하고 또 공부도 잘해 반장을 했으며 이런 식의 생활을 통해 주위의 남에게 계속적으로 남자답다는 강화를 받았다. 나에게 있어서 여성적인 부분은 항상 약점으로 생각되었고 그래서 골체미의 소유자로서 더욱 운동이나 신체에 대한 문제에 민감하게 반응을 하곤 했다. 그리고 그러한 열등 의식 속에서 공부와 사변적인 것에 몰두를 하였다.

남자 어른들과 직접적인 관계를 통해 남성의 성격, 가치나 행동 체계를 배우는 것이 불가능해진 상황에서 남성다워야 한다고 느끼는 남아들은 남성의 역할과 서구적 이미지에 맞는 남성다움을 상상함으로써, 또한 모든 여성적인 것을 부정함으로써, 남성다움을 추구하게

294

되고 이러한 신분적 정체감을 통한 남성다움의 추구는 자기 자신으로부터 분리된 채 고정된 남성상을 낳게 되었다. 따라서 남성다워지고자 하는 남성은 끊임없이 "능력있고 책임감 있는 남성"이 되고자 하든지 "인기있는 남성"이 되려고 애쓰게 되는데, 이런 인위적 노력은 실상 많은 남성들이 자신의 남성다움에 자신감을 잃는 결과를 낳고 있다. 남성다움에 대해 자신을 잃은 남성들이 생김으로로써 일어나는 사회적 문제는 심각하다. 주목될 현상으로 마치스모 *machismo*를 들 수 있는데, 이것은 자신의 남성다움에 자신을 잃고 불안해진 남성들이 여성을 성적으로 정복하거나 폭력을 쓰거나 여자들이 하지 못(안)하는 무모한 짓을 함으로써 자신이 남자인 것을 과시·과장하고 수시로 확인해보는 행위를 말한다(Michaelson and Goldschmidt, 1971: 346).

'마치스모'라는 말의 발생지인 라틴 아메리카의 마치스모 현상은 급격한 도시화와 강력한 국가 행정의 부상으로 갑자기 자치권을 잃은 농촌의 남성들에게 흔히 나타나는 것으로, '남성'에 대한 이미지는 그대로 남아 있으나 그 이미지가 실제로 뒷받침을 받고 있지 못하기 때문에 생기는 갈등에서 비롯한다고 한다. 전통적인 역할 수행에 따라 지배적 위치를 누렸던 이들이 자신의 지배적 위치를 확고히해줄 실제의 역할을 잃자 불안하고 초조해져서 급기야는 정복적인 성행위나 폭력 행위를 통하여 자신의 남성다움을 과시하게 되었다는 것이다. 이러한 마치스모의 현상이 최근 우리 주변에서도 많이 발견되고 있다. 가까운 예로 중년 여성의 탈선 문제에 관한 신문 사설에서 우리 식의 마치스모를 발견할 수 있다. 여성을 지배하지 못하는 남성답지 않은 남성에 대한 분개와 '남성적' 지위를 잃을 때 생길지 모르는 여성 지배에 대한 공포를——이는 궁극적으로 자신의 약한 남성다움에 대한 불안감의 표현이라고 볼 수 있는데——논자는 아래와 같이 표현하고 있다.[10]

근래 한심스러운 것은 상당수의 우리 남성들이 남편으로서 여성인 아내에게 의당 할 말도 제대로 못하고 있는 쓸개빠진 현상이다. 앞으로 여성의 지위가 고도로 향상되는 날에는 거꾸로 남성들이 얻어맞을까조차 걱정될 지경이다. 남편이란 설혹 남편의 구실을 못하는 한이 있어도 아내에게 아내 구실을 다하라고 해야 된다.

남편은 자신의 책임을 못하더라도 아내에게 남자로서의 권리를 행사하라는 필자의 주장은 한국 사회에서 전통적 권위를 통한 남성의 '과시'가 여전히 가능함을 시사한다. 이외에도 우리 사회에서 일상 용어로 "여자를 따먹는다"든가 "기껏 꼬셔놓았더니 다 버렸다"는 등의 표현은 성적 정복을 통한 남성다움의 과시도 또한 공공연히 행해지고 있음을 보여주는 예이다.

남성 문화의 절정인 군대에서 사용되는 언어나 남성들만의 은어를 분석해보아도 남성들간의 동질감 형성을 위해 여성이 끊임없이 비하되는 현상을 보게 된다. 반면에 여성들은(호스티스 등 몇 가지 경우를 제외하고) 남성들을 놀리는 은어를 거의 갖고 있지 않은데, 이 점에서도 여성의 성 정체감에 비해 남성의 성 정체감 문제가 매우 복잡한 의미를 띠고 있음을 알게 된다.

남성다움에 자신을 잃은 불안한 남성들은 여성을 종속·의존시킴으로써(예: 절대적 권위를 요구하는 가장으로서), 혹은 여자를 이김으로써("여자도 하는데 사나이 대장부가 못하겠어" 등의 표현에서처럼) 자신의 남성다움을 확인하고 과시해왔다. 지식인들 사이에서도 남녀 평등의 문제에 대해서는 의외로 세찬 반발을 보이거나, 농담으로 돌려 회피해버리려는 태도가 종종 보이는 것은 바로 자신의 이미 흔들

---

10) 『조선일보』, 1979년 4월 1일자.

리고 있는 '남성다움'에 대한 불안감의 반작용으로밖에 달리 해석할
길이 없다. 이와 같이 '남성다워'야 한다는 강박 관념은 마치스모적
과시 행위를 낳고, 개방적 사고를 저해하며 스스로를 비인간화하는
결과를 낳고 있다.

5. 남성 운동의 전망

인간성이 극도로 악압되고 있는 현대에 들어서서 '남성다움'에 대
한 재규정 내지 그런 개념을 완전 포기하자는 소리가 일어왔다. 그
소리는 크게 두 부류로 나누어지는데 하나는 1970년대에 일기 시작
한 '남성 해방' 운동이며, 다른 하나는 좀더 최근의 것으로 사회주의
적 여성 해방주의의 이념을 토대로 한 페미니스트 "남성들에 의한 남
성들을 위한" 운동이다.

첫번째 집단이 강조해온 운동의 핵심은 '남성다움'의 압력에 대한
저항과 부성의 회복이다. 앞에서 논의한 대로 서양에서 '남성다움'
은 '거칠음 *roughness*' '지배 *domination*'와 '월급봉투 *pay-check*'로
써 평가되어왔는데 일부 남성들은 이러한 것으로 상징되어온 남성다
움이 얼마나 남성 자신들에게 심리적 부담이 되며, 솔직한 자신이 되
는 것을 어렵게 하는지를 의식하고 이 굴레에서 벗어나고자 운동을
일으키게 된 것이다. 미국의 '남성 해방주의자'인 파럴 Farrell(1974)
은 여성 해방 운동이 (1) 남녀 관계를 더 진실하고 안정되게 하며;
(2) 감정적·경제적 짐을 남녀가 나누어 지게 하고; (3) '남성다움'
의 압력에서 벗어나 남성이 돈벌이꾼, 공격적인 인간, 지배와 경쟁을
즐기는 인간, 눈물을 보여서는 안 되는 인간으로 인식되는 문화적 풍
토를 바꾸어가는 데 큰 자극제가 되어왔음을 지적하고 있다.

그러나 소위 '자유로운 남성 *Free man*'의 이미지를 내세운 이러한

남성들의 운동이 단순히 과중한 짐에서 벗어나 개인적 자유를 좀더 누려보겠다는 방향으로 전개된다면 문제는 여전히 남게 된다. 남성들이 진정으로 보다 인간다운 사회를 만들어가기 원한다면 모성성을 길러가는 작업에 참여함을 주장함과 동시에 보다 강력하게 직장 체제에 대해서도 반기를 들어야 하며, 보다 근원적 차원에서 남성들의 기득권 체제를 해체시켜나가야 한다는 것이 여성 해방주의자들의 주장이다. 초도로우의 주장대로 현대적 '남성성'과 '여성성'이 재생산되는 악순환을 중단시킬 가능성은 바로 남성이 자녀 양육에 신생아 때부터 부모로서 참여하는 것에서 찾아진다. 이를 통해 남성은 진정한 관계 형성 능력을 기르게 될 것이고, 여성은 자신의 양육 능력을 상실하지 않은 채 자율적 감각을 성숙시켜갈 수 있을 것이기 때문이다. 그러나 이 작업은 결코 쉬운 작업이 아니다. 이미 도구적 이성과 경쟁 원리에 깊이 젖어버린 남성이 아이를 있는 그대로 받아들이고 그 성장에 깊이 참여하여 감정 이입적 이해를 토대로 관계를 맺어가기란 쉽지 않다는 것이다. 단순히 먹이고 재우며 회사 일을 '처리'하듯 육아를 '처리'하거나 지적 자극을 주고 놀아주는 역할만을 분담한다면, 그래서 결국 아내의 정서적 관계 형성의 역할과 대비된 면에서의 육아만을 담당하게 된다면 부성의 참여의 의미는 그리 새로울 것도 없다는 것이다. 따라서 현재의 직업 구조가 변화되지 않는 한 남성이 육아에 참여한다는 것은 구호에 그치고 말 가능성이 높다. 현재의 직장 스케줄을 그대로 따르면서 육아를 나누어 담당할 수 있는 경우는 극히 능력있고 특혜를 누리는 소수의 남성에 한정되어 있을 뿐이다. 아이와 관계를 제대로 형성하기 위해서는 갓났을 때부터 아기와의 정규적인 접촉이 중요하며, 따라서 근무 시간과 '일'에 대한 고용주와 피고용인들의 의식 변화와 새로운 제도 도입이 필요해진다. 북유럽의 경우에서 보듯이 부성 휴가제, 융통성 있게 피고용인이 스스로 변경할 수 있는 근무 시간제, 직장내 탁아소의 설치는 남성이 육아에 참여하는 것을 장려하는 중요한 제도적 장치가 될 수 있다.

이러한 남성이 가정에 자리를 찾아가려는 운동에 대해 일부 여성 해방주의자들은 양면적 감정을 갖고 있다. 이 운동이 자칫 아버지의 손상된 권위를 회복하려는 복고적 움직임이 될 위험성을 안고 있다고 보기 때문이다. 곧 자유주의적 운동이 거시적 구조의 맥락을 간과하게 될 때 실제 의도와는 달리 반동적 효과를 낼 가능성이 있다는 것이다. 현상적으로 최근 서구의 일부에서는 남성이 여유있게 아이를 기르고 아내는 성공하기 위해 14시간을 직장에 바치는 경우를 볼 수 있다. 이것을 단순한 개인의 선택으로 볼 것인지, 또 다른 형태의 여성 착취적 경향의 징조로 볼 것인지에 대한 해답은 그리 선명치가 않다.

사회주의적 여성 해방 운동의 맥에서 최근에 일고 있는 남성들의 운동은 이러한 '순진한' 자유주의적 남성 운동의 한계를 극복하려는 의지를 담고 있다. 카우프만(M. Kaufman, 1987), 헌(Hearn, 1987) 등 "남성에 의한 남성을 위한" 가부장제 극복 운동에 참여하는 이들은 남녀간에 실질적으로 존재하는 지배/피지배적 관계의 측면을 은폐할 가능성이 높다는 점에서 '남성 해방'이라는 단어를 쓰지 않는다. 이들의 기본적 입장은 여성 해방 운동을 통하여 남성들이 권력과 특혜를 잃는 것이 사실임을 우선 인정하고, 그러나 그것을 포기할 때 결국은 더 많은 것을 얻을 수 있게 될 것이라는 점을 강조한다. 지배자의 입장에서 이러한 자각은 그리 쉽게 일어나지 않을 것을 이들은 인정한다. 그러나 역사적 흐름을 뚫어보고, 보다 급진적이고 총체적인 사회 개혁을 꾀하고자 할 때 가부장적 억압이 다른 무수한 억압과 관련되어 있음을 더 이상 간과할 수는 없다는 것이다. 따라서 이들은, 가부장적 억압을 종식시키려는 운동이 새 사회 질서를 추구하는 다른 어떤 변혁을 향한 노력에 부차적인 것으로 간주해서는 안 된다는 것을 강조하고 있다. 동시에 이들은 일반적으로 남성적 가치로 간주되어 온 힘·자제력·용기·창의력·지력·집중력과 헌신 등의 가치를 너무 쉽게 포기해버리려는 기존 여성 주도적 여성 운동에 대해서도 우려를 표명한다(Kaufman, 1987: xvi). 여성 해방 운동에 동참하는 남성 운동의 구체적 실천 방법으로 이들은 여성 해방 운동의 모델을 따라 우선 같은 문제 의식을 갖는 남성들이 소집단을 이루어 속깊은 이야기를 나누어갈 것을 제안한다. 실제 프로그램에서 남성들은 이 작업을 매우 어색하게 느껴서 여성들에 비해 공감대를 형성하는 데 많은 시간이 걸린다는 것이 남성 운동가들의 일반적인 의견이다.[11]

　남성들이 스스로의 기득권을 포기하고 진정한 인간성을 회복하기 위하여 얼마만큼 여성 해방 운동에 동참할 수 있을 것인가? 여성과 남성과의 화해는 진정 가능한가? 이 질문은 여성 해방 운동의 목표와 방법론에 있어 매우 핵심적 질문이 되어왔다. 또한 남성들의 여성 해방 운동에의 참여는 사회 변혁 운동에서 기득권을 누려온 층에 속해 온 운동가의 역할과 위치를 새롭게 조명하는 주요한 사례가 될 것이다. "가족 부양자 윤리"가 붕괴되어가는 가운데 남녀 관계는 불안정한 대립적 관계에서 크게 벗어나지 못한 상태로 지금에 이른 것은 사실이며 이 와중에 많은 남성들은 외로움과 불안, 자아 상실을 경험하고 있다. 여성 해방주의자들 중에는 여성들은 오히려 여성간의 지지 집단을 형성하여 자녀들과 나름대로 의미있는 삶을 계속 살아갈 가능성이 높으나[12] 남성들은 영영 가족을 떠난 떠돌이가 될지도 모른다는 우려를 표시하는 이들이 늘고 있다. 이들이 추구해온 사회가 남성의 소외를 낳는 사회는 아니었기 때문이다.

　한국의 경우, 남성 운동이 일어날 것인지, 또 어떤 식으로 일어날

---

11) 영국 헐 Hull 대학의 Bruce Woodcock 교수와 나눈 대화 중에서 이 문제가 재기되었다.

12) 물론 이를 가능케 하는 또 다른 조건은 자녀 양육인인 어머니를 위한 사회 보장적 지원의 확립이다.

지에 대한 전망을 논하기에는 아직 시기가 이르다. 그러나 한 가지 분명한 것은 남성이 여성과 진정한 화해와 화합을 원한다면 (1) 여성을 남성과 똑같은 사랑·존경·즐거움·성취·권력에의 욕구를 가진 인간으로 대하고 (2) 부권을 포기하고 하나의 가족 구성원으로서 가정에 참여하며 (3) 보다 인간적인 사회를 만들기 위해 형제와 자매들로 만나서 함께 '반란'을 일으켜가야 한다는 점일 것이다.

참고 문헌

아이젠슈타인, 헤스터(1983), 「모성의 문화적 의미 Ⅲ」, 『현대 여성 해방 사상』, 한정자(역), 1986, 이화여자대학교 출판부.

이광규(1975), 『한국 가족의 구조분석』, 서울: 일지사.

이규동(1985), 「남편이란 모성 본능에 기대는 큰 아이」, 『생활 속의 이야기』 6호(제일제당 사보).

이징호(1985), 「인내와 사랑으로 거두어 주시는 아내에게」, 『임바탕 아기랑』 10월호.

정진경(1987), 「성 역할 연구의 양성적 시각」, 『한국여성학』 3집, 한국여성학회.

조혜정(1981), 「전통적 경험 세계와 여성」, 『아세아여성연구』 21집, 숙명여자대학교, pp. 81~111.

Adams, Bert N.(1980), *The Family, A Sociological Interpretation*, New York: Rand McNally College Publishing Company.

Aries, P.(1977), "The Family and the City," *Daedalus*, Spring.

Barnouw, V.(1973), *Culture and Personality*, Homewood: The Dorsey Press.

Barrett, M. and M. McIntosh(1982), *Anti-Social Family*, London: NTB.

Bernard, J.(1971), "The Paradox of the Happy Family," *Women in a Sexist Society*, ed. V. Gornick and B. Moran, New York: Mentor Books.

Brown, J.(1963), "A Cross-cultural Study of Female Initation Rites," *American Anthropology* 63: 837~53.

Burr, W. R.(1970), "Satisfaction with Various Aspects of Marriage over the Life Cycle," *Journal of Marriage and the Family* 32: 29~37.

Carrigan, T. B. Connell, and J. Lee(1987), "Hard and Heavy: Toward a New Sociology of Masculinity," *Beyond Patriachy*, ed. M. Kaufman, Oxford: Oxford University Press.

Chodorow, J.(1974), "Family Structure and Feminine Personality," *Woman, Culture and Society*, ed. M. Z. Rosaldo and L. Lamphere, Stanford: Stanford University Press, pp. 43~66.

————(1978), *The Reproduction of Mothering: Psychoanalysis and the Sociology of Gender*, Berkeley: University of California Press.

Cuber, J. F. and P. B. Harroff(1980), "Five Types of Marriage," *Family in Transition*, ed. A. Skolnick and J. Skolnick, Boston: Little Brown and Co.

David, D. and R. Brannon(1976), "The Male Sex Role," *The Forty-nine Percent Majority*, ed. David and R. Brannon, Reading: Addison-Wesley.

Drapper, P.(1975), "Culture Pressure on Sex Differences," *American Ethnologist* 2 (4): 602~16.

Ehrenreich B.(1983), *Hearts of Men*, New York: Anchor Books.

Ekholm, K.(1981), "On the Structure and Dynamics of Global Systems," *The Anthropology of Pre-capitalist Societies*, London: MacMillan.

Farrell, W.(1974), *The Liberated Men*, New York: Random House.

Friedl, E.(1975), *Women and Men: An Anthropologist View*, New York: Holt, Rinehart and Winston.

Hearn J.(1987), *The Gender of Oppression: Men, Masculinity and The Critique of Marxism*, Sussex: Wheatsheaf Books.

Henry, J.(1963), *Culture Against Man*, New York: Random House.

Hoebel, E. A.(1966), *Anthropology*, New York: McGraw Hill.

Kaufman, M.(ed.) (1987), *Beyond Patriarchy: Essaysby Men on Pleasure, Power and Change*, Oxford: Oxford University Press.

Kidd, B.(1987), "Sports and Masculinity," *Beyond Patriarchy*, ed. M. Kaufman, Oxford: Oxford University Press.

Laing, R. D.(1969), *Self and Others*, New York: Random House.

―――(1971), *The Politics of the Family and Other Essays*, New York: Pantheon.

Lasch, C.(1977), *Heaven in a Heartless World: The Family Besieged*, New York: Basic Books.

Lewis, Oscar(1949), "Husbands and Wives in a Mexican Village: A Study of Role Conflict," *American Anthropologist* 51(4): 602~10.

Lewis, R. A. and G. B. Spanier(1979), "Theorizing about the Quality and Stability of Marriage," *Contemporary Theories about the Family*, II, ed. W. R. Burr, R. Hill, F. I. Nye, and I. L. Reiss, New York: The Free Press.

Macklin, E. D.(1980), "Nontraditional Family Forms," *Decade Review, Family Research 1970~79*, ed. F. M. Berardo.

Marine, J.(1972), *A Male Guide to Women's Liberation*, New York: Avon Books.

Martin, M. and B. Voorhies(1975), *Female of the Species*, New York: Columbia University Press.

Michaelson, E. J. and W. Goldschmidt(1971), "Female Roles and Male Dominance among Peasants," *Southwestern Journal of Anthropology* 27(4): 330~52.

Parker, S. and H. Parker(1979), "Myth of Male Superiority," *American Anthropologist* 81: 287~309.

Parsons, T.(1949), "The Social Structure of the Family," *The Family: Its Function and Density*, ed. Ruth N. Ansben, New York: Harper.

Reiter, R. R.(1975), *Toward an Anthropology of Women*, New York: The Monthly Review Press.

Rosaldo, M. and L. Lamphere(eds.) (1974), *Woman, Culture and Society*, Stanford: Stanford University Press.

Slocum, S.(1975), "Woman the Gatherer: Male Bias in Anthropology," *Toward an Anthropology of Women*, ed. R. R. Reiter, New York: Monthly Review Press, pp. 36~50.

Snyder, D. K.(1979), "Multidimensional Assessment of Marital Satisfaction," *Journal of Marriage and the Family* 41.

Uhlenberg, P.(1978), "Changing Configurations of the Life Course," *The Family and the Life Course in Historical Perspective*, ed. and trans. T. K. Hareven, New York: Academic Press.

Whiting, J. W. M.(1962), "Comments(to Frank W. Young, 1962)," *American Journal of Sociology* 67: 391~94.

Whiting, J. W. M., R. Kluckhorn and A. Anthony(1958), "The Function of Male Initiation Ceremony of Puberty," *Readings in Social Psychology*, ed. E. Maccoby, T. M. Newcomb and E. L. Hartley, New York: Holt, Rinehart & Winston.

제6장

'발전'과 '저발전':
제주 해녀[1] 사회의 성 체계와 근대화

1. 머리말

남녀 평등한 사회의 구현이 크게 가능할 것으로 보인 적이 있었다. 그러나 그것은 하나의 이론적 구상을 펼칠 때이었지 실제 주변을 돌아보면 오히려 역사가 역행한다는 생각을 하지 않을 수 없게 된다. 제주도 해녀의 삶을 분석해볼 때 이런 역사의 신행을 여실히 보게 된다

근대화 과정을 통한 성 역할 구조의 변화와 여성 지위의 하락에 관한 논의는 이미 보즈럽을 포함한 '여성과 발전' 연구자들, 그리고 비치나 하트만을 포함하는 '여성 노동과 자본주의'와의 관계를 밝히는 연구자들에 의하여 활발하게 이루어진 바 있으며, 현재도 여성 관계 연구의 중심 주제가 되고 있다(Boserup, 1970, 1977; Chinchilla, 1977; Charlton, 1984; Beechy, 1985; Hartmann, 1985; Saffioti, 1985).

보즈럽(1970)은 아프리카 지역 국가들의 농업 근대화 연구를 통하여 성별 지위에 있어서 비교적 평등하던 사회가 서방 식민 정부에 의

---

1) '해녀'라는 단어가 일제 때부터 쓰여진 것이라 하여 대신 '잠수'라는 호칭을 쓰자는 안이 있어왔다. 토론을 거쳐 통일을 할 필요가 있는 단어라고 생각하나 여기서는 가장 흔히 쓰이는 상태로 쓰기로 했다.

한 행정 및 기술 이전의 과정에서 서양의 성 차별적 편견을 급속히 받아들이게 됨을 밝혀내었다. 보즈럽 이후 그가 제기한 발전 모델의 틀은 경제 결정론적 성격을 보완하는 면에서 크게 수정되고 있는 한편, 많은 구체적 사례 연구들을 축적시켰다. 또한 여성 노동을 다루는 연구자들은 자본주의화에 따라 새로운 성별 분업과 성의 예속화 기제가 나타나고 있음을 밝혀내고 있다(조은, 1986). 이들은 주로 마르크스주의 분석틀을 활용하여 현대적 가부장제의 물적 토대를 밝히는 데 초점을 맞추고 있는데, 그 전제는 "자본주의 생산 양식은 여성에게 사회적 노동에 참여할 수 있는 기회를 주어 사회적 해방의 계기를 마련하기도 했으나, 성별 분업을 자본의 논리에 따라 이용 강화함으로써 여성에 대한 사회적 차별을 확대·재생산하여왔다"는 데 있다(여성평우회, 1985: 3). 실제로 1970년대 이후 가부장적 유물론 논의를 통하여 "산업화 자체가 곧 발전이며 여성의 지위 향상"이라는 신화는 여지없이 깨뜨려졌다. 여성 노동자가 특정 직종에 몰리거나 비공식 부문에 대거 참여하게 되는 현상, 가사 노동의 성격과 가치 평가, 그리고 여성의 빈곤화 현상은 여성이 가부장제와 자본주의가 중첩된 사회 구조 속에서 이중의 질곡을 지고 있음을 여실히 드러내고 있다.

그러나 이미 언급한 바대로 제3세계 국가들에서의 근대화는 서구 전통에 비하여 상당히 자율성을 확보해왔던 여성들이 급격하게 지위를 잃고 경제적으로 주변화되는 결과를 초래했다는 면에서 더욱 주목을 끈다(내쉬, 1985; Lim, 1978; 스톨러, 1985). 사피오티(1985: 123)의 주장대로 각 사회마다 독특하게 드러나는 성적 모순은 그 사회의 문화적 전통과 그 사회가 세계 자본주의 체제에 편입되는 방식의 특수성에 연유하는 것이다.

이 글은 공업 자본주의화 과정 속에서 제주도 해녀 마을이 거치고 있는 변동의 양상을 성 역할 변화를 중심으로 살펴보고 있다. 즉 경제적 · 사회 구조적 기반이 변함에 따라 전통적 형태의 가부장제가 어떻게 변화되고 있는지, 더욱 구체적으로 성별 분업과 위계, 그리고 성에 따른 기질에 대한 인식이 어떻게 변형 · 생성되고 있는지를 다루고 있다. 이 연구가 기존 제3세계 여성 관계 연구와 다른 점이 있다면 여기서는 국제적 식민주의가 아니라 국내적 식민주의 *internal colonilization*의 양상이 중점적으로 다루어진다는 점일 것이다. 여기서 자본주의 생산 방식이라는 분석 범주를 사용하지 않고 근대화 내지 공업화 개념을 막연한 대로 사용한 것은 내가 이데올로기 차원을 중시하기 때문이기도 하나, 동시에 자본주의 사회에서건 사회주의 사회에서건 공통적으로 나타나는 기술 진보에의 집착과 관료적 통제에 따른 지역 공동체의 무차별 편입이라는 국가 통제의 측면을 강조하고 싶어서이다.

제주 사회의 변동을 이해하기 위해서는 우선 육지와의 역사적 관계와 제주 고유의 생태학적 특성을 살펴볼 필요가 있다. 첫째로 제주도는 행정적으로 1000여 년 전부터 육지에 소속되었거나 깊은 관련을 맺어왔다는 점을 인식하는 것이 중요하다. 삼국 시대부터 탐라(제주)는 육지와 교류를 맺어왔으나 이는 어디까지나 자주적인 입장에서 이루어졌던 편이다. 고려말(13세기) 몽고의 침입 이후로 몽고와 고려군에 복속되고, 그 이후 제주는 육지의 직접적 지배를 받게 된다. 조선 왕조 건립 이후 중앙 집권화 정책에 따라 목사(牧使)와 현감이 파견되었고(1402년), 고종 32년(1895년)에는 제주목(牧)을 부(府)로 개편하여 관찰사와 참사관을 두고 경무청을 신설하는 한편, 정의 · 대정 두 고을에 군수를 두었다(『제주도지』 상, 1982).

제주도가 지닌 존재 가치에 관하여 김태능(1982: 515)은 아래와 같이 요약하고 있다. "일언으로 말해서 군마와 양마의 목양 공급지와 방물 공납지였으며(감귤 · 전복 · 진주 · 녹피와 한라산 특수 임목과 여자의 달구 등) 또 수많은 각사 노비의 신공으로 미(米)와 포를 바치는 곳, 환언하여 중앙에 있는 지배자들의 생활비를 조달하고 사치품을 제공하는 지역이었고 왜적 방어의 제일선 군역을 맡은 지역이었던 것이다." 제주가 지닌 변방으로서의 위치에 대한 구체적 연구는 아직 정리되어 있지 않은 상태이나, 최근 역사적 고증을 바탕으로 한 조선 말기 민란을 다룬 논문(S. Merrill, 1980; 권이혁, 1986; 조성윤, 1987) 및 소설(현기영, 1983) 등이 출간되기 시작하였으며 그러한 글에서 제시되는 점은 분명하다. 제주는 육지의 정치 권력으로부터 많은 제한을 받아왔으며 특히 중앙에서 파견된 관료 위주의 행정력과 비공식적 지도자로서의 귀양 선비들의 활동은 제주도의 삶에 무시 못할 영향력을 미쳐왔다. 16세기 이후부터 1900년 전후에 걸쳐 일어난 많은 민란에서 보여주듯이 제주는 외적 권력에서 부단히 자유로워지고자 하는 역사를 보임과 동시에 외적 권력에 아부하는 역사의 이중적 면을 보이고 있다. 제주도의 육지에의 정치·문화적 종속과 지배층과 일반 농민간의 이분화, 그리고 특히 지배 엘리트층의 육지 문화에 대한 사대주의적 경향은 이러한 제주도의 과거와 현재를 이해하는 데 매우 중요한 변수라 하겠다.[2]

두번째로 제주 사회의 근대화 과정을 이해함에 있어 생태학적 고찰이 필요하다. 전통적으로 제주도는 화산섬으로 논농사에는 부적합한 토양이 대부분이다.[3] 제주 농경은 보즈럽이 분류한 '여성적 농경 체제 *the female farming system*'에 속한다고 할 수 있다. 전통적으로

---

2) 유철인(1984; 1985)은 현대 제주 주민들의 인지의 근간이 제주/육지의 구분에 크게 의존하고 있음을 밝혀내고 있다. 그는 이러한 사고 경향의 근원을 이 섬이 갖는 사회적·역사적 조건에서 찾고 있으며, 특히 육지에서 온 행정인들에 대한 반감과 관광이 지역 주민 생활에 미치는 영향을 중심으로 자아 정체감 형성의 특징을 살펴보고 있다.

3) 제주도 면적은 1,826km², 전국 면적의 1.8%에 해당하며 이 중 임야가 59.2%, 경지가 28.5%이다. 1985년 현재 인구는 489,000명으로 전국 인구의 1.2% 가량 된다 (한국경제연감, 1986: 662).

육지가 관개 수리 사업과 가축의 힘을 토대로 한 남성 노동 중심의 미작(米作) 농업을 발전시켜온 반면, 제주는 생태적으로 특히 토질과 강우량 등에 있어 여성 노동 중심의 밭농사 위주로 생업을 발전시켜왔던 것이다. 여기에 해변 지역에서의 잠수업이 첨가되어 제주는 명실공히 여성 노동력 위주의 생산 체계를 이루어왔다. 이것이 제주 사회가 육지와 매우 다른 문화 구조를 형성케 된 주요 기반이라 하겠다. 또한 섬이라는 지형적 변수는 제주 문화의 또 다른 독자성의 근거가 되어왔다. 대중 교통이 편리해지기 전인 최근까지 육지와의 왕래가 매우 한정되어 있었으므로 제주는 외부에 대한 지향성과 폐쇄성을 동시에 나타내는 문화를 형성해왔다.

그러나 이러한 지방 차원의 자율성은 근대화 과정을 거치면서 급격히 와해되기 시작했으며 이제 제주의 사회 변동은 육지의 변동과 따로 떼어 이해하기는 매우 어려운 지경에 이르렀다. 제주의 사회 변동을 개괄해보면, 20세기 초반부터 화폐 경제 체제로 편입되고 특히 해녀 마을의 경우는 해산물 판매를 통하여 화폐 수입이 크게 늘어난 것을 알 수 있다. 그러나 수입 증대 자체가 마을내 구조 변화를 불러일으키지는 않았다. 1960년대까지 제주의 산업 구조는 여전히 곡물 위주의 농업 생산과 수산업·목축업 위주로 짜여져 있었고 유통을 담당하는 소규모 상업 활동이 존재할 뿐이었다. 오히려 문화적 차원에서 교육의 대중화와 라디오·신문 등 대중 매체의 확산, 그리고 남성들의 군사 교육과 잦은 육지 출입을 통하여 이루어진 '근대적 의식 계발'이 마을내 변동을 유도한 주요 변인이었음을 알게 된다.

본격적으로 마을 공동체에 변화가 일기 시작한 것은 1960년대에 들어서서라고 볼 수 있다. 제주도는 1960년대부터 추진된 도로·항만·공항과 같은 기반 시설의 확충을 토대로 국가의 '농지 이용도 증대'를 위한 기본 대책과 '수산 개발 3개년 계획'(1966~1968)이 수립되면서 1차 산업 부문은 새로운 단계에 접어들게 된다. 곡물 생산 위주의 농업이 감귤·바나나·고구마·특용 채소 등을 위주로 한 특수 작물 중심으로 이루어지게 되고 대규모 기업농과 기업 농장이 생기기 시작하였으며 이 시기를 기점으로 제주의 가구당 수입이 크게 늘어난다(조성윤, 1986: 132~33).

1970년대로 들어서면서 국가의 제주도 경제 개발 기본 방향은 3차 산업 중심으로 바꾸어진다. 정부는 제주도를 국제 수준의 관광지로 개발한다는 목표 아래 '관광 종합 개발 계획'을 작성하고 특히 외국인 관광객의 유치로 외화 수입을 증대시키고자 하였다. 따라서 1, 2차 산업 개발을 위한 투자는 3차 산업 위주로 재편되었으며, 동시에 육지부와 외국의 대규모 자본이 제주에 들어오게 되었다. 이는 제주 경제의 이중 구조적 특성을 창출하였는데, 즉 국내 자본과 국외 자본을 중심으로 한 관광 서비스 산업과 제주 자본과 노동에 근거한 1차 산업의 이분화가 그것이다. 한편 1970년대 이후 이루어진 급격한 경제 성장은 제주의 고등 노동력을 대거 육지로 이동시킨 결과를 초래하였다.

이러한 경제 변동을 해녀 마을 단위에 국한시켜보면 국가 경제 수준의 향상과 대일(對日) 무역의 활성화는 전통적 농업과 해녀업의 성격을 크게 변화시키면서 최근까지 꾸준한 수입 증가를 가져왔다. 그러나 최근 현금 작물(現金作物)의 가격 변동이 심하여 농가 경제의 불안정성이 높아지고 있으며, 국가의 어업 정책과 관 주도적 협동조합이 마을의 생산 활동을 직접적으로 통제하게 되면서 마찰이 일고 있다. 동시에 젊은 층의 이농 현상이 현저해지고 있음에 주목하여야 할 것이다.

이 글에서는 이러한 물적 기반의 변화와 상징 체계상의 변화가 해녀 마을에서 어떠한 양상으로 나타나고 있는지를 살펴보고 있다. 마을 수준의 변동에 초점을 맞춤으로써 개인을 둘러싼 객관적 조건의 변화가 생활 세계에 널리 퍼져 있는 개인의 동기와 의식 차원에서 어떻게 나타나며 연결되는지를 파악할 것이며, 더 나아가 변동의 기제와 보다 바람직한 변화를 위한 방안을 생각해보고자 한다.

이 글의 바탕이 되는 기초 조사는 1976년의 9개월, 그리고 1978년 3개월에 걸쳐 이루어졌다. 그 이후 1984년 10월 25일에서 30일까지, 1985년 7월 25일부터 8월 4일까지, 그리고 1987년 3월 13일에서 21일까지 세 차례의 현지 조사를 통하여 변동에 관한 자료를 수집하였다. 주로 참여 관찰과 질문서, 그리고 주제 통각 검사 TAT를 통해 자료를 수집하였다.

1970년대에 현지 조사를 할 때는 생계 주부양자인 해녀들의 역할과 사회적 지위에 관한 연구에 주력하여, 그들 공동체가 속해 있는 국가 체제와의 관련성을 제대로 다루지 못하였다. 나는 10년 후의 재방문 조사를 통하여 이 점을 보완하고자 하였으며, 특히 제주도의 역사, 그리고 제주도가 놓여 있는 구조적 조건에 관해 알아보고자 노력하였다. 참고할 연구 논문이 별로 없었기 때문에 대신 관련된 소설·민요·굿 등을 읽고 관찰하여 감을 잡아보고자 하였다. 동시에 제주 전체의 인구 추이, 교육 관계 통계 자료, 경제 수입과 취업 상황을 훑어보았다. 제주도민의 사고 방식의 변화를 살펴보기 위해 제주대학생 15명과 여성 직업인(기자·아나운서·프로듀서·소설가·교사·공무원·은행원·연구원)·맞벌이 부부·가정 주부·여대생의 어머니들을 대상으로 집중적 토론과 인터뷰를 하였으며 대졸 가정 주부들의 생활사를 모았다. 그리고 마을을 재방문하여 면사무소·학교·어촌계 자료를 얻고 마을 단위로 변화 과정을 살펴보았다. 먼저 구체적인 마을 사례를 통하여 변화를 살펴본 다음, 이를 토대로 제주 사회의 일반적 근대화 과정을 성 역할 구조 변화와 관련시켜서 논의코자 한다.

2. 1976년 현재 용마을의 민족지

이미 언급했듯이 극히 동질적인 문화를 형성해온 한반도에서 제주도는 유일하게 고유한 자생적 문화를 지켜올 수 있었던 지역으로 보여진다. 제주 문화의 특이성, 특히 남녀 관계의 특성에 관해서는 조선 시대에 유배간 선비들의 글에서 종종 언급되나 아마도 가장 인상적인 묘사는 20세기초에 제주도를 방문한 영국인 샌즈의 글에서 찾아질 것이다.「아마존」이라는 제목이 제시되고 있는 그의 글을 인용해보자(1931: 166~69).

'켈파트'(역주: 당시 서구인에게 제주도는 이 이름으로 알려져 있었다.)라는 이름이 어디서 나온 건지는 알 길이 없다. 주민들은 이 섬을 '제주'라 부르고 있다. 오래된 중국이나 일본 지도에는 이 섬이 여자들의 섬이라는 식으로 나와 있다. 최근에는 단지 유럽에서 온 방문객이나 소수의 선교사들이 육지에 왔다가는 잠시 둘러보고 쫓기듯 떠나거나 식민지 쟁탈전을 위해 파견된 조사팀이 가끔 왔다가는 섬 주민들의 적대적 태도에 부리나케 일을 끝내고 떠나는 정도의 일이 벌어질 뿐이다. 해안이 매우 험해서 조선의 선박들도 상륙을 꺼려한다고 하며, 대개 안전하게 세울 만한 곳에 배를 멈춘 뒤 그 지역의 작은 배들로 하여금 짐을 나르게 한다고 한다. 건어물·조개류·해초류, 그리고 감귤류가 교역의 주요 대상물로서 일본 밀수업자의 작은 기동선이나 여전히 나무못을 쓰고 바닥에 짚을 깐 원주민들의 돛단배가 주로 이 물품들을 나른다. 이 지역은 매우 고립되어 있으며 중앙 정부의 유배지로 활용되어왔다. 이곳은 서울의 행정력 통치를 받는 것으로 되어 있으나 정말 그것은 명목상의 것일 뿐이다. 이 섬의 주체적 전통과 또 다른 매우 특이한 관습이 통치를 매우 어렵게 하고 있는 것이다.

세상에서 잊혀진 이 귀퉁이 섬에서 남자란 저열한 존재이며 여자가 모든 것이다. 여자는 실질적 집안의 기둥이며 재산을 소유한다. 아이들은 모계 성을 따르며 남편과 쉽게 헤어진다.〔……〕 남자들은 마치 중국의 개항 도시에 외국인들이 모여 살 듯 여성들의 묵인하에 세 도시에 모여 산다. 남성 인구란 이들과 유배자들이 전부이며 여성들은 섬의 공공적인 생활까지 지배해왔다. 이는 곧 모권 사회이며 진정한 아마존 공동체였다. 여성들은 늘 자신들의 권력을 주장해왔고 힘으로 이를 지켜왔다.

이러한 두 가지의 강한 전통에 근거하여 서울에서 파견된 수령은 아내를 데려오지 못하게 되어 있었다. 현재 수령의 주거지가 된, 옛 탐라왕이 살던 궁전에서 아들이 태어날 경우, 그가 섬 왕국을 다시 건설하려고 할지 모르기 때문이다. 원주민은 조선왕을 원치 않으며 조선은 제주왕을 원치 않기 때문에 이런 식의 규정이 생긴 것이다.

유배자들은 섬을 떠날 수 없었으나 그 외 생활은 감시가 없이 매우 자유로웠다. 그들은 자기들이 원하는 곳에서 자신이 원하는 방식으로 살아갈 수 있었다.

원주민 남성들은 사냥을 하거나 바닷고기를 잡고 때로 교역이나 밀수업에 관여했다. 바다나 산 속에서 가능한 한 여성들로부터 멀리 떨어져 지냈으며, 모든 육지의 일은 여성들에게 맡겨두었다. 돌이 많은 화산섬이라 농사는 조나 보리와 같은 몇 가지 농작물에 국한되었으며 〔……〕 그것도 모자라서 60마일 정도 떨어진 험한 바닷길을 일주일 정도나 가야 하는 육지의 어느 지역에서 주식량을 실어 온다.

여성들은 훌륭한 수영인이며 잠수부들이다. 젊은이건 늙은이건 파도선을 넘어 바구니를 단 태왁을 띄워놓고 몇 길 물 속을 들어가 전복과 미역 등을 채취해 온다.〔……〕 그들은 몇 시간씩 잠수를 하며 오리만큼 자유롭게, 또 오랫동안 물 속에서 일하고 떠다닌다. 물 위로 떠올라 설 때면 단조로운 휘파람 소리를 내며 고깃배를 탄 남자들이 거리를 유지하도록 경고한다.

샌즈의 글은 물론 당시 서구 지식인의 편견을 그대로 담고 있으며 여행자의 인상에 따른 기록으로서 신빙성이 없는 글이다. 특히 그는 제주도를 여행하면서 당시 서구 지식인이 갖고 있던 아마존 모권 사회에 대한 생각을 제주 사회에 투사했던 것으로 보인다. 그러나 이런 제주도에 대한 인식은 비단 외국인인 그만이 갖고 있는 고정 관념은 아니다. 역사적으로 육지에서 파견된 지방 공무원, 유배된 선비들, 그리고 현대에 들어서서는 일반 육지인들 역시 샌즈와 비슷하게 제주도의 관습을 기이하게 여겨왔으며 특히 여성들의 적극적 활동상에 주목하여왔다.

나의 제주도에 대한 관심도 애초에는 제주 여성들이, 특히 해녀들이, 경제 활동을 펼쳐왔다는 점에서 시작되었다. 외부인들의 왜곡된 묘사와 관찰에도 불구하고 실제로 제주 해녀 사회는 성에 근거한 사회적 관계를 이해하는 데 매우 귀중한 자료를 제공하고 있다. 즉 성별 분업의 면에서 남자는 경제 생산을 담당하는 '바깥사람,' 여자는 비생산적인 '집안사람'이라는 생각에 젖어온 대부분의 농경 사회와 초기 산업 사회 성원들에게 해녀 사회의 여성 중심적 경제 구조는 '신기한' 것이 아닐 수 없다. 특히 이러한 특이한 분업이 남녀의 기질 형성과 권력 관계 형성에 어떻게 연결되는지의 주제는 여성학 논의의 핵심적인 부분이다. 나의 애초의 연구 목적은 이 주제를 중심으로 이루어졌다.

나는 이러한 목표에 맞추기 위해 잠수업이 매우 활발한 제주도 근해의 한 작은 동네를 의도적으로 택해 집중적으로 연구했다. 앞으로 이 마을을 '용마을'이라고 부르겠다. 실제 이름을 사용치 않음은 현지 주민의 사생활을 지키기 위함이다.

용마을은 풍부한 수산 자원을 가진 마을이며 제주도 중심부(특히 제주시)에서 멀리 떨어진 곳으로 제주도의 다른 지역에 비하여 근대화의 영향을 비교적 덜 받고 있다고 볼 수 있다.

이 용마을의 연구가 단지 남녀 관계 연구의 한 흥미있는 사례에 그치지 않기를 바라는 마음에서 한마디 덧붙이고 싶은 것은 인류학이란 실로 "교묘하고 기만적인" 학문이라는 기어츠(1969)의 의견이다.

인류학은 기만적이어서, 우리 자신의 생활과 가장 동떨어진 것 같은 사실이 우리에게 가장 친밀한 것이 되게 하고, 먼 나라 태고적의 이상하고 특이한 것을 끈덕지게 이야기하는 듯하면서 실은 현재를, 가장 가깝고 친숙하고 보편적인 이야기를 하고 있다는 점을 상기하기 바란다.

I. 성별 분업

이 부분에서는 구체적으로 용마을의 남녀 주민들이 어떠한 일에 얼마만큼의 노동력과 시간을 쓰는지를 살펴보겠다. 용마을의 인구는 1976년 현재 66가구에 총 346명이며 가구당 평균 가족 수는 5.2명이었다.

용마을의 주된 산업은 잠수업과 농업이다. 1976년 현재 호당 연평균 수입은 124만 원인데 그 내용은 잠수업에서 60만 원, 농사에서 50만 원, 그 밖에 소나 돼지 사육에서 나오는 수입으로 나눌 수 있다. 빈부의 차이는 별로 크지 않고 각자의 노동에 따라 생산의 대가를 받을 수 있는 노동 위주의 경제 체제이다. 그 밖에 주민이 많은 시간을 소모하는 사회적·종교적 활동으로서 제사가 있다. 아래에서 주요 경제 활동과 사회 활동을 남녀로 나누어 살펴보기로 한다.

여성의 역할

잠수업: 잠수는 여성의 직업이다. 잠수 작업장은 용마을 앞바다로, 마을 주민들이 공동으로 사용권을 소유하고 있다. 용마을의 해녀 수

는 92명으로 15세 이상 60세에 이르는 여성을 포함한다. 이들은 모두 부녀회(해녀회)의 회원으로 용마을 앞바다에서 잠수할 수 있는 권리를 가지며 또한 부녀회장 선출의 투표권을 가진다. 어업협동조합에는 각 집에서 한 사람씩만 가입할 수 있으므로 조합원의 수는 50명을 조금 넘는다.

잠수는 연중 가능한 직업이며, 물때와 날씨에 따라 작업량이 변한다. 한 달 평균 10~15회 작업을 하는 편이며 평균 작업 시간은 5시간 가량이다. 여성들은 월경 기간에도 작업을 하며 출산 바로 전까지 작업을 한다. 아기 낳은 후 일주일 지나면 대부분 회복되어 다시 잠수를 시작한다.

이들은 천초·감태·미역·톳 등의 해초류와 소라·전복·오분재기 등의 패조류를 채취하며, 주로 어협을 통하여 판매하나 미역은 개인이 직접 중간 상인에게 판다.

해녀들은 연말에 한 번 있는 공식적인 정기 회의를 통하여 동네 부녀회(해녀회)의 회장·부회장·총무를 선출한다. 회장은 잠수업 전반에 대한 일과 어협과의 사무를 동네 대표로서 담당한다.

정기 회의 외에 해변가 작업장에서 잠수복을 갈아입거나 채집량을 정리하는 동안에도 수시로 비공식적인 부녀회가 열린다. 이 시간에는 바닷속 '물건'의 상태와 관련하여 금채(禁採) 시기를 상의하고 물건값이나 융자 관계도 토의한다. 이 시간은 정보 교환의 시간이며 사교와 오락의 시간이기도 하다.

잠수는 협동과 기술을 요구하는 작업이다. 해녀들은 자주 회의를 하며 생산량 증대에 공동의 관심을 가지고 협동의 원칙 아래 활동한다. 이들의 협동적 활동 양식은 생산 증대에만 국한되는 것이 아니라 어려움에 처한 이웃을 돕는 데도 작용한다.

잠수 작업에 있어서 이들은 소위 '버디 시스템 *buddy system*'[4]을 실천한다. 즉 혼자서는 물에 들어가지 않고 꼭 짝을 지어 작업한다.

그런만큼 이 작업이 매우 상호 의존적인 성격이 강하다는 것을 보여 준다. 한마디로 잠수업은 각자 능력만큼 번다는 면에서 개인적인 동시에 함께 하기를 즐기는 면에서 매우 집단적인 것이다.

잠수업은 단순한 노동이 아니라 기술을 요한다. 잠수 기술에 따라 해녀들은 자신들을 상군·중군·하군으로 나누는데 상군은 보통 25~45세 사이의 기술이 좋고 건강한 여성들로 수입이 가장 많다. 하군에는 몸이 약하고 기술이 없는 여성들이나 할머니들이 속하며 중군에는 보통 수입의 해녀들이 속한다.

해녀들의 잠수에 대한 태도를 살펴보면 잠수를 즐기는 편으로 "농사가 좋으냐 물질이 좋으냐"는 질문에 "물에서 일하는 것이 한결 좋다"는 대답이 많은 편이었고, 며칠 잠수 안하면 몸이 쑤신다든지 물에 가고 싶다는 말을 종종 듣게 되는데 이로써 해녀들이 이 작업을 즐기고 있음을 알 수 있다. 60세 이상의 여성들이 잠수업을 하는 것에 대해 그들의 자손 — 특히 남자 자손 — 은 매우 못마땅하게 생각하는 경향이 있으나, 여성들 자신은 물에 가지 않으면 심심하고 더 병이 난다고 하며, "벗하여 심심치 않게 지내려고" 가는 경우가 많다.

중학교 여학생들에게 장래의 희망에 대하여 작문하라고 했을 때 14세 소녀는 아래와 같이 장래 희망을 쓰고 있다.

나는 장래 해녀가 되고 싶다. 낮에는 많은 친구들과 함께 물에 가고 밤에는 내가 모르는 것을 배울 것이며 바다에 가서 우리는 여러 가지 종류의 해초를 딸 것이다. 친구와 함께 일하고 웃으면 얼마나 재미있고 행복할까. 바다가 위험하다는 것을 생각하면 무서워지지만 우리는 서로 돕고 이끌어서 안전하고 즐겁게 물에 가고 올 것이다. 내 희망은 여기 함께 물에 갈 친구들에게 있다.

---

4) 이는 서양에서도 위험을 방지하기 위해 스쿠버 다이빙 *scuba diving*에 있어서 꼭 지켜야 하는 규칙 중의 하나이다.

이 소녀의 글에서도 나타나 있듯이 해녀들은 잠수 그 자체를 즐기고 서로간에 협동과 유대를 또한 즐긴다. 잠수업은 이 사회에서 매우 중요시되고 있는 기술적 작업이며, 이 일에 종사하는 이들이 보람을 느끼기에 충분한 보상이 주어진다고 볼 수 있다.

농업: 제주도는 화강암으로 이루어진 섬으로 토질은 집약 농업(벼농사) 등에 적합지 않다. 이곳의 주된 농산물은 보리 · 유채 · 고구마 등 밭작물이다. 보리가 주식이며 다른 두 작물은 현금 작물 *cash crop*이다. 즉 이곳의 농업은 원시 경작법 *horticulture*, 곧 밭농사의 형태로서 원시 경작적인 문화적 요소를 다분히 지니고 있음이 주목된다. 농토는 원칙적으로 남자가 소유하고 있으며 실제로 80%의 농토가 남자 이름으로 등기되어 있다. 농사는 남녀가 함께 하는 것으로 인식되고 있으나 실제로 대부분의 노동력은 다른 원시 경작 사회에서와 마찬가지로 여성에 의해 제공되고 있다.

농업에는 성별 분업이 분명하다. 남성들은 밭갈이와 달구지끌기, 기계 사용 ─ 경운기 운전, 자동 절단기와 타작기 등 ─ 을 담당한다. 그 외에 김매기 · 씨뿌리기 · 보리베기 · 고구마줄베기 등은 여성들의 일이다. 다른 말로 하면 남자는 앉아서 하는 일은 피하고 기계나 동물 사용에 관련된 노동을 하게 된다. 남자는 왜 앉아서 하는 일을 피하느냐는 질문에 한 남자(43세)는 "남자는 무릎이 뻣뻣해서 그런 일을 할 수 없다"고 했다. 실제로 점잖은 남자는 호미를 들지 않는다는 규범이 이 사회에 있다.

농산물의 수확에 대하여 누가 책임을 지고 있으며 누가 언제 무엇을 심고 거둘까를 결정하는가를 알아보았다. 씨뿌리거나 수확 등에 대한 결정은 부부간에 의논하여 정하는데 대개 남녀가 모두 농사 지식에 밝다. 그러나 실제로는 여자가 더 적극적으로 솔선하여 처리하는 것을 볼 수 있다. 예를 들어, 보리가 익었는지 수시로 가보고 때가 되어 베기 시작하는 이도 여자이다. 남자에게 밭을 갈라고 몇 번씩 요청해야 밭을 가는 경우를 종종 관찰하게 된다. 농사일이 한창 바쁠 때 집안에 모여 술을 마시는 남자들을 보게 되는데 이들은 곧 부인들에게 발견되어 야단을 맞곤 했다. 또 한 예로 고구마 흉년이 들어서 부인(60세)은 매우 염려하는데 남편(59세)은 "올해는 일을 덜 하게 되어서 좋다. 작년엔 풍년이라 고되어서 혼이 났네"라고 대조적인 태도를 보여주어 여성들이 가정 경제에 더 큰 책임을 느끼고 있음을 확인시켜주고 있다.

또한 남자에게 분담된 농사일은 몇 가지 안 되고 단시일에 끝낼 수 있으므로 대개 품앗이를 할 수 있는 반면에 여자의 일은 시간이 많이 걸리고 또한 잠수업도 있고 하여 여자 품을 산다는 것은 거의 불가능하다. 따라서 여자 혼자서는 넉넉히 농사를 짓고 살 수 있으나 남자 혼자서는 절대로 농사를 지을 수 없다. 이런 면에서 농사도 역시 사실상 여자가 주담당자라고 보아야 할 것이다.

농사와 잠수 외에 여성들은 돼지를 기르고 가사를 책임진다. 돼지 먹이를 충분히 준비해서 내맞추어 주는 것은 여성의 주요한 일과 중의 하나이다. 식사 준비·설거지·빨래 등은 여성이 주로 한다. 매우 바쁜 시기에는 아이들과 남편이 밥을 지어 작업장에 가져오기도 하지만 가능한 한 집안의 일은 여성들이 맡아하는 것이 이상적이라고 여겨지고 있다.

아기 보는 것은 남자들이 많이 참여하는 일이라고 말할 수 있는데 이는 여성들이 아기를 보살피며 집에 있을 시간이 없기 때문이다. 작업장에서나 밭에서 돌아오는 즉시 여자가 다시 아이를 맡아보고 "남자가 아기를 잘 본다"는 말의 의미로 보아 아기 양육 *child rearing*의 책임은 어디까지나 여성에게 있고 남자는 아기 보기 *baby-sitting*를 하는 셈이라고 이해해야 할 것이다. 남편들로 하여금 집안일을 많이 하게 하는 부인은 훌륭한 부인으로 인정하지 않는 문화적 규범이 있는

것을 미루어보아서도 남자들이 집안일에 매우 적극적으로 개입한다
는 것은 기대할 수 없다.

남성의 역할

남성의 경제적 활동은 한마디로 저조하다. 그러나 제사를 지내는
제관으로서 그리고 외부에 대해 마을을 대표하는 동장 등 지도자로
서의 역할은 중요하다. 특히 마을내 사회 생활에 있어서 가장 중요한
행사인 제사에 대해 자세히 알아보자.

제사: 제사는 육지에서와 같이 소상에서 시제까지 모두 다 지내며
많은 재물과 시간이 제사 준비와 제사 의례에 소비된다. 가계 수입의
약 15%가 제사 부조에 쓰여진다. 종교적 의미에 있어서나 사회적 지
위에 있어서 제사는 단연 사회 활동의 중심이 되고 있다.

머리말에서 밝혔듯이, 남녀가 종사하는 역할이 다르면 세계관도
크게 다를 것으로 생각된다. 실상 용마을 남녀들은 제사에 참여하는
역할에 있어 크게 차이가 날 뿐만 아니라 제사에 대한 인식도 크게
다르다. 제사란 남자의 역할 중 가장 중요한 것으로서 이곳 남자들은
제사를 지내고 남의 제사에 참석하는 데 많은 시간을 보낸다. 마을의
남자는 한 달에 적어도 서너 번은 제사에 참석하며 이웃의 제사에도
종종 참석한다. 남자들은 제관으로서의 자신의 사명과 위치를 잘 인
식하고 있으며 매우 어린 나이 때부터 제사를 법에 맞게 지내는 것을
철저히 배운다. 마을의 지도자격인 한 어른은 자랑스럽게 의례에 충
실한 그들의 문화적 풍토에 대해서 다음과 같이 말했다. "나는 육지
등 여러 곳을 다녀보았으나, 제주 사람들만큼 장례나 제사를 법도를
지켜서 하는 곳은 아직 못 보았다."

'제사 간소화'라는 정부의 지시에 이들은 못마땅하게 생각했으며,
제사에 있어서는 변칙보다는 정통을 고수하려는 경향이 강했다. 성
대한 장례식 후 2년 동안 음력 초하루와 보름에는 꼭 삭일제를 지내

고 있다. 삭일제에는 가까운 이웃과 친척들이(5촌 정도까지) 방문·참석하는 것이 상례이다.

기제사는 4대까지 봉사하며 많은 이웃과 친척들이 참석한다. 기제 삿날에는 특별한 음식을 장만하며 특히 곤밥(쌀밥)을 먹는 날로 이 마을에서는 잔치 겸 집회의 역할을 한다. 보통 제삿날의 일정을 보면 남편은 아침 일찍 큰 시장에 나가 장을 보아온다. 돼지고기·생선·과일·빵 등의 제물을 사오는 것이다. 부인은 잠수를 좀 일찍 끝내고 오후쯤부터 찰떡·절편 등을 만들기 시작하는데, 물때가 늦은 날은 아예 잠수하러 가지 않는다. 이 경우 동서나 시집간 딸, 며느리들이 와서 도와주는 것이 상례이다. 고기는 주로 남자가 장만한다.

저녁 해질녘이 되면 술·빵이 든 제물 부조 바구니를 든 아이들이 하나씩 나타나고 남자 어른들이 모여든다. 이들은 저녁 식사를 끝내고 오는 것이며 이들의 부인들은 꼭 일을 도와주러 가야 할 관계(동서·딸·자매 등)가 아니면 피곤하다면서 대개 집에서 일찍 잠자리에 든다. 제사에 자주 참석하는 여자는 '주책스러운 여자'로 취급되나 그런 여자는 거의 없다.

서너 시간 동안 이 방 저 방에 모인 남자들은 술을 마시고 담배를 피우며 담소하고, 아이들은 끼리끼리 모여 이야기하거나 장난치며 논다. 여자들은 부엌에 모여 제삿밥을 지으며 담소한다. 제사 의식은 자정에 약 20분간 지내며 제사가 끝난 뒤 제관과 그 외 남자들이 반을 순서에 따라 나눈다. 남자 성인들이 제일 먼저 반을 받고, 그 다음에 남자 아이가 받고, 마지막으로 여자와 어린애(5세 가량까지)들이 받게 된다. 부엌에서 나물·곤밥·미역국 등이 나오면 역시 위와 같은 차례로 나누어지고 음복이 시작된다. 자던 아이들을 깨워 먹이는 등 소란스러워지고, 밥을 먹은 후 남은 떡 등을 받아들고 각자 집으로 돌아간다. 남자들은 떡을 싸들고 다니지 않는다. 아이들에게 남은 떡을 주워갖고 가게 하든지 아예 갖고 가지 않는다. 여자와 아이들은 부지런히 챙겨서 갖고 간다. 반을 나눌 때의 순서에서뿐 아니라 반을 챙기는 '별로 점잖지 않은' 여자와 아이들, 그리고 챙겨서는 안 되는 '점잖은' 남자에서 또한 남녀 구별이 확인·강조되고 있다.

여자의 경우, 직계 부모와 고모·이모·삼촌 등 가까운 친척의 제사에만 가므로 여자가 제삿집에 가는 경우는 많은 부조를 가져가거나 제사 음식을 해 간다. 이들은 전혀 제사 의식에 참여하지 않는다. 제사는 남자들의 의식이며 죽은 후의 귀신이 제삿밥을 먹으러 올 것이라는 종교적 차원에서의 의미가 여자들에게는 의식 수행보다 월등히 큰 의미를 지니고 있다.

기타: 제사 외에는 용마을 남자들이 장기적으로 시간과 정력을 바쳐서 하는 일생의 일 *career*이란 없다. 국민학교 교사와 면사무소와 어협에서 일하는 세 사람을 제외하고는 남자들은 그때그때 적당하게 시간을 보낸다. 장년 남자들은 동장으로서 보통 2년간 마을을 대표하여 리 사무소와 어협과 마을간의 중계자 역할을 한다. 주역(周易)을 읽을 수 있으며 장례 등 의식 절차에 밝은 노인들은 일이 있을 때마다 조언자로서의 역할을 하고 일 년에 한 번 있는 부락제(역시 남성들만 참석할 수 있는 유교적 의례)에서 중요한 역할을 담당한다. 소를 서너 마리씩 기르는 남자들은 소에서 나오는 수입으로 가계에 크게 보탬이 되기도 한다. 집을 짓는 일, 지붕을 이는 일은 남자들이 맡아한다. 젊은 남성들은 어린애를 보는 데 시간을 보내거나 낚시하기 좋은 봄·가을이 되면 낚시로 소일한다. 그 외에는 자유로운 시간을 한담과 술로 보내게 되는 경우가 많다. 남성들은 자주 도시에 나들이가거나 장기적으로(2년 내지 10여 년간) 집을 떠나 육지에서 살다 돌아오는 경우가 허다하다.

요약

요약하면, 해녀 사회의 분업 형태의 특이점을 세 가지로 들 수 있다. 첫째로, 여성들이 경제적으로 주생산자라는 점이다. 산업 사회에서는 남성이 식량 공급의 책임을 지고 있는데, 여성의 지위가 낮은 것은 이런 경제적 종속 관계 때문이라는 가설이 서구의 학계에서 인정을 받고 있다(P. Sanday, 1974; F. Engels, 1972). 여성의 생계 능력과 경제권이 여성 지위 향상의 주요한 요인이라고 가정한다면 해녀 사회의 경우에 여성이 경제권을 쥔다는 것이 무엇을 의미하는지, 참으로 지위 향상을 뜻하는지에 대한 가치 있는 자료를 제공하게 된다.

둘째로, 중요한 것은 해녀들이 함께 일한다는 것이다. 여성들의 가까운 유대 관계와 협동이 여성의 지위 향상에 큰 비중을 차지한다는 이론에 의하면(P. Sanday, 1974; N. Leis, 1974; Johnson and Johnson, 1975), 고립된 상태에서는 여성들의 생산력과 무관하게 여성의 사회적인 위치는 낮다는 점이 지적되고 있다. 예를 들어 뉴기니아 등지의 원시 경작 사회에서 여성은 경제적 역할이 매우 중요한데도 주로 혼자 고립된 채 일하기 때문에 그들의 활동이 사회적으로 중심이 되지 못하고 단순한 노동자의 위치에 머무르고 있다. 해녀들의 경우, 이들은 늘 함께 잠수하고 혼자 해도 되는 밭일조차 함께 하는 특수한 작업 환경을 이룬다. 이러한 여성 작업의 특수성에 비추어볼 때 이 사회는 여성 우위의 사회가 아닐까 하는 생각을 하게 된다.

셋째로, 남성들의 경제적 활동이 퍽 저조하다는 점이 특이하다. 이들은 생산적으로는 농번기에 농사일을 '돕고,' 농한기에는 집에서 부인들이 바다에 나간 동안 아기를 보거나 집안 청소·해초말리기 등의 일을 하지만, 싫으면 안해도 되는 선택의 자유가 있다. 특히 아기 보는 일은 첫아이가 자라 동생을 볼 수 있게 되면 그 부담이 많이 줄어드는 것이다.

따라서 경제적 비생산자로서 존재하는 해녀 사회 남성들의 사회적 위치는 어떠한가 하는 문제는 남성이 경제적 중추가 되는 남성 중심의 사회에 젖어 있는 학자들에게 지대한 관심사가 아닐 수 없다.

최근 학자들(N. Tanner, 1974; C. Stack, 1974; N. Gonzalez, 1970; P. Kundstandte, 1963)에 의한 모중심 사회 *matrifocal society*의 연구는 여성들의 경제적 자립이 가능한 사회의 연구로서 가족과 남녀 관계를 이해하는 데 크게 공헌하고 있다. 다음에는 모중심적 특성의 가족 제도와 부계 혈통 계승 *patrilineality*이 원칙이 되어온 친족 제도가 공존하는 용마을의 사회 구조를 살펴보자.

II. 사회 조직: 부계 친족과 모중심의 가족

인간은 협동하는 동물이다. 경제적 생산을 높이기 위해 협동하고 또 협동이 잘 되지 않을 때 생기는 갈등을 해소하기 위해, 스스로를 방어하기 위해 협동한다. 이러한 협동적 본성에 의거하여 인간은 집단을 형성하는데 상대적으로 지속적인 사회 구성원간의 관계와 집단들간의 상호 연관성을 사회 조직이라 부른다. 용마을의 사회 조직 이해에 중요한 한 가지 사실은 이 마을이 한국이라는 긴 왕조 역사와 근대사를 가진 국가에 속한다는 점이다. 즉 원시 부족과 같이 그 나름대로 환경에 적응하며 생활해온 하나의 완전히 자주 독립된 *autonomous* 집단이 아니라 늘 외계(육지)의 영향과 압력을 받아왔다는 점이다. 이들은 세금을 내야 했고, 자의든 타의든 새로운 문물을 받아들였으며, 토착의 풍토와 풍습에는 이질적인 학교(유교식 서당 등)에서 자손들을 가르쳐왔다.

부계 친족

제사지내는 풍습에서 보여주듯이 용마을은 유교 문화의 영향을 강하게 받았고, 40년 전까지 서당이 있었다 한다. 사회 구조적 특성도 유교의 원칙에 따른 부계 중심의 친족 제도에서 찾아볼 수 있다. 개인은 부계 집단의 구성원으로서 뚜렷한 주체성을 가지며 제사를 통하여 이 연대감을 강화시킨다. 혼인 후의 주거는 부거제 *patrilocality*

로서 부인이 남편의 마을에 가서 사는 것이 원칙이다. 토지와 성은 부계 상속제에 의거하며, 제사의 상속은 대개 토지의 상속과 일치한다. 용마을에서는 큰아들이 집과 대부분의 토지를 상속함과 동시에 제사를 맡게 된다.

외부의 영향, 즉 유교의 부계 원칙의 친족 제도와 제사가 왜 고수되는지, 유교의 영향이 미치기 이전에도 부계 중심적 친족 제도나 남성만의 의례 행사가 존재했는지는 여기서 다루기 힘든, 역사적 고찰을 요하는 문제이다. 그러나 여기서 주목되어야 할 점은 외부의 문화 수용도 토착 사회의 자체 육지에 의거해서 수용되고 변형된다는 점이다. 외래 문화 가운데 무엇이 그대로 수용되었고, 무엇이 수용되지 않았는지, 특히 유교적 친족 제도의 원칙이 변형되었다면 이는 토착 문화 이해에 매우 중요한 단서를 시사해주리라고 전제할 수 있으므로 이를 살펴보고자 한다.

육지의 농경 사회에서와 마찬가지로 여기에서도 동성동본의 혼인은 금기이다. 그러나 육지의 양반 동네와는 달리, 마을내에서 타성과의 혼인은 금기로 되지 않고 오히려 선호되고 있음이 주목된다. 경제적 주생산자인 여성들의 협동 관계가 어머니와 시집간 딸이 가까이 사는 것에 의해 강화되는 점 때문에 이들 모녀간의 감정적 유대감에 덧붙여 마을 내혼(內婚)*village endogamy*을 장려하게 된 것으로 보인다. 자매가 같은 마을로 시집을 가는 예도 많으며, 이들간의 협동 역시 매우 활발하다. 혼인 후의 주거 원칙인 부거제에 있어서도 협동이라는 이유로 모거제의 변칙이 허용되고 있음 역시 주목될 사실이다.

협동 그룹

유교의 원칙에 따르면 남성간의 협동과 화목이 최대의 목표로 추구되고 있으며, 가족 제도는 부권적 대가족 제도를 취한다. 그러나 용마을의 경우 흥미롭게도 많은 공식적 원칙들 — 즉 부거제 · 부계 상속제·족외혼 등──은 가부장적 유교의 풍습을 따르면서, 그 제도가 실제로 사회 구성원간의 비공식적 협동이 기본이 되는 경우 여성 중심적 양상을 강하게 띠게 된다.

상호 협동은 남성들간에는 제사 때를 제외하고는 거의 이루어지고 있지 않으며 주로 여성들간에 이루어진다. 농업과 잠수업의 생산량을 올리기 위한 협동 외에 결혼·장례·시제 때의 거대한 경제적 부담은 여성간의 계획과 협동으로 이루어진다. '칠형제회' '오형제회' 등의 모임은 여성간의 협동 조직으로 비슷한 처지에 있는 여성들── 즉 외동 며느리들끼리, 비슷한 나이 또래끼리──이 주로 상부상조하는 것을 목표로 모이는 모임이다.

모중심의 가족

유교적 원칙에서 가장 현저한 변형은 가족 제도에서 볼 수 있다. 가족 제도를 보면 부권적 대가족 제도라기보다는 핵가족에 가까운 형태를 이루고 있다. 아들은 결혼함과 동시에 분가하는 것이 상례이며, 경제적 이유로 같이 산다 해도 부엌을 따로 쓴다. 즉 경제적 분가를 의미하는 것이다. 노부모의 경우, 거의 거동을 못 하게 될 때까지 독립하여 산다. 남편이 먼저 죽을 경우 여자는 대개 혼자 산다. 1976년 현재 혼자 사는 60세 이상의 홀어머니들은 "혼자 사는 것이 단출하고 편하다"고 했다. 부인이 먼저 죽을 경우 남자는 예외없이 큰아들 집에 가서 함께 살게 된다.

이 핵가족은 모중심적 성격을 강하게 띠고 있다. 모중심제란 "어머니의 역할이 이념적으로나 구조적으로 중심이 되는 가족제"라고 태너(N. Tanner, 1974: 133)는 정의하고 있는데, 이는 어머니가 감정적인 면에서만 중심이 되는 영·미 문화의 엄마주의 *momism* 와는 근본적으로 다르다.[5]

용마을 여성들의 역할과 위치를 살펴보면, 첫째로 이들은 책임있는 경제적 가장으로 가족을 부양하며 자녀의 교육비를 충당한다. 남편의 부재는 경제적으로 가정에 별 변화를 가져오지 않는 실정이다. 이 어머니들의 책임은 돈벌이만이 아니다. 제사 준비나 집 짓는 계획 또는 아이들의 혼인 문제 역시 이들이 적극적으로 참여하거나 주관하며 가족 구성원의 건강 관리도 책임을 진다. 이곳 여성들은 "아버지 없는 아이는 불쌍하지 않으나 엄마 없는 아이는 불행하다"고 말한다. 용마을에서 어머니의 핵심적 위치는 어머니가 아플 경우 문제가 얼마나 심각해지는지를 보면 더욱 명백해진다. 부인이 아프니까 밭을 팔려고 내놓은 남편이 이렇게 말했다고 한다. "당신이 아픈데 밭이 무슨 소용이오? 누가 농사를 지을 거라고……."

주부가 아프면 온 가족이 하루도 제대로 유지하기 힘들므로 책임감이 강한 여자들은 자기의 건강에 무척 신경을 쓴다. 과로했거나 아프면 이들은 비교적 한가한 틈을 이용하여 사찰 등에 휴양을 가곤 한다. 한마디로 '쉬러' 가는 것이다. 용마을 근처에 있는 대부분의 종교적 단체들의 가장 큰 기능은 이런 과로로부터 잠시 쉼으로써 건강을 회복하려는 여성들의 휴양처로서의 기능이다.

과부와 홀아비의 처신 문제와 일부다처적 남녀 관계 역시 용마을이 얼마나 모중심적인지를 보여준다. 과부는 아이들이 둘 정도 있으면 대개 재혼을 하지 않는다. 또한 마을내에서 과부는 상대적으로 풍요한 가정을 이루고 산다. 상처한 경우(홀아비)는 부인이 죽은 즉시 거의 재혼을 하거나 여자와 동거를 시작하게 되는 것이 상례이다.

한 집안의 생계가 어머니(여자 어른) 없이는 이루어지기가 힘들기 때문에 홀아비가 된 경우, 그 친척들(특히 여인들, 형수·제수 등)의

---

5) 엄마주의와 모중심주의는 반비례적 관계에 있다는 가정을 설정할 수 있겠다. 어머니의 위치가 주변에 치우칠수록 어머니는 감정적으로나마 자식들은 자신에게 끌어매두려 하고 그래서 엄마주의가 자녀들의 자주적 인격 형성을 저해함은 많은 심리학적·정신의학적 연구에서 밝혀진 바 있다. 대표적 연구로 N. Chodorow(1974)를 참고할 것.

걱정이 매우 심각해진다. 현지에 있는 동안 이런 일도 있었다. 아이 다섯을 가진 남자의 재처로 온 여자가 부부 싸움 끝에 짐을 꾸려 친정으로 가버린 일이 일어났다. 그런데 이 남자의 친척 여자들이 밤에 나무 밑에 모여앉아 아이들을 어떻게 하려고 부부 싸움을 파경에 이르도록 했는지 모르겠다고 그 남자의 처신을 나무라며 큰 걱정을 하고 있는 것을 보았다.

부부의 갈등 관계에 관하여 살펴보면, 남편에게 만족하지 않는 부인은 자기 일에 바쁘고 아이들 보살피는 데 열중하여 별다른 방도를 취하지 않는다. 한편 부인과의 관계에 만족하지 않는 남편은 이혼하기보다는 집을 떠나는 방식을 택한다. 이들은 육지나 도시에 가서 사업을 하겠다는 명목으로 떠나는데 부인이 여행 혹은 사업 비용을 마련해준다. 그리고 집을 떠난 후 여러 곳에 다니며 갖가지 일을 시도하기도 하는데 대개 '작은각시' (첫 부인이 아닌 여자로 부인의 역할을 하는 이)를 얻게 된다. 이 마을의 한 할머니는 "이 마을에 작은각시를 얻지 않은 남자는 거의 없어"라고 말했다. 즉 일부다처적인 현상이 공인되며 매우 흔한 일이다. 남자가 육지에서 작은각시와 그녀의 아이들을 데리고 용마을에 들어와 큰각시와 함께 사는 경우도 있다.

작은각시에 대한 남편의 의무란 아기를 배게 하는 것과 밤에 '벗'이 되어주는 것이 가장 중요하다. 밭을 갈거나 짐을 운반해주기도 하지만 이는 어디까지나 '호의를 베푸는 것'이지 의무는 아니다. "마누라가 둘이면 주머니가 둘"이라는 말이 있는데 이 말처럼 남편은 경제적으로 부인을 돕는다기보다 그녀에게서 돈을 타서 쓰는 것이 보통이다.

전통적으로 일부다처제는 여성의 낮은 지위와 관련이 있다고 하는 학설이 있다. 특히 부권제 가족내의 여성의 불안한 위치와 남편의 재산을 갖기 위한 부인들간의 경쟁과 갈등 등의 주제로 일부다처제 사회에서의 무력하고 불행한 여성이 묘사되고 있다(D'Andrade, 1966;

Martin and Voorhies, 1975).

용마을의 경우, 이런 상식적 경우와는 반대의 특징을 보여준다. 여성들의 경제적 자립이 가능하고, 또 실제로 자립하고 있는 모중심적 사회에서 오히려 무력하고 불안한 남편의 위치에 대한 해결책 또는 보완책으로서의 일부다처제가 장려되고 있음을 엿볼 수 있는 것이다. 개인적으로는 지배적인 부인으로부터의 도피처로, 또는 부인의 지배를 방지하는 방편으로(즉 작은각시를 얻겠다는 위협으로) '작은각시' 제도가 활용되고 있으며, 구조적으로는 잦은 부부간의 갈등을 이혼에 이르지 않고 별거에서 그치도록 완화하는 역할을 한다. 일부다처제라 하면 무조건 여러 부인을 '거느린' 한 우두머리 남자를 연상하는 것은 좁은 안목에서 비롯된 오류가 아닐 수 없다.

이상과 같이 용마을에서는 제사를 근거로 한 유교적 부계 중심의 친족 관계가 중요하다. 남자는 친족 사회의 중추로서, 제사를 지내는 제관으로서 사회적으로 그 중요성이 인정되고 있다. 한편 실제 생활면에서는 여성 중심의, 특히 모중심의 핵가족을 이루고 있다. 남편의 가정내 역할의 미비함과 이에 따른 불안정한 위치는 일부다처적 현상을 야기시키고, 역으로 일부다처적 현상이 가정에 대한 남편의 책임을 더욱 약화시킨다고 볼 수 있다.

Ⅲ. 의식 구조: 남녀 기질과 세계관의 차이

의식 구조와 사회적 성격은 사회 구성원 개개인의 경험과 직결된 것으로서, 사회 구조보다는 훨씬 사회 구성원의 실존적 면모를 직접적으로 반영하고 있다고 하겠다. 이 부분에서는 성별 분업에 의해 남녀는 각기 다른 일에 종사하고 따라서 상이한 경험 세계를 가지며 상이한 사회적 성격을 발달시킨다는 전제 아래 용마을의 남녀의 의식 구조를 살펴보고자 한다. 다음의 자료는 참여 관찰, TAT와 질문서 분석을 토대로 하고 있다.

　용마을의 해녀들은 경제적 가장으로서 책임이 크고 이 책임을 완수하기 위하여 매우 열심히 일한다. 해녀 노래의 내용은 대개 가족 부양을 위해 열심히 노력하는 모습을 그리고 있다(이치순, 1974: 363~64).

　　　우는 아기 떨어두고
　　　정든 가장 떨어두고
　　　돈벌이렁 잘살자고
　　　요물질을 오랏더니
　　　천대받게 뒈엿구나……
　　　부지런히 돈 벗이렁
　　　이 아기덜 그눌루젱
　　　요내가장 떨어두고
　　　육지바당 오랏구나

　책임감이 강할 뿐 아니라, 부지런하고 능률적인 인간이 용마을에서 존경받는 여성상이다. 좋은 며느릿감이란 "물질 잘하고 밭일 잘하는 이"가 꼽힌다. 더구나 이들은 일하는 것 자체를 즐기며, 일을 통해 얻는 대가를 자랑스럽게 추구한다. 이는 청교도적인 사고 방식과 유사한 점이다. 53세의 한 해녀는 "얼마나 속이 상하면 저렇게 놀고 마실까? 속 편한 이는 안 논다"고 하면서 할일없이 다니는 남자들을 가리켜 말했다.

　자주성이 또한 이 마을 여성들의 특징이다. 이들은 상부상조하지만 남에게 의존하지 않는다. 부모나 남편에게는 물론 자식에게도 기대지 않는다. 한 60대 여성은 아들들에게 바라는 것은 단지 무병장수하고 자립해 사는 것이라고 했다. 해녀들은 남을 지배하거나 지배받는 것을 거부한다. 이들의 자주적 품성은 경제적·사회적 활동을 통하여 평등주의적 의식으로 발전하는데 이는 회의 때나 잔치 때 잘 나타난다. 개인주의적 행동은 매우 비난을 받으며, 평등한 개개인의 행동이 해녀들의 공동 작업에서 원칙으로 지켜지고 있다.

스스로 개척하고 책임지는 삶을 통해 이 마을의 여자들은 자신의 존재가 귀중하고 필요함을 너무나 잘 알고 있다. 미드M. Mead(1963)의 연구로 유명해진 챔벌리Tchambuli의 여성들처럼, 이들은 매우 능동적이며 호탕한 웃음을 짓는다.[6] TAT 연구에서 여성들은 매우 자신감에 차 있고 낙관적이며 적극적인 인생관을 가지고 있음이 나타났다. 이들에게 있어서 인생이란 지속적인 것이며 자신의 노력으로 변화시킬 수 있는 보람 있는 것으로 이해되고 있다.

이러한 여성들에 반하여, 용마을 남자들은 보람 있는 일을 박탈당한 상태에 있다고 보겠다. 이들은 아침에 일어나면 바쁘게 할 일이 없다. 조반 후에 아기를 보거나, 소를 몰고 나가거나, 낚시하러 가거나 그때그때에 따라 시간을 적당히 보내는데, 나무 밑에 모여 토론을 하거나 술을 마시거나 낮잠을 자기도 한다. 상징적인 예로, 식사 때 여자들이 남자들보나 보통 두 배의 양을 먹는디. 한 노파가 "그렇게 일을 하지 않는데 어찌 밥맛이 있겠나"면서 일을 하지 않는 남자들의 생활에 대해 동정하는 듯이 말하는 것을 들었다.

게으름은 여자에게 있어서는 악덕이지만 남자에게는 미덕으로 여겨진다. 일을 열심히 하는 것보다 하지 않는 남자가 더 대우를 받는다. 이 마을에 사는 한 청년의 말은 왜 이러한 상반된 기준이 같은 마을의 남녀에게 적용되는지 설명해준다. "여자들은 일이나 하지, 생각을 깊이 할 줄 모른다. 도대체 생각을 안하고 산다." 이 말이 뜻하는 대로 이 사회에서 남자는 사고하는 양반 계층을 이룬다. 부지런하고

---

6) Tchambuli 사회에서 여자가 주생산자인 점, 그 사회가 부계 사회이며 남자들이 대부분의 시간을 의례를 위한 집 *ceremonial clan houses*에서 보낸다는 점 등에서 용마을의 사회 구조와 매우 비슷한 것은 주목할 사실이다.

현실적인 여자들보다 철학적인 남자들이 우월하다는 이데올로기가 남자들의 게으름을 장려하는 것이다. 노동을 천시하는 가치관이 강하게 존재하여 남자는 '자질구레한' 실생활에 관련된 일에 관여하지 않는 것이 이상적으로 되어 있다.

이곳 남자들은 옛 선조들이 서울에서 높은 벼슬을 하던 학자들로 유배왔다는 사실, 즉 자신들이 양반의 후예라는 사실을 강조하려 하는데, 이러한 의식은 일을 하지 않고 생각만 하면서 남의 노동에 의존하여 사는 자신의 삶을 정당화시켜주고 있다. 자신(남자)은 섬김을 받아야 마땅한 선비의 자손이고, 일하고 벌어오는 사람(여자)은 따로 있다는 식의 사고가 깊이 뿌리박혀 있는 것이다. 이러한 선비같이 한가하고 사색하는 생활은 결국 여성에게 경제적·심리적으로 의존함으로써만 가능한데, 실제로 남자들은 여자를 얕잡아보면서도 그들에게 무한히 의존하고 떼를 쓰며 가끔은 심히 미안해하고 있다.

이들의 의존적인 삶은 현실성이 약하고 의지가 약하며 남의 관심과 동정을 매우 갈망하는 타자 지향적 성품을 형성시켰다. 실제로 이 사회에서 심각한 문제가 되고 있는 술·도박·작은각시, 잦은 가출 등은 스스로 문제를 해결하지 못해 임시방편으로 도피해버리는 남성들의 생활 태도에 그 원인이 있다고 볼 수 있다. 특히 이들은 제사 이외에는 일생을 통해 전념할 일이 없으므로 대체적으로 삶의 의미를 상실하고 있다. 현대 사회에서 제사의 중요성이 줄어들수록 이 문제는 더욱 심각해질 것으로 예상된다.

가부장적인 권위를 인정받아야 된다는 유교적 당위와 실제 그렇지 못한 현실에서 생기는 갈등 또한 남성에게 있어서는 무시할 수 없는 심리적 부담이 되고 있다. 명색은 가장이지만 손님 대접 정도를 받게 되는 주변인으로 존재하는 현실에서, 아무리 특권 계급으로서의 자신의 위치를 이성적으로 정당화시키고 제사를 지내는 제관으로서의 역할을 강조한다 하더라도 내적 갈등은 남아 있는 것이다. 그래서 젊은 남성들간에 어떤 의미있는 일을 추구하는 노력이 일기도 한다. 마을의 지도자가 되거나 부지런한 농부가 되기도 하지만, 이는 사회적 보상에 있어서 여성의 활동에 비하여 떳떳하지도, 만족스럽지도 못하다.

"다음 생에 여자로 태어나겠느냐 남자로 태어나겠느냐"는 질문에 여자로 태어나서 열심히 맡은 바 책임을 담당하며 남을 위하여 인생을 살고 싶다고 응답한 남성들이 있었다. 반면 남자가 되어 '팔랑팔랑' 마음대로 놀러다니고 작은각시를 얻기도 하겠다고 몇몇 노인층 여자들이 응답하였는데, 이들의 염원은 모두 엄격한 성별 분리에 의하여 파생되는 용마을 남녀 문제의 단면을 나타내는 것이라 하겠다.[7]

TAT에 나타난 바로는, 남자들은 여자들을 언제나 기댈 수 있는 안식처로 생각하는 경향이 짙었다. 남자들은 우월감과 특권 의식이 강하면서 타자 지향적이고 예민하여 의지가 약한 성품을 보였다. 이들은 또한 현지 여성들에 비해 권위주의적이고 형식적이며 이기적이기도 하다. 반면 한가하고 사색하는 생활로 지식이 풍부하고 토론을 즐기니 논쟁적이기도 하다. 이들의 인생관은 비관적이고 수동적인 편으로 나타났다.[8]

IV. 권력 구조: 남성 우위의 이데올로기와 여성 지배적 현실

용마을의 특징은 이 마을이 여성 중심적 현실을 바탕으로 한 사회인 반면에 남성 우위의 관념적 세계가 강하게 존재한다는 점에 있다. 이 부분에서는 권력 관계에 있어서 남녀의 분리와 대립을 유교의 토

---

7) 질문서 내용 등 자세한 것은 장수 사회의 문화 기술지인 학위 논문 Cho(1979)를 참고할 것.

8) 흥미롭게도 최근에 발표된 현길언의 「풍수(단맥)문화에 대한 일 고찰」(1978: 43~56)에 의하면 숙명적·소극적, 그리고 운명론적인 자기애("王候之地로서의 자존 의식"을 통해 나타남)가 제주 고종달형(形) 설화에 잘 나타나 있다고 한다. 이는 나의 TAT 연구 결과의 하나인 남성들의 성격적 특질과 상통한다.

착화 과정을 중심으로 분석·종합해보려고 한다.

유교의 토착화: 제사와 남성 우위의 이데올로기

사회에 있어서 가치관이나 지배적 이데올로기는 경제적·사회적 구조와 밀접하게 연결되어 있다. 이런 면에서 한정된 농토에서 최대의 효과를 내기 위한 집약적 농업을 토대로 한 사회에서, 부계적·부권적 유교가 지배적 관념 체계이었음은 이상할 것이 없다. 집약적 관개 농업 사회에서는 남성들의 노동과 협동이 위주가 되며, 제한된 토지내에서의 갈등 방지와 사회 질서 유지를 위해 남성들간의 유대는 절대적으로 요구된다. 이조 이후 우리나라 육지의 집약적인 농경 사회에 있어서 유교는 이러한 남성 위주의 경제 체제를 뒷받침하는 남성 중심적 윤리 체계로서 부계 친족간의 유대를 강화하며, 갈등 방지책으로 서열적 인간 관계를 강조하여왔다. 제사는 이 유교적 윤리를 상징적으로 표현하는 의식 *ritual*이었다.

용마을은 앞에서 살펴본 바와 같이 육지의 일반 농촌과는 판이하게 다른 생태학적·경제적 기반을 가지고 있다. 이 사회는 여성 노동 위주의 원시 농경과 잠수업의 경제 체제로 여성들간의 협동과 유대가 가장 요구되고 있다. 즉 남성들간의 협동이나 부권적 권위와는 거리가 먼 경제 구조를 형성하고 있다.

그런데 왜 유교적 영향이 이 마을에 강하게 남아 있을까 하는 점은 매우 흥미로운 문제가 아닐 수 없다. 즉 용마을에서 유교 문화의 기능은 무엇인가 하는 점이다. 이곳에 토착화되어 있는 유교의 내용을 보면 제사와 남성 우월적 이데올로기가 중심임을 알 수 있다. 이미 자세히 다루었듯이 제사는 남성들의 가장 중요한 — 아니면 유일한 — 역할로서 그들의 존재 위치를 확인시켜주는 것이다. 여성들은 사후 제사를 받기 위해 남성 — 아들과 아들을 낳게 해주는 남편 — 에게 의존하고, 이러한 점에서 적어도 아들 하나는 꼭 낳기를 원한다.

실로 제사는 남성간의 유대를 공고히하려는 의식이라기보다 남성의 독점적 의식 *ritual* 세계인 면에서 중요하다. 이러한 남성들만의 독점적 의식 세계는 세계 문화를 통해 그리 드물지 않게 존재한다. 뉴기니아(L. Langness, 1974), 트로이브리앤드(A. Weiner, 1976), 남미의 문두루쿠 Mundurucu(R. Murphy, 1959), 아프리카의 코파이어 Kofyar(R. Netting, 1969) 등지의 남성들만의 비밀적·독점적 의례 행사에 대한 기록을 보면, 이들은 모두 남성 우위를 주장하는 '정치적 도그마'로서의 역할을 한다. 또한 이러한 독점적 의식 세계가 주로 여성 노동 위주의 원시 농경 사회에서 발견되며, 남성에 의한 독립적인 통제 기구로서의 기능을 하고 있음이 샌데이 Sanday(1974)의 여성 지위의 비교 문화적 연구에서 밝혀진 바 있다.

실제 용마을에 토착화된 유교의 영향은 선택적이었다. 육지의 농경 문화에서 중시되는 몇몇 유교적 규범들이 이곳에서는 간과되고 있는데 남성들간의 유대감, 남녀간의 내외 풍습, 대가족내에서 각구 성원이 지켜야 할 수많은 도리, 자식 없는 과부의 순절, 아버지의 권위에 대한 복종 등이 그것이다. 반면 노동 천시와 학문 숭상은 크게 강조되어 남성을 여성보다 고상하고 높은 지위로 계급화하는 이론적 바탕이 되고 있다. 양반의 후예로서의 자부심, 노동을 하지 않고 사고하는 계급, 제사를 지내는 의례 전문가 *ritual specialist*로서의 이곳 남성들은 유교의 이상형인 선비의 이미지를 추구하고 여성을 비하한다.

한마디로 용마을의 유교는 윤리 체계라기보다는 남성 우위의 사상과 이를 뒷받침하는 부계 조상 제사의 복합체이다. 즉 토착화 과정에서, 유교는 윤리 체계에서 교조적 남존 여비의 이데올로기로 변형·전승되어오고 있음을 알게 된다.

여기서 남성 우위의 사상은 대부분의 사상처럼 현실의 반영이 아니라 현실을 감추려는 하나의 이데올로기라는 점을 주목하여야 한다. 만하임은 이데올로기를 네 가지 구성 요소로 논하였다(볼드리지, 1979). 첫째 신념 체계이며, 둘째 현실을 왜곡시키는 요소를 지니며, 셋째 현실을 왜곡시키는 사람들 스스로조차도 이의 왜곡성을 알지 못하므로 무의식적이며, 넷째 특정한 목적 — 특권이 없는 계급을 억누른다거나 권력 있는 계급의 이익을 보장·보전해주는 — 에 봉사한다.

용마을에서 강조되는 남성 우위의 이데올로기는 실제로 남성의 우위를 가능하게 한다기보다 여성의 지배를 막는 방어적 역할을 한다고 보는 것이 더 타당할 것이다. 일종의 집단 숭배 *collective fetishism* 로서의 문화의 상징적 영역이 남성에 의해 종종 지배되고 있다고 머피 Murphy(1974)가 지적했듯이, 용마을의 남성은 제사와 남성 우위의 관념을 토대로 한 상징적 영역을 독점함으로써 스스로를 방어하며 최소한의 자치권을 지켜온 것으로 보인다. 이와 같이 용마을의 남성과 여성의 세계가 엄연한 분리와 대립의 면에서 이해될 때, 육지에 비해 더욱 철저히 행해지는 부계 조상 제사 의식과 그 외 이와 관련된 몇 가지 유교적 가치 체계(학자 숭상, 노동 천시 등)가 왜 그렇게 강하게 남아 있는지 비로소 이해하게 된다.

양편 비우세의 사회

'지배'란 역동적으로 말해 한 집단이나 개인이 다른 집단이나 개인의 자아 실현의 가능성을 막을 때 생기며 '자치권의 침해'의 측면에서 논의되어야 한다고 생각한다. 자치권이란 개인의 인격체로서의 존재, 그의 재산 활동에 대한 관리권과 통제권을 말한다. 이러한 관점에서 보면, 용마을의 사회 구조는 남성 지배적이라고도, 여성 지배적이라고도 규정하기 어렵다. 즉 자치권 침해의 면에서 어느 한편이 더 침해를 받는다고 규정하기 어려운, 여성 지배적 현실과 남성 우월적 의식 세계가 공존하는 사회로, 현 시점에서 볼 때 남녀 관계상 서

로가 서로를 견제하는 양편 비우세 *neither dominant* 사회라고 정의할
수 있을 것이다.

남자들은 여자들에게 경제적·감정적으로 심히 의존하면서도 남성
우위의 이데올로기와 부계 전승 제사와 일부다처제의 실행으로, 그
리고 약간의 마을 지도자적 역할을 통하여 최소한의 자치권을 유지
해가고 있다. 공식적 질서의 중심은 남성이며 사회 구조는 남성을 보
호하는 쪽으로 치우쳐 있다.

반면에 여성들은 자기네의 활동에 대한 관리권, 즉 경제권을 가질
뿐 아니라 모중심적 가족을 이룸으로써 스스로의 자치권을 지키고
있다. 더구나 이들이 심리적으로 매우 안정되어 있고, 성격적인 면에
서 자주 독립적이며 자신감과 성취감에 차 있음을 볼 때, 현실의 주
인으로서의 위치를 엿보게 된다.

양편 비우세의 사회는 남녀에게 기회 균등이 이루어지는 평등의
사회는 아니다. 남녀 불평등의 사회인 점에서 세계에 편재한 대부분
의 남성 중심의 사회와 비슷하나, 남성 지배적이 아닌 점에서 특이하
다. 이는 남녀의 세계가 분리되어 있으나 두 세계가 최소한의 자치권
을 가진다는 점에서, 남성 지배적 사회와는 본질적으로 다르다. 용마
을의 양편 비우세적 특성은 남녀가 각기 따로 소유하고 있는 가치관
의 공존에서 뚜렷이 나타나고 있다.

아드너 Ardener(1975)는 인간 사회의 불평등의 근본은 한 집단에
의해 산출된 가치관의 위력에 있다고 했다. 그에 의하면 지배 집단의
가치관은 "종속적 집단들이 가진 그들 나름의 세계관의 자유로운 표
현을 저해하고, 때로는 그들 나름의 세계관을 형성하는 것조차 억제
한다"는 것이다. 즉, 지배 관계는 가치관의 지배 관계로 확대된다는
사실을 분명히하고 있다.

용마을에서는 여성들의 가치관이 억압되어 있지 않음은 분명하다.
이곳의 여성들은 남성 중심의 사회에서처럼 무언 *muted*의 집단을 이

루지 않는다. 남성 우위의 이데올로기가 존속하나 여성들에 의해 생성된 가치관 — '여성적 가치관' — 역시 이 마을의 생활을 이끌어 가는 데 주도적 역할을 하고 있다.

여성들의 활동의 근본 원칙인 평등주의가 이 사회의 일상적 인간 관계의 지배적 원칙이며, 이는 이들의 언어에도 반영되고 있다. 또한 이곳 주민의 성격적 특징으로 흔히 묘사되는 "근면하고 정직하다"는 특징은 바로 이곳 여성들의 특징이다. 이러한 점을 미루어보아 해녀 사회의 여성은 스트라슨 Strathern(1976)이 남성 지배적 사회의 특징이라고 말한 여성 문화의 부분 문화화와는 거리가 멀다. 해녀 사회의 여성들은 오히려 남성 문화의 부분 문화화를 초래할 정도로 현실 생활에서 이 사회의 중심이 되어오고 있음을 보게 된다.[9]

용마을의 사례 연구가 남녀 관계 연구에 있어서 중요한 이유는 바로 이 '여성적 가치관'이 '남성적 가치관'에 의해 지배당하지 않고 있다는 점이다. 용마을의 경우, 남성적 가치관은 위신을 중시하고 권위주의적이며 또한 낭비·쾌락주의적인 반면 여성적 가치관은 능력 위주로 자주성과 실제성을 강조하고 있다. 이 두 가치관은 매우 상반된 성질의 것이나 서로의 우세를 견제하며 공존하고 있는데 이는 양편 비우세적인 용마을의 남녀 관계를 증명해주고 있는 것이다.

양편 비우세 사회는 기회 균등이 이루어지는 남녀 평등의 사회는 아니며 엄격한 성 역할 규범과 공공/가정의 구분에 있어 세계에 편재한 대부분의 남성 중심 사회와 근본적으로 같은 구조를 지닌다. 그러나 특수한 당시의 현실적 여건에 의해 사실상 남성 지배가 크게 견제

---

9) Strathern은 남성 지배적 사회의 여성은 그 사회의 한 소수 그룹으로 존재하며, 그들의 세계관은 부분 문화 *sub-culture*로서 전 문화에 영향을 미치지 않고 있음을 지적하였다. 기존의 인류학 방법론은 이렇게 격식을 차리지 않은 비공식적인 *informal*, 또한 전혀 '사회적' — 남성 중심적 사고에 의해 정의된 바의 — 행동처럼 보이지 않는 여성의 문화를 연구하는 데 부적당하지 않으냐는 문제가 제기되었다.

되고 있다는 점에서 매우 특이한 구조를 보이고 있는 것이다. 이후 1984년부터 1987년에 걸친 재방문 연구를 통하여 나는 놀라운 변화와 연속성을 확인하였으므로 그 변화 과정을 논의코자 한다.

3. 1986년 현재 용마을의 민족지

1986년 4월 1일자로 용마을이 속한 섬은 리(里)에서 면(面)으로 승격하였다. 낙도 개발의 표본으로 대통령령(제10050호)에 의한 승격이었다.[10] 1987년 방문시에 이 섬에는 1억 4천만 원을 들인 현대적 건물의 면사무소가 완공되어 있었다. 실제로는 이웃 면의 사무소를 지을 비용으로 책정되어 있었는데 이웃의 두 개 면에서 서로 짓겠다고 치열하게 싸우면서 타협을 보지 못했기 때문에 난처해진 행정부는 그 건축비를 이곳에 주어버렸다고 한다.

1986년 4월 1일 현재 면의 총 인구는 3,283명(남 1,531; 여 1,752)이며 가구 수는 687가구로 10년 전과 비교하여 큰 변동이 없었다. 가구당 연평균 소득은 6,430,000원이며 전화 보급률 62%, 신문 보급률 45%, TV 보급률 92%, 냉장고 보급률 44%로 TV 보급률이 10% 미만이었던 10년 전에 비하여 문화 시설은 크게 확충되었다. 새마을 보일러 설치와 부엌 개선, 그리고 전기밥솥 사용 등으로 가정 살림은 매우 편리해졌고 컬러 텔레비전이 거의 모든 가구의 소지품이 되고 있음이 주목되었다. $6.8km^2$ 크기의 이 섬에 마이크로버스 3대가 들어왔고 중앙으로 통하는 도로가 포장되어 있었다. 특히 70여 대의 모터사이클이 있었는데 "어지간한 남자는 다 갖고 있다"고 한 해녀는 대답했다. 모터사이클은 한 대에 70만 원에서 100만 원 가량이며, 한 달

---

10) 『면정보고(面政報告)』, 1987 참조.

유지비가 2만 원 정도 든다. 모터사이클로 인하여 남성들은 매우 기동성 있게 섬을 누비고 다녔으며, 아직 여성이 모터사이클을 타고 있지는 않았다.[11] 만 5세 이상의 어린이들은 거의 다 유치원에 다니고 있었으며, 중학 졸업 후에는 대부분이 고교에 진학하는 것도 10년 전과 크게 대비를 이루는 변화였다. 대신 해녀의 수는 줄고 있었는데, 이 점이 마을의 변화에 시사하는 바가 크다.

해녀의 수가 급격히 감소되고 있는 현상은 제주 전체 통계를 보면 매우 분명하게 나타난다. 김범국(김영돈 외, 1986: 147~48)의 연구에 따르면 1974년 이래로 해녀의 절대수는 감소되고 있다. 1983년 현재 공식적 제주 해녀 수는 7,885명(여자 인구의 3.2%)으로 1970년의 23,930명(여자 인구의 12.6%)의 33%에 불과하다. 이러한 급격한 감소 추세는 연령별로 살펴볼 때 더욱 현저하게 나타나는데, 현재 50세 이상의 연령층이 28.6%인 데 비해 14~19세 연령층은 1.2%, 20~29세 연령층도 9%에 불과하다. 40세 이상의 해녀가 전 해녀의 2/3임을 볼 때 해녀 충원이 쉽지 않을 것을 알게 된다(김범국, 1986: 161).

용마을이 속해 있는 단위면의 경우, 바다가 좋고 시에서 멀리 떨어져 있는 지리적 조건으로 잠수업이 성행함에도 불구하고 1973년 공식 통계로 해녀 수는 896명이었는데 1986년에는 610명으로 줄었다. 그리고 40세 이상의 연령층이 전체의 2/3를 차지하고 있어서 조만간 대가 끊길 직업임을 명시하고 있다.

용마을이 지난 10여 년간의 성 역할과 관련된 사회 변동은 크게 다음의 몇 가지 지표로 요약될 수 있는데, 첫째로는 여성의 고학력화 현상, 두번째로 어촌계 주도적 해녀업, 세번째로 공동체의 붕괴 현상, 네번째로 신전통주의적 현상이다. 이 네 가지 주제를 중심으로 변동 과정을 구체적으로 살펴보자.

---

11) 이웃 면의 경우 화장품 장사를 하는 여성 한 명이 오토바이를 탄다고 한다.

I. 여성의 고학력화와 해녀 기피 현상

먼저 여성들의 고교 진학이 일반화된 현상에 주목해보자. 1976년 당시 대다수의 남자는 타지역에까지 나가서 고교 진학을 한 반면, 여자는 거의가 이 지방에 있는 중학교를 졸업한 후에는 해녀가 되었다. 물질 수입이 좋았으므로 남자 형제의 학비 충당과 새집 짓기(초가를 뜯고 슬레이트 지붕에 빗물을 저장하는 탱크를 설치한 개량집을 지음)가 한창 유행이었다. "딸 셋이면 한 해에 밭 한 떼기씩 사들인다"거나 "딸을 낳으면 돼지를 잡아서 잔치하고 사내애를 낳으면 엉덩이를 발로 박찬다"는 말은 이 당시 실감나는 말이었다(김영돈 외, 1986: 230).

전통적으로 공적이고 의례적인 활동과 관련된 존재로 인지되어온 남성들이 제도 교육의 장(場)에 계속 남아 있는 것은 매우 자연스러운 현상이었다. 학비를 대는 부모나 누이측에서도 학교를 마친 후에 꼭 취직을 하여 돈을 벌어오지 않더라도 크게 실망하지 않았다. 실제로 당시에는 고교를 졸업한 남성에게 마땅한 직장이 드물었으며 반면에 농사와 해녀 수입으로 생계 유지와 자녀 교육비 충당이 용이했던 것이다. 동시에 남자들이 '생계 부양자'이어야 한다는 생각은 이들의 토착적 사고와는 거리가 먼 것이었으며, 실제로 남자가 직장을 갖는 데는 사회적 위세와 심리적 만족이 더 크게 작용하였다. 그러나 지난 5~10년간의 경제 사회적 변화는 이 마을의 생활 유형을 급격히 바꾸어놓았고, 특히 딸들의 고등학교 진학을 가능하게 함으로써 변화는 본격화되고 있다.

용마을이 속해 있는 면(용면이라 부르겠다)의 경우 〈표-1〉에서 보듯이, 남자 국민학교 첫 입학생이 1919년에 배출되었고, 중학 입학 1호는 1942년, 고교 1호는 1950년, 대학 1호는 1970년에 배출되었다. 진학 추세를 보면 대략 1호가 생긴 지 10여 년 후에 대다수가 진학을

<표-1>　　　　　　　　　　용면의 남녀 진학 추세

	남	여
국민학교 1호	1919	1936
중학교 1호	1942 (제주중)	1954 (용면 중개교)
보편화		1971
고등학교 1호	1950 (수고, 부산)	1965 (제주시)
보편화	1960	1980 (산업체 고교 포함)
대학교 1호	1970 (제주대, 부산, 서울) (1980 이후 고졸의 1/3 정도로 추가)	

하게 되는 편이며, 남녀를 대비시켜 보면 남자가 대다수가 되면 여성 1호가 생기고(특히 중·고의 경우가 그러하다) 10여 년 후에는 여학생도 대다수가 그 수준의 학력을 갖게 된다. 최근에 들어와서는 거의 100%가 고교 진학을 하게 되었는데 경제적으로 어려운 여학생의 경우는 월급을 받고 일하면서 학교에 다닐 수 있게 제도화되어 있는 육지 공장에 취직하여 산업체 야간고등학교를 다닌다. 실제로 벌이와 노동 조건을 따지면, 집에 머물면서 월 20만 원 내지 40만 원 수입을 올릴 수 있는 물질을 하는 것이 7만 5천 원 내지 14만 원을 받으며 11시간을 나쁜 근로 조건에서 일하는 것보다 월등히 낫지만,[12] 이제 대다수의 여성들은 ─ 10여 세에 여가장이 되어 집에서 동생들을 돌보아야 하는 경우를 제외하면 ─ 중학을 마치면 집을 떠나 도시로 진학하여 고교 졸업 후에 시나 육지에 나가 직장 생활을 하고 싶어한다.

딸을 타지방에 자취시키며 고교를 보내게 되는 배경에는 경제적으로 여유가 생긴 때문이기도 하지만, 또한 대중 매체의 영향과 도시에

---

12) 마을에는 부산의 신발 공장에 갔다가 직업병이 나서 도로 돌아온 여학생이 있었다. 7년 전에 혼자 된 4명의 딸을 둔 어머니로서 도저히 이 큰딸을 인문고교에 진학시킬 경제력이 없었다. 이 딸은 현재 장학생으로 수산고등학교에 다니고 있고 어머니는 여러 가지로 무리를 하고 있다.

의 잦은 왕래가 중요하게 작용했음을 알 수 있다. 이 마을에 처음 텔레비전이 들어온 것은 1975년 무렵이었다. 1976년 현지 조사 당시만 해도 한 마을에 서너 대가 있을 뿐이어서 밤이면 그 집에 옹기종기 모여서 텔레비전을 보았다. 그때 한 할머니는 "어제 죽었던 사람이 오늘 또 나타났다"고 해서 웃음거리가 되었었다. 그러나 이제 텔레비전은 마을의 남녀노소 모두를 위한 사회화의 기제이자 오락의 주요 원천이 되고 있다. 텔레비전을 통해서 해녀들은 다른 곳의 삶에 대해 알게 되고, '깨끗하게 집에 앉아서 사는' 여자들의 '현대적 삶'을 선호하게 되었다. 그리고 자신들의 직업이 '원시적'이고 '노동일 뿐'이라고 배우며 잠수업이 일반적으로 매우 천하게 또는 기이하게 여겨지고 있다는 것을 알게 된다.[13]

텔레비전 프로그램은 거의가 중앙에서 만든 것이고, 지방에서 만들어진 프로그램은 어린이 퀴즈 등을 제외하면 일주일에 한 번 방영하는 한 시간짜리 '살기 좋은 삼다도' '월요 스튜디오' 등의 프로그램 한두 편인데, 그것도 대개 아침 일찍 방영하기 때문에 밭에 나가 있는 대다수의 농어촌 주민은 잘 알지 못하며 또 알아도 보지 못한다고 한다. 또한, 지방에서 만든 프로그램이라 하더라도 그 내용이 중앙의 것을 모방한 것이 대부분이어서 지방 주민에게 절실한 것들이 아닐 경우가 대부분이라고 한다. 지방 뉴스조차 중앙의 홍보 기능을 주로 할 뿐, 민의를 수렴하는 역할을 하지 못하고 있다. 예를 들어, "정부에서 바나나를 수입하니 되도록 재배하지 말라"는 식의 홍보이지 지방 경제 차원에서 바나나 수입 자체에 대한 논의는 전혀 없다는 것이다.

그나마 타지방과의 접촉이 많지 않고 자기들끼리 모여 지냈을 때

---

13) 실제로 TV 방송국에서는 이 섬을 여러 번 취재하여 방영하였으나, 섬 생활을 드라마틱하게 구성하느라고 과장하고 왜곡시켜서 섬 주민을 크게 분개시킨 일이 있었다.

에는 육지인이 가진 해녀에 대한 편견도 그들 자신의 삶과는 무관했
었다. 그러나, 이제 육지에 있는 자식들을 방문하면서 해녀라는 직업
이 어떻게 인지되는지를 피부로 느끼게 되었으며, 자신이 쓰는 사투
리에 대해서도 크게 부끄러워하게 되었다(대부분의 남성들은 연령 고
하를 막론하고 학교를 다녔으므로 표준말을 사용할 줄 안다).

1985년 당시 마을에는 여자 두 명(남자 세 명)이 대학에 다니러 제
주시에 가 있었고, 그 외 미혼 고졸 여성들도 간호보조원 · 사원 · 점
원 등으로 제주시나 육지에 일하러 가고 없었다. 이들은 여전히 경제
적으로 집안에 보탬을 주나 액수에 있어서 전과 같지 않으며 어머니
들은 외로워했다. 그러나 이러한 현상에 관해 묻자 어머니들은 단호
하게 답했다. "그 애는 고등학교를 졸업했는데 이제 그에 맞는 직장
을 잡아야지. 물질은 나로 끝이야."

결국, 딸들이 고교 진학을 하게 되면 주부는 딸의 진학을 위한 학
비를 마련함과 동시에, 그 딸이 더 이상 잠수를 하지 않음으로 해서
오는 경제적 감소를 감수해야 한다. 물론, 고교 진학 후에도 잠수를
잘하는 고교생은 자신의 학비를 방학과 여가를 이용해서 벌 수 있다.
그러나, 고교 진학시 대개 딸들은 마을을 떠나므로, 주부는 과중한
노동에 시달리게 되게 마련이다.

일손이 절대적으로 부족하여 노년층 남성들의 농사 참여 정도가
높아지는 추세이며, 이에 따라 성 역할 구분은 모호해지고, 수입에
대한 남성의 권리 주장은 증가하는 경향을 보인다. 이는 상징적으로
모터사이클을 탄 기동성 있는 남성상으로의 변화와도 통한다. 남자
들은 아직도 여자들이 너무 세다고 불평을 하며, 특히 "친목회원 모
임들(외동며느리 모임, 동갑계 등)끼리 편을 먹어서, 남편의 형제간
화목이 우선인데 친척을 제쳐놓고 저희끼리 모여 마음대로 하는 것"
이 큰 불만이라고 한다. 그러나 예전에 비해 남성의 경제적 · 사회적
발언권은 확실히 커져가고 있으며, 여성의 자주성은 감소되고 있음

이 분명하다.

II. 어촌계를 중심으로 한 남성주의적 경향

최근 10~15년 이래 해녀 작업은 기구 사용면에서나 고무잠수복을 입는 면에서 많이 근대화되었으나 실제로 일 자체로 볼 때 별로 즐겁지 못한 노동이 되고 있다. 우선 고무 잠수복을 입은 후부터 실제 노동 시간이 길어졌고, 쉬지 않고 일함으로 해서 몸에 무리가 가게 되었다. 하루 물질에 소요되는 시간은 대개 작업 장소까지 가고 옷 갈아입는 시간을 포함하여 3~5시간이지만, 예전처럼 휴식 시간이 없이 깊이 계속 잠수하기 때문에 수압에 따른 두통, 불규칙한 식사로 인한 위장병이 많아졌고, 이를 치료하기 위한 약물 과다 복용으로 건강을 해치는 경우가 늘어나고 있다. 해녀의 건강과 바닷물건의 소멸을 막자는 이유에서 최근에는 어촌계[14] 지시에 따라 8일간 일하고 6일 쉬는 방식을 취하고 있다. 해녀들은 일하게 되어 있는 기간에 폭풍주의보가 내려 일을 못하게 되면 애들 차비라도 벌고 싶은데 못 벌어 "파도에 드러눕고 싶을 정도로" 속이 상하고, 입어(入漁)를 금하는 날에 날씨가 좋으면 가고 싶어 안절부절못한다고 한다.

한편, 양식을 하게 되면서 종래 마을 공동체적 바다는 양식장 관리 책임이 있는 어촌계 바다처럼 되어가고 있다. 비료를 뿌리고 가격 조정과 양식장의 감시를 위해 어촌계의 활동이 활성화되고 있는데 이것은 마을 해녀들의 자치권이 크게 축소되는 것을 의미한다. 작업 시간, 금지 구역, 금채와 채취의 시기는 획일적으로 어촌계나 어협당국에서 정하고 판매도 어촌계를 통해 공동으로 이루어지게 됨에 따라 점점 어로 활동이 어촌계의 지시를 기다리고 따르며 감독을 받는 식

---

14) 용면 어촌계는 1962년 12월 9일에 수협법에 의거하여 제주시 어업 협동조합 산하 어촌계로 설립되었고 1979년 4월 13일부터 수협중앙회의 인가로 상호금융 업무를 개시하였다.

으로 변해가고 있는 것이다.

1976년 당시만 해도 입어를 포함한 어촌계 주요 안건은 해녀들이 옷 갈아입으면서 금남의 지역인 '불턱'에 모여서 함께 의논을 했고, 또 반영이 되었었다. 당시 어촌계 직원은 네 명뿐이었으며, 부인회(해녀회) 회장이 대표로서 중요한 역할을 담당했었다. 해녀들이 지나치게 바닷물건을 캐내는 것을 막기 위한 감시 기능은 마을청년회 회원들이 부인회로부터 보수를 받고 수행했었으며, 이 역할 역시 부인회가 의논하여 조정해나갔었다. 그리고 개인 판매도 어느 정도 가능했었다. 그러나 이제 바닷물건은 농수산부 산하 수산청이나 수협에서 일본의 시세 등을 알아서 국제 입찰을 하고 있으므로 개인은 임의 판매권을 갖지 못한다. 개인적 판매를 할 때는 마치 밀수를 하는 듯이 하여야 한다. 종래 양질의 천연산 미역을 생산해온 이 지역은 최근 수산 정책에 따른 미역 양식 때문에 오히려 판로를 잃고 있다. 그렇다고 수산청에서 해녀업을 위협하는 잠수기선을 제대로 통제하지도 못하고 있으므로, 실제 협동조합을 통한 혜택이 무엇인지 주민들이 회의를 갖는 것은 당연한 현상이라 하겠다.

관료화의 측면에서 볼 때, 현재 용면의 어촌계원 해녀는 10년 전 인원에 비해 크게 줄었으나 어촌계 직원은 크게 늘어난 점이 주목된다. 1976년에 4명(남자 3명, 여자 1명)이던 것이 1987년에는 수협 상호금융 업무 담당자를 포함하여 직원이 10명(남자 8명, 여자 2명)으로 늘어났다. 어촌계 직원이 늘어남에 따라 해녀의 목소리는 점차 적어지고 있으며, 양식장 등 공동체 사업은 점점 더 어촌계 직원과 마을 남성 지도자의 주도로 이루어지게 되는 경향을 보인다.

어촌계 직원과 어촌계 감독권을 위임받은 동장 중심으로 바다 관리가 이루어지면서 바다 활동의 분위기가 어떻게 달라졌는지 살펴보자. 작년까지만 해도 금채기에 톳이나 천초를 채취하는 것을 감시하기 위하여 윗마을과 아랫마을 조를 나누어 동네 어른이 조장을 하였는데, 감시가 잘 안 되자 나이든 분에게 시키기가 어렵다고 하여 올해부터 동장이 조장을 임명하고 일 년에 25만 원을 수고비로 주기로 하였다. 어른들은 서로 않겠다고 해서 시에서 새 아내를 따라 들어온 50대 남성과 군대에서 금방 제대하고 돌아온 한 청년이 이 일을 맡아 하게 되었다. 내가 현지에 내려간 날, 조장이 감시차 목에 망원경을 걸고 마침 물에 들지 않는 날이어서 고동을 잡으러 온 해녀들에게 고함을 지르고 있었다. 톳이나 천초 대신 공동으로 하는 감태를 모아 오라고 호령을 하고 있었는데, 워낙 군인처럼 (군화를 신고) 호령을 하니까 30대 아주머니가 빈정대며 소리질렀다. "거 목에 건 것이 무어꽈? 할망 찾으러 합디까?"

"부지런한 것이 병"인 해녀들은 물질 안하기로 되어 있는 날에는 고동이라도 잡으러 나가서 온통 바위를 뒤집어 엎어놓는다. 그러면 조합장·동장과 감시원들은 해초비료를 뿌려놓았는데 바위를 뒤엎어버렸다고 야단친다. 이러한 장면은 요즘 흔히 목격할 수 있는 장면이다.

실제로 바다에 대한 주인 의식이 희박해지면서 해녀들은 해마다 "자기 수입을 늘릴 생각만 하고 서로 불신하게" 되어 이런 고용 감시 제도가 생긴 것이라 한다. 예전에는 깊은 바다에 들지 못하는 은퇴한 할머니들로 하여금 금채 시기 조금 전에 천초를 하게 하여 생계비를 벌게 하였는데, 요즘에는 그것도 못하게 하고 있다. "할머니가 하니까 나도 한다는 식으로 젊은이도 하려고 드니까 사정없이 규칙을 정할 수밖에 없다"는 것이다. 이런 식으로 통제를 한다고 공표를 해도 아직 안면 때문에 원수될까봐 벌금(2만 원)을 물리는 제도가 제대로 실행되지 못하고 있으며, 이에 따라 주민들은 오히려 서로 극도로 신경을 곤두세우고 있어 상호 불신만 심화되고 있는 상황이다. 이웃 마을의 70여 세 난 노인은 천초를 못하게 하자 "넌 자식도 없냐?"고 야단치고 대통령에게까지 "생계를 위협당하고 있다"는 진정서를 써 보내어 "노인들도 하게 하라"는 답장을 받아내었다고 한다. 아주 최근까지만 해도 젊은 해녀들은 노인 해녀들에 대해 관대했고, 그들 자신이 곧 노인이 되리라는 것을 잘 알고 있었다. 또 얼마 전까지만 해도 전복을 먼저 본 사람과 그것을 따낸 사람은 서로 가지라고 싸웠는데, 이제는 문어 한 마리 갖고도 서로 자기 것이라고 싸우는 판이 되었다고 한다. 해녀들은 왜 이렇게 세상이 각박해졌는지 모르겠다고 심히 한탄하고 있었다. 이들은 최근 이웃 마을과 바닷싸움이 많아 더 이기적으로 되는 것 같다고 말하고 있으나, 시실은 그보다 더 깊은 차원에서 공동체의 붕괴가 그 원인이 되고 있다. 공동체의 단절을 보고 있는 해녀들은 곧 이곳을 떠나버릴 자식들을 공부시키고 자신이 사는 동안까지의 바다 보존만을 생각하지, 예전처럼 대대로 물려줄 바다에 대한 생각은 하지 못하고 있는 것이다. 해녀들은 그들 나름대로 갖고 있었던 약간의 긍지마저 잃어버렸으며 자신들이 해녀의 마지막 세대이며, 그 후 "바다는 그냥 내버려질 것"이라면서 자포자기해 있었다.

나는 해녀들이 노동의 주체로서 자신들이 활동을 주도해가는 데 반드시 필요했던 모임이 크게 축소될 수밖에 없었던 또 다른 요인을 다른 마을을 통하여 발견하였다. 그것은 더욱 바빠지고 노동이 과중해진 상황 자체와 관련이 된다. 해녀들이 옷을 갈아입는 '불턱'은 금남의 지역이며, 어린 잠수부들을 가르치고 생활 정보를 교환하며 마을내 싸움을 중재하고 물질 활동에 대한 의견을 교환하는 곳이다. 이들은 느긋하게 앉아 옷을 갈아입으며 예사로 한 시간씩을 함께 토론하며 보내었던 편이다. 그러나, 이제 딸들은 떠나 물질을 가르칠 아이도 없고 해녀들은 제각기 바빠서 불턱은 활기를 잃었다. 한두어 명의 30대 초반의 해녀들은 "벗이 없어 물질 못하겠다"고 고령화되어가는 불턱에 앉아 한탄했다.

특히, 탈의장이 생긴 마을의 경우[15] 어촌계 직원 등 남성들 출입이 가능해지고 해녀들은 옷을 각자 빨리 갈아입고 물에 들게 된다. 온수 샤워 시설 관리도 마을 지도자나 어촌계와 관련된 중개인 남자가 하므로 남자들이 그곳에서 서성이게 되고, 따라서 사사건건 간섭을 하는 경향이 생긴다. 즉, 종래의 해녀들의 여성만의 회의 장소인 '불턱'의 기능과 의미가 크게 상실되고, 그 자체가 없어질 위기에 처한 것이다.

내쉬(1985: 157)가 제3세계 국가와 여성에 관한 논문에서 밝혔듯이, 대부분의 개발 사업은 남성들을 그 중개인으로 한다. 여성들은 지배 문화의 기능을 습득할 기회를 갖지 못했기 때문에 점차 참여가 제한된다. 고등 교육의 기회나 군대 등 조직 생활의 경험들을 갖지 못할 뿐 아니라, 지배 문화의 기능을 습득하여 그들이 속한 공동체내에서 지위가 오를 수 있는 여성 부문이 이곳에는 없기 때문에 점점 더 여성은 주변화되고 있는 것이다.

아직도 단합력이 있는 해녀들은 바다가 오염되었을 때 단합하여 항의 데모를 하곤 한다.[16] 그러나 이 일은 강력한 관계 당국의 조직에 의해 무마되지, 해녀들이 뜻대로 합의를 보지는 못한다.

---

15) 탈의장 설치로 인하여 여성들의 토론이 줄어들었다는 점은 해녀들을 4, 5년간 계속 인터뷰하며 그들의 삶을 주제로 소설을 써온 한림화의 관찰에 의한 것이다. 용마을의 경우, 탈의장 지을 보조비가 관에서 나오기로 되어 있었으나 보조를 받아도 50%인 300여 만 원이 필요했으므로 의논 끝에 100만 원만 들여 샤워는 없이 자체내에서 조그맣게 탈의장 겸 창고만 지었다. 보조비가 유용하게 쓰여질 용도가 지역에 따라 다른데도 불구하고 일괄적으로 행정 당국에서 지시를 내리는 것에 대해 주민들은 매우 못마땅해하였다.

16) 서귀포시 법환동에서 1986년에 해녀 데모 사건이 있었다. '하수종말처리장'의 폐수가 잠수어장으로 흘러들어 해산물이 급격히(특히 소라의 폐사율이 높아짐) 감소된다고 해녀들이 항의, 데모로 발전하였다(현재 이 마을에 들어가 이 사건에 관련된 인물을 인터뷰하고자 시도해도 모두들 하나같이 침묵을 지키고 있다).

이미 바다에 대한 소유 개념에서 보았듯이 주인 의식과 마을 공동체 의식은 급격히 사라지고 있다. 장기적 안목으로 바다를 지키려는 노력도, 60세를 넘은 할머니의 생계 활동을 위해 '할망바다'를 마련해주던 공동체적 배려도 점차 없어지고 대신 늘어나는 것은 상업주의와 관 주도적 모임들이다. 마을의 젊은 유지들은 동회 · 청년회 · 부녀회 · 해녀회 · 청소년회 · 대의원회 · 작목반 등 모임 참여들로 분주하다. 마을은 "남에게 보여주기 위한" 것이 되어가고 있고, 지역 지도자들은 관광객 유치 등을 통해 새로운 재원을 확보해볼 욕심으로 더욱 겉치레에 열을 올리고 있다. 이에 따라 주민들은 자신의 생활 방식에 대한 열등감을 더욱 심하게 갖게 되고, 잦은 마을내 부역에 동원되면서 상호 불화가 커지고 있음을 보게 된다. 단적인 예를 들어보자.

면직원의 아내는 묻지도 않은 내게 대뜸 마을의 돼지변소가 무척 부끄럽다면서 빨리 개량이 되어야 할 거라고 말했다. 제주도의 변소는 주지하다시피 인분을 돼지가 먹고 돼지의 분뇨는 짚과 한데 섞여 거름으로 사용되는 상당히 '과학적인' 재생산 사이클을 갖고 있다. 이렇듯 현지에 적합한 변소를 외부에서 온 도지사를 비롯한 지방 관료들은 제주의 '미개함'을 드러내는 상징으로 여겨 없앨 것을 주장해 왔으며, 이에 덩달아 사대주의적 성향을 가진 엘리트 도민들도 변소 개량을 주장해왔다. 최근 10년내 변소 개량은 이미 90% 이상이 이루어졌고, 그 이후 현지에 맞지 않는 개량 변소의 문제점들이 여실히 드러나고 있다. 그럼에도 불구하고 하달식 행정은 나머지 10% 지역의 변소 개량에만 열을 올릴 뿐, 실상을 파악하려고 하지 않고 있다.

이제 거의 일반화되다시피 한 유아원과 제도 교육의 경우에도 중앙 집권화의 폐해가 그대로 드러나고 있다. 물일 · 밭일 · 집안일로 바쁜 이곳 여성들에게 유아원은 절대적으로 필요한 제도이다. 그러나 유아원의 프로그램이 이곳 실정에 맞지 않고 교사의 수는 절대적으로 부족하여, 아이들은 아이들대로 시달리고 어른은 어른대로 유아의 적응 문제로 걱정이 늘어간다. 동질 사회의 생리에 따라 이제 유아원에 가지 않는 아이는 못사는 집 아이가 되고, 육지판 유희를 서툴게 하는 손주는 똑똑지 못한 아이가 되어 할머니를 불안케 한다. 들판에서 신나게 뛰어놀다 잡혀온 아이는 '딸랑딸랑 으쓱으쓱' 유희를 잘못 따라 한다고 쥐어박는 할머니 앞에서 자존심이 상해 서럽게 울고, 점차 기가 죽어간다.

그렇다고 고집을 부려 유아원이나 유치원에 보내지 않을 수는 없다. 교사의 말에 따르면 어머니들이 일일이 붙어앉아 공부시키지 못하는 실정에서 유치원 과정도 없이 국민학교 1학년 교과서를 1년 만에 제대로 마치기는 어렵다는 것이다. 20여 명의 단출한 학급 규모이지만 선생님들은 따라오지 못하는 아이들을 위해 보충 수업을 해야 한다. 게다가 이곳 아이들은 표준말을 쓰라는 '강요'를 받는다. 1학년 아이들은 그래서 힉교에 가면 속이 편지 않고 많이 졸립다고 했다. 왜 제주말을 써서는 안 되는지에 대한 설명도 없이 이제껏 친숙하게 써오던 말을 뒷전으로 밀어내야 하면서 아이들은 자기 고장의 삶이 '표준'이 아니라는 생각을 갖게 되고, 그 공동체에 대해 거리를 갖기 시작하는 것이다.

3학년 사회 과목에서 고충은 더 커진다고 한다. 중앙 중심으로 편집된 교과서에다 자기 고장 밖을 나가보지 못한 아이들이라서 암기 위주로 공부할 수밖에 없으며, 그래서 3, 4학년 사회 생활 시험에서 최고 점수 70점이 나오기 힘들다고 한다. 집에 오면 아이들은 텔레비전에 붙어 앉아 '육지 구경'을 한다. 그 요지경 속이 자기가 사는 곳보다 나아 보여서 고향을 등질 꿈을 서서히 키워가는 것이다.

한편, 마을에서는 길 닦는 일, 물질 때의 단속 등으로 부락지도자들의 관여와 간섭이 한층 더 심해졌다. 일이 있는 날엔 아침부터 방송을 한다. "정해진 시간에 일할 장소에 나오지 않으면 벌금을 물리고, 1분이라도 늦으면 되돌려보내니 그리 아십시오"라는 동장의 위협적 목소리가 스피커로 여러 번 방송된다. 실제로 길 닦는 장소에 좀 늦게 도착하였다고 마을 남자들이 되돌아가라고 소리치자 한 해녀 할머니가 성가신 듯 나서며 말하셨다. "왜 이렇게 요새 가짜 부통령이 많아졌겨?"

부녀회를 조직했다기에 부인회(해녀회)가 이미 활발한데 구태여 부녀회가 또 생겨야 하느냐고 묻자 부인회장이 말했다. "부녀회는 리(里) 단위로 하는 거라. 위에서 누가 오면 차라도 탕 대접하고, 시나 육지에 교육도 가고, 위에서 하라는 것 하는 거라." '회'가 생기면 이점이 있다고 한다. "간부들에게 가는 의료보험, 자녀 장학금 혜택" 등이다. 이제까지 지방 행정이 지방 주민 전체에 대한 혜택보다 선출된 지방인 몇몇의 개인적 이익의 수준에 머물고 있음을 단적으로 표현해주는 말이다.

1970년 후반부터 국가에서는 굿을 미신이라 하여 공식적으로 억제하였다. 그러나 최근에 들어서 정책이 바뀌고 "전통 문화를 지키자"는 슬로건과 함께 심방이 문화재로 지정되면서 공식적으로 굿을 할 수 있게 되었다. 용마을의 경우 1974년도 이후 처음으로 1987년 3월 19일에 4명의 심방을 불러 굿을 하였다. 최근 소라가 많이 죽고 바닷물건이 옛날처럼 많지 않다고 해서 열린 잠수굿이었다. 이 잠수굿에서 공동체의 붕괴 양심과 그 요인을 여실히 관찰할 수 있었다.

오랫동안 굿을 하지 않았기 때문에 이 마을에는 단골 심방이 없고, 전 부인회장이 수소문한 결과 시에서 점을 잘 치기로 이름난 젊은 심방과 그와 연관을 맺고 있는 경 읽는 남자 스님, 전라도 출신 여자 심방 두 명이 초대되어 왔다. 아침에 처음 본풀이할 때부터 해녀들은 본풀이가 다르다고 불만을 드러내기 시작하였지만 워낙 오랜만에 하니까 다 잊어버렸고 "본풀이는 사람마다 다 다르다"는 한 사람의 설명에 수긍하고 불만을 풀었다. 심방들은 "너무 오랫동안 불러주지 않아서 용왕문이 안 열린다"고 호통을 치고 나서 공수를 내리기 시작했다. 공수 내용은 주로 한맺힌 조상이 나타나서 '자식덕'도 없고 '남편덕'도 없는 여자를 위로하는 것이었는데, 실제 해녀들이 기대한 것은 바다에 물건이 많이 나도록 용왕님께 비는 것과 마을 주민들이 너무 욕심내지 않고 서로 잘 협동하게 해달라는 의례였지 그런 가족 문제가 아니었다. 그러나 불려온 육지 무당은 제주 해녀를 육지의 부인들과 같이 취급하고 가족 위주의 공수를 한 것이었다. 젊은 무당이나 스님이 눈물을 흘리면서 "가슴이 답답하다. 네 팔자가 왜 그러냐? 우리 서러운 형님아" 하고 외쳐도 해녀들은 멀뚱히 구경만 하고 있었지 육지에서처럼 공감대를 형성하지 않았다. 그러나 점차 육지물을 먹은 심방과 무당이 이끄는 대로 굿은 개개 가족 성원의 운수나 보아주는 수준에서 무르익어갔다. 여자 아이 이름이 나오면 "밤길 조심하라," "남자 학생 때문에 넋나갈 일 있을 것이다"라는 당부, 남자 이름이 나오면 "26세 남자로 답답한 일 없을까마는 괜찮을 것이다," "지금 사업을 벌이면 안 되니 내년에 하라"는 당부가 주를 이루었다.

그나마 다른 마을에서 있었던 단골 심방의 굿에서는 공수 내용이 마을 전체에 관한 것이 많았다. 비록 "면장 이하, 기관장 이하, 동장·반장·새마을 지도자·청년회장·부인회장·부회장·총무·부락서기·수협서기……"로 시작되는 축원이 직책 중심이긴 했지만 자주 있었고, "봄 곡식은 섭섭지 않으나 가을 곡식은 좀 좋지 않다"는 등의 예측이 나왔다. "산불, 마을에 불나지 않게," "해수욕장에 사람 죽지 않게," "마을에 서로 때리면서 싸움이 날지 모르니 이장은 조심하고, 어촌계장은 해녀들이 각자 내 의견, 네 의견 내어 불만, 투정, 말 듣게 되더라도 말대답 말고 참아야 한다," "동동네 자손들, 서동네 자손들, 홍씨 자손, 김씨 자손들 다 막아줍서," "상불턱의 상잠수,

중불턱의 중잠수, 하불턱의 하잠수, 인정받져” 등의 내용이 주를 이루었다. 이는 개개의 사사로운 이익의 수준에서 사적 감정에만 호소하는 용마을에서 있었던 굿과는 대조를 이룬다. 이 마을은 국가에서 굿을 금지시켰을 때도 일 년에 두 번씩 굿을 해왔고 심방과 단골은 사제와 신도로서 깊은 연대감을 형성해온 터이기 때문에, 깨어져가는 공동체를 그나마 이런 의례를 통해서 묶어가고 있는 것으로 보인다. 용마을의 경우는 그런 의례가 없던 터에 더욱 개인 가정사 중심으로 몰고 간 굿을 통해 오히려 개개인만 잘살면 된다는 생각을 조장하여 공동체적 유대를 깨는 데 굿이 한몫을 한 셈이 되어버렸다.

공동체적 굿이 최근 크게 변질되는 요인으로는 큰 심방들이 인간문화재로 지정되면서 매스컴 타는 데만 신경을 쓰게 되었다는 점과 육지 무방들이 대거 이주해와서 싼 값에 굿을 하는 점을 들고 있다. 1987년 3월 제주시에서 행해진 칠머리당 굿은 문화재 지정과 관련하여 심방은 심방대로 카메라맨 위주로 ‘공연’하고, 이에 해녀들은 소외된 관객으로 남아 있었다. 해녀들은 예전처럼 심방들이 자기들의 기도를 공동으로 드려주는 사제의 역할도, 함께 놀아주는 놀이패 역할도 제대로 하지 않았다고 불평하였다. 그래서 각자 ‘소지’ 올리고 ‘지’ 싸는 일, 그리고 바다에서 씨뿌리는 일에만 관심을 보였다.

육지 무당의 경우는 위의 사례에서 본 것처럼 해녀 공동체의 기본적 성격을 파악하고 있지 못하므로 주관심이 가족 위주로 흐르게 된다. 공동체의 사제적 역할을 충실히 이행하는 편인 제주 단골 심방굿에 비해 육지굿은 그 자체가 가족 및 혈연 위주적인 성격이 짙은데다가 육지서 흘러들어온 심방 자신들이 떠돌이이기 때문에 더욱 공동체에 대한 인식을 찾아보기 힘들다. 이들은 부락굿에서 부적을 파는 등 집단적 종교 의례를 상품화하고 개인적 기복 신앙으로 만들어가므로 제주 문화를 육지적인 것으로 변질시키는 데 한몫을 담당하고 있다. 용마을의 해녀들은 이제 “어지간히 답답하지 않는 한” 공동의 굿을 하지 않을 것이며, 이에 따라 해녀 작업이 개인 욕심만 차리는 방향으로 나가는 것에 제동을 걸 기회는 더욱 희박해지고 있다.

IV. 신전통주의와 남성 지배의 강화

최근, 남성 독점적 영역인 족보에 대한 관심과 부락 의례가 다시 부활하여 전통적 남성 우월주의를 내세우고 있다는 점을 보아도 그 동안의 근대화가 남성 우위 이데올로기를 강화해왔을 뿐임을 알게 된다. 육지와의 접촉도 이루어져서 대동보까지 찾게 되어 족보에의 관심은 더욱 활성화되고 있다. 부계 친척 연계는 여전히 지방 정치의 주요 근간이 되고 있으며 생활의 주요 주제가 되고 있다. 딸만 있는 집에서는 아직도 아들 양자를 들이지 않으면 부모가 사망해도 공식 부고를 내지 못하고 비공식적으로만 연락을 취하도록 남자 친척들로부터 압력을 받는다고 한다. 여전히 제사는 극히 중요한 행사로서 남자 교사들은 태연히 제사 참석을 위해 조퇴를 하곤 한다. 또 경제적으로 여유가 생기면서 조상묘의 비석 세우는 것이 유행이 되어 비석 주문이 쇄도하여 몇 달씩 물건을 기다려야 할 판이라고 한다.

주목할 것은 남자들의 의례인 포제는 굿과는 달리 쉬임없이 치러져왔다는 점이다. 포제는 유교식 부락제로서 매 정월초 정(丁)일에 치러진다. 대략의 절차를 보면 8인의 제관을 뽑고 3일간 '깨끗한 집'에서 격리된 채 제관 교육을 마친 뒤 밤 0시에 지낸다. 어스름에 포제단으로 향하는데 이때는 미리 방송하여 모든 동네 사람들은 집에 들어가 자중해야 한다. 도착한 제관 대표단은 예행 연습 후 엄숙히 앉아서 0시가 될 때까지 기다렸다가 제를 지내고 탕을 끓여 먹고 돌아오게 된다. 마을의 존경받는 노인 중심으로 이루어지던 포제에 요즈음은 관인의 참여가 현저해져서 이장이나 새마을 지도자가 초헌을 하는 일이 흔해졌다고 한다. 용마을의 경우, 그 동안 포제를 주도해온 할아버지(70세)께서는 동네 남자들이 제관 집에 와서 엄숙한 분위기를 깨고 화투·윷 등으로 도박판을 벌여 30~40만 원씩 잃고는 가정 불화를 일으키는 일이 많아졌다고 몹시 분노하셨다. 할아버지께서는 그때가 '허가받은 도박'을 하는 때라면서 그런 것을 그만두지 않으면 이제 포제는 그만두어야 할 것이라고 하였다. 오히려 나이든 분들이 포제를 반대하는 데 바로 이유가 그런 것이라고 한다. 남성 우월을 지키고 공동체의 공식적 집단성을 표현해온 포제가 사라진다는 것은 공동체적 질서가 완전히 의미를 상실하였음을 드러내는 지표로 이해될 사건일 것이다. 그러나 포제는 앞으로도 줄기차게 지속될 것으로 보인다.

마을의 젊은 청년들은 학업과 군대로 외지에 가 있거나 전투경찰, 택시 운전기사, 기관 공무원, 무역선이나 원양어선을 타는 선원 등으로 마을을 떠나 있고, 대학 출신은 대개가 육지에 직장을 갖고 있다. 따라서 마을의 남성들은 상당히 고령화되어 있다. 남자 주민들이 모이면 정치 이야기를 자주 하지만 "이민우, 양 김씨 이야기로 시간을 보낼 뿐 마을 일이나 지방 언론에는 관심이 없다." 예전처럼 도박을 많이 하지 않는 대신 술집에 자주 가는 편이라고 한다. 감귤 재배 이후 수입이 불어나면서 술집이 급격히 불어났고 육지서 온 '싹싹한 아가씨'들의 서비스에 남자들이 빠져들어가 가정 파탄이 자주 일어난다는 것이다.

젊은 부부간에 오고간 아래의 대화는 시사하는 바가 있다. 남편이 옷을 좀 걸어달라고 하자 부엌에 있던 아내는 "바쁘다게. 무슨 안하던 짓을 함수까?" 하며 일손을 멈추지 않았다. 남편은 "술집이 왜 잘 되는지 알아? 옷 받아 걸어주고 고분고분 말 잘 듣고……" 하며 화를 낸다. 되도록 경제 활동은 적게 하고 의례 행사에 관심을 두며 여성과 거리를 두고 살아온 남성들이 경제 활동에 적극 참여하게 되면서 부부 상호 작용이 잦아지고, 남편은 대중 매체를 통해서 본 대로 남편으로서 서비스를 받아보고자 하는 것이다. 그러나 여성들은 일에 쫓기고, 또 그렇지 않더라도 애교를 부린다든가 남의 옷을 받아준다든가 하는 일 자체가 우습게 여겨지기 때문에 그렇게 하지 않는 것이며 이것이 불화의 꼬투리가 되고 있는 것이다.

젊은 층에서 성 역할 변화가 일어나고 있음은 사실이다. 젊은 남자들이 예전보다 책임 의식이 강해졌고 일도 열심히 하는 반면, 여자들은 남자 다룰 줄도 알고 애교도 부리며 몸치장에 신경을 많이 쓰는 편이다. 중앙으로부터의 지시에 따라 농촌 부녀자의 농기계 교육을 위해 여자들을 모아놓으니 여자들이 모여 배우지 않겠다고 하였다고 한다. 배우면 남자가 "'약쳐라, 경운기 몰아라' 하며 다하라 할 겻이니 아예 배우지 말자"고 의논하였다는 것이다. 이는 육지에서는 찾아보기 드문 경우이다. 젊은 여자 중에는 일부러 남자로 하여금 가정에 책임을 갖게 하기 위하여 바다에 들지 않고 집에서 밭농사만 하고 애만 돌보는 경우도 있다. 한 젊은 여자는 자기가 속수무책으로 앉아서 "아이 유치원 값이 없어서 이제 못 보내게 됐다"고 하니 일 않고 놀던 남자가 "유치원 보내라"고 하더니 막노동일을 하여 유치원비를 벌어왔다고 했다.

30대 중반에 든 마을 지도자는 남자가 의욕이 없고 바람나는 것은 절반이 여자 책임이라고 말하였다. 여자가 무심하고 상관을 안해주어서 그렇다는 것이다. 마음대로 풀어주니까 남자끼리 어울려 다니다가 술집도 가고 바람도 나고 도박도 한다는 것이다. "여자는 앙탈도 부리고 아양도 부리면서 남편에게 관심을 주고 또 끌어야 한다"고 주장했다. 반면 여자들은 "남자가 남자 구실을 안하면서 TV 보고는 그것 따라 남자 행세만 하려 든다"고 불만을 토로했다. 그러나 나이든 층에서는 그런 불만을 오래 생각해볼 겨를도 없이 바쁜 게 보통이다. 젊은 층에서는 남편을 남자 구실 하게 하고 TV에서처럼 오손도손 살고 싶어하는 여성들이 늘고 있으나 그들이 30대가 되어 아이들이 자라도 여전히 그럴지는 아직 분명치 않다. 여자는 "여자가 벌면 남자가 놀기 십상"이라고 생각하여 혼자 도맡아 일을 할 것이 아니라 맞벌이를 제대로 손발 맞추어 할 궁리를 하고 있으며 배운 남자들은 이제 "여자를 위해야 한다"는 생각을 조금씩 하기 시작한 것은 사실이다.

나는 여기서 머리글에서 제기한 몇 가지 근본적인 질문을 다시 던지고자 한다. 아들만 학교에 보냈던 시대와 비교하여 딸들도 대학까지 갈 수 있는 지금 여성들의 지위는 단연 높아졌는가? 현재는 혼란한 과도기일 뿐이며, 시간이 흐르면 자연 좋아질 것인가? 해녀 집단의 미래는 어떠하며, 그들 집단의 자치성 회복은 불가능한 것일까? 결국 최근 10여 년간의 변화, 특히 대중 매체의 보급과 고학력화, 그리고 관 주도의 거대 협동 조직 운영에 따른 경제 활동은 마을 공동체의 생활을 상당히 뿌리깊게 국가 체제로 편입시켰으며 여성의 노동 가치를 하락시킨 것으로 보인다. 그리고 여성의 지위에 대한 논의는 도시와 농촌간의 격차에 대한 논의 없이 이루어지기 힘들게 되었다.

근대화에 따라 농어촌이 급격히 피폐해간다는 면에서 이 마을은 육지의 어느 농어촌과 다름이 없다. 10여 년 전 육지의 농촌에서 들었던(여전히 들리는) 원성과 문제점들이 여기서도 그대로 드러나고, 또 토론되고 있다. 마을의 남성들은 자신의 공동체적 삶이 막바지에 달했다는 절망적 느낌을 갖고 있으며, 실정에 맞지 않는 농어촌 정책에 큰 불만을 갖고 있다. 여성들은 아직도 희망을 잃지 않고 적극적으로 일을 해나가는 편이지만 그들 자신의 표현대로 남녀 모두가 "농어촌 품팔이로 전락하는 판국"[17]에 그들의 마을내 지위에 대한 논의는 무의미하다.

---

17) 제주의 경우, 조만간 "대다수의 농민이 품팔이가 될 것"이라는 자조적 표현은 특히 제주 땅의 상당 부분이 서울 사람의 땅이라는 지적과 함께 사용되고 있다.

4. 제주 사회의 성 역할 구조의 변화

앞 부분에서는 근대화 과정을 통하여 해녀 마을의 경제 활동의 양상과 가족 관계, 그리고 공동체적 유대가 급격히 변화되는 것을 살펴보았다. 마을이 경제·사회·문화적으로 국가 체계 속에 밀접하게 연결되고 종속되어가며 특히 젊은 세대가 대거 전출함에 따라 성 역할 구조에 커다란 변형이 일어나고 있지만, 이 마을에 국한된 자료로서는 그 본질적 변화의 모습을 파악하기가 어렵다. 따라서 이 마을에서 자란 세대가 자리잡아가고 있는 도시를 포함한 차원에서 성 역할 구조의 변형 양태를 거시적으로 구성해보려고 한다.

제주의 사회 변동 과정은 1970년대를 기점으로 질적인 차이를 나타내는 세 단계로 나누어볼 수 있다. 이 구분은 성 역할 구조와 관련된 경제·사회 구조 및 문화 체계상의 변화를 토대로 추론된 것이며, 그 첫 단계는 시기적으로 대략 소선조말에서 20세기 초반에 이르는 기간으로 한정된다. 이 시기의 성별 분업은 "공식적 의례 세계와 일상 세계의 대비"라는 특성으로 나타난다. 두번째 단계에서는 화폐 수입이 늘어나면서 부상된 여성의 경제력과 남성 주도적 의례 생활의 약화에 따른 남녀 양편 비우세적 성격이 두드러진다. 20세기 초반부터 내가 처음 현지 조사를 한 때까지의 시기가 이에 포함된다. 세번째 단계는 1970년대 이후 국가 주도적 개발 정책에 의한 체계적 변화가 일어난 시기로 "공공 영역의 확대와 비공식적/사적 영역의 종속"이라는 특성을 드러낸다. 이를 정리하면 〈표-2〉에서와 같이 요약될 수 있다.

I. 첫번째 전이 과정: 전통적 가부장제에서 양편 비우세 사회로

제주 사회는 적어도 일제 때부터 경제적으로는 전통적 생계 경제

에서 제국주의적 자본주의 제국주의적 경제 체제로, 사회적으로는
전통적 농민 사회에서 근대 국가 체제로 편입되어왔다. 일제 시대에
제주도는 일본의 대륙 침략의 요새로 이용되었고, 이에 따라 군용 도
로와 항만 시설이 만들어졌다. 또한 많은 수의 도민들이 일본으로 건
너갔으며, 이 당시의 이주로 인해 형성된 재일교포 집단이 제주 문화
에 미치는 영향은 아직도 상당하다. 이 점은 나중에 다시 언급이 될
것이다.

〈표-2〉　　　　　　제주 해녀 사회의 성 역할 구조의 변화

역사적 시기	성 역할 변형과 관련된 사회 구조상의 특징	일상 생활 문화(상징 체계상)의 특징
1700~1900	경제: 여성 농업 체계 정치: 전통적 농민 사회; 육지 중심의 행정권과 섬 중심의 민중권으로 분리 사회: 귀속적 신분의 사회이나 육지와 비교하여 자율성·평등성이 존중됨(핵가족적 특징, 재혼이 용이함)	—공식적 의례 세계 *sacred*와 일상 세계 *profane*의 대비 1) 남성은 제사를 지내는 제관이며 부계적 혈통을 중심으로 공적 정체성을 이어가는 반면 여성은 경제 산출자로서의 주임무를 담당 2) 이데올로기적 지배 및 귀속적 신분 사회라는 점에서 남성 세계의 우월 인정
1900~1970	경제: 식민 자본주의 체제에 편입; 현금 작물의 도입과 이에 따른 화폐 수입 증가, 고학력 인력을 자체적으로 소화할 수 없음 정치: 근대 국가로의 편입 1) 근대적 교육 제도 보급 2) 행정 관료화; 미신 타파, 의례	—경제력의 부상과 의례 생활의 약화에 따른 '양편 비우세' 1) 국가 시책으로 제사의 중요성의 감소: 전통적 의례 영역 및 공적 정체성의 비중 감소 2) 여성의 현금 수입 증가로 아들은 고교 교육, 딸은 중등 교육 받는 것이 평균화됨—중졸의

	간소화 등 국가 시책 하달 3) 의무적 군복무를 통한 남성의 근대성 습득 사회: 1) 점진적 도시화 2) 라디오 보급 3) 교통편 개선; 일시적 이동 잦아짐(남성은 군복무·유학·사업 등으로, 여성은 잠수업 등으로 육지 여행이 증가)	딸은 잠수업에 계속 종사하여 수입 올림—여성 중심 및 모 중심적 성격이 강화 3) 남성들의 높은 학력과 높은 실업률 —교육은 실용적 가치보다 의례적 가치를 지님; 남성은 '교육' 및 '도시적 세련'과 관련된 '근대적' 존재로 인지됨
1970~	경제: 국가 경제의 팽창에 따른 지방 경제의 종속, 특수 기온에 적합한 현금 작물 재배 및 낙농 위주의 농촌 경제와 관광 중심의 국가 주도적 3차 산업의 이부화 정치: 경제 성장 위주의 일방적 판료 통세 사회: 1) 고등 교육과 TV 위주의 대중 매체를 통한 급속한 문화적 동화 2) 제주내 취업난 및 국가 전체의 도시화와 교통 편리에 따른 직업상의 영구적 이동 3) 획득적 신분을 토대로 한 조직 사회로의 본격적 이행 4) 정책적·자생적인 복고주의와 신전통주의의 대두 (유교적 의례와 족보에 대	—경제력을 바탕으로 한 명실상부한 남성 지배 체제로의 이행 1) 1차산업 영역의 축소 (1) 농촌 주부의 노동; 고교 진학하는 딸의 도움을 기대하지 못하는 한편 그들의 학비 마련을 위한 과중한 노동력 투어 (2) 절대적 일손 부족으로 노년층 남성들의 농사 참여 증가와 이에 따른 남성의 권한 확대 2) 공공 영역의 확대와 고용 구조상의 성 차별 (1) 잠수는 '전근대적' 노동으로 간주되고 고졸 학력을 가진 대다수 '근대적' 딸들은 도시에서 소위 '여성적인' 간호 보조직·사무직·교사 등에 종사

	한 관심)	(2) 남성 위주의 현대적 취업 구조에 따른 남성의 경제력 부상과 직장 여성 차별의 문제 대두 3) 사적 영역의 축소와 고립 (1) 현대적 직장을 가진 남성의 가정내 주도권 부각과 육지의 고정적 성 역할 유형의 유입 (2) 가정 주부 선호 경향이 높아지고 여성의 의존성 높아짐 4) 행정 체제와 결합된 남성 우월적 의례(포제)와 이념 강화

행정적으로 1931년 제주군은 읍으로 승격되고, 해방 후(1946)에는 전라남도 관할 도(島)였던 제주는 독립된 도(道)로 승격하게 된다. 국가 수립 과정에서 어수선한 시기(1948)에 도민 3만여 명(당시 인구의 10%)이 사망한 것으로 추산되고(Merrill, 1980: 195) 제주 전지역을 쑥바다로 만든 4·3사건이 일어났다. 이 사건의 충격은 엄청난 것에 틀림없으나, 실제 이 사건이 제주 문화 체계상에 갖는 의미에 대해서는 체계적인 연구가 나온 것이 없다.[18] 단 이 글과 관련하여서는 이

---

18) 4·3사건의 전개에 있어 제주 사회 내적 변수들, 즉 제주의 반(反)육지적 감정과 민란의 전통, 제주 특유의 마을내 및 마을간 조직, 일제시 유학간 제주 출신 공산주의 지식인들의 역할, 그리고 해방 후의 급격한 무역 중단과 군기지 폐쇄, 인구 귀환 등으로 빚어진 도내 경제 파탄 등이 상당히 작용하였을 것은 분명하다(한국기독교 제주농어촌개발원, 1985: 11). 그러나 근본적으로 이 사건을 제주 토착 사회에서 일어난 자생적 *nativistic* 운동으로 보기는 어려우며 그보다는 미/소 제국간의 세력 다툼과 한반도내 국가 권력 투쟁과 직결되는 정치 음모의 산물이라는 메

사건으로 인하여 도내 성비(性比)의 불균형 현상이 나타나게 되었음을 주목하여야 할 것이다. 남성들이 대우를 받고 보호되는 대상으로 간주되는 경향이 이 시기를 통해서 생긴 것은 아니나, 적어도 강화되었을 가능성은 충분히 있다.

마을을 기준으로 볼 때 전통적인 마을 공동체 생활 양식은 1970년대까지는 크게 변화되지 않은 것으로 보인다. 1968년 통계에 따르면 1차 산업 종사자가 81.6%, 2차 산업 종사자가 3%, 그리고 3차 산업 종사자는 15.4%로 나타나 있다(한국경제연감, 1969: 679). 제주 특유의 모중심적 핵가족 형태 및 일부다처적 성향은 지속되며[19] 자녀들이 근대 교육을 받게 되고 라디오 등 대중 매체를 통한 의식의 변화는 있었으나 공동체적 삶의 근원이 흔들릴 만큼의 본질적 변화는 없었다.

성 역할 영역에 국한시켜보면 남성은 조선조부터 제사를 지내는 제관이며, 부계적 혈통 집단의 중추로서 가부장적 권위를 과시해왔다. 반면, 여성은 경제 산출자로서, 특히 노동 천시의 문화 속에서 노동 세층으로 인지되이온 경향을 보인다. 상류층의 경우는 단적으로 귀양간 전직 관료와 현지 첩과의 관계를, 양민층의 경우는 이상적 유교 사회의 선비상을 모방하는 '귀한' 남성과 그런 유교 사회에서 점잖지 못하게 옷을 거의 벗고 물에 들어서 물질하여 생계를 꾸려가는 '천한' 아내와의 관계를 상상해볼 수 있다. 엄격한 이데올로기적 지

릴(Merrill, 1980)의 입장에서 보는 것이 더 타당성이 있는 것으로 보인다. 이 사건(재앙)은 제주의 '주변적' '희생양적' 인 위치, 주민의 표현을 빌리면 '서자'로서의 위치를 첨예하게 드러내주고 있다. 내가 연구한 섬마을은 4·3사건 때 배가 다니지 못하도록 전 주민이 엄격하게 감시를 해서 전혀 피해를 입지 않았다고 한다. 따라서 이 사건에 관한 자료를 나는 거의 갖고 있지 못하며, 이 사건이 주민의 사고 방식에 미친 충격도 제대로 파악할 기회가 없었다.

19) 제주도는 전국에서 가구당 인원이 가장 적으며, 이혼 상태에 있는 남녀의 수가 가장 많은 도이다.

배가 가능했던 귀속적 · 신분 사회적 성격을 감안할 때, 당시 의례를 독점하고 공적 정체성을 가진 남성의 우월성은 꽤 명백히 인정되고 있었다고 볼 수 있다.

그러나 이러한 전통적 가부장제는 20세기 초반부터 점진적으로 변화되기 시작했는데, 그것은 우선 화폐 경제가 도입되면서 수산물 수입이 크게 늘어났다는 점에 기인한다. 앞에서 살펴보았듯이 해녀 사회의 경우 국가가 근대화 작업을 추진하면서 전통적 의례 영역은 축소된다. 대신 대중 교육이 보편화되고, '문자'와 가까운 존재로 인지되어온 아들은 근대적 학교 교육을 받고 '일하는' 딸은 아들보다는 낮은 수준의 교육을 받게 된다. 이때 딸은 소녀기부터 어머니와 함께 농사 또는 해녀업을 계속하여 수입을 올리는 주요 경제 생산자로 활동한다. 이에 따라 마을의 협동 구조는 모녀 유대가 중요한 여성 중심적인 사회적 성격을 드러내었다.

반면에 국가 시책에 따른 전통 의례 간소화를 포함한 근대화 정책 때문[20]에 전통적으로 자신들의 우월성을 정당화시켜온 주요 근거 영역을 잃어버린 남성들은 대신 근대 교육을 더 많이 받았다는 점을 우월성의 근거로 삼게 된다. 실제로 1970년대에 이르기까지 제주도나 한국의 경제 구조상 제주도의 고교 졸업장은 취업을 보장해주지 못하였고, 교육은 실용적 가치보다는 상징적 가치를 지닐 뿐이었다. 그러나 남성들은 '의례적 공식성' 대신 '교육' 및 '도시적 세련'과 관련된, '근대적' '육지적' 존재로서 우월성의 근거를 찾게 된 것이다.

흥미롭게도 제주의 경우는 다른 많은 제3세계 지역 개발의 경우에

---

20) 1969년도 한국경제연감(1969: 680)은 제주도의 도정의 향방으로 (1) 농수산업 생산성 향상, (2) 식수난 해결, (3) 중산간 지역 개발, (4) 전통 생활 개선을 들고 있다. 그에 관한 서술은 다음과 같다: "조국 근대화의 저해 요인이 되는 퇴폐적인 도민의 생활 습성인 관혼상제 · 암이장 · 미신 행위 등을 타파함으로써 조국 근대화라는 국가적인 명제에 부합할 수 있는 생산적인 사고와 전진하고 개발하는 생활 기풍을 진작하기 위하여 생활 개선 운동을 강력히 추진할 것이다."

서와는 달리 남성의 의례적 역할에의 강조로 인해 군대나 학교에서의 근대적 경험이 실생활에서 곧바로 실권으로 이어지는 현상을 나타내지는 않았다. 내가 오래 체류하면서 조사를 했던 1976년 당시는 여성의 경제력이 최대로 커진 반면 강한 국가 행정력에 의해 지방 주민 남성들의 공적 영역 통치권이 크게 축소되었던 시기로서, 남녀 양편 비우세적 성격을 첨예하게 드러냈던 것이다. 다시 말해서 이 시기는 전통적 가부장적 권위가 약화되었으며 자본제적 가부장제는 정착되지 않은 가운데 여성의 활동 영역이 크게 강조되고 존중된 시기였다.

II. 두번째 전이 과정: 자본제적 가부장제로의 편입

세번째 단계로의 이행은 전 단계에서 있었던 교육과 대중 매체를 통한 점진적 의식 변화를 토대로 하여 1970년대 국가 경제의 급속한 팽창과 이에 이어진 국토 개발 사업의 진행에 따른 것으로, "지방 경제의 중앙 경제로의 종속화"가 그 두드러진 내용이 된다. 정치적으로는 관료 행정화가 더욱 강화되어 새마을 조직을 비롯한 무수한 하부 조직이 생겨나고 농경 정책 등 국가 시책이 마을의 수입 및 공동체 생활에 지대한 영향을 미치게 된다. 텔레비전 등의 대중 매체를 통한 효과적 정보 통제도 이 과정에서 작용해온 주요 변수이다.

국가 주도에 의한 제주 지역 개발 계획은 1966년 대통령령으로 본격화되는데 1969년도 주요 사업 계획을 보면 감귤 생산, 중산간 목초지 및 농지 개발, 해초류 증식 등으로 주로 1차 산업에 집중되어 있다(한국경제연감, 1969: 679~80). 1970년대 이후 감귤 등 경제 작물 증산과 축산으로 제주도의 생활 수준이 향상되고 관광 개발 정책 추진과 더불어 도시 인구가 급격히 늘어나기 시작하여 1983년에는 도시 인구가 56%에 달하게 된다. 그러나 여전히 1차 산업 종사자가 대다수(72%)이며 2차 산업 종사자는 1968년 당시와 같은 3%에 지나지 않는다. 대신 3차 산업 종사자가 1968년의 15.4%에서 25%로 늘어남을 보게 된다. 그러나 도민 총생산에 근거한 산업 구조로 보면 농림어업이 32%, 사회간접자본 및 기타 서비스업이 63%로 3차 산업이 큰 비중을 차지하고 있다. 이런 추세는 더욱 강화될 전망으로서, 1985년부터 1991년까지 '제주도 종합 개발 계획'을 보면 공공 및 민간 자본을 포함한 총 1조 3천억 원을 투자하여 3개 관광단지와 14개 관광지구 개발을 통해 제주도를 국제관광지화할 것을 골자로 하고 있다(한국경제연감, 1986: 663).[21]

이러한 관광 개발은 지방 경제의 이중 구조화를 더욱 촉진시켰으며 생태계 파괴와 국제 유곽화라는 생태적 차원에서, 그리고 주민이 갖게 되는 상대적 박탈감이라는 심리적 차원에서 심각한 문제를 일으켜왔다(전경수, 1985: 25). 중문 등 해수욕장 및 관광 단지의 예를 들어보면 주민들은 길을 닦고 단지 개발에 적극 참여했으나 실제 수입은 민박 운영으로 여름내 잠시 푼돈을 벌거나 운좋은 몇 명이 호텔 직원 등으로 고용되는 정도에 그쳤다. 주민들은 관광 산업에서의 큰 수입원은 물론 토산품 상점 운영권에 이르기까지 정치적 배경을 가진 육지인들이 독점하였다고 불만을 토로하였다. 전경수(1986: 100)가 지적한 대로 관광 개발이라는 정책에 밀려서 주민들은 "경제적·사회적 소외 계층으로 남게 되며 흔히 거론되는 사탕발림의 지역 경제 균형 개발, 주민 소득 증대, 고용 기회 확대는 외부에의 종속 상태를 위장하는 메커니즘일 가능성"으로 남아 있는 것이다. 일부 주민들은 이러한 '일종의 음모'를 매우 분명히 인식하고 있었으며 이는 육지와 제주, 그리고 계층간의 괴리와 위화감을 조성하고 불신 풍조를 낳고 있다.

---

21) 국제 관광과 유치를 목표로 하고 있으나 실제로 주수입은 국내인의 관광에서 얻어지는 것으로 보인다. 1985년도 관광객 수는 총 132만 명이었으며 그 중 외국인은 7만 명에 불과했다(한국통계연감, 1986).

대중 관광은 특히 교육 환경에 깊은 영향을 미쳤다. 관광은 많은 문화적 교류의 기회를 마련하지만, 그보다도 사치와 윤락 등 사회 병리 현상과 지방 문화의 급격한 변질을 초래한다. 이미 고등 교육의 대중화와 TV 위주의 대중 매체를 통한 문화 식민주의적 확산이 지방 문화를 잠식해온 터에 제주의 관광단지화는 그것을 더욱 본격화시켰다.

문화 식민지적 현상을 좀더 자세히 따져보자. 이미 마을의 묘사에서 보았듯이 국민학교에 들어가면서부터 '표준말'을 쓰도록 강요당하며 육지, 특히 서울 아이들을 중심으로 짜여진 교과 과정을 거치고 나면 학생들은 이중 구조에 익숙해지면서 육지 선호 사상을 갖게 된다. 다수의 '명석한' 학생들도 교육을 서울에서 받으려고 일찍이 육지로 떠난다. 제주도 자체의 기업이 적기 때문에 생기는 취업난과 더불어 이러한 육지 선호 사상은 많은 젊은 인구를 일시적 또는 영구적으로 육지로 이주시켜왔다. 육지의 자본주의적 가부장제의 급격한 수입은 이러한 이주 현상과도 밀접한 관계를 갖는다.

젊은 세대 여성들은 중학교만 졸업하면 부산 등 가까운 육지 도시의 산업체 학교가 있는 공장에 취직하거나 고등학교에 진학한 후 육지에 나가 사무직에 종사하게 된다. 물질이나 농사는 '전근대적' 직업이라 하여 천시하고, 대신에 임금이 적더라도 도시의 사무직을 선호하는 것이다. 획일화된 교육과 대중 매체를 통해 주입된 여성 취업관이 그대로 드러나 소위 '여성적인' 간호보조원·교사 등이 인기 직종이 되고 있으며 대학 전공의 선호도도 육지의 경향을 그대로 따르고 있어, 문과나 사범대 쪽으로만 여성들이 몰리고 있다.

직장내에서도 입사·승진·역할 배당 등에 있어서 육지적 상황이 그대로 재연되어 성 차별이 드러나고 있다. 교사에 비해 대중 매체·기업체와 공무원의 경우 여성의 비율이 낮다(제주대 최근 5년간 남녀 졸업생 취업 현황 참조). 방송국의 한 여성 프로듀서는 "치마를 꼭 입으라," "사무실 미화에 신경쓰라," "차를 타 오라," "애교 있는 여성이 되라"는 등의 주문을 늘 받아왔다고 한다. 그래서 그런 것은 눈치껏 맞추어 해오고 있다고 한다. "자기 일만 다 하면 되냐? 여자 일도 해야지"라든가, 청소를 안하면 "건방지다"고 남성 동료가 '합창'을 하는 것까지는 참아줄 수가 있다고 한다. 남자들은 여자들이 남자와 같은 일을 동등하게 해내는 것에 거부감을 갖고 있으며 이는 남존 여비 사상에 젖은 남성의 심리 구조상 이해가 간다는 것이다. 그러나 "당신은 능력이 있으니 결혼해도 스크립터로 남게 해주겠다"는 식으로 결혼 후 퇴직을 당연히 여기는 태도에는 분개할 수밖에 없다고 말했다. 결혼 퇴직제는 서울의 본사에서 온 규율이거나 관습인데 "일 없이는 못 사는 여성"을 익히 알아온 제주 남성들이 이런 외래적 관습을 저항 없이, 때로는 마치 기다렸다는 듯이 충실히 받아들이고 있는 점은 크게 분개할 일이라는 것이다. 그러나 분석적으로 본다면 제주 남성들의 이러한 감정적 반응은 기존의 제주 남녀 관계에서 빚어지는 묘한 심리적 갈등(특히 남성측의)의 자연스런 표출일 수 있다. 동시에 '현대적' 영역은 남성의 영역으로, '전통적' 영역은 여성의 영역으로 고착되어져온 상징 구조적 변형 과정을 상기한다면, 여성의 남성 영역 침해는 강한 반발과 거부감을 일으키기에 충분하다.

남녀 유별적 구조는 또 다른 식으로 여성 고용을 기피하게 만들고 있다. 공무원 선발에서도 성비를 고정화시키는 것이 상례인데, 그 이유로는 숙직 문제, 나이든 남성들과 상대해야 하는 대민 업무, 술자리 참석의 필요성, 출장 사무와 지방 유지 및 주민 설득의 필요성을 주로 들고 있다. 제주 역시 남녀 유별적 전통을 지녀온만큼 이런 현상은 전통적 가부장제의 자연스러운 연장으로 볼 수도 있다. 한 여성은 그래서 몇 개의 가면을 갖고 일한다고 했다. 남자의 자존심을 세워주기 위한 아주 여성적인 모습, 거세된 여성 같은 면, 그리고 청소부처럼 뒤치다꺼리하는 면을 다 갖고 있어야 한다는 말이었다.

자본주의적 가부장제와 제주도 특유의 성 역할 및 관계 구조간의
접합은 '행복한 가정 주부상'의 출현에서 더욱 두드러진다. 자녀 교
육에 전념하고 남편을 내조하는 것이 여성에게는 가장 행복한 삶이
라는 사고 방식이 도시 고학력 여성들간에 팽배해가고 있다. 이 점에
대해 당사자들의 변명이 있었다. 취업하기가 어려운데다가 여성에게
가장 적합한 직장으로 간주되는 교사 사회에서조차도 상당수의 남성
교사들이 "대선배에게 신참이 무슨……," "여자가 건방지게 대꾸를
한다"는 식으로 나이를 앞세워 사사건건 권위로 군림하려는 경향을
보인다고 했다. "신사적인 보호는 없으면서(이곳에서는 얼마 전까지
여교사도 숙직을 했다고 하며, 최근에 제도적으로 숙직원을 따로 두게
되었다고 한다), 남성 위주의 취업 구조상 참고 넘어가야 할 일만 많
아 결혼하게 되면 직장에 대한 회의가 들어 그만두게 된다"고 했다.
게다가 제주의 전통적인 핵가족 제도는 직장 주부의 어려움을 가중
시킨다. 육지에서처럼 친정 부모나 시부모와 함께 사는 경우가 드물
고, 가정부를 둔다는 것도 육지와 달라서(제주 여성은 다른 일을 하면
서도 제손으로 "가정일 정도는 거뜬히" 해치워나가야 하는 것으로 인지
되고 있다) 자녀 양육 문제가 더욱 심각하다는 것이다. 그러나 실제로
교사의 경우는 육지로 결혼해가는 경우를 제외하면 대개 계속 취업
을 한다.
　　제주 여성들이 의외로 평생직을 갖는 것에 애착이 덜한 것에 대해
여대생과 인터뷰해본 결과 흥미로운 점이 발견되었다. 첫째로 이들
은 어머니 세대의 어려운 노동 위주의 '전통적 삶'을 되풀이 살고 싶
지 않다고 했다. 현재로서 이들은 '노동'의 부담만을 볼 뿐 그 노동
에 담긴 또 다른 긍정적인 면을 보지 못하고 있다. 현 세대에서는, 아
주 어려운 노동자로서의 삶과 하얀 기저귀를 채우며 가만히 집에서
아기나 기르는 주부의 삶의 모델이 제시되어 있을 뿐이며 예외 없이
현대 고등 교육을 받은 여성들은 후자의 삶을 선택하고자 하는 것이

다. '배운 여성'은 어머니와는 다른 삶을 살아야 하는데 특히 TV나 교과서에서 본 것처럼 앞치마를 두르고 남편을 배웅한 후 자녀 교육에 전념하는 어머니로서 살아야 한다는 생각을 강하게 주입받게 된 것이다. 육지에서 이미 여성학계의 비판적 논의의 초점이 되어온 '모성 결핍'에 관한 강박 관념이라든가 극성 모성 등의 문제가 여기서는 이제 서서히 긍정적 의미로 대두되기 시작한 것이다. 치맛바람이나 돈봉투 건네주는 일이 적어도 시에서는 육지 도시에서처럼 번지고 있다.

경제력을 중시해온 제주 여성들이 직장을 예상했던 만큼 심각하게 생각하지 않는 두번째 이유는 문화 유입보다는 전통 문화에 내재한 요인과 관련된다. 제주 여성들은 일을 해야 할 상황에 처하면 언제든 무슨 일이든 할 수 있다는 자신감을 잠재적으로 갖고 있다. 그러나 그 일의 개념은 '평생직'의 개념과는 다르다. "남편이 실직하면 언제든지 뛰겠다"는 식으로 일을 생계 유지와 관련지어 인지하며 그런 일(점포를 낸다든가 농장을 경영하는 등)은 언제든 찾을 수 있고 언제든 할 수 있다는 생각을 하고 있다. 그렇기 때문에 쉽게 직업을 중단할 수 있게 된다는 것이다.

그러나 대학을 졸업하고 곧 결혼하는 경우는 드물다. 대학을 결혼 간판으로 간주하는 경향은 극히 최근에 소수의 여성에게서나 찾을 수 있으며, 대다수의 대졸 당사자나 부모들은 그 동안 배운 능력을 발휘할 수 있게 되기를 원하고 있다. 대학 졸업 후에 바로 결혼하면 특히 부모들이 배반감을 느낀다고 하였다. 적어도 3~4년 일을 하다가 27세 가량 되어 결혼하는 것이 일반적인 추세이며 육지에 직장을 가진 남자와 결혼해서 직장을 그만두는 경우가 많고 또 대개가 아이를 낳으면 그만둔다.

현재로 제주시의 대졸 여성들의 상당수가 가정 주부로 안착하고 있으며 직장을 가진 남편의 주도권은 급격히 부각되고 있다. 그렇다고 이들 부부 관계의 형태가 육지의 것과 흡사한 것만은 아니다. 한 제주 여대생이 밝힌 바에 따르면, 육지에 비해 제주 부부는 "관용을 베풀면서도 한계"가 있음을 강조하였다. 자신들은 "무한정 봉사와 헌신보다 자립적 인격을 중시한다"고 했다.

또한 이들은 "육지에서는 집에서 여자가 옷 입혀주고 밖에서는 남자가 짐 들어준다"면서 이런 현상을 우습게 생각하고 있었다. 이들에게 그런 '자상한' 연극은 간지러운 행위로 비치는 것이다. 부부 관계는 현모양처 이데올로기 아래 아내에 의한 남편 조종이 주를 이루는 육지적 관계보다는 솔직한 감정 표현에 바탕을 둔 관계가 여전히 지배적이라고 한다. 제주대의 한 여학생은 "아내가 남편을 지극히 모시는 듯하면서 싸울 때 보면 평등하다. 그래선지 제주도에서는 부부지간이 부모자식간보다 더 가까운 것 같다"고 하였다. 화가 나면 남편에게 분풀이를 해도 자식에게는 그런 식으로 욕하고 만만하게 막하지는 못한다는 것이다. 그래선지 제주 사람들은 "효자 열둘보다 나쁜 남편이라도 있는 게 낫다"고 한다. 차이는 남편을 다루는 방식에서 그대로 드러난다. 한 여학생이 제시한 경우를 들어보자. 남편이 밤늦게까지 들어오지 않는다고 마구 불평을 늘어놓던 서울 새언니는 드디어 남편이 들어오자 곧 안색을 바꾸고 부드럽게 "피곤하지 않으세요?" 하고 애교를 피우는 반면 제주 새언니는 별 불평 않고 있다가 들어오면 대번 싸운다는 것이다. 여자가 직선적이어서 부부 갈등이 잦은 편이지만 그런 갈등을 한쪽이 일방적으로 참아 가슴속에 쌓아두기보다는 그대로 드러내놓고 풀어갈 수 있는 것이 제주 부부 관계의 특성이라는 것이다.

결혼(이혼)관에서도 육지와 차이를 보인다. 결혼 직후에 부부 사이가 나쁘면 친정 부모는 "그 남자가 사람이 못될 것 같으면 자식 낳고 후회하기 전에 빨리 헤어지라"고 한다는데, 여기서 그들의 출가외인 의식과 소위 '순결 의식'이 육지와는 다르다는 것을 알 수 있다. 재혼한 새 남편이 아내가 데려온 자식에게 잘해준다든가, 고부간의 갈등이 적은 것에서도 제주 가족 관계의 특성이 잘 드러난다. 이렇게 일상적 남녀 관계에 초점을 맞추어보면 공식적인 부계 혈통 중심의 제도와 이데올로기가 여전히 존재하는 가운데서도 이 남성 우월적 영역은 여성의 자주성에 의해 상당히 상쇄되고 있다는 사실을 확인하게 된다.

그러나 이러한 연속성에도 불구하고 이 사회는 엄청난 변화의 물결 속에 이미 휩싸여 그 나름대로의 틀을 앞으로 얼마나 더 오래 지속시켜나갈지 의문스럽다. 제주의 '가정 주부'의 삶의 영역이 육지의 종속적인 가정 주부의 모습에 얼마나 근접할지, 그리고 남녀 관계의 유형이 어떤 형태로 정착할지는 아직 두고볼 문제이다. 그러나 남성 위주의 취업 구조가 이대로 이식되고 제주 경제가 육지 경제에 이 속도로 큰 변화가 없이 끌려간다면 거대한 흐름에 있어서 육지와 큰 차이를 보일 가능성은 희박하다.

마지막으로 최근 국내에서 일고 있는 복고주의 경향이 남성 주도적 성격을 강화시키고 있다는 점이 주목된다. 경제적 여유와 비인격적 도시 생활에서의 정체감 추구, 그리고 국가의 신전통주의적 정책에 힘입어 포제(부락제)가 부활되고 족보 간행, 비석 세우기 등의 활동이 활발해진 것이다. 포제에 마을 노인보다 행정 업무 담당자인 면장·이장 등이 초헌이 되는 경우에서 전통적 남성 영역이 행정 관료제와 결합되는 단면을 보인다. 부계 문중 차원에서의 활동, 예를 들어 족보 만들기, 제실이나 비석 세우기 등의 작업에 있어서는 현주민의 향상된 경제력도 작용하지만 재일 교포들이 금의 환향적 표적으로, 자신의 존재의 확인으로 재정을 대는 경우도 많다. 이러한 전통 의례의 부활과 더불어 제주 남성은 명실공히 이데올로기 차원에서, 그리고 경제력을 통하여 지배권을 강화해가고 있다고 보아진다. 여성은 점점 비공식적·사적 영역으로 내몰아지고 있으며, 이런 와중에서 커다란 갈등을 겪고 있다.

III. 요약

요약하면 제주의 성 역할 구조 변화는 상징적 이분화 형태로 크게 세 단계를 거쳐 변형되어왔다. 조선조 시대의 남녀는 성(聖)과 속(俗)의 대비로 표현되었다. 남성은 의례적·정치적 대표자로 여성은 일상적 경제 생산자로 이분화되어왔던 것이다. 이때 이데올로기와 정치적 영역의 주도자로서 남성은 여성보다 우위적 지위를 주장하였으며, 특히 행정 구역을 중심으로 한 엘리트 문화에서는 남성 우월성이 공인된 것으로 보아야 할 것이다. 근대화 초기를 거치면서 이는 근대 교육을 받은 층과 받지 못한 층, 즉 '근대'와 '전통'이라는 이분화의 틀로 변형되어 여전히 남녀의 상호 작용을 규제해왔다. 자본주의적 경제 성장이 본격적으로 이루어지고 육지 문화가 마을내에 깊숙히 침투하게 되면서 남성 지배는 이데올로기 차원에서만이 아니라 실제 경제적 차원에서도 이루어지게 된다. 근대/전통의 이분화는 '육지' 문화/'섬' 문화적 양상으로 우열을 가리게 되고 이 원리는 다시 공적/사적 이분화로 연결되어 남녀 서열화의 근간을 이룬다. 이는 실질적 남성 지배 쪽으로 제주 사회를 구조화할 가능성을 높이고 있다.

역사적으로 상당히 자율성을 확보해왔던 제주 여성들은 국가의 강한 근대화 물결 속에서 그 자율성을 크게 잃어가고 있는 것이다. 제주 여자는 "무뚝뚝하고 애교가 없다"든가 "남자를 즐겁게 할 줄 아는 사랑스런 아내가 되어야 한다"는 소리가 제주 지식인층에서 드높다. 제주 남자는 육지 남자에 비해 "경쟁심이나 투쟁심이 없고 의존적이며 여자를 보호하는 의식이 없다," "서비스면이 약하다"고 제주 여성들은 불만이다. 여성들은 또한 "잘난 남자는 육지 여자에게 빼앗긴다"고 하면서 육지에 대한 피해 의식을 드러냈다. 육지에서 대학에 다니는 학생은 자신이 육지에 갔다가 방학 때 고향에 돌아오면 "달라

저야 한다"는 압력을 받으며, 특히 여자를 대할 때 그런 압력을 느껴 '신사'처럼 행동한다고 했다. 즉 현재의 대학생층 남녀는 자신 그대로가 아닌 다른 형태의 남녀 관계 소위 '신사' '숙녀' 모형을 모방하려 한다는 것이다.

그러나 한편으로 그렇게 단호하게 마음을 잡지 못하고 회의하는 젊은이들이 많은 것으로 보아 아직 육지 종속적인 틀이 확고해진 것은 아님을 알게 된다. 한 남학생은 "닫혀 있는 것 같으면서 한번 열리면 금방 다 열리는 꾸밈 없는" 제주 여성이 육지 여성보다 좋다고 했다. "육지 여자는 끝까지 자기 마음을 드러내지 않아 믿을 수가 없다"는 것이다. 여성들 또한 "남자 없이도 산다"는 자신감을 육지 여성들에 비해 상당히 자연스럽게 갖고 있었다. 동시에 "너무 사람이 좋다보니 제 뒤치다꺼리를 못하는, 끝맺음이 불분명한" 제주 남성들이 사실은 더 매력적이라 한다. 학회장 남자가 일 계획을 제대로 잘못해서 여자가 다 준비해주는 경우가 허다하며, 여자가 벌어서 남편의 대학원 공부시키는 것도 제주에서는 매우 자연스러운 일로 간주되고 있다. "여자가 활동하면 남자가 의뢰심이 생기므로" 가능하면 활동하지 않을 생각이지만, 닥치면 또 언제든지 사회로 뛰어들 준비가 있는 것이 제주 여성들이다. 그러나 이미 언급했듯이 이런 식의 사회 활동은 사회의 중추적 영역의 활동일 수는 없다. 현재로서 여성의 공적 영역에의 대거 편입 가능성은 그다지 높지 않다. 그러나 전통적 제주 여성의 활동성에 미루어볼 때 섣불리 비관적 전망을 내릴수도 없을 것이다. 제주의 경우는 '의식 혁명'이 아닌 '의식 계발'로 동등한 남녀 관계가 이루어질 소지는 여전히 많다.

5. 맺음글: 문화 식민주의, 지방 자치와 여성

　제주 해녀 사회는 성 역할이 엄격히 구분된 사회였음에는 틀림없으나, 남성 지배적 사회라고 보기에는 문제가 있는, 비교적 여성의 자율성이 존중되는 사회였다. 공적 영역이 미비한 농민 사회였으며 동시에 여성 노동력 위주의 경제 체계를 발전시켜왔기 때문에 더욱 그러했다. 그러나 100년간의 근대화를 통하여, 특히 최근 10여 년간 내, 경제적으로는 국가 주도적 자본주의 체제로의 편입으로, 사회 문화적으로는 도시화와 대중 교육 및 대중 매체의 보급에 따라 제주는 급속히 육지 경제에 종속되고 육지의 지배 문화에 동화되어가고 있음을 알게 되었다. 이 사례 연구를 통해서 볼 때, 전통적 상징 체계의 급속한 변형은 한 세대내의 개인들의 생애를 통한 의식 변화 과정으로서가 아니라 세대간의 교육 및 경험 세계의 분화를 통한 단절의 과정으로 이루어짐을 알 수 있다.

　마을의 급격한 국가내 편입괴 경제 우선저이고 획일저인 국가 주도적 발전 계획 과정 속에서 전통적 성 역할 규범과 현대적 성 역할 규범은 중층적으로 상호 작용하며 기득권층의 편리에 따라 변형됨을 보았다. 제주의 경우는 기질적으로 여성들이 더욱 활달하고 '일' 중심적이어서 현대적 직업 활동에 적합한 면을 보이지만 이러한 기질과 역할의 상응성은 국가의, 그리고 육지형 자본주의적 가부장제의 일방적 규제 속에서, 그리고 제주도 문화 자체의 독특한 남성 우위 이데올로기로 인하여 무시되어왔다. 현재 '배운' 사람들일수록 자신의 개성과 성향을 죽이고 인위적으로 '현대적'이고 '육지적'이며 '도시적'인 틀에 맞는 남성과 여성이 되기 위해 내적 갈등을 겪고 있는 것으로 보인다. 한 여자 아나운서의 다음과 같은 진술은 이 점을 매우 잘 표현하고 있다. "여자가 남자를 이길 수는 없어요. 제주 여성이 강하다고들 얘기하지만 생활력은 사고력과는 달라요. 분명히 남자는 생각이 더 깊어요." 그의 관찰이 옳은지도 모른다. 그 동안 일상 생활을 이끌어가느라고 제주 여성들은 적어도 현학적인 사고력은 길러오지 못했을 것이다. 그러면 현대 공업 사회는 남성들의 현학적 사고력을 요구하고 있는가? 아니면 여성의 실천력과 근면성을 더 필요로 할 것인가? 명분주의적이고 감투 지향적인 남성인가, 현실적이고 '일' 중심적인 여성인가? 아니면 둘 다인가? 적어도 현재 단계에서 보면 제주 여성들의 강한 생활력과 높은 적응력은 1970년대까지는 — 지나치게 여성 노동이 강요되기는 했으나 — 상당히 발휘되었다고 할 수 있다. 그러나 가부장적 권위주의에 바탕을 둔 체제 아래서 여성적 자질은 본격적으로 억압되기 시작했으며 여성상은 왜곡되고 있다. 즉 최근의 사회 경제적 개발은 제주 여성의 능력이나 그 지위 향상과는 무관하게, 오히려 더욱 부정적으로 작용해왔다고 하겠다.

그러면 앞으로 제주도 해녀 마을, 그리고 제주도 전체의 사회 변동은 어떠한 방향으로 이루어져야 할 것인가? 이는 매우 복잡한 역사적·사회 구조적 문제로서 명쾌한 예측은 불가능하다. 그러나 전반적으로 의미있는 논의는 우선 국가 체제 차원에서 제기될 수밖에 없다.

제주도의 사회 변동은 '밭농사 체제'에서 더 복잡한 노동 집약적 체제를 거치지 않고 곧바로 '공업화 체제'로 건너뛰는 과제와 연결되어 있다. 이 과정을 어떻게 잘 거쳐갈지는 진화론적 입장에서 더욱 연구가 되어야 할 것이지만, 변화의 방향은 지방의 자치권 회복 문제와 직결되어 있다.

국가의 발전을 위해 다원화 내지 지방 분권적 편성이 필수적 과제로 대두되고 있는 상황에서 지방 경제와 문화의 파괴가 무분별하게 자행되고 있음은 심각한 문제가 아닐 수 없다. 얼마 전 제주신문 (1987년 3월 11일) 사회면에 "사라져가는 해녀를 전통 문화 보존의 차원에서 보호 육성하자"는 내용이 톱기사로 났었다. 관광 사업의 일환으로 해녀를 활용하자는 의도였던 것으로 보인다. 지역 개발이 지역 공동체의 진정한 복지와 무관하게 이루어짐을 나타내는 단적인 예이다.

육지 문화에 뿌리박고 있는 동질성에의 확신은, 그 동안 공간적 거리로 인해 다행스럽게도 유지되어온 ─ 어쩌면 우리나라 유일의 ─ 지방 문화를 행정 관료화와 획일적 교육, 대중 매체를 통한 강력한 이념적 통제를 통하여, 그리고 지방 경제의 대외 의존적 전개를 통하여 급속히 말살시켜가고 있다. 이 글은 최근 거론되고 있는 1차 산업 부문의 정책에 대한 근원적 재검토와 아울러 지역 차원에서의 교과 과정과 대중 매체 프로그램 개발을 포함하는 국가 발전 시책의 근원적 수정이 시급함을 보여주고 있다. 동질성에만 집착하는 사회의 미래는 매우 어두우며 민주 사회의 실현이라는 면에서는 더욱 그러하다. 이런 점에서 국내적 문화 식민주의의 문제는 국제적 식민주의의 문제와 같은 차원에서 논의되어야 할 심각한 문제라 아니할 수 없다.

그러나 제주 문화의 탈식민지화 내지 재활력화라는 과제를 다루는데 있어서 핵심적 질문은 궁극적으로 제주도 자체가 길러온 자치성의 근본적 성격에 있는 것이 아닌가 한다. 관의 힘이 미치지 못했기 때문에 '주어졌던' 지방 문화의 영역과, 지방 엘리트와 지역 주민들이 유기적 연계를 통해 '확보해나간' 자율성은 근본적으로 다르기 때문이다. 과도기적 양상이나마 비교적 평등한 남녀 관계를 보여주었던 제주 해녀 사회가 육지의 신가부장적 구조를 그렇게 급격하게 받아들이게 되는 현상에서 제주 사회의 자율적 문화 수용 능력의 한계를 보게 된다. 여기에서 특히 육지 지향적 콤플렉스를 가진 엘리트 집단의 역할에 주목할 필요가 있다. 무조건적인 육지 지향적 사대주의이건 전통적 제주섬에 대한 감정적 집착이건 둘 다 콤플렉스의 산물임을 인식하여야 할 것이다.

결국 제주 사회의 건전한 공동체적 삶을 회복하기 위해서 요구되는 것은 국가의 발전 구상의 재검토, 지방 엘리트의 반성과 일반 주민의 '눈뜸'이다. 국민의 복지보다 이윤을 위한 발전 계획은 곧 한계에 달할 것이며, 국가는 거시적이고 장기적 안목에서 공통체적 삶의 다양한 조건들을 고려하고, 어린이·노인·여성 모두를 포함하는 진정한 의미에서의 발전 계획을 구상해나가지 않으면 안 될 것이다. 이때 농수산업 협동조합은 농어민의 것이어야 하고, 많은 '가짜 부통령'은 진짜 마을 지도자로 변신해야 할 것이다. 해녀들의 회합소인 '불턱'은 부활되어야 하며 궁극적으로 '노동'은 그 본래의 의미를 회복해야 할 것이다. 지방 엘리트들은 이러한 방향으로 향하는 '깨인' ── 지성적이든 감성적으로든 ── 지방 주민들의 욕구를 재빨리 수렴하고 현실성 있는 개혁안을 끊임없이 물색해나가야 할 것이다.

앞에 가로놓인 과제를 풀어나가기 위해 제주도의 남성과 여성은 우선 자기들의 행동 반경을 규제해왔던 성의 구조를 인식하고 남성 영역과 여성 영역간의 이분화를 극복하며, 제주 문화가 자생적으로 길러온 자율과 평등의 측면을 살려나가야 할 것이다. 지역의 자치성은 피상적 수준에서의 전통이나 저항 정신을 강조한다고 찾아지는 것이 아니다. 그것은 지방민의 자존을 회복하고 민주적 정치력을 대중 차원에서 길러감으로써만 가능하다. 그 동안 중앙과 지역간에, 육지와 섬간에, 도시와 농촌간에, 계층간에, 남녀간에 불균형을 심화시켜온 경제적 토대와 이데올로기적 전제들을 해부하고 동시에 지역 사회의 문화 수용 능력을 길러가는 작업이 남녀가 평등한 협력 관계를 맺지 못한 상태에서 이루어질 것을 기대하기는 어렵다. 특히나 제주의 경우에 있어서 여성의 저력을 활용하지 않고 지방 문화의 재활력화를 시도한다는 것은 무모한 일일 뿐이다. 이때 식민제국주의적 팽창으로 인한 제3, 제4 세계의 문제가 가부장적 사회 원리의 확장과 깊은 상호 관련을 맺고 있다는 것을 인식하는 것은 매우 중요하다.

참고 문헌

권경수(1987), 『溫平誌』, 온평국민학교.

권이혁(1981), 「철종조 제주 민란의 검토」, 『변태섭박사 회갑기념논총』,
　　서울: 삼영사.

김영돈·김범국·서경림(1985), 「해녀 조사 연구」, 『탐라문화』 5, 제주
　　대학 탐라문화연구소.

김태능(1982), 『제주도사 논고』, 서울: 세기문화사.

내쉬, 준June Nash(1985), 「여성과 발전: 예속과 착취」, 『제3세계 여성
　　노동』, 여성평우회 편, 서울: 창작과비평사.

볼드리지, J. 빅터(1979), 『사회학 — 비판사회학의 입장에서』, 이효재·
　　장하진(공역), 서울: 경문사.

비치, 베로니카Veronica Beechy(1985), 「여성과 생산: 여성 노동에 관한
　　사회학 이론들의 비판적 분석」, 『제3세계 여성노동』, 여성평우회
　　편

사피오티, 헬라이에드H. Saffioti(1985), 「여성, 생산 양식, 사회구성체」,
　　『제3세계 여성노동』, 여성평우회 편.

스톨러, 앤Ann Stoler(1985), 「쟈바 농촌의 계급 구조와 여성의 자율성」,
　　『제3세계 여성노동』, 여성평우회 편.

여성평우회 편(1985), 『제3세계 여성노동』, 서울: 창작과비평사.

유철인(1984), 「일상생활과 도시성: 제주도 문화에 대한 인지 인류학적
　　접근」, 『제주도 연구』 1: 119~44, 서울: 서울대출판부.

─────(1985), 「제주 사람들의 문화적 정체성」, 『탐라문화』 5: 71~93,
　　제주: 제주대학 탐라문화연구소.

이치순(1974), 『한국 민속 종합 조사보고서』 5, 문화공보부.

전경수(1985), 「제주도의 관광 개발과 지역문화 보전을 위한 제언」, 『제

주도 연구』 2: 21~38.

제주도 교육위원회(1984), 『제주 교육 통계연보』, 제주: 제주도 교육위
    원회.

제주도청(1982), 『제주도지(誌)』 상·하.

조성윤(1986), 「제주도 도시 개발의 기본 구조」, 『사회학연구』 4, 서울:
    대영사.

───(1987), 「1898년 제주도 민란의 구조와 성격─남학당의 활동과
    관련하여」, 『한국 전통 사회의 구조와 변동』, 한국사회사연구회
    편, 서울: 문학과지성사.

조은(1986), 「가부장제와 경제」, 『한국여성학』 2, 서울: 한국여성학회.

조혜정(1982), 「제주도 해녀 사회의 연구」, 『한국인과 한국문화』, 한상
    복(편), 서울: 심설당.

하트만 H. Hartmann, 「자본주의, 가부장제, 성별 분업」, 『제3세계 여성노
    동』, 여성평우회 편.

한국경제인연합회 편, 『한국경제연감(1966~1986)』.

한국 기독교 농어촌개발원(1985), 『테 살게 마씀』, 회보.

현기영(1983), 『변방에 우짖는 새』, 서울: 창작과비평사.

현길언(1978), 「풍수(단맥)문화에 대한 일 고찰」, 『문화인류학』 10:
    43~56.

Ardener, Shirley(ed.) (1975), *Perceiving Women*, London: Malaby Press.

Boserup, E.(1971), *Women's Role in Economic Development*, New York:
    St. Martin's Press.

───(1977), "Preface," *Women and National Development: The
    Complexities of Change*, Chicago: The University of Chicago Press.

Charlton, S. E.(1984), *Women in Third World Development*, Boulder and
    London: Westview.

Chinchilla, Norma(1977), "Industrialization, Monopoly Capitalism and Women's Work in Guatemala," *Women and National Development* (Wellesley Editorial Committee), Chicago: The University of Chicago Press.

Cho, Haejoang(1979), "An Ethnographic Study of a Female Diver's Village in Korea: Focused on the Sexual Division of Labor," Unpublished Ph. D. Dissertation Submitted to the University of California, Los Angeles.

Chodorow, N.(1974), "Family Structure and Feminine Personality," *Woman, Culture and Society*, ed. M. Z. Rosaldo and L. Lamphere, Stanford: Stanford University Press.

D'Andrade, R. G.(1966), "Sex Differences and Cultural Institutions," *Development of Sex Differences*, ed. E. E. Maccoby, Stanford: Stanford University Press.

Engels, F.(1972), *The Origin of the Family, Property and the State*, ed. E. B. Leacock, New York: International Publishers.

Evans-Pritchard, E. E.(1974), *Men and Women Among Azande*, New York: Free Press.

Geertz, C.(1969), *Islam Observed*, Chicago: University of Chicago Press.

Gonzalez, N. L.(1970), "Toward a Definition of Matrifocality," *Afro-American Anthropology: Contemporary Perspectives*, ed. N. Whitten, Jr. and J. F. Szwed, New York: Free Press.

Johnson, O. R. and A. Johnson(1975), "Male/Female Relations and the Organization of Work in a Michguenga Community," *American Ethonologist*.

Kundstadter, P.(1963), "A Survey of the Consaguine or Matrifocal Family," *American Anthropologist*, 65.

Langness, L. L.(1967), "Sexual Antagonism in the New Guinea High-
	lands," *Oceania*, 37.

──(1974), "Ritual, Power, and Male Dominance," *Ethos*, 2.

Lee, Chong Sik(1980), "Historical Setting," *South Korea: A Country Study*,
	American University Area Handbook Series.

Leis, N. B.(1974), "Women in Groups: Ijaw Women's Associations,"
	Woman, Culture and Society, ed. M. Rosaldo and L. Lamphere,
	Stanford: Stanford University Press.

Lim, Linda(1978), "Women Workers in Multinational Corporations: The
	Case of the Electronics Industry in Malaysia and Singapore,"
	Michigan Occasional Paper, No. 9, Ann Arbor: University of
	Michigan Women's Studies Program.

Martin, M. K. and B. Voorhies(1975), *Female of the Species*, New York:
	Columbia University Press.

Mead, M.(1963), *Sex and Temperament in Three Primitive Society*, New
	York: William Morrow.

Merrill, John(1980), "The Cheju-do Rebellion," *The Journal of Korean
	Studies*, Vol. 2, pp. 139~97.

Murphy, R. F.(1959), "Social Structure and Sex Antagonism," *South-
	Western Journal of Anthropology*, 15.

──(1971), *Thematic Appreception Text Mannual*, Cambridge: Harvard
	University Press.

Netting, R. M.(1969), "Women's Weapon: The Politics of Domesticity
	Among the Kofyar," *American Anthropologist*, 71.

Reiter, R. R.(1975), "Men and Women in the South of France: Public and
	Private Domains," *Toward an Anthropology of Women*, ed. R.
	Reiter, New York: Monthly Review Press.

──────(ed.) (1975), *Toward an Anthropology of Women*, New York: Monthly Review Press.

Rosaldo, M. Z. and L. Lamphere(eds.) (1974), *Woman, Culture and Society*, Stanford: Stanford University Press.

Sanday, P. R.(1974), "Toward a Theory of the Status of Women," *American Anthropologist*, 78.

Sands, W. F.(1931), *Undiplomatic Memories: The Far East 1886~1904*, London: John Hamilton, Ltd.

Slocum, S.(1975), "Women the Gatherer: Male Bias in Anthropologist," *Toward an Anthropology of Women*, ed. R. Reither, New York: Monthly Review Press.

Stack, C. B.(1972), "Sex Roles and Surviving Strategies in an Urban Black Community," *Woman, Culture and Society*, ed. M. Rosaldo and L. Lamphere, Stanford: Stanford University Press.

Strathern, M.(1972), "An Anthropological Perspective," *Exploring Sex Differences*, ed. B. Lloyd and J. Archer, New York: Academic Press.

Tanner, N.(1974), "Matrifocality in Indonesia and Africa and Among Black Americans," *Woman, Culture and Society*, ed. M. Rosaldo and L. Lamphere, Stanford: Stanford University Press.

Tiger, L.(1970), *Men in Groups*, New York: Vintage Books.

Washburn, S. L.(1968), "The Evolution of Hunting," *Man the Hunter*, ed. R. E. Lee and E. Devore, Chicago: Aldine.

Weiner, A.(1976), *Women in Value, Men of Renown*, Austin: University of Texas Press.

제7장

가부장 체제를 넘어서: 생명 존중의 사회를 향한 여성 해방 운동

1. 머리말

앞의 논문들에서 가부장 체제가 얼마나 긴 기간과 광범위한 영역에 걸쳐 우리의 삶을 통제해왔는지 살펴보았다. 특히 현대 가부장적 억압 구조의 분석을 통해 우리는 개인의 일상적 삶의 짜임이 거대 정치·경제 영역의 구조적 동태와 극히 밀접하게 엇물려 있으며, 이 두 영역의 상호 작용 기제에 대한 이해 없이는 역사에 대한 바른 인식이 불가능함을 알게 되었다. 이 장에서는 가부장적 문명의 막바지에서, 인류 사회 전체의 붕괴를 눈앞에 두고 '여성'이 변혁의 주체로 등장하게 된 의미를 되새겨보고 한국 여성 운동의 앞으로의 과제와 운동 양식을 논의하고자 한다. 본론에 들어가기 전에 먼저 여성들이 현재의 위기를 극복하는 데 공헌을 할 가능성이 높다는 전제의 근거를 '여성 문화의 형성'이라는 측면에서 간단히 정리해보자.

'새로운 사회 창조'에 있어서 '여성'의 위치에 관한 의미있는 논의는 여성이 지금까지 역사 형성에 중요한 역할을 하지 못하였으나 앞으로는 매우 중요한 몫을 담당하게 될 것이라는 주제를 살펴보는 작업에서부터 시작되어야 할 것이다. 다시 말해서 남성이라는 집단에 대비되는 여성 집단은 긴 역사를 통하여 사회의 주도적 문화를 창조하는 작업에서 소외되어왔다는 사실과 그럼에도 불구하고, 또는 그렇기 때문에 여성은 현대 사회의 위기를 극복할 대안적 문화 창조의 잠재력을 갖고 있다는 주장의 근거와 의미를 따져보아야 한다는 것이다. 이는 곧, 소위 '여성 문화'란 것이 존재할 수 있는지, 또 존재한다면 그 내용과 형식은 어떠한 것이며, 기존의 지배 문화를 변형시켜나갈 가능성은 어디에서 나올 수 있을지의 논의와 직결된다.

문화를 "삶을 공유하는 성원들이 상호 작용하는 과정 속에서 산출되는 하나의 통합적인 이념 체계 *ideational system*이자 그것을 끌어내는 방법론"으로 이해한다면, 여성 문화란 곧 여성들이 역사적 경험을 통해 형성하고 전수하여온 의미의 체계로 파악될 수 있다. 따라서 여성 문화에 대한 논의는 한 사회내에서 여성이 영위해온 경험 세계가 남성의 것과는 상이하다는 것을 전제할 때 가능한데, 남성과 여성이 갖는 상이한 경험 세계는 생물학적 차이에 근거한다기보다는 각 사회 나름의 성차(性差)에 대한 해석에 근거하기 때문에 사회 구조에 따라 매우 다양한 모습으로 나타난다. 다시 말해서 한 개인이 활동하는 데 있어 성에 따른 제한이 적은 사회에서는 뚜렷이 '여성 문화' 또는 '남성 문화'라고 지칭할 무엇을 찾기가 어려울 것이며 반면 성이라는 변수를 사회 조직의 주요한 기준으로 삼을 경우 이 사회는 뚜렷이 구별되는 '여성 문화' 또는 '남성 문화'를 갖게 되는 것이다. 지구상에 존재해온 상당수의 문화는 남녀를 마치 상이한 종 *species*인 것처럼 다루어왔음을 보여주고 있다. 따라서 여성과 남성이 상당히 상이한 삶의 이미지, 문제 인식 구조, 문제 해결의 양식과 논리 체계를 발전시켜왔을 가능성은 매우 높다.

이런 근거에서 현재 지구상의 대다수의 사회에 여성만의 체험에 근거한 '여성 문화'가 존재한다고 보고, 모성의 체험과 지배 문화에서 소외된 집단으로 살아온 여성의 체험에 초점을 맞추어서 여성 문화가 현대의 위기 상황에서 더 이상 하위 문화로 머물지 않고 상황

극복을 위해 어떤 공헌을 할 수 있을지 그 가능성과 방법을 논의하고
자 한다.

2. 여성의 잠재력

I. 생명을 잉태하고 기르는 존재로서의 여성

여성의 모성성이 기존의 병든 문명을 치유할 커다란 잠재력을 가
지고 있다는 주장은 이미 19세기경부터 서구의 여성 운동가들에 의
하여 이루어져왔다. 19세기말부터 20세기초에 걸쳐 활발히 전개된
여성 참정권 운동이 신분제 철폐와 만인 평등 사상에서 비롯되었음
은 주지의 사실이나 당시 많은 여성들은 단순한 여성 권리의 차원에
서보다 남성적 악(惡)에 반한 여성의 덕(德)을 사회에 심으려는 뜻에
서 이 운동에 적극 참여하였던 것으로 보인다(Black, 1983: 299~300).
이들은 여성이 '모성적 · 협동적 · 평화적' 덕목을 갖춘 존재이므로
여성들이 힘을 모으면 사회에 "질서와 풍요와 안정을 가져다줄 것"이
라고 보았다. 당시 유럽 사회의 극단적 불안과 결함을 치유하기 위해
서 여성의 적극적인 정치 참여는 절대로 필요하다는 것이었다. 버지
니아 울프는 1916년에 쓴 어느 편지에 다음과 같이 쓰고 있다.

나는 『더 타임스』 아침 신문을 읽으면서 더욱 더 페미니스트가 되어
가고 있다. 이 어처구니없이 반역적인 남성들의 연극(전쟁) 속에 또
하루를 더 보내야 할 것인가? 활기찬 젊은 여성이 선두가 되어 여성들
을 한데 모아 전쟁을 끝장낼 때가 되지 않았는가. (Black, 1983: 300에
서 재인용)

그 이후에도 마가렛 미드를 포함한 많은 여성 운동가 내지 사상가

들은 여성의 '어머니'로서의 체험에 주목하여 여성에 의해 주도되는 국가는 생명에 대해 더욱 관심을 가질 것이기 때문에 덜 폭력적이고 덜 제국주의적일 것이라고 주장했다. 그러나 이러한 논의는 1960년 대 이후 여권 신장에 초점을 맞춘 운동가들에 의해 '성 차별적'이라는 비난을 받게 되고 한동안 여성 운동은 어떠한 형태의 성차도 부정하려는 방향으로 나아갔다. 그 배경을 간략히 살펴보자.

공업 자본주의화가 본격적으로 전개됨에 따라 여성의 삶과 관련된 상황은 크게 변화된다. 사회가 개인의 능력에 따른 전문 직업인과 많은 노동자를 필요로 하게 됨에 따라 여성이 대거 직업 전선에 진출하게 된 것이다. 특히 세계 양대 전쟁으로 인하여 많은 여성들은 이전에 남성들이 담당해온 역할을 떠맡게 되었다. 이에 따라 여성도 남성이 할 수 있는 일을 해낼 수 있으며 소위 '수학'과 '물리학'을 할 수 있는 두뇌를 가졌다는 것이 밝혀졌으며, 지배층과 여성 쪽 모두에서 이 점을 강조할 필요성을 느꼈다. 자연히 이때 일어난 여성 운동은 여성이 사회·경제적으로 독립하는 것을 가능케 하는 작업에 초점이 맞추어졌으며 성차를 전면 부정하는 극단적 방향으로 치달았다. 실제로 전문화 사회에서 어느 특정 직종과 특정 성 *gender*의 심리적 성향간의 상관 관계를 찾기는 어려운 일이다. 각 사회의 구성에 따라 특정 직종이 남자들에 의해 전담되기도 하고 반대로 여자들에 의해 전담되기도 하는 경우를 흔히 찾아볼 수 있다.[1] 경제적 조건의 변화와 피임법의 개발, 그리고 개인의 자유 의지를 존중하는 사상이 뿌리내림에 따라 여성들은 남성의 영역에 본격적으로 진출하게 되었으며 여권 운동가들은 이대로의 진행이 곧바로 여성에게 평등한 권리와 인간다운 삶을 보장해줄 것으로 낙관하였다.

---

1) 비근한 예로 1960년대 미국의 경우 의사는 대부분 남자였으나 러시아의 경우는 반대였다. 이외에도 많은 비교 사회 문화적 연구가 이 점을 밝혀내고 있다. 더 자세한 논의는 장필화(1986) 참조.

그러나 최근 경제 침체가 계속되자, 서구 여성 운동의 주도층을 이루어왔던 중산층 여성들은 적어도 자기 계층에 한하여서는 상당히 열리기 시작한 기회 구조에 안주하려는 경향을 보이게 되었다. 이에 여성 운동은 주춤거리기 시작했으며, 여성 운동가들은 여성의 개인적 권리 신장에 지나친 강조점을 두어온 종래의 운동 목표와 방법에 대해 회의를 품게 되었다. 많은 여성의 직업 진출에도 불구하고 여전히 여성의 종속은 지속되고 남성과 여성간의 진정한 대화는 열리지 않았으며 여성의 대다수가 경제적 빈곤 속에 빠져 있음에 주목하여 반성이 일기 시작하였다. 이런 배경에서 모성 체험을 중심으로 한 성차에 대한 재해석과 여성주의적 문화 운동에 대한 논의가 다시 제기되었다.

성에 따른 자질 및 성향의 차이에 대한 최근의 논의를 초도로우(Chodorow, 1974: 1979)와 오브라이언(O'Brien, 1980: 1983)의 논지를 중심으로 살펴보자.

이미 5장에서 자세히 논의한 바 있듯이 초도로우(1974)는 부모-자녀 관계 형성이 인성 발달에 미치는 영향을 분석하여서 어머니(여성)가 초기의 자녀 양육을 독점하기 때문에 남녀의 심리 구조가 다르게 나타날 수밖에 없음을 밝혀내었다. 그는 출산 초기부터 여성인 어머니가 젖을 먹이고 보살핌으로 아기는 어머니와 매우 강한 일차적 유대 관계를 맺게 된다는 점에 주목하였다. 초기에 형성된 어머니와의 동일시 관계에서 벗어나 스스로 개체성을 확립해가는 과정에서 아들과 딸은 매우 다른 과정을 거치게 되는데 어머니와 성이 같고, 같은 일을 담당할 딸은 직접적 상호 작용, 즉 '인격적 동일시'를 통하여 자아감과 성 정체감을 확립해나가게 된다. 반면 아들은 어머니와 자신이 다르다는 것을 인식하게 되고 그로부터 분리를 시도하면서 새 모델을 찾게 된다. 현대 사회에서 아버지는 주로 가정에서 멀리 떨어진 곳(직장)에서 대부분의 시간을 보내므로 아버지와 동일시하고자 하는 아들은 실제로 그와 충분한 상호 작용을 할 수 없다. 따라서 아들은 소위 남성의 역할과 고정적 이미지에 자신을 맞추는 '위치적 동일시'를 통하여 남성됨을 배워가야 한다. 아버지와 직접적 관계를 맺지 못할수록 아들은 어머니가 가진 남성에 대한 고정 관념과 또래 집단의 영향, 또는 매스컴을 통한 간접적 지식에 의존하여 자신의 성 정체감을 익혀가야 하는 것이다. 이 과정에서 남자 아이는 이제까지 어머니와 맺어온 의존 관계를 거부하려 하게 되고 '반여성다움'을 남성다운 것으로 이해하며 정형화된 남성상에 집착하는 경향을 보이게 된다. 즉 여성을 비하함으로써 자신의 남성성 내지 개성이 확립된다고 믿게 된다는 것이며, 이런 인성 발달 과정상의 문제로 인하여 남성은 독립적이나 불안한 정체감을, 여성은 상호 의존적이나 안정된 정체감을 발전시키게 된다는 것이다.

여기서 여성 문화와 관련하여 강조되어야 할 부분은 모성적 자질과 성향에 관해서이다. 이 과정을 통하여 여아는 자연스럽게 '어머니 노릇'을 하는 것을 습득하고 또 원하게 된다. 그러나 남아는 정체감 확립 과정에서 오히려 이제까지 어머니와의 유대 관계를 통해 자신의 내부에 길러온 모성성을 거부하면서 독립하는 데 집착하게 되고, 자신의 개체적 존재를 확인할 분명한 목표와 일을 필요로 하게 된다. 여성의 모성성과 남성의 성취적 도구성은 이러한 인성 발달 과정의 직접적 산물이라는 것이다.

디너슈타인 D. Dinnerstein(1977)은 초기 어머니의 영향력과 권력을 더욱 강조하여 이 어머니의 권력에서 벗어나려는 과정을 남성 특유의 지배욕과 관련시키고 있다. 아들은 어머니의 '독재'에서 벗어나 자신의 개체성을 확립하기 위해 불가피하게 강한 지배 욕구를 발전시키게 된다는 것이다. 이렇게 초기 성장기부터 여성은 구체적 관계를 통하여 자신을 확립하고 감정 이입적 이해로 남을 보살피고 구체적 삶에 관여하는 능력을 기르나, 관계를 거부하고 차이를 강조함으로써 정체성을 확립해야 하는 남성은 개체성 · 추상성 · 도구성과 지배 관계의 틀에 매달리는 경향을 갖게 된다. 그리고 이러한 성에 따른 기질의 차이는 후기에 성 역할 사회화와 실제 역할 수행 과정을 통해 더욱 강화되어짐을 알게 된다.

이와 비슷한 맥락에서 오브라이언 O'Brien(1981)은 출산에 있어서의 상이한 체험과 역할 분담이 여성과 남성간의 사유 방식의 차이로 이어짐을 밝히고 있다. 오브라이언은 출산 과정에서 남성의 참여가 극히 미미하다는 현상에 주목하고 있다. 특히 출산 직후 여성은 아이와 분리를 경험하면서도 여전히 그 아이가 자신이 진통을 해서 낳은 자신의 아이라는 구체적 느낌을 가지며 이로써 장구한 종 *species*의 존속 과정에 통합되는 경험을 갖게 되는 데 비하여 남성은 이러한 구체적 경험에 토대를 둔 '재생 의식 *reproductive consciousness*'을 갖지 못한다는 것이다. 즉 남성의 출산에 대한 느낌과 부성의 확인은 오직 결혼 등 문화적 기제를 통해 매개될 수밖에 없으며 따라서 남성의 사회내 자리매김은 여성의 것과 비교할 때 문제성을 띤다는 것이다. 남성에게 있어 종의 존속은 결국 추상적인 것일 뿐이며 바로 이 체험의 결여는 남성이 자연을 통제하고 남을 지배하려는 경향을 갖게 된 것과 상관 관계를 갖는다는 것이다. 반면 여성은 출산과 육아의 체험을 통하여 자연과 조화로운 관계를 맺고 그 연속성을 확인하게 되어 남성과는 매우 다른 자연에 대한 인식을 갖고 있다는 것이다.

모성적 체험과 부모-자식 관계에 초점을 맞추어온 이러한 연구가 공통적으로 강조하는 것은 경험의 이분화가 사고 성향의 이분화를 낳았다는 점이다. 이러한 이분화는 무의식적 사고 구조의 차이에서부터 구체적 관심의 차이에까지 걸쳐 나타나는데 우선 코넬, 터시웰 Cornell and Thurschwell(1987)과 버틀러 Butler(1987) 등은 개체의 특성을 분리성과 차이성에서 찾는 이분법적 논리 구조가 남성 지배 체제와 밀접한 상관 관계를 갖고 있음에 주목해왔다. 그리고 이 이원론적 사고 구조는 여성 억압뿐 아니라 자연 파괴적 세계관의 바탕이 되어왔다고 보고 궁극적으로 인간간의 관계, 그리고 인간과 자연간의 관계를 규정해온 이원론의 극복 가능성은 우주 질서를 유기적으로 파악하고 상호 의존성을 인식해온 여성들에게서 찾아질 가능성이 크다는 점을 강조하고 있다. 이슬리(B. Easlea, 1987) 역시 그의 논문, 「가부장제, 과학자와 핵전사들」에서 현대 문명의 핵심으로 간주되어 온 물리학과 그 산물인 핵무기를 가부장제와 관련시켜 논의하고 있다.

이분법적 논리 구조에 대한 이러한 비판은 매우 최근에 시작된 논의로 아직 미숙한 수준에 머물고 있다. 이에 비해 구체적 관심과 감성의 차이에 대한 논의는 이미 앞에서 언급한 대로 19세기부터, 특히 문학인들에 의하여 끊임없이 이루어져왔다. 여성은 자신의 수고와 고통을 통해 생명을 태어나게 하고 기르기 때문에 생명을 더욱 귀히 여기고 평화를 지키고자 한다는 것이다. 따라서 여성은 남성에 비해 덜 폭력적이고 생명을 희생시키는 전쟁을 더욱 혐오하며 종의 존속에 더욱 민감하다는 것이다. 이는 일반적인 사회 현상(범죄자의 비율, 폭력의 사례 비교 등)을 보아도 상당히 타당성있는 지적이다. 실제 민족지 자료에서도 여성의 권한이 센 사회는 그렇지 않은 사회에 비해 덜 경쟁적이고 평화로운 사회임이 드러나고 있다.

한편 역사적으로 일어나는 여성의 항거에서도 이 점은 분명해진다. 일제 식민 정부가 식량을 징수해갈 때 가족을 위해 단체 행동에 들어간 제주도 해녀 항쟁, 1929년 식민 정부에 항거하여 관청을 공격한 동나이지리아의 이그보 Igbo 여성 투쟁(Ifeka Moller, 1975), 전쟁을 위한 식량 배출을 거부하는 이로코이 인디언 장로 여성들의 결정에서 우리는 공격은 거부하나 자손들을 위한 방어는 불사하는 생명을 주는 자 *life giver* 로서의 여성의 힘을 엿보게 된다. 이 생명의 원리를 지키려는 여성의 의지는 문학에서 자주 형상화되어온 부분이다. 국가의 법을 무시하고 오빠의 시체를 묻으며 인간이 해야 할 일을 했을 뿐이라고 법정에서 당당하게 진술하는 그리스 비극의 주인공 안티고네에서 그 대표적 예를 보게 된다. 한국 소설에 종종 등장하는 당당한 여성 주인공(예를 들어 김명희의 『혼불』, 박경리의 『토지』, 김정한의 「가야부인」 등)의 감히 범하지 못할 위엄 역시 자신의 여성적 체험을 신뢰하고 자연과 생명에서 힘을 끌어낼 수 있었던 모성성에 근거한다.

여기서 남성 중심적 모성 찬양론이 여성 해방적 모성주의와 표면적으로 같은 듯하지만 실제는 전혀 다르다는 것을 분명히할 필요가 있다. 현대 문학에서 남성 중심적 작가에 의해 또는 항간의 남성들에 의해 찬양되는 모성애를 분석해보면 그것은 결국은 '암컷의 강한 동물적 충동'이며 그렇기 때문에 '처절한 아름다움'으로 인식되고 있음을 보게 된다. 그들은 모성이 임신과 출산의 수고 그리고 자녀를 보살피는 과정에서 자라나고 길러지는 즉 문화적 활동의 산물임을 보지 못하고 있다. 이들에게 있어 어머니의 희생과 고통은 본능적인 것이고, 모든 여성은 모성적 본능 수행 자체에서 만족을 얻는 것으로 인지된다. 따라서 모성은 문화적 차원에서 분석될 성질이 아닌 것이다. 이러한 유의 모성 찬미는 여성 비하와 마찬가지로 여성을 남성과 대등한 사회적 인간으로 인정하지 않고 환상의 대상으로 고착화시키는 가부장적 감상주의의 일면으로, 힘없는 집단을 그 자리에 불만 없이 머물러 있게 하려는 또 다른 기제가 되어왔다. 독일의 나치 치하에서도 여성의 모성성이 극히 칭송되었다는 사실은 모성성의 찬미가 극히 보수적이고 인간 억압적인 음모를 숨기고 있을 가능성을 충분히 드러내는 사례일 것이다. 가부장적 모성 찬양론은 결국 모성을 남성 위주로 제도화시킴으로써 여성이 모성을 진정한 자신의 체험으로 삼는 것을 방해해온 것이다.

여기에서 우리는 다시 두 가지 질문을 하게 된다. 하나는 모성성이 결국은 생물학적 성차에 의한 것이냐는 질문이며, 또 하나는 여성의 모성성을 어떻게 사회의 기본 원리로 확대해나갈 것이냐에 대한 질문이다.

전자의 경우 만일 모성성을 생물학적 사실과 직결시킨다면 모성성은 결국 자녀를 낳아본 여성 개개인들만이 갖게 되는 성향을 지칭하게 된다. 그러나 우리는 실제로 출산과 육아의 경험이 여성을 갑자기 모성적으로 만드는 것이 아님을 알고 있다. 이미 초도로우의 논의에서 본 것처럼 모성성은 사회적 관계를 통해서 길러지고 학습되는 것임을 분명히해야 할 것이다. 모성적 체험은 장구한 시기를 통해 문화적 차원에서 하나의 가치와 행위 양식으로 여성들간에 공유되고 전수되어온 것이다. 여기서 모성성이 사회의 지배적 원리로 확대되지 못한 현상의 의미와 사회 권력 구조내에서 소외된 집단으로서의 여성의 삶이 새로운 문화 창조에 갖는 의미를 살펴보도록 하자.

Ⅱ. 지배 문화에서 소외되어온 여성

여성은 오랜 역사를 통해 가정에 머물면서 가정을 넘어선 소위 공적 영역의 활동에서 제외되어왔었다(de Beauvoir, 1964; Ortner, 1974; Rosaldo, 1974). 가족은 사회 제도 중 가장 자연에 가까운 제도로 인지되어왔으며(Ortner, 1974) 여성은 역사와는 무관한 이러한 자연적 단위의 성원으로만 존재할 것이 요구되어왔다.

비교 문화적 자료를 보면 보편적으로 (1) 여성의 역할은 남성의 역할보다 덜 중요한 것으로 간주되었으며; (2) 여성은 높은 사회적 권위를 지닌 직분에서 배제되었고; (3) 여성의 열등성을 강조하는 상징적 제장치가 존재해왔음을 알게 된다. 여성이 상당한 권력과 권위를 지녔던 크로Crow 인디언 부족 사회에서조차도 여성은 성스러운 대상에 접근하는 것이 금지되었고 월경은 오염된 것으로 위험시되어왔다. 여성의 노동력과 출산력은 공적 조직(친족·국가 등)에 의해 철저히 통제되어왔으며, 여성은 자신의 체험과 유리된 지배 이념을 수용하고 남성들이 만들어낸 언어를 통해 자신을 표현하여야 했다.

인류 역사에 가장 최초로 나타난 이러한 남녀의 불평등 관계는 그 장구한 억압에도 불구하고 최근까지도 단순히 자연적이고 기능적 분담의 현상으로 인지되어왔을 뿐, 권력 구조의 문제로 인식되지는 못하였다. 남녀 관계는 노예제·계급 갈등 및 인종 차별 현상과는 달리 매우 친밀한 일상적 상호 작용을 통해 지속되는 관계이므로 그것을 대립적 집단간에 일어나는 구조적 문제로 보기에 어려움이 따랐던 것이다. 공적 영역으로 진출이 가능해진 상황에서 비로소 여성들은 자신이 완전한 사회 성원이 되는 것을 방해하는 거대한 보이지 않는 압력을 느끼기 시작했으며, 새로운 사회 질서를 추구하게 된 것이다.

이미 간략히 언급했듯이 여성 억압은 크게 두 가지 차원으로 나누어볼 수 있다. 하나는 상당히 구체적인 물적 토대를 다루는 노동력 및 출산력 차원이고, 다른 하나는 사회의 중심적 커뮤니케이션 과정에서 배제되는 문화적 차원이다. 이 글이 여성의 실천 의지에 관한 것인만큼 문화적 차원에서의 배제 현상에 초점을 맞추어보자.

아드너 E. Ardener(1975: 21)는 억압 집단이 갖는 하나의 주요 특성을 그들이 지배 집단에 비해 자신의 입장을 제대로 표현할 수 있는 구사력을 갖지 못한 점 *inarticulateness*, 즉 벙어리됨 *mutedness*에서 찾고 있다. 그는 이것을 계급적 억압이든 인종적 억압이든 여성 억압이든 관계 없이 모든 불평등 관계에서 발견되는 공통적 특성으로, 지배적 커뮤니케이션 체제에서 소외되어왔음을 드러내는 증거로 보고 있다. 억압적 상황에 놓인 집단은 한결같이 자신을 표현하는 데 있어 어려움을 겪는데, 그것은 자신들이 지배 집단의 언어를 빌려서 표현해야 하기 때문이라는 것이다. 단적인 예로서 대부분의 여성은 진정으로 자신이 원하는 것이 무엇인지 질문을 받았을 때 대답을 못하는데, 이는 자신의 경험을 스스로의 사고를 통해 설명할 수 있는 어떤 언어와 틀을 갖고 있지 못하기 때문이라는 것이다(Firestone, 1972: 149). 여성적 인성에 관해 30년간 연구를 해온 프로이트가 끝내 "도 대체 여성이 원하는 것이 무엇인가?"라고 물을 수밖에 없었던 것은 그가 여성이 처해 있는 이러한 특수한 구조적 조건을 보지 못했기 때 문이라는 것이다(S. Ardener, 1975: 44). 이런 시각에서 볼 때 '지배' 란 곧 한 집단이 다른 집단의 자체 실현 및 표현의 잠재력을 억제하 여 그 집단의 경험이 보이지 않고 들리지 않게 하는 것을 의미한다.

그러나 여기에서 주목할 것은 억압 집단이 지배 문화에서는 인정 하고 있지 않은 형태의, 그들 나름의 문화를 갖고 있을 가능성이다. 아드너 S. Ardener(1975: xiv~xv)는 지배 집단의 문화적 독점은 표면 적 현상일 뿐이고 심층적으로 볼 때 '벙어리된' 집단은 그들 나름의 대비적 문화의 모델 *counterpart model*을 갖고 있다고 보고 있다. 더 나아가 '벙어리된' 집단은 지배 문화와 자신들이 공유하고 있는 모델 간을 연결하고 변형시키는 규칙과 코드 *code*를 갖고 있으며 상황에 따라 의식적으로든 무의식적으로든 이 두 세계를 넘나든다는 것이 다. 예를 들어 집시들은 매우 차별받는 이방 집단으로서 자신들이 잠 시 머물게 된 지역의 주민들에게 그 주민들이 기대하는 바대로 복종 적이고 겸손한 태도를 취하지만 동시에 그들은 따로 자신들의 사적 세계를 확고히 갖고 있다. 그들의 대비적 인식 모델에 따르면 정착 주민은 존경스러운 존재가 아닐 뿐 아니라 반대로 오염된 존재로 인 지되고 있다. 이러한 자신들만의 모델을 통하여 억압 집단은 지배 집 단이 인식하지 못하는 만족과 보상을 경험하고 자긍심을 가지며 살 아온 것이다(J. Okely, 1975). 이를 여성의 경우에 적용시켜보면, 여성 들은 자녀와의 관계에서 오는 기쁨과 생명의 존귀함을 모르는 남성 의 존재를 매우 측은하게 느껴왔다든가, 누군가의 보살핌에 의존하 지 않고는 삶을 꾸려가지 못하는 남성들을 '아기'의 범주에 드는 미 성숙한 존재로 인지하여왔을 가능성이 충분히 있음을 알게 된다. 그리고 이들의 생각은 지배 언어와 그것의 표현 방식에 의존하기보다 완곡하고 간접적이며 상당히 함축적인 자기들만의 상징을 통해 표현되고 있을 가능성이 높다. 인식 모델에 대한 위의 논의를 종합해보면 다음과 같은 그림으로 단순화시켜볼 수 있다.

〈그림-1〉 두 불평등 집단간의 인식 모형

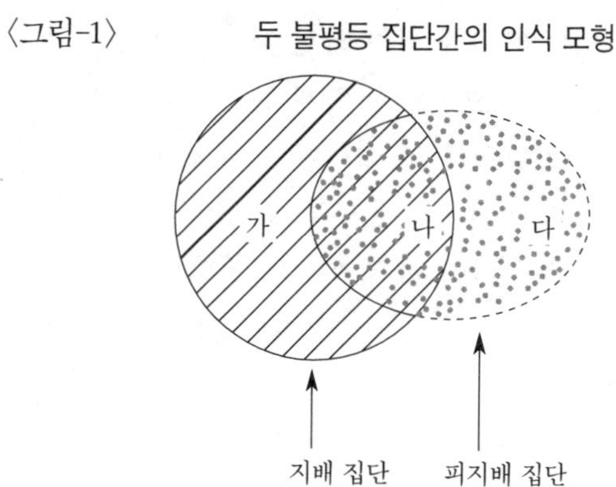

―― 지배적 인식 모델에서 인정되는 영역
----- 지배적 인식 모델에서 인정되지 않은 영역
※두 모형을 다르게 그린 것은 양집단의 경험 세계의 내용과 형식이 다름을 나타냄.

가영역이 나타내는 것처럼 억압 집단은 지배적 인식 모델의 창조 작업 그 자체에는 별로 참여하지 못한다. 그러나 나영역에서 이 두 집단은 상호 작용을 하며, 피지배 집단은 상호 작용을 강요당한 입장에서 지배 집단에 의해 규정된 모습으로 지배 집단과 관계를 맺게 된다. 한편 다영역은 피지배 집단에서 남겨진 영역으로 일반적으로 갖가지 형태의 소극적 저항을 포함한다. 지배 집단은 저항의 힘이 상당히 커지기 전까지는 그것에 대해서 무지하거나 관심이 없다. 일반적으로 문화라고 할 때 그것은 가와 나영역만을 의미한다.

이런 차원에서 볼 때 억압된 집단의 해방이란 그 집단이 지배 집단의 언어나 인식 범주를 통하지 않고 체험을 그 자체로서 할 수 있는

396

상태를 뜻한다. 즉 〈그림-2〉의 중간 도표에서처럼 점선이 선으로 이어지는 상태로서 이는 다시 전체 문화 자체의 확대 내지 근본적 재구성으로 이어진다. 기존의 주도적 문화의 기본적 전제와 가치관이 도전을 받는 현재의 시점에서 이러한 변혁의 가능성, 즉 '벙어리된' 집단에 의해 유지되어온 가치와 전제들이 대안적 모델로 부상할 가능성은 매우 높다.

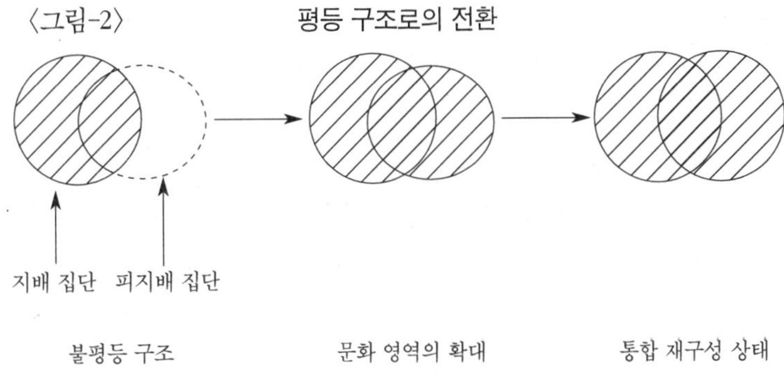

아래에서 억압된 집단으로서 여성의 존재가 갖는 역사적 의미를 (1) 주변인이 갖는 비판적 시각; (2) 배제됨에서 오는 '오염'의 정도; 그리고 (3) 억압된 집단이 갖는 불평등에 대한 감수성으로 세분하여 살펴보자.

Ⅱ-1 주변인으로서의 시각

주변 집단이 핵심 집단보다 위기 체제를 바로잡아가는 데 더 큰 공헌을 할 잠재력을 갖는 것은 그들이 기존 체제를 비판적이고 총체적으로 볼 수 있는 위치에 서 있기 때문이다. 체제의 중심부에서 자신이 만들어낸 언어를 사용하며 살아온 사람들은 그 체제의 한계를 객관화시켜 보기 힘들다. 설혹 체제의 문제를 인정하게 되었다 하더라도 그들의 혁신적 구상에는 한계가 있다. 그러나 기존 체제에 살아남기 위해서 핵심부와 주변부를 왕래하며 살아야 했던 주변인은 마치 현장에서 참여 관찰을 하는 문화인류학자처럼 두 개의 세계를 경험하고 비교해볼 기회를 가지며 이에 대해 성찰할 기회를 갖는다. 이로써 주변인은 기존 체제를 더욱 객관적이고 상대적으로 볼 눈을 갖게 되는 것이다. 주변인의 이러한 비판적이고 객관적일 수 있는 입장은 더 나아가 대안적 문화를 제시하는 창조적 에너지의 근원이 될 가능성이 높다. 창조란 기존의 상황을 넘어서는 작업으로 기존 체제에서 벗어나는 경험이 없이는 이루어지기 힘들기 때문이다.

Ⅱ-2 배제된 존재로서의 여성의 가능성

억압된 집단으로서의 여성의 가능성을 논의할 때 주목될 두번째 변수는 '배제됨' 자체와 관련된다. 한 사회 체제가 문제가 있는 병든 체제일 때 사회의 핵심부에서 배제되어왔다는 것은 곧 병든 문화에 덜 오염되어 있다는 것을 의미한다. 즉 '공공의 악덕'에서 그만큼 면제되어 있을 가능성이 크다는 것이다. 예를 들어보면 여성들은 돈(자본)이 궁극적 힘을 행사하는 자본주의 세상에서 무보수의 가사 노동을 해왔으며, 눈에 보이는 업적만을 계산하는 성취주의 사회에서 아무런 보장된 보상도 없이 아이를 기르고 노인을 보살피며 인간 관계를 맺는 일에 몰두해왔다. 전문화된 조직 사회에서 여전히 비전문적인 잡다한 일을 하며 가족 구성원의 감정 관리를 하고 그들을 한데 묶으며 가족 성원 공동의 안녕을 우선시해왔다. 이는 물론 여성 스스로가 원했던 것은 아닐지 모른다. 그리고 그것이 강요된 것이었을 때 그 경험 자체가 당사자 여성이나 상대방에게 역으로 더 많은 파괴적 결과를 가져올 수도 있다. 그러나 적어도 지금까지 여성들은 도구주의와 물질주의가 판을 치는 공적 영역에서 상당히 밀려나 있었기 때문에 그리고 밀려난 뒷전에서 모성적 역할을 해왔기 때문에 현대의 악덕을 내면화시킬 기회가 적었다고 볼 수 있다. 물론 여기서 현대 문명의 모든 것을 악덕이라고 규정하려는 것은 아니다. 이는 또 다른 파괴주의를 낳을 뿐이다. 또한 권력과 권위에 짓눌려온 여성들이 남성 못지않게 부패될 가능성의 여지는 분명히 있다. 그러나 여성들이 기존 체제로의 단순한 개인적 편입을 거부하고, 하나의 억압 집단으로서 그 체제를 비판적으로 보고 새롭게 만들어가기 위해서 나설 때, 여성의 '덜 오염된' 특성은 장점이 된다는 것이다.

현재 직장 여성이 직면하고 있는 적응의 경우가 이 문제를 이해하는 데 적합한 사례가 될 것이다. 일반적으로 여성이 기존의 남성 조직에 편입되었을 때 취하는 적응 방법은 세 가지로 나누어질 수 있다. 첫째로, 그 조직에서 살아남기 위해 기존의 남성 성원의 행위 양식을 그대로 모방하고 그의 악덕까지를 내면화시켜가는 경우가 있다. 이때 그는 조직에 완전 동화되는 것을 목표로 남성과 똑같이 위계 서열적 권위주의를 내면화하고 자신의 성공을 위해 남을 희생시키는 것을 주저하지 않을 것이다. 두번째는, 주변인 또는 여성 문화 성원의 입장에서 남성적 조직의 핵심을 끝내 이해하지 못하고 비판만 하다가 적응에 실패하는 중도하차의 경우일 것이다. 세번째의 적응 양식은 기존 조직에 최소한의 적응을 하되 궁극적으로 그 조직에 여성적 원리를 심어가는 경우이다. 이때 여성은 배제된 존재 즉 이방인으로서의 체험을 긍정적으로 발휘하여 조직을 변화시켜나가게 되는 것이다. 이 세번째 경우가 곧 배제된 집단의 성원으로서 자신의 잠재력을 발전적으로 성취해나가는 사례인 것이다.

II-3 억압된 집단으로서의 존재 경험

여성은 긴 가부장적 역사를 통해 억압당한 경험을 갖는다. 따라서 타인(여성)의 노동과 성을 당연하게 소유하고 이용해온 남성에 비해 여성은 타인의 노동이나 인간의 대상화에 예민한 감수성을 가지고 있을 가능성이 크다. 물론 현상적으로는 이와 반대의 경우가 더 자주 부각되어왔다. 여성이 권력을 쥐면 더 잔인하고 욕심을 부린다든가, 여성만의 조직이 더욱 경직되고 권위주의적일 수 있다는 관찰은 전혀 사실무근한 것만은 아니다. 여기서 여성이 억압된 집단으로 존재한 경험이 긍정적인 힘이 되는 것은 여성이 자신의 억압 상태를 인지하고 이를 극복하고자 하는 경우에 한한다는 단서를 붙일 필요가 있다. 피억압자가 지배 조직에 의해 '발탁' 되었을 때 억압자 이상으로 지배 문화를 고수하고자 할 가능성은 항상 있으며, 또 억압을 심하게 받고 있는 경우, 그는 더욱 화풀이로 자신의 밑에 있는 대상을 억압할 가능성이 있다. 이는 생존 전략이며 마치 노예가 노예를 부릴 때 더욱 잔인할 수 있다는 것과 같은 논리이다.

여성은 오랫동안 억압된 집단으로 살아왔기 때문에 소위 노예적 근성이라고 일컬어지는 것과 흡사한 부정적 성향을 많이 보여왔다. 편협한 사고와 보수성 · 피학성, 자신을 있는 그대로 드러내지 못하는 가면성, 상대의 심리 상태를 파악하여 교묘하게 이용하고 조종하는 경향, 극단적 수동성과 과민성, 과대망상, 그리고 여성을 여성 자신이 더 혐오하고 멸시하는 경향이 그것이다(J. Mitchell, 1973: 162; B. Friedan, 1968). 그러나 일단 여성들이 자신의 억압 상태를 인식하게 된다면, 그는 이미 인간 억압을 체험적으로 느껴온 터이므로 모든 종류의 억압에 민감하게 반응할 가능성이 높다. 자각한 여성은 억압된 존재로의 자신 속에 길러진 부정적 성향을 인지하고 극복해나감과 동시에 억압당하는 집단이 없는 사회를 만들려는 의지를 분명히 갖게 될 것이라는 것이다.

여성은 또한 피지배자로서 지배자와 공존하여 살아가는 동안 지배 집단이 갖지 못한 능력을 개발해왔다. 곧 자기 자신을 의심해보고 성찰하는 경향, 남의 입장에 서서 상대방을 이해하려는 감정 이입적 이해의 능력으로서 이것은 더욱 인간적이고 '함께 사는' 사회를 만들어가는 데 주요한 자원이 될 수 있다.

　이러한 여성의 가능성을 확인시켜주는 극적 전환은 이미 주변에서 종종 발견된다. 여성으로서의 유대감을 인식하게 됨에 따라 고질적인 적대 관계로 알려진 고부 관계가 곧 적극적인 지지 관계로 변화된 경우라든가 한 직장내에서 남성들의 인정을 얻기 위해 심하게 경쟁하던 여성들이 여성 억압에 대한 의식을 갖게 되면서 가장 친밀한 지지자로서 협동 집단을 이루어가게 된 경우가 바로 그것이다. 또한 진보적 여성 운동이 맺어온 여러 억압 집단 — 소수 민족·노동자·'게이 *gay*' — 과의 연대는 자신의 억압 상태의 자각이 자아를 확대시키고 평등의 원리에 더욱 철저하게 만든다는 점을 확실히 보여준다.

3. 한국 여성 해방 운동의 구체적 과제

　앞에서 나는 여성의 생명 창조자로서의 체험을 강조해왔다. 그리고 이와 관련하여 여성들이 지켜온 공동체적 관심, 관계 중심의 논리와 자연과 조화를 이루는 질서를 추구하는 면을 부각시키고자 하였다. 또한 나는 여성이 인류 문명, 특히 현대 문명의 주변적 존재로 살아왔다는 점에 주목하여, 그리고 체제의 위기란 곧 병을 고칠 힘이 기존 체제의 중심부에서 더 이상 나오지 못하는 상태를 뜻한다는 점에 주목하여 현 체제의 위기를 극복할 재활력소는 여성편에서 나올 가능성이 높음을 시사하였다.[2] 여성 해방 운동이 추구하는 것은 권력의 장악이 아니라 권력 그 자체를 해체하여 여성들의 체험에 맞는 형

---

2) 인류학 민족지를 보면 상당수의 인간 사회가 폭력적이기보다 협동적이었음을 알게
　된다. 폭력이 극히 구조화된 것은 정복과 국가 형성으로 분기점을 이루는 인류 역
　사의 1/1000에 해당되는 최근의 현상일 가능성이 높다는 점은 평화로운 사회를 이
　루려는 우리의 노력에 희망을 던져주고 있다.

태로 재구성하는 것이다. 즉 과잉 확대되고 집중화된 권력 영역을 축소시키고 분산시켜 각자가 자신의 삶의 주인이 되는 동시에 생명을 존중하는 공동체를 만들어나가는 것이다.

그러면 한국 땅에서 이 시대를 사는 여성들이 현재 이루어나가야 할 구체적 과제는 무엇일까? 그 '화해'와 공동체의 회복과 관련된 작업은 구체적으로 어떻게 전개되어야 할까? 이를 몇 가지로 정리해보자.

첫째로, 자각한 여성들은 무한정한 자연 착취의 시대를 마무리지어야 한다. 여성들은 자연을 '착취하는' 존재가 아니라 '가꾸어가는' 존재로서의 인간성을 회복시켜, 자연과 인간의 화해를 이루어가는 데 앞장서야 한다는 것이다. 여기서 현재 지구상의 많은 여성들이 다양한 사회 변혁 운동 중에서도 특히 반핵 운동과 생태계의 파괴를 막으려는 운동에 적극 참여하고 또 주도적 역할을 해온 근거를 보게 된다. "소년들로부터 장난감(무기)을 빼앗자"는 슬로건에 대해 반세기를 실제적인 전쟁, 그리고 가상적인 전쟁의 위협에 시달려온 한국 여성들은 특히 깊이 공감하는 바가 클 것이다. 이제 소년들에게 무기 장난감을 안겨줘왔던 어머니들도 그 무기가 종래 누구를 향해 쓰여질지 심각하게 묻기 시작해야 할 것이다. 공해와 오염으로 인한 자연의 죽음과 무고한 생명의 희생을 여성은 더 이상 방관해서는 안 될 것이다.

두번째로, 자각한 여성들은 민족 화해의 주체로 나서야 한다. 남북간·지역간, 그리고 계급간의 화해를 위해 나서야 한다는 것이다. 우리 땅의 분단은 크게는 무사와 상인들이 중심이 되어 북유럽 구석에서 일어난 한 문명이 세계로 확장되어가는 제국주의화의 과정에서 저질러진 범죄이며, 작게는 그러한 충격과 혼란 속에서 종래 민족 공동체의 미래를 포기해버린 우리 자신들, 특히 통치 구조의 취약성을 그대로 드러낸 사건이다. 서구 근대 문명은 도구적 이성을 토대로 물리적 이윤 추구를 공동체의 복지에 우선시키는 것을 정당화한 최초의 문명으로서 삽시간에 지구상의 모든 사회를 식민주의 · 제국주의, 그리고 전쟁으로 일관하는 피비린내나는 소용돌이 속에 몰아넣었었다. 한반도의 분단 역시 이 병든 문명, 인간을 추호의 주저함이 없이 권력과 이데올로기의 희생물로 삼아온 문명의 산물이며, 제국주의 국가들의 편협한 이윤 추구와 약소국에 대한 무지와 냉혹함을 여지없이 드러낸 세계사적 사건이다. 현재 사회주의 진영과 자본주의 진영내에 일고 있는 급격한 '만남'의 분위기는[3) 실로 이제껏 이데올로기 전쟁의 선두 주자로 뛰어야 했던 우리 민족에게 커다란 충격으로 다가오고 있다. 그리고 이러한 만남의 물결이 외부에서 일기 전에 우리가 먼저 만나지 못한 것에 대해, 즉 스스로 민족의 주체로 서지 못하고 있는 것에 대해 우리는 부끄러워하지 않을 수 없다.

여기서, 통일 논의가 극히 금기시되는 때에 이미 이 문제를 여성 운동과 연결시킨 논의가 있었다는 사실에 주목할 필요가 있다. 이효재(1979: 5)는 "외세에 의하여 결정되고 강요된 사상적 대립으로 일어난 국토 분단과 민족적 내립은 현대 사회에서 그 예를 찾아볼 수 없는 것이다(독일의 경우와도 다르다). 그런 데서 여성 운동이 어떻게 기여할 수 있을 것인가에 관한 이론적 · 방법론적인 제안은 우리 민족의 차원에서만 중요한 것이 아니다"라고 쓰면서 통일을 위해 담당해야 할 여성의 책임을 강조한 바 있다. 실로 한국의 여성 운동은 밖으로는 가부장적 원리의 핵심을 이루는 약육강식의 원리에 근거한

---

3) 나는 1987년 가을부터 1년간 영국 케임브리지대 사회인류학과에 머무르면서 사회주의 국가에 관한 강의 및 세미나에 참석할 기회를 가졌었다. 세미나에서 현재 중국, 월남이나 헝가리 등이 경제 발전의 모델로 삼는 나라가 한국이라는 말을 들을 때, 폴란드 반체제 운동가의 극단적 반소 감정을 대하게 될 때 또한 최근 소련 공산당 대회에서 일고 있는 '자유주의적 개혁의 기운'을 볼 때 또 유고슬라비아를 여행하면서 사회주의 국가와 자본주의 국가간의 거리는 급격히 좁아지고 있음을 피부로 느낄 수 있었다.

세계의 지배 질서에, 안으로는 '민족'과 '분단'의 이름으로 저질러온 온갖 비인간적 폭력과 억압에 대항하는 운동이 되어야 한다. 이때 여성의 참여는 기존의 통일 논의를 지지하고 심부름하는 소극적 수준에 머물러서는 안 될 것이다. 이제까지 사회 변혁 운동에서 여성들이 주로 담당해온 일시적 중재의 역할이나 무조건적 추종은 지양되어야 한다. 역사는 결과라기보다 과정이며, 통일은 물리적 통합을 의미하는 것이 아니다. 남북 통일은 우리 자신의 긍지를 회복하고 정치 역량을 길러 진정한 공동체를 형성해가는 과정으로서 그 참된 의미를 지닌다. 그리고 여기서 우리의 힘으로 뜻을 함께하는 민족 공동체를 이루는 것은 계급간·지역간의 화해 없이는 불가능하다는 것이 자명해진다.

나는 현재 남북간의 격한 대립의 벽을 허물어나갈 방안은 제3의 집단인 여성들에 의해 제기될 가능성이 높다고 본다. 통일을 이상적 방식으로 실현해나가기 위해 여성은 더욱 적극적으로 자신의 모성적이고 창조적 의지를 실현해나가야 한다는 것이다.

이는 곧 세번째 과제, 즉 집단내 민주화 작업과 연결된다. 여성 해방 운동은 집중화된 권력에 도전하여 민주적 토론의 활성화를 이루어가야 한다. 즉 권력의 직접적 통제뿐 아니라 진리를 보지 못하게 눈을 가리는 권력, 그리고 비판적 사고와 토론을 억압하는 모든 종류의 권력에 맞서야 한다는 것이다. 그럼으로써 여성들은 각자 자신이 속한 집단에 새로운 생명력을 불어넣을 수 있을 것이다. 자신의 가정 내에 존재하는 횡포·위선·억지와 노예 근성, 학교를 포함한 공공 영역에 팽배한 성공에의 집착, 권위주의, 경쟁과 거드름, 그 외 많은 형태의 집단에서 발견되는 배타성, 폐쇄성과 맹목적 적대감에 적극적으로 저항해나가야 한다는 것이다.

이 세 영역의 과제는 분리된 것이 아니라 실제는 하나이며, 이 하나의 목표를 위하여 한국의 여성 해방 운동은 더욱 다양한 체험과 목소리를 포용하고, 상호 협력적 연계 관계를 맺어가는 일에 앞장서야할 것이다. 획일주의와 전체주의의 위험이 커지고 있는 현재 한국에서 이 작업은 매우 중대한 의미를 갖는다.

4. 새로움을 심는 과정

그러면 여성들이 주체가 되는 사회 운동은 구체적으로 어떻게 전개될 수 있을까? 이를 단계적 작업으로 나누어 살펴보자. 첫번째 과정은 의식화의 단계일 것이다. 두번째는 문제 의식을 심화하여 여성의 체험과 목소리를 더욱 확실한 형태로 만들어가는 단계이며, 세번째는 이를 남녀 모두를 위한 새로운 사회의 원리로 통합, 재구성해나가는 단계이다.

I. 가부장제의 인식 과정

문제 인식의 단계에서 중요한 것은 여성이 얼마나, 그리고 어떻게 역사의 희생양이 되어왔으며, 그의 존재가 왜곡되게 규정되어왔는지를 파악하는 작업이다. 여성이 모성으로서의 존재, 노동자로서의 존재, 그리고 사고하는 존재로서 어떠한 억압을 받아왔는지를 분명히 인식하고 분노를 느끼는 단계라 하겠다. 이미 이 책의 2, 3, 4, 5장에서 이 주제를 집중적으로 다루었으므로, 여기서는 중복을 피하기 위해 더 이상의 논의는 생략하고자 한다.

II. 새로운 자아 발견과 여성 문화의 형성

여성적 체험에 대한 기존의 규정이 얼마나 왜곡된 것인지를 지각하게 되면서 여성은 자신의 체험을 기존의 감각이 아닌 새로운 감각으로 느끼고 보고 해석하기 시작한다. 이는 곧 기존의 가부장적 정보

통제 기제를 거부하고 여성의 의식을 발견하고 키워가는 '반항적' 작업을 뜻한다.

이때 여성은 "생각 자체를 다시 생각하는"(S. Griffin, 1981) 근원적 성찰 과정을 통하여 새로운 사고 범주와 언어를 창조해나가게 된다. 이 단계에서 여성은 항의하는 피억압자의 위치를 넘어서서 억압의 본질을 보고 자신 속에서 가능성을 찾는 비판적 사회 구성원의 위치에 서게 되는 것이다.

구체적 작업으로 우선 여성은 자기 자신의 개인적인 체험을 성찰, 재해석해나가기 시작한다. 특히 제도로서의 모성이 아니라 체험으로서의 모성, 물화(物化)된 성 *sexuality*이 아니라 관계로서의 성을 발견하고 자기가 원하는 삶의 모습을 구체화하기 시작한다. 다음 작업으로 개인적 체험을 사회적 수준으로 끌어올려 여성의 역사를 발견한다. 그리고 이를 통하여 사회와 가정이 인간에게 어떠한 자리였으며 어떠한 자리여야 하는지, 그리고 가정과 일터의 분리 구조가 여성에게는 어떻게 받아들여져왔는지에 대한 논의를 펼쳐나가게 된다. 이때의 논의는 다양한 방식으로 각 영역에서 전개되며 여성의 체험을 표현하는 과정에서 민주적 원리가 존중되고 새로운 표현 방식과 토론의 양식이 개발된다.

이 단계에서 가장 강조되는 것은 여성간의 유대이다. 여성은 자신과 경험을 공유하는 동료들과 토론을 시작해야 한다는 것이다. 이를 통하여 여성들은 "개인적인 것이 곧 정치(사회)적인 것"이 되는 체험을 하게 되며 자기 존재의 역사성을 확인하게 된다. 이때 여성은 남성에 대해 '분리주의적 입장'을 일시적이나마 취해야 할지도 모른다. '분리주의적 입장'이란 남성을 적대시하는 것이라기보다 남성에게 덜 신경을 쓰고 대신 여성에게 관심을 갖고 여성과 동일시하는 입장을 말한다. 그 동안 여성은 너무 오랫동안 남성의 삶에 관심을 갖고 남성을 위해 감정적·지적 자원을 쏟아왔기 때문에 이 불균형을 바로잡기 위해 분리주의적 입장은 불가피하다는 주장은 여성 운동 초기부터 있어왔다. 그 동안의 운동 경험을 통해 여성들은 논리만으로는 습관화된 가치 지향을 바꾸기가 거의 불가능하다는 것을 알게 되었던 것이다. 따라서 '도둑맞은 자원'을 여성 자신과 보다 나은 공동체의 실현을 위해 쓸 수 있도록 하기 위해서 남성(가부장적 가치를 철저히 내면화시킨 여성도 이 범주에 들 것이다)과의 상호 작용을 줄이고 여성만의 유대를 공고히하는 것이 얼마 동안은 절대로 필요하다는 주장이 상당한 설득력을 갖게 된 것이다(L. Spender, 1983; 아이젠슈타인, 1986).

실제로 이 단계에서 가장 중요한 것은 '자매애 *sisterhood*'이다. 여성들이 공통적 정체감을 확인하고 공동의 작업을 통해 자신들의 체험, 생각과 이상을 표현할 확실한 언어를 갖게 될 때 비로소 여성은 기존 문화를 재구성하기 위한 시도를 할 수 있게 된다.

구체적 가능성을 논의한다면, 여전히 가족이 극도로 중시되는 집단주의적 사회에서 여성이 개체로서의 자신을 발견하고 사율성을 확보해나간다는 것은 상당히 어려운 작업일 것임을 쉽게 알 수 있다. 오히려 단계적인 작업으로 모성의 승화 작업이 가능할 것으로 보이는데, 즉 전통적으로 아들과 동일시해온 여성이 딸과 동일시하기 시작할 때 커다란 변화를 기대해볼 수 있다는 것이다.

실제로 어머니와 딸과의 관계는 사회적 조건의 변화에 따라 많이 달라져왔다. 딸이 사회 활동을 할 가능성이 높아졌으며, 결혼 후에도 친정과 가깝게 지내는 것이 가능해졌다. 특히 자녀를 적게 낳게 됨에 따라 딸에게 보다 많은 관심과 기대를 쏟게 된 것은 사실이다. 주변에서 이미 딸 하나만 낳고 단산을 한 어머니들이 딸을 사회적으로 '성공'하는 인간으로 만들기 위해 헌신하는 경우를 쉽게 찾아보게 된다. 그러나 여기서 제안하는 '모녀간의 동일시'가 단순히 딸이 종래 아들만이 차지해왔던 자리를 차지하게 되는 것을 의미한다면 문제는 여전히 남는다. 그것은 도구적 모성을 발휘할 또 다른 대상으로서 딸의 발견을 뜻하는 것이 되기 때문이다. 진정한 동일시는 가부장적 억압을 느끼고 보게 된 어머니가 딸의 세대의 가능성에 대한 새로운 인식을 통해 자신 역시 새로운 정체감을 갖게 되는 것을 의미한다. 그것은 곧 딸을 자신이 순응해온 억압 체제에 순응치 않도록 기르는 과정에서 자신과 자신의 어머니의 상한 자의식을 회복하는 장기적인 의식화와 실천의 과정이어야 하는 것이다. 즉 '모녀간의 동일시'는 특정한 자신의 어머니를 포함한 '일반적 어머니'들의 한을 푸는 과정이며 동시에 특정한 자신의 딸을 포함한 '일반적 딸들'이 이루어갈 역사에 동참하는 과정이 되어야 한다는 것이다. 전통적으로 한국 여성이 강한 자의식을, 특히 어머니로서의 강한 자의식을 형성해오고 또 물려왔음을 감안할 때 이러한 동일시가 가져올 효과는 매우 클 것으로 보인다.[4] 이때 경계해야 하는 것은 핵가족에 고립되어 있는 의존적 심리의 나약한 어머니가 과도하게 딸과 동일시함으로써 오히려 딸의 자아 성장을 저해하게 되는 경우일 것이다. 이는 정신분석학에서 매우 심각하게 제기되고 있는 문제로서 한국 사회에서도 점차 '현대적' 어머니들에 의해 문제화되고 있다. 여성 자신이 자신의 삶과 사회 구조를 연결시켜 보지 못하는 경우 '모녀 동일시'는 오히려 동일시를 하지 않았던 때보다 더욱 딸에게 악영향을 미치게 되는 것이다.

---

4) 최근의 서구 여성 운동에서도 모자·모녀간의 관계가 핵심적 문제로 제기되고 있다. 1960, 70년대 여성 운동이 가정을 갖지 않은 젊은 여성들을 주축으로 하거나 가정으로부터의 해방을 목표로 하는 경향을 보여왔는데, 이로써 여성 문제의 핵심을 이루는 가족 관계 분석이 상대적으로 소홀히 다루어져왔다는 반성이 일고 있다. 프랑스 중심의 여성주의 신정신분석학자들과 미국의 초도로우 Chodorow(1974; 1982)나 디너슈타인 Dinnerstein(1977)이 모성의 주체를 집중적으로 다루고 있으며 대중 운동으로는 이탈리아의 밀라노 여성 집단이 최근 새로운 모녀 관계의 형성을 위한 '상징적 어머니'의 개념을 부상시키고 있다(Anna Rossi-Doria의 '현대 이탈리아의 페미니즘' 세미나 중에서, 영국 케임브리지 대학, 1988년 3월 3일).

딸이 어머니와 동일시함으로써 그의 삶에 나타난 억압을 꿰뚫어보고 그 억압 구조를 극복해가는 작업도 크게 가능하다. 현재의 많은 여대생들은 자신의 어머니에 대하여 매우 이율배반적 감정을 갖고 있는데, 자신의 어머니처럼 살지 않겠다는 거부감과 결국 그렇게 살 수밖에 없지 않을까 하는 실망감으로 내적 갈등을 경험하고 있는 것이다. 그러나 이러한 적대감과 갈등을 외면한 채 여성이 건강한 자의식을 형성해나갈 것을 기대하기는 어렵다. 오히려 이를 직면하고, 어머니의 삶을 포용하고 극복하고자 할 때 새로운 자의식이 형성될 수 있으며, 여성간의 존경의 관계가 이루어질 수 있는 것이다.[5]

두번째로 여성들이 이제까지 사적인 관계를 맺는 데에만 익숙해져왔다는 점을 고려할 때, 집단적으로 일하는 방식을 익혀나가는 것이 매우 중요한 작업임을 알게 된다. 모든 문제를 개인적 수준에서, 그리고 감정적으로 처리하려는 경향에서 벗어나 공동의 선을 위해 하나되는 것이 어떤 것을 의미하는지를 터득해나가야 한다는 것이다. 이를 위해 여성들은 당장은 시간의 낭비를 가져오는 것처럼 보이더라도 적극적으로 집단을 만들고 그런 활동에 참여해나가야 할 것이다. 특히 여성들만의 모임을 통해서 여성은 개인적으로는 자신의 가능성을 정확하게 파악하고 남성 중심적 시각을 교정하는 특수한 경험을 하게 될 것이며, 집단적으로는 여성간의 공통적 경험에 새로운 이름을 붙여감으로써 독자적 여성 문화의 출현에 크게 기여하게 될

---

5) 남성들 역시 자신의 아버지의 삶을 구조적으로, 또 감정 이입적 동일시를 통하여 이해하고자 할 때 새로운 정체감을 형성해갈 수 있을 것이다. 그리고 전통적 가부장제의 억압이 여성에게만 국한된 것이 아님을 보게 될 것이다. 일반적으로 남녀 불평등에 관한 남성들의 의식화가 여성들의 것보다 느린 것은 이제까지 인간의 억압이 주로 공식적·제도적 차원의 현상으로만 논의되어왔기 때문이다. 공식적 정체성을 부여받지 못한 점에서의 억압을 활발하게 논의해온 여성들에 반하여 사적이며 감정적인 차원에서 배제되고 소외되어온 남성들은 자신의 그러한 억압에 대해 논의할 구체적 언어나 토론의 장소를 마련하는 데 더욱 어려움을 겪고 있다.

것이다.

Ⅲ. 남녀 모두를 위한 새로운 문화 창조의 단계

우리는 아직 이 단계에 대해 구체적인 안을 갖고 있지 못하다. 억압의 구조를 넘어서려는 자각한 여성들은 긴 방황과 반역의 시기를 거친 후 이제야 비로소 인간의 체험이 중시되고 그 체험은 당사자의 입장에서 성찰·표현·모색되어야 한다는 여성적 인본주의의 패러다임을 내놓기 시작하였다. 생명의 탄생과 종의 존속에 체험적으로 참여해온 여성들은 앞으로 모든 일이 자기 생애에 이루어져야 하고 인간 사회는 상하 서열로 조직하여야만 통제된다는 '남성적' 사고를 더 이상 받아들이지 않을 것이며, 더욱 급진적이고 총체적인 시각에서 다양하고 끈질긴 해방 운동을 벌여갈 것이 기대된다.

여성들이 공유하는 이상향은 약자를 보살피고 인간 관계 자체에서 성취감을 느끼며 경쟁하기 위해서가 아니라 자신을 실현하기 위해 노동하며 인간의 감정을 중시하는 사회이다. 이때 기존의 거대 조직은 사회 구성원들이 스스로 나눌 수 있는 규모의 공동체로 분권화되고, 인간의 개성과 이로 인해 창출되는 다양성은 최대로 존중되며 나라 예산의 가장 큰 몫은 국방비가 아니라 교육비로 쓰여질 것이다. 이는 곧 인간과 인간간의 위계 관계를 극소화하고 평등한 협동 관계를 극대화한 사회이자 자연과 조화를 이루어 사는 공동체인 것이다.

이 단계에서 여성은 출산이 원죄의 고통이나 전생의 죄의 보상 행위가 아니고 고통 후에 오는 결실이며 생명 창조의 기쁨임을 만끽함과 동시에, 모성의 체험은 문화적인 것이며 따라서 남성도 나누어가질 수 있음을 깨우쳐주게 될 것이다. 모성은 미화되어서도, 독점되어서도 안 되며, 사회의 주도적 가치로서 남녀 모두에 의해 공유되어야 할 것이다. 그래서 현대 문명을 지탱해온 권위주의와 과학 지상주의, 구체적 인간을 터무니없이 추상화시키는 도구주의와 기계론적 우주

관을 극복한 사회의 모습이 어떤 것인지를 분명한 형태로 제시할 수
있어야 할 것이다.

　새로운 역사는 여성이 자신의 체험을 진정한 자기 것으로 만들고
나누어가는 과정, 그리고 여성과 남성들이 더 이상 홀로이기를 거부
하고 진정한 자신으로 만나 공동체를 살려가기 위해 하나된 힘을 이
루어가는 과정 속에 있다.

참고 문헌

G. 볼스와 R. D. 클레인 편(정금자 번역)(1986), 『여성학 이론』, 서울:
　　을유문화사.

H. 아이젠슈타인(1986), 『현대 여성 해방 사상』, 서울: 이화여자대학교
　　출판부.

M. 웨스트콧 Westkott(1986), 「변화를 위한 전략으로서의 여성학: 비판
　　과 전망 사이」, 『여성학 이론』(볼스와 클레인 편), 서울: 을유문
　　화사.

이효재 편(1979), 『여성 해방의 이론과 현실』, 서울: 창작과비평사.

R. D. 클레인(1986), 「우리가 원하는 것을 하는 방법: 여성 해방주의 방
　　법론에 대한 고찰」, 『여성학 이론』(볼스와 클레인 편), 서울: 을
　　유문화사.

Ardener, Edwin(1975), "Belief and Problem of Women," in *Perceiving
　　Women* (ed. by Ardener), London: Malaby Press.

Ardener, Shirley(1975), "Introduction," "Sexual Insult and Female
　　Militancy," in *Perceiving Women* (ed. by S. Ardener).

　　——— ed. (1975), *Perceiving Women*, London: Malaby Press.

Benhabib, Seyla, and D. Cornell(1987), *Feminism As Critique*, Cambridge: Polity Press.

Black, Naomi(1983), "Virginia Woolf: The Life of Natural Happiness," *Feminist Theorists* (ed. by D. Spender), London: The Woman's Press.

Bouchier, David(1983), *The Feminist Challenge*, London: MacMillan Press.

Butler, Juditer(1987), "Variations on Sex and Gender," *Feminism as Critique* (ed. by S. Benhabib and D. Cornell), Cambridge: Polity Press.

Chodorow, Nancy(1974), "Family Structure and Feminine Personality," *Woman, Culture and Society* (ed. by M. Rosaldo and L. Lamphere), Stanford: Stanford University Press.

———(1978), *The Reproduction of Mothering*, California: University of California Press.

Cornell, Drucilla, and Adam Thurschwell(1987), "Feminism, Negativity, Intersubjectivity," *Feminism as Critique*, Cambridge: Polity Press.

De Beauvoir, Simone(1964), *The Second Sex*, New York: Penguin.

Dinnerstein, Dorothy(1977), *The Mermaid and the Minotaur*, New York: Harper and Row.

Easlea, B.(1987), "Patriarchy, Scientists, and Nuclear Warriors," *Beyond Patriarchy*, ed. M. Kaufman, Oxford: Oxford University Press.

Firestone, S.(1972), *The Dialectic of Sex*, London: Paladin.

Friedan, B.(1968), *The Feminine Mystique*, Harmondsworth: Penguin.

Griffin, Susan(1981), *Pornography and Silence: Culture's Revenge against Nature*, New York: Harper and Row.

Ifeka Moller, C.(1975), "Female Militancy and Colonial Revolt: The

412

Women's War 1929, Eastern Nigeria," *Perceiving Women* (ed. by S. Ardener), London: Malaby Press.

Lawrence, D. H.(1932), *Lady Chatterley's Lover*, London: William Heinemarrin Ltd.

Mitchell, Juliet(1973), *Woman's Estate*, New York: Vintage Books.

O'Brien, Mary(1981), *The Politics of Reproduction*, London: Routledge & Kegan Paul.

———(1983), "Reproductive Labour and The Creation of Value," *Atlantis* 8, Spring.

Okely, J.(1975), "Gypsy Women: Models in Conflict," *Perceiving Women* (ed. by S. Ardener), London: Malaby Press.

Rowhotham, Sheilla(1973), *Woman's Consciousness, Man's Word*, Harmondsworth: Penguin.

Spender, Lynne(1983), "Matilda Joslyn Gage: Active Intellectual," *Feminist Theorists* (ed. by L. Spender), London: The Woman's Press.

Sydie, R. A.(1987), *Natural Women, Cultured Men: A Feminist Perspective on Sociological Theory*, Milton Keynes: Open University Press.

Wolf, M.(1972), *Women and the family in Rural Taiwan*, Stanford: Stanford University Press.

Woolf, Virginia(1931), "Introduction," *Life As We Have Known It: By Co-operative Working Women* (ed. by M. L. Povies), London: Hogarth Press.

찾아보기